Organisation
des Konzernrechnungswesens

Europäische Hochschulschriften

Publications Universitaires Européennes
European University Studies

Reihe V
Volks- und Betriebswirtschaft

Série V Series V
Sciences économiques, gestion d'entreprise
Economics and Management

Bd./Vol. 2751

PETER LANG
Frankfurt am Main · Berlin · Bern · Bruxelles · New York · Oxford · Wien

Frank Scherzinger

Organisation des Konzernrechnungswesens

Zentralisation oder Dezentralisation?

PETER LANG
Europäischer Verlag der Wissenschaften

Die Deutsche Bibliothek - CIP-Einheitsaufnahme

Scherzinger, Frank:

Organisation des Konzernrechnungswesens : Zentralisation oder Dezentralisation? / Frank Scherzinger. - Frankfurt am Main ; Berlin ; Bern ; Bruxelles ; New York ; Oxford ; Wien : Lang, 2001
(Europäische Hochschulschriften : Reihe 5, Volks- und Betriebswirtschaft ; Bd. 2751)
Zugl.: Frankfurt (Main), Univ., Diss., 2000
ISBN 3-631-37617-0

D 30
ISSN 0531-7339
ISBN 3-631-37617-0

www.peterlang.de

Vorwort

Die vorliegende Arbeit befaßt sich mit dem Problem, wie der Prozeß der Informationsbeschaffung und Informationsverarbeitung im Konzernrechnungswesen organisiert, d.h. koordiniert und gesteuert werden soll. Dabei geht um ein Kernproblem der organisatorischen Gestaltung des Konzernrechnungswesens, nämlich wie die interdependenten Informationsaktivitäten zwischen dem Mutterunternehmen und den übrigen Konzernunternehmen aufgeteilt werden, also um die Frage der Zentralisation bzw. Dezentralisation.

Im Transfer organisationstheoretischer Konzepte auf das skizzierte Gestaltungsproblem liegt der erste Komplex der vorliegenden Themenstellung. In einem zweiten Schritt werden die konzeptionellen Ergebnisse unter Rückgriff auf praktische Gestaltungsprobleme des Konzernrechnungswesens zu einem Implementierungskonzept entwickelt.

Die vorliegende Arbeit, die ich zeitgleich mit meiner beruflichen Tätigkeit bei der ehemaligen Degussa AG und heutigen Degussa-Hüls AG in Frankfurt am Main angefertigt habe, wurde in unwesentlich veränderter Form vom Fachbereich Wirtschaftswissenschaften der Johann Wolfgang Goethe-Universität, Frankfurt am Main, als Dissertation angenommen.

Mein besonderer Dank gilt *Herrn Prof. Dr. Dr. h.c. Dieter Ordelheide*, der im Mai 2000 nach schwerer Krankheit verstorben ist: für seine Bereitschaft, eine externe Promotion zu unterstützen, für eine theoretisch und praktisch bedeutsame Themenstellung für die promotionsbezogene Forschung sowie für seine vielfältige Förderung meiner Promotion. *Herrn Prof. Dr. Dr. h.c. Dieter Ordelheide* werde ich in dankbarer und ehrender Erinnerung behalten.

Ferner danke ich *Herrn Prof. Dr. Dr. h.c. Helmut Laux* für die Übernahme des Zweitgutachtens, *Herrn Prof. Dr. Winfried Mellwig* für den Vorsitz der Prüfungskommission sowie *Herrn Prof. Dr. Fritz Abb* (emeritus) für seine Beteiligung als vierter Prüfer an der Disputation. *Herrn Prof. Dr. Günther Gebhardt* danke ich dafür, daß er für Zwecke der Disputation als Mitglied der Prüfungskommission anstelle von *Herrn Prof. Dr. Dr. h.c. Dieter Ordelheide* fungierte.

Aus dem Kreis meiner Vorgesetzten und Kollegen bei der ehemaligen Degussa AG, heutigen Degussa-Hüls AG und künftigen neuen Degussa AG danke ich insbesondere *Herrn Dr. Eberhard Mayer-Wegelin, Herrn Dipl.-Kfm. Ludger Timmer, Herrn Dipl.-Kfm. Dr. Hans Fischer* sowie *Herrn Dipl.-Hdl. Josef Lehr*. Sie haben mein berufsbegleitendes Promotionsvorhaben ermöglicht und von Beginn an unterstützt und gefördert.

Mein Dank gilt weiterhin meinen Freunden für ihr Verständnis für meine wissenschaftliche Betätigung in der Freizeit, aber auch für die notwendige Ablenkung von der Wissenschaft.

Schließlich danke ich meinen Eltern *Richard* und *Ursula Scherzinger* sowie *Frau Dipl.-Kffr. Marion Leonhard ACCA*, meiner zukünftigen Ehefrau, für ihre stete, vielfältige und in jeder Hinsicht großzügige Unterstützung, für den mir gewährten, vorbehaltlosen Rückhalt und für ihre Aufmunterung.

Maintal, im Dezember 2000 Frank Scherzinger

Inhaltsverzeichnis

Abbildungsverzeichnis

Abkürzungsverzeichnis

a.A.	anderer Ansicht
Abb.	Abbildung(en)
Abs.	Absatz (Absätze)
AfA	Absetzung für Abnutzung
AG	Die Aktiengesellschaft
AK	Anschaffungskosten
AKW	Arbeitskreis Weltbilanz
and.	andere
Anm.	Anmerkung(en)
APB	Accounting Principles Board; APB Opinion(s)
ARB	Accounting Research Bulletin(s)
ASC	Accounting Standards Committee
ASQ	Administrative Science Quarterly
assoz. Unt.	assoziierten Unternehmens
Aufl.	Auflage
BASF	Badische Anilin- & Soda-Fabrik
BB	Betriebs-Berater
Bd.	Band
bearb.	bearbeitete
BFuP	Betriebswirtschaftliche Forschung und Praxis
BörsG	Börsengesetz
BörsZulV	Börsenzulassungs-Verordnung
bspw.	beispielsweise
bzw.	beziehungsweise
Chap.	Chapter
CON	Statement(s) of Financial Accounting Concepts
Corp.	Corporation
DAX	Deutscher Aktienindex
DB	Der Betrieb
DBW	Die Betriebswirtschaft
Degussa	Deutsche Gold- und Silber-Scheideanstalt
d.h.	das heißt
dgl.	dergleichen

Di.	Dienstag
DM	Deutsche Mark
Dr.	Doktor
DStR	Deutsches Steuerrecht
durchges.	durchgesehene
DV-gestützt	datenverarbeitungsgestützt
ed.	edition
EDV	Elektronische Datenverarbeitung
EG	Europäische Gemeinschaft
EGHGB	Einführungsgesetz zum Handelsgesetzbuche
erg.	ergänzte
Erstkonsolid.	Erstkonsolidierung
et al.	et alii
etc.	et cetera
e.V.	eingetragener Verein
evtl.	eventuell
f. bzw. ff.	folgende
FASB	Financial Accounting Standards Board
FAZ	Frankfurter Allgemeine Zeitung
Fn.	Fußnote
FTSE	Financial Times Stock Exchange
GAAP	Generally Accepted Accounting Principles
Ges.-Nr.	Gesellschaftsnummer
ggf.	gegebenenfalls
GmbH	Gesellschaft(en) mit beschränkter Haftung
GmbHG	Gesetz betreffend die Gesellschaften mit beschränkter Haftung
GuV	Gewinn- und Verlustrechnung
h.c.	honoris causa
HdJ	Handbuch des Jahresabschlusses in Einzeldarstellungen
HdWW	Handwörterbuch der Wirtschaftswissenschaften
HFA	Hauptfachausschuß
HGB	Handelsgesetzbuch
HK	Herstellungskosten
Hrsg.	Herausgeber
hrsg. v.	herausgegeben von, vom

HWB	Handwörterbuch der Betriebswirtschaft
HWO	Handwörterbuch der Organisation
HWR	Handwörterbuch des Rechnungswesens
HWRev	Handwörterbuch der Revision
IAS	International Accounting Standards
IASC	International Accounting Standards Committee
IDW	Institut der Wirtschaftsprüfer
i.e.	id est
i.e.S.	im engeren Sinn
i.S.v.	im Sinne von
i.V.m.	in Verbindung mit
JA	Jahresabschluß
Jg.	Jahrgang
KapAEG	Kapitalaufnahmeerleichterungsgesetz
KonTraG	Gesetz zur Kontrolle und Transparenz im Unternehmensbereich
KPMG	Klynfeld Peat Marwick Goerdeler
Kurzbez.	Kurzbezeichnung
Mo.	Montag
MS	Management Science
m.w.N.	mit weiteren Nachweisen
Nr.	Nummer
p.	page(s)
p.a.	pro anno
Pos.Nr.	Positionsnummer(n)
Prof.	Professor
resp.	respektive
RGBl.	Reichsgesetzblatt
RHB	Roh-, Hilfs- und Betriebsstoffe
Rn.	Randnummer(n)
Rz.	Randziffer(n)
S.	Seite(n), auch: Satz
S&P	Standard & Poors
SBE	Segmentbruttoergebnis
SEC	Securities and Exchange Commission
SFAS	Statement(s) of Financial Accounting Standards

sog.	sogenannt(e)
Sp.	Spalte(n)
Tz.	Textziffer(n)
u.	und
u.a.	und andere, auch: unter anderem
überarb.	überarbeitete
UK	United Kingdom
US-GAAP	United States Generally Accepted Accounting Principles
v.	von
VEBA	Vereinigte Elektrizitäts- und Bergwerks-Aktiengesellschaft
vgl.	vergleiche
Vol.	Volume
vollst.	vollständig
WiSt	Wirtschaftswissenschaftliches Studium
WISU	Das Wirtschaftsstudium
WPg	Die Wirtschaftsprüfung
WpHG	Wertpapierhandelsgesetz
www	world wide web
z.B.	zum Beispiel
ZfB	Zeitschrift für Betriebswirtschaft
ZfbF	Zeitschrift für betriebswirtschaftliche Forschung
ZfO	Zeitschrift für Organisation

I. Einleitung

1. Problemstellung

Mit der fortschreitenden Globalisierung der Märkte haben sich die Anforderungen an Rechnungslegung und Publizität insbesondere global operierender deutscher Konzerne gewandelt.[1] Die Eigenkapitalfinanzierung über die Kapitalmärkte gewinnt an Bedeutung und deshalb auch eine Rechnungslegung, wie sie auf internationalen Kapitalmärkten üblich ist.[2]

Die geänderten Anforderungen an Rechnungslegung und Publizität deutscher Konzerne betreffen aber nicht nur Umfang, Form und Inhalt und mithin die Qualität von Konzernrechnungslegungsinformationen[3]; darüber hinaus erwarten die Kapitalmarktteilnehmer die möglichst zeitnahe Veröffentlichung des Konzernabschlusses als Output der Konzernrechnungslegung bzw. der wichtigsten Eckdaten.[4]

Die gesetzlich kodifizierten Vorschriften normieren den Prozeß der Erstellung des Konzernabschlusses vorwiegend inhaltlich, jedoch nicht organisatorisch. Die organisatorische Gestaltung des Prozesses der Konzernabschlußerstellung ist jedoch notwendige Voraussetzung dafür, daß die Konzernabschlußinformationen in der gesetzlich zulässigen bzw. von den Kapitalmärkten geforderten Qualität generiert und so zeitnah wie möglich publiziert werden können. Daher besteht für jedes Mutterunternehmen, das aufgrund gesetzlicher Vorschriften zur Konzernrechnungslegung verpflichtet ist oder freiwillig Konzernabschlüsse erstellt, die zwingende Not-

---

[1] Zur Globalisierung der Kapitalmärkte und deren Bedeutung für deutsche Konzerne vgl. stellvertretend BALLWIESER (1997), S. 31-32; FÖRSCHLE (1997), S. 501-502; GLAUM/MANDLER (1996), S. 45-61; HARTMANN (1998), S. 260-261.

[2] Vgl. BÖCKING/BENECKE (1998); HAVERMANN (1997); HOFMANN (1998); HULLE (1998); ORDELHEIDE (1996); ORDELHEIDE (1998). Dies hat die Bundesregierung in der Zwischenzeit erkannt, und am 24.4.1998 ist das Gesetz zur Verbesserung der Wettbewerbsfähigkeit deutscher Konzerne an internationalen Kapitalmärkten und zur Erleichterung der Aufnahme von Gesellschafterdarlehen (Kapitalaufnahmeerleichterungsgesetz - KapAEG) in Kraft getreten. Eine der weitreichendsten Auswirkungen des KapAEG ist, daß ein börsennotiertes Unternehmen, das Mutterunternehmen eines Konzerns ist, von der Verpflichtung zur Aufstellung eines Konzernabschlusses und eines Konzernlageberichts nach Handelsrecht befreit ist, sofern es einen Konzernabschluß und einen Konzernlagebericht nach international anerkannten Rechnungslegungsgrundsätzen aufstellt und ihn in deutscher Sprache und Währung bzw. in Euro nach den §§ 325, 328 HGB offenlegt. Zu weiteren Auswirkungen des KapAEG vgl. z.B. BÖCKING/ORTH (1998); PELLENS/BONSE/GASSEN (1998).

[3] Zur terminologischen Abgrenzung der Qualität von Konzernrechnungslegungsinformationen vgl. ausführlich UNTEN, Kap. II.3.1.2.2.1.

[4] Vgl. u.a. BAUMANN (1993), S. 70; DUNSCH (1998); LIENER (1992), S. 284; ORDELHEIDE (1999); PELLENS/FÜLBIER/GASSEN (1998), S. 61-63; SCHEFTER (1993), S. 211 sowie ausführlich UNTEN, Kap. II.3.1.2.2.2.

wendigkeit, den Prozeß der Konzernabschlußerstellung in organisatorischer Hinsicht zu gestalten.

Die prozeßorganisatorische Gestaltung des Prozesses der Konzernabschlußerstellung ist Gegenstand der vorliegenden Arbeit.[5] Im Mittelpunkt der prozeßorganisatorischen Gestaltung steht allgemein die Verteilung von Arbeiten.[6]

Der Vorgang der organisatorischen Gestaltung des Prozesses der Konzernabschlußerstellung läßt sich als Entscheidungsproblem[7] definieren. Der Prozeß der Konzernabschlußerstellung ist ein Informationsverarbeitungsprozeß.[8] Er beginnt mit der Erfassung der einzelnen Geschäftsvorfälle und endet mit dem Konzernabschluß als Output des Prozesses. Grundsätzlich sind sowohl die am Prozeß der Konzernabschlußerstellung beteiligten Informationsverarbeitungskapazitäten - z.B. die Art der Ableitung des Konzernabschlusses (originär aus einem konzernweit integrierten Buchhaltungssystem oder derivativ aus Einzelabschlüssen, die aus dezentralen, nicht integrierten Buchhaltungssystemen abgeleitet werden), die im Konzern eingesetzte Konsolidierungssoftware oder Anzahl und Qualifikation der Mitarbeiter in der zentralen Konsolidierungsstelle und in den Rechnungswesen der Tochterunternehmen - als auch die Informationsflüsse durch diese Kapazitäten veränderbar.

In Analogie zur Produktionsplanung und -steuerung[9] kann zwischen kurzfristigen sowie mittel- und längerfristigen (hier) organisatorischen Gestaltungsproblemen differenziert werden: Entscheidungsprobleme, die die Gestaltung der Informationsflüsse durch gegebene Informationsverarbeitungskapazitäten zum Gegenstand

---

[5] Ein Prozeß bezeichnet eine zeitlich und räumlich besonders strukturierte Abfolge von Aktivitäten mit einem Anfang und einem Ende sowie definierten Inputs und Outputs. Vgl. DAVENPORT (1993), S. 5; SCHOLZ (1995), S. 42; STRIENING (1988), S. 57. In Übereinstimmung mit der Literatur werden im folgenden die Termini 'Aktivität', 'Verrichtung' und 'Tätigkeit' synonym verwendet.

[6] Vgl. GAITANIDES (1983), Vorwort und S. 62 sowie UNTEN, Kap. II.1.

[7] "Ein Entscheidungsproblem kann allgemein durch die Frage charakterisiert werden, welche Handlungsalternative (oder auch kurz: welche Alternative) aus einer Menge mehrerer Alternativen ausgewählt werden soll." LAUX (1998a), S. 3-4. Vgl. auch BAMBERG/COENENBERG (1989), S. 14-16; EISENFÜHR/WEBER (1993), S. 17-19. Zu Problemen der Individualentscheidung vgl. LAUX (1998a); zu entscheidungslogischen Grundproblemen, bei denen die möglichen Ergebnisse bzw. Risiken zwischen mindestens zwei Personen geteilt werden, vgl. LAUX (1998b).

[8] Zum Informationsbegriff vgl. UNTEN, Kap. II.2.

[9] "Produktionswirtschaftliche Planungen sind als zukunftsorientierte Entscheidungen stets zeitraumbezogen. Entscheidungen über die betriebliche Ausstattung sind dabei grundsätzlich langfristig, Entscheidungen über die Freiheitsgrade des Produktionsprozesses in der Regel kurzfristig wirksam. Nach dem Kriterium der Fristigkeit können daher die Einflußgrößen der produktionswirtschaftlichen Ausstattung als langfristig und das Instrumentarium des Produktionsprozesses als kurzfristig variierbare Größen angesehen werden." HEINEN (1985), S. 394. Vgl. auch KERN (1992), S. 73; SCHNEEWEIß (1993), S. 20-23. Zur Produktionsplanung und -steuerung vgl. z.B. SCHWARZMAIER (1995), S. 37-40 und ZÄPFEL (1996), S. 56-62.

haben, gehören zu den kurzfristigen organisatorischen Gestaltungsproblemen, wohingegen Entscheidungsprobleme, die sich mit Änderungen von Informationsverarbeitungskapazitäten auseinandersetzen, zur mittel- und längerfristigen organisatorischen Gestaltung gehören.

Im Rahmen der mittel- und längerfristigen organisatorischen Gestaltung sind bestimmte Informationsverarbeitungskapazitäten in Menge, Art und örtlicher bzw. zeitlicher Gegebenheit veränderbar. Dies sind z.B.

- die Art der Ableitung des Konzernabschlusses (originär oder derivativ),
- die im Konzern eingesetzte Konsolidierungssoftware,
- die Anzahl der Mitarbeiter in der zentralen Konsolidierungsstelle,
- die Anzahl der Mitarbeiter in den Rechnungswesen der Tochterunternehmen,
- der Ausbildungsstand in deutscher bzw. internationaler Rechnungslegung in der Konsolidierungsstelle,
- der Ausbildungsstand in deutscher bzw. internationaler Rechnungslegung in den Rechnungswesen der Tochterunternehmen.

Welche der exemplarisch aufgeführten Informationsverarbeitungskapazitäten die Konzernleitung als Entscheider in das Entscheidungsproblem integriert und damit beabsichtigt, zu verändern, oder aber als Randbedingungen der organisatorischen Gestaltung akzeptiert, muß im Wege von Vorentscheidungen entschieden werden. Solche Entscheidungen hängen stark von der spezifischen Unternehmenssituation ab und können deshalb von Unternehmen zu Unternehmen entsprechend variieren.

Hat sich die Konzernleitung im Wege von Vorentscheidungen bspw. dafür entschieden, eine neue Konsolidierungssoftware anzuschaffen, dann steht sie vor dem nächsten Entscheidungsproblem, i.e. welche Konsolidierungssoftware sie wählen soll. Handlungsalternativen[10] sind die einzelnen, der Konzernleitung bekannten Konsolidierungsprogramme. Bei der Zusammenstellung der Handlungsalternativen sind wiederum wichtige Vorentscheidungen zu fällen, z.B. ob die Konzernleitung nach weiteren Alternativen - hier Konsolidierungsprogrammen - suchen oder aber, ob sie zwischen den ihr bekannten Alternativen wählen soll.[11]

---

[10] synonym: Alternativen, Aktionen, Optionen.

[11] Zum Problem der Alternativenfindung vgl. z.B. EISENFÜHR/WEBER (1993), S. 71-85; LAUX (1998a), S. 10-11.

Mögliche Randbedingungen[12], also Größen, die das Ergebnis der Entscheidung zwar beeinflussen, die aber selbst durch die Entscheidung nicht verändert werden[13], sind bspw. die Preise oder die Leistungsfähigkeit der Konsolidierungsprogramme.

Die Konzernleitung als Entscheider muß sich Vorstellungen darüber machen, durch welche Zielvariable(n) sie die entscheidungsrelevanten Konsequenzen ihrer Entscheidung beschreiben und welche Präferenz(en) sie bezüglich dieser Zielvariable(n) angeben will.[14] Bei diesem Entscheidungsproblem könnten die Kosten der jeweiligen Konsolidierungsprogramme oder die mittels der jeweiligen Konsolidierungssoftware für die Konzernabschlußerstellung benötigten Arbeitstage potentielle Zielvariablen und deren jeweilige Minimierung erwägenswerte Präferenzen bezüglich der Zielvariablen sein; in Abhängigkeit von den Vorstellungen der Konzernleitung wäre aber auch jede Kombination anderer Zielvariablen und Präferenzen denkbar.

Diese Ausführungen zeigen, daß bei Entscheidungsproblemen, die Änderungen von Informationsverarbeitungskapazitäten zum Gegenstand haben, insbesondere die Handlungsalternativen, vor denen der Entscheider steht und von denen er eine wählen kann und die Randbedingungen, aber auch die Zielvariablen und Präferenzen des Entscheiders von Unternehmen zu Unternehmen sehr stark variieren können. Daher erscheint es mehr als zweifelhaft, ob es bei der Behandlung von sich mit der Änderung von Informationsverarbeitungskapazitäten befassenden Entscheidungsproblemen vorstellbar ist - abgesehen davon, diese Probleme theoretisch zu durchdringen - möglichst allgemeingültige Hinweise und gestaltungsorientierte Aussagen abzuleiten, die die Unternehmen bei der organisatorischen Gestaltung des Prozesses der Konzernabschlußerstellung unterstützen können.[15]

---

[12] Im folgenden werden 'Randbedingungen', 'Einflußgrößen', 'Bestimmungsfaktoren', 'Operationsbedingungen' und 'Kontextfaktoren' als synonyme Begriffe verwendet. Vgl. KIESER/KUBICEK (1983), S. 228-229; WOLLNIK (1980), Sp. 594. In der Literatur zur Entscheidungstheorie werden 'Randbedingungen' auch als 'Umwelteinflüsse' oder 'Umweltzustände' bezeichnet. Vgl. z.B. BAMBERG/COENENBERG (1989); EISENFÜHR/WEBER (1993), S. 15; LAUX (1998a), S. 21-23.

[13] Vgl. EISENFÜHR/WEBER (1993), S. 16; LAUX (1998a), S. 21-22.

[14] "Eine rationale Entscheidung kann nur dann getroffen werden, wenn Zielvorstellungen existieren, mit deren Hilfe die erwogenen Handlungsalternativen hinsichtlich ihrer Konsequenzen miteinander verglichen werden können." LAUX/LIERMANN (1997), S. 41. Zur Modellierung von Zielvariablen und Präferenzen vgl. allgemein z.B. EISENFÜHR/WEBER (1993), S. 30-34; LAUX (1998a), S. 23-26.

[15] In diesem Sinne stellt auch GROCHLA fest: "das Hauptziel des Organisationstheoretikers muß darin bestehen, praktisch verwendbare Aussagen zu erarbeiten." GROCHLA (1977), S. 421. Zu den Grenzen präziser organisatorischer Gestaltungsempfehlungen vgl. LAUX/LIERMANN (1997), S. 26-28.

Vor diesem Hintergrund sollen Entscheidungsprobleme, deren Thema die Änderung von Informationsverarbeitungskapazitäten ist und die damit zur mittel- und längerfristigen organisatorischen Gestaltung gehören, im folgenden nicht näher beleuchtet werden.

Neben den genannten Entscheidungsproblemen über Veränderungen von Informationsverarbeitungskapazitäten ist die Konzernleitung im Rahmen der organisatorischen Gestaltung des Prozesses der Konzernabschlußerstellung mit Entscheidungsproblemen konfrontiert, die die prozeßorganisatorische Gestaltung der Informationsflüsse bei gegebenen Informationsverarbeitungskapazitäten und damit die kurzfristige organisatorische Gestaltung betreffen. Auf Entscheidungsprobleme der kurzfristigen organisatorischen Gestaltung wird sich in dieser Arbeit konzentriert.

Bei der prozeßorganisatorischen Gestaltung der Informationsflüsse bei gegebenen Informationsverarbeitungskapazitäten (kurzfristige organisatorische Gestaltung) stellt sich das Zuordnungs- und Verteilungsproblem, also die Zentralisation bzw. Dezentralisation[16] von zu erfüllenden Arbeiten[17] und das Problem des ausgewogenen Verhältnisses von Zentralisation und Dezentralisation als die dominierende prozeßorganisatorische Frage des Konzernrechnungswesens dar.[18]

Die Behandlung dieser Frage ist Gegenstand der vorliegenden Arbeit. Sie wird jedoch nicht pauschal und undifferenziert für einen Konzern als Ganzes behandelt; anders als bislang in der betriebswirtschaftlichen Literatur üblich[19], werden die Möglichkeiten und Grenzen der Zentralisation und Dezentralisation einzelner Aktivitäten - hier: die Aktivitäten im Rahmen des Prozesses der Konzernabschlußer-

---

[16] Die Begriffe Zentralisation und Dezentralisation stehen für die grundsätzlichen Ausprägungen der Tätigkeitsverteilung; sie geben an, ob ein Arbeitsvorgang der zentralen Konsolidierungsstelle zugeordnet wird - dann soll von Zentralisation gesprochen werden - oder ob er in den Bereich der Tochterunternehmen fällt - eine Zuordnung, die als Dezentralisation bezeichnet werden soll. Zur Zentralisation und Dezentralisation vgl. ausführlich UNTEN, Kap. II.2.1. und II.3.1.1.

[17] Unter Arbeit versteht man "die Erfüllung einer Aufgabe an einem Arbeitsobjekt durch die Güterabgaben von Mensch und Arbeitsmittel." SCHWEITZER (1964), S. 38. In Übereinstimmung mit der betriebswirtschaftlichen Fachliteratur werden in der vorliegenden Untersuchung die Termini 'Aktivität', 'Arbeit', 'Arbeitsvorgang', 'Aufgabenerfüllung', 'Tätigkeit' und 'Verrichtung' synonym verwendet.

[18] Vgl. HORVATH (1972), S. 1185. Vgl. auch PEDLEY (1985); WEBER-BRAUN (1991b). Vgl. allgemein stellvertretend für viele BLEICHER (1980), Sp. 2407, der in der zentralen oder dezentralen Aufgabenverteilung die "Kernfrage organisatorischen Handelns" sieht. BLOHM (1975), Sp. 1926 hält die Frage der Zentralisation oder Dezentralisation für "eine Zentralfrage" bei der Organisation des Informationswesens. GAITANIDES (1983), S. 93 klassifiziert die Frage der zentralen oder dezentralen Arbeitsverteilung als "wesentliches organisatorisches Entscheidungsproblem."

[19] Vgl. UNTEN, Kap. I.2.

stellung[20] - differenziert und gestaltungsorientiert bearbeitet.[21] In diesem Sinne soll das in dieser Arbeit behandelte Entscheidungsproblem wie folgt definiert werden: Die Konzernleitung als Entscheider soll bei ihrer Entscheidung unterstützt werden, welche einzelnen Aktivitäten im Rahmen des Prozesses der Konzernabschlußerstellung - bei Vorliegen welcher Randbedingungen und bei Heranziehen welcher Zielvariablen - zentral und welche dezentral ausführbar sind.

Die einzelnen Geschäftsvorfälle werden originär in den jeweiligen Rechnungswesen der Konzernunternehmen erfaßt[22], sie können aber - zumindest partiell - sowohl dezentral von den Konzernunternehmen als auch zentral vom Mutterunternehmen verarbeitet werden.[23]
Das der Konzernleitung daraus resultierende Entscheidungsproblem sei anhand der Anpassung der Daten im Rechnungswesen des Konzernunternehmens an die konzerneinheitliche Bilanzierung und Bewertung exemplarisch dargestellt:[24] Die Anpassung der Daten in den Rechnungswesen der Konzernunternehmen an die Bilanzansatz- und Bewertungsvorschriften des Mutterunternehmens kann sowohl zentral durch die Konsolidierungsstelle als auch dezentral durch die jeweiligen Konzernunternehmen erfolgen. Dies sind auch die beiden Handlungsalternativen, die der Konzernleitung vorliegen. Randbedingung ist dann z.B. die Qualität des Ausbildungsstandes in deutscher bzw. internationaler Rechnungslegung in den Konzernunternehmen.[25] Denkbare Konsequenz der Handlungsalternative 'dezentrale Anpassung der Daten an die konzerneinheitliche Bilanzierung und Bewertung' und der Randbedingung 'unbefriedigender Ausbildungsstand in deutscher bzw. internationaler Rechnungslegung in den Konzernunternehmen' könnte z.B. sein, daß die Daten teilweise fehlerhaft an die konzerneinheitliche Bilanzierung und Bewertung angepaßt werden und daß der Anpassungsprozeß und mithin der Prozeß der Konzernabschlußerstellung insgesamt aufgrund der ggf. notwendigen Fehlerbeseitigungen zu viele Arbeitstage erfordert.

---

[20] In der vorliegenden Arbeit umfaßt der Konzernabschluß die nach § 297 Abs. 1 HGB verlangten Bestandteile, wobei Konzernbilanz und Konzern-Gewinn- und Verlustrechnung den Schwerpunkt bilden.

[21] Dem Verfasser ist keine Arbeit bekannt, die eine Verbindung zwischen Konzernrechnungswesen und organisatorischer Gestaltung herstellt, die die prozeßorganisatorische Gestaltung der einzelnen Informationsverarbeitungsteilprozesse und Aktivitäten im Konzernrechnungswesen konzeptionell unter Zugrundelegung des Instrumentariums der Entscheidungstheorie umfassend behandelt. Vgl. ausführlicher UNTEN, Kap. I.2.2.

[22] Vgl. UNTEN, Kap. III.1.

[23] Vgl. ARBEITSKREIS "EXTERNE UNTERNEHMENSRECHNUNG" DER SCHMALENBACH-GESELLSCHAFT - DEUTSCHE GESELLSCHAFT FÜR BETRIEBSWIRTSCHAFT E.V. (1987), S. 183.

[24] Vgl. hierzu detailliert UNTEN, Kap. III.2.

[25] Zu den in dieser Arbeit untersuchten Randbedingungen vgl. UNTEN, Kap. II.3.1.3. sowie II.3.2.

Die Konzernleitung als Entscheider muß Zielvariablen entwickeln, durch die sie die entscheidungsrelevanten Konsequenzen ihrer Entscheidung beschreibt sowie Präferenzen bezüglich dieser Zielvariablen angeben. Im vorliegenden Entscheidungsproblem könnten die für die Anpassung der Daten aus den Rechnungswesen der Konzernunternehmen an die konzerneinheitliche Bilanzierung und Bewertung benötigten Arbeitstage eine denkbare Zielvariable und ihre Minimierung eine vorstellbare Präferenz bezüglich dieser Zielvariablen sein.[26]

Darüber hinaus ist bei Entscheidungen, die die Gestaltung der Informationsflüsse im Konzernrechnungswesen zum Gegenstand haben, zu berücksichtigen, daß eine organisatorische Entscheidung hinsichtlich der Zentralisation oder Dezentralisation einer Verrichtung im Extremfall die Handlungsalternative bei einem bzw. mehreren zeitlich nachfolgenden Konsolidierungsverfahren festlegt und insofern die zwischen den verschiedenen Konsolidierungsmaßnahmen bestehenden Schnittstellen berücksichtigt werden müssen.[27] Entscheidet sich ein Konzern z.B. dafür, die Daten der Konzerngesellschaften in der zentralen Konsolidierungsstelle entsprechend der Bilanzansatz- und Bewertungsvorschriften des Konzerns zu korrigieren, so bedingt diese Entscheidung aus prozeßorganisatorischer Sicht zwangsläufig[28] eine zentrale Durchführung der Währungsumrechnung.

Ein Ziel der vorliegenden Arbeit ist die Entwicklung eines theoretischen Bezugsrahmens für die prozeßorganisatorische Gestaltung des Konzernrechnungswesens. Dieser setzt sich aus den entscheidungsrelevanten Komponenten Handlungsalternativen (Zentralisation und Dezentralisation)[29], Zielvariablen, an denen die organisatorische Gestaltung ausgerichtet werden kann[30], sowie Randbedingungen der Konzernabschlußerstellung[31] zusammen.

---

[26] Zu dem in dieser Arbeit entwickelten System von Zielvariablen vgl. UNTEN, Kap. II.3.1.2. sowie II.3.2.

[27] In diesem Sinne auch BUSSE VON COLBE/ORDELHEIDE: "Das Ausmaß der Zentralisierung muß jedoch auch im weiteren Rahmen der Zentralisierung oder Dezentralisierung bei der Aufstellung des Konzernabschlusses insgesamt gesehen werden." BUSSE VON COLBE/ORDELHEIDE (1993), S. 432. Vgl. ausführlich UNTEN, Kap. II.3.1.3.5.

[28] Theoretisch wäre es zwar denkbar, die in der zentralen Konsolidierungsstelle entsprechend der Bilanzansatz- und Bewertungsvorschriften des Mutterunternehmens korrigierten Daten den Konzernunternehmen wieder zu übermitteln, so daß diese die Währungsumrechnung durchführen könnten. Anschließend wären die umgerechneten Daten wieder der Konsolidierungszentrale zu senden. Verfolgt die Konzernleitung jedoch das Ziel, die Konzernabschlußinformationen möglichst frühzeitig den Informationsempfängern zur Verfügung zu stellen, dann wäre die zentrale Währungsumrechnung die zielkonforme Handlungsalternative.

[29] Vgl. hierzu UNTEN, Kap. II.3.1.1.

[30] Vgl. hierzu UNTEN, Kap. II.3.1.2.

[31] Vgl. hierzu UNTEN, Kap. II.3.1.3.

In bezug auf die Zielvariablen gilt folgendes: Zielvariablen sind nur dann als Grundlage für fundiertes Gestaltungshandeln geeignet, wenn sie konsistent mit den Oberzielen des Mutterunternehmens verknüpft, im Idealfall direkt aus diesen abgeleitet sind.[32]

Der Konzernabschluß ist ein Informationsinstrument.[33] Letztlich müssen sich daher Zielvariablen von allgemeiner Bedeutung, an denen die Zentralisation bzw. Dezentralisation der Informationsverarbeitungsaktivitäten im Konzernrechnungswesen ausgerichtet werden kann, an den Informationszwecken des Konzernabschlusses[34] und mithin daran orientieren, den Interessenten des Konzernabschlusses "im Hinblick auf ihre Entscheidungen nützliche Informationen zu vermitteln."[35] Ein Beurteilungskriterium ist somit die - allerdings schwer zu messende[36] - Nützlichkeit von Informationen. Zur Konkretisierung bzw. Operationalisierung der Nützlichkeit von Informationen als Zielvariable werden in der vorliegenden Untersuchung anwendungsorientierte Subzielvariablen entwickelt:[37] die Qualität der generierten Konzernabschlußinformationen[38] sowie die Arbeitstage bis zur Vorlage bzw. Veröffentlichung der Konzernabschlußinformationen.[39]

In bezug auf eine der Randbedingungen, i.e. 'die Ausgestaltungsform der Ableitung des Konzernabschlusses', sind zwei Varianten zu unterscheiden: Zum einen kann der Konzernabschluß derivativ aus dezentralen, nicht integrierten Buchhaltungssystemen bzw. derivativ aus einem konzernweit integrierten Buchhaltungssystem, zum anderen originär aus einem konzernweit integrierten Buchhaltungssystem abgeleitet werden.[40] In dieser Untersuchung wird in bezug auf die Randbedingung 'Ausgestaltungsform der Ableitung des Konzernabschlusses' zwischen der

---

[32] Als Defizit der bisherigen Forschung ist festzuhalten, daß mögliche Zielvariablen weitgehend unstrukturiert aufgelistet werden. Dabei wird weder begründet, warum die aufgelisteten Zielvariablen relevant sind, noch werden die Beziehungen, die - einerseits zwischen den diversen Zielvariablen und andererseits zwischen den Zielvariablen und den Gestaltungsprinzipien Zentralisation und Dezentralisation - bestehen, transparent gemacht. Die Zielvariablen drücken dann nur Vor- und Nachteile der Zentralisation und Dezentralisation aus, wobei das den beiden Gestaltungsprinzipien übergeordnete Gestaltungsziel jedoch offen bleibt. Problematisch ist darüber hinaus, daß eine allgemein anerkannte Methodik zur Ableitung eines Systems von Zielvariablen noch nicht vorliegt. Vgl. ausführlich UNTEN, Kap. I.2.1., I.2.2., II.3.1.2. sowie II.3.2.

[33] Vgl. ausführlich UNTEN, Kap. II.2.

[34] "Die Zielvariablen ergeben sich aus den Zwecken des externen und internen Rechnungswesens." MACHARZINA (1981), Sp. 1636. Vgl. auch KÜPPER (1994), S. 971; KÜPPER (1998), S. 150.

[35] BUSSE VON COLBE/ORDELHEIDE (1993), S. 19. Vgl. auch ORDELHEIDE (1998), S. 16 sowie ausführlich UNTEN, Kap. II.3.1.2.

[36] Vgl. BUSSE VON COLBE/ORDELHEIDE (1984), S. 30.

[37] Zu dieser Vorgehensweise vgl. auch allgemein FRESE (1998), S. 251-255.
Zur Problematik der Ableitung eines Systems von Zielvariablen vgl. ausführlich UNTEN, Kap. I.2.1., I.2.2., II.3.1.2. sowie II.3.2.

[38] Vgl. UNTEN, Kap. II.3.1.2.2.1. und II.3.1.2.2.3.

[39] Vgl. UNTEN, Kap. II.3.1.2.2.2. und II.3.1.2.2.3.

[40] Vgl. PELKA (1994); RUHNKE (1995), S. 62 u. 109.

gegenwärtig den Normalfall[41] darstellenden derivativen Ableitung des Konzernabschlusses aus dezentralen, nicht integrierten Buchhaltungssystemen[42] und der zukünftigen Entwicklung[43], der originären Ableitung des Konzernabschlusses aus einem konzernweit integrierten Buchhaltungssystem, differenziert.[44] Dazu wird das jeweils betrachtete Entscheidungsproblem - unter sonst gleichen Bedingungen - einerseits bei einer derivativen[45] und andererseits bei einer originären Ableitung des Konzernabschlusses formuliert.[46]

Als weitere Randbedingungen werden die Größe des Konzerns[47] sowie die Schnittstellen zwischen den einzelnen Teilprozessen und Aktivitäten[48] in das Entscheidungsproblem integriert.

Der theoretische Bezugsrahmen für die prozeßorganisatorische Gestaltung des Konzernrechnungswesens, bestehend aus Handlungsalternativen, Zielvariablen und Randbedingungen wird jeweils in der derivativen und in der originären Ausgestaltungsform der Ableitung des Konzernabschlusses auf die einzelnen Teilprozesse und Aktivitäten praktisch umgesetzt.[49]
Ziel der praktischen Umsetzung des theoretischen Bezugsrahmens ist es einerseits, die aus der Kombination von Handlungsalternativen und den in das Entscheidungsproblem integrierten Randbedingungen resultierenden, möglichen entscheidungs-

---

41 Vgl. GEBHARDT/BERGMANN (1991), Rn. 70. So auch ORDELHEIDE auf der FAZ/KPMG-Fachtagung zum Thema "Die Zukunft der Konzernrechnungslegung - Von der Nachschau zur Konzernsteuerung" am 1. Juni 1995 in Frankfurt am Main.

42 Die derivative Ableitung des Konzernabschlusses aus einem konzernweit integrierten Buchhaltungssystem wird deshalb aus der vorliegenden Untersuchung ausgeklammert, weil ein konzernweit integriertes, derivatives Buchhaltungssystem mit zunehmendem Grad der Integration in zunehmendem Maße Elemente der originären Ableitung des Konzernabschlusses aus einem konzernweit integrierten Buchhaltungssystem aufweist. Vgl. RUHNKE (1995), S. 271. Aufgrund der Ausgestaltungsform der Ableitung des Konzernabschlusses ergeben sich dann allenfalls marginale unterschiedliche Wirkungen auf die Zentralisation und Dezentralisation der einzelnen Tätigkeiten.

43 So der Tenor auf der FAZ/KPMG-Fachtagung zum Thema "Die Zukunft der Konzernrechnungslegung - Von der Nachschau zur Konzernsteuerung" am 1. Juni 1995 in Frankfurt am Main.

44 Zur Begriffsabgrenzung und zu den Einzelheiten der beiden Ausgestaltungsformen aus theoretischer Sicht vgl. UNTEN, Kap. II.3.1.3.1.

45 Wenn in der vorliegenden Arbeit von der derivativen Form des Konzernrechnungswesens bzw. von der derivativen Ableitung des Konzernabschlusses gesprochen wird, so ist damit die Ableitung des Konzernabschlusses aus dezentralen, nicht integrierten Buchhaltungssystemen gemeint.

46 Diese Vorgehensweise läßt sich damit begründen, daß es sich bei der originären und der derivativen Ausgestaltungsform des Konzernrechnungswesens nicht notwendigerweise um zwei sich gegenseitig ausschließende Ausgestaltungsformen handelt. So ist z.B. die folgende Mischform denkbar, daß (zunächst) nur die langjährigen Tochterunternehmen, deren Anteile zu 100% dem Mutterunternehmen gehören, in das originäre Konzernrechnungswesen integriert sind, wohingegen die Informationen der übrigen Konzernunternehmen (übergangsweise noch) aus ihren Einzelabschlüssen abgeleitet werden. Vgl. auch UNTEN, Kap. II.3.1.3.1.

47 Vgl. UNTEN, Kap. II.3.1.3.4. sowie II.3.1.3.6.

48 Vgl. UNTEN, Kap. II.3.1.3.5. sowie II.3.1.3.6.

49 Vgl. UNTEN, Kap. III.

relevanten Konsequenzen und deren Wirkungen im Hinblick auf die Zielvariablen zu durchleuchten.
Andererseits sollen nicht nur theoretische, sondern auch praktische Hinweise und gestaltungsorientierte Aussagen über die Möglichkeiten und Grenzen der zentralen und dezentralen Verteilung von Aktivitäten im Rahmen der Konzernabschlußerstellung entwickelt werden, um den Entscheider bei der Lösung des Entscheidungsproblems zu unterstützen, welche Aktivitäten im Zuge des Prozesses der Konzernabschlußerstellung im einzelnen in den Tochterunternehmen, also dezentral, und welche im Mutterunternehmen, also zentral, zu erfüllen sind.

2. Stand der Forschung

2.1. Darstellung und Systematisierung der organisationstheoretischen Literatur zur organisatorischen Gestaltung von Informationsverarbeitungsprozessen

In diesem und dem folgenden Abschnitt werden die Grundzüge der organisatorischen Gestaltung von Informationsverarbeitungsprozessen in der Fachliteratur zur Organisationstheorie sowie die Grundzüge der organisatorischen Gestaltung des Konzernrechnungswesens als Informationsverarbeitungsprozeß in der Fachliteratur zur Konzernrechnungslegung (Abschnitt 2.2.) aufgezeigt. Wichtige organisatorische Gestaltungselemente werden herausgestellt und gewürdigt.

Ein Ziel der vorliegenden Arbeit ist es, eine Verbindung zwischen Konzernrechnungswesen und organisatorischer Gestaltung herzustellen, im Rahmen derer die prozeßorganisatorische Gestaltung der einzelnen Informationsverarbeitungsteilprozesse und Aktivitäten im Konzernrechnungswesen konzeptionell unter Zugrundelegung des Instrumentariums der Entscheidungstheorie umfassend behandelt wird.[50] Grundlegend für die Integration von Organisationstheorie und Entscheidungstheorie und damit für die konzeptionelle Konstruktion des in dieser Arbeit entwickelten theoretischen Bezugsrahmens ist das der entscheidungsorientierten Organisationsliteratur zuzuordnende Buch von LAUX/LIERMANN[51]: Darin werden die organisatorischen Gestaltungsentscheidungen in die entscheidungslogische Grundstruktur eingepaßt, d.h. sie werden strukturiert nach Handlungsalternativen, nach Umweltzuständen, nach den Ergebnissen der Handlungsalternativen sowie der Zielfunktion,

---

[50] Zu den Zielen der vorliegenden Arbeit vgl. OBEN, Kap. I.1.

[51] Vgl. LAUX/LIERMANN (1997). Zur entscheidungslogisch orientierten Organisationstheorie vgl. auch FRESE (1998); LAUX (1992).

um schließlich die bestmögliche unter den gegebenen Handlungsalternativen auszuwählen. Komplexe organisatorische Gestaltungsentscheidungen werden durch entsprechende Maßnahmen der Komplexitätsreduktion, basierend auf dieser Grundstruktur (um-)formuliert, um sie einer im Sinne der Entscheidungstheorie rationalen Lösung zugänglich zu machen.[52]

Auf dem speziellen Gebiet der Ablauf-[53] oder Prozeßorganisation[54] existieren nur wenige betriebswirtschaftliche Monographien auf universitärem Niveau, welche sich nahezu ausschließlich mit der organisatorischen Gestaltung von Informations- und Verwaltungsprozessen auseinandersetzen.[55]

KÜPPER[56] differenziert zwischen der organisatorischen Gestaltung von physischen Prozessen und der organisatorischen Gestaltung von Informationsprozessen.[57]
Im Zusammenhang mit der Gestaltung von Informationsprozessen stellt KÜPPER fest, daß ein grundlegendes Problem in der begrenzten Meßbarkeit von Informationen besteht.[58] Weiterhin führt er aus: "Während die an materiellen Objekten durch-

---

[52] Vgl. LAUX/LIERMANN (1997).

[53] Vgl. insbesondere KOSIOL (1962); KÜPPER (1982); SCHWEITZER (1964). Aktuellere Arbeiten auf diesem Gebiet sind die von BÜHNER (1996), DOMSCHKE/SCHOLL/VOß (1993), KÜPPER/HELBER (1995) und WEIDNER/FREITAG (1998).
BÜHNER (1996) beschränkt seine Ausführungen zur Ablauforganisation ganz überwiegend auf die Fertigung. Die Ablauforganisation von Informations- und Verwaltungsprozessen bleibt weitgehend unberücksichtigt.
Gegenstand des Buches von DOMSCHKE/SCHOLL/VOß "ist die Darstellung von Modellen und Verfahren zur Beschreibung, Analyse und Lösung von Problemen, die sowohl der Produktionsplanung als auch der Ablauforganisation zugerechnet werden können. Im Mittelpunkt stehen ... Probleme der Losgrößenplanung, der Fließbandabstimmung und der Maschinenbelegungsplanung." DOMSCHKE/SCHOLL/VOß (1993), S. 1. Die dort dargestellten Modelle und Verfahren beziehen sich ausschließlich auf die Ablauforganisation von physischen Prozessen, jedoch nicht auf die organisatorische Gestaltung von Informationsprozessen.
Verglichen mit der ersten Auflage (KÜPPER (1982)) konzentriert sich das neu bearbeitete und erweiterte Werk von KÜPPER/HELBER (1995) stärker auf die Abläufe in Produktion und Logistik. Die Ausführungen zur Ablauforganisation von Informations- und Verwaltungsprozessen wurden unverändert beibehalten.
WEIDNER/FREITAG (1998) basieren ihre Ausführungen zur Ablauforganisation weitgehend auf denen von KÜPPER (1982).

[54] "Ablauforganisation als Prozeßorganisation" stellt die Gestaltung der Arbeitsprozesse zur Zielerreichung in den Mittelpunkt. Vgl. GAITANIDES (1992), Sp. 10.
Prozeßorganisation wird eine prozeßorientierte Organisationsgestaltung genannt, in der der Grad der Arbeitsteilung unter Berücksichtigung spezifischer Erfordernisse des Ablaufs betrieblicher Prozesse konzipiert wird. Vgl. BREDE (1998), S. 92; GAITANIDES (1983), S. 62; NOLTE (1999), S. 120-123. Zur Prozeßorganisation vgl. u.a. DAVENPORT (1993); FISCHERMANNS/LIEBELT (1997); GAITANIDES (1983); NOLTE (1999); OSTERLOH/FROST (1996); PICOT/DIETL/FRANCK (1997), S. 217-231; SCHOLZ (1995); STRIENING (1988).

[55] So im Ergebnis auch DYCKHOFF (1994), S. 253.

[56] Vgl. KÜPPER (1982) sowie KÜPPER/HELBER (1995).

[57] Vgl. KÜPPER (1982), S. 5. Vgl. auch STRIENING (1988), S. 58, der in diesem Zusammenhang von materiellen und formalen Prozessen spricht.

[58] Vgl. KÜPPER (1982), S. 29.

geführten Verrichtungen in der Regel qualitativ genau beschrieben und häufig auch quantitativ gemessen werden können, lassen sich Vorgänge der Gewinnung, Verarbeitung und Speicherung von Informationen weniger gut erfassen. Insbesondere der semantische Gehalt und die pragmatische Verwendbarkeit von Informationen sind schwer meßbar."[59]

Nach KÜPPER erstreckt sich die Ablauforganisation "auf die Prozeßphänomene in der Unternehmung."[60] Als "Kernproblem der Ablauforganisation"[61] bezeichnet er "die Gestaltung der räumlichen und zeitlichen Beziehungen zwischen Subjekten, Objekten, Arbeitsmitteln und Verrichtungen."[62] Als Einzelprobleme der Ablauforganisation von Informationsprozessen nennt er:[63]

- Gruppierungsprobleme[64],
- Reihenfolgeprobleme[65],
- Probleme der Arbeitsverteilung.[66]

Auch GAITANIDES[67] verfolgt mit seiner Monographie das Ziel, nicht nur fertigungswirtschaftliche Probleme zu behandeln, sondern darüber hinaus Fragen der Formulierung und Lösung praktischer Probleme des administrativen Gestaltungsbereichs und mithin von Informationsverarbeitungsprozessen zu akzentuieren.[68]

GAITANIDES integriert Ziele, Programme, Methoden und Erfahrungen, die zum Thema der Ablauforganisation existieren, in eine geschlossene Konzeption der Prozeßorganisation, in deren Mittelpunkt die zeitliche und inhaltliche Verteilung von Aufgaben steht.[69] Wesentliches organisatorisches Entscheidungsproblem ist, welche

---

[59] KÜPPER (1982), S. 29. Vgl. auch LAUX (1981), S. 23.
[60] KÜPPER/HELBER (1995), S. 3.
[61] KÜPPER (1982), S. 3.
[62] KÜPPER (1982), S. 3-4.
[63] Vgl. KÜPPER (1982), S. 30-32.
[64] Diese treten insbesondere dann auf, wenn mehrere Informationen in der Informationsverarbeitung zu einer Gruppe zusammengefaßt werden können. Vgl. KÜPPER (1982), S. 31.
[65] Dabei kann einerseits untersucht werden, welche unterschiedlichen Informationsaktivitäten zur Generierung einer bestimmten Information in welcher Reihenfolge vorzunehmen sind. Andererseits kann untersucht werden, in welcher zeitlichen Reihenfolge verschiedenartige Informationstatbestände von einem oder mehreren Arbeitsträgern zu behandeln sind. Vgl. KÜPPER (1982), S. 31.
[66] Dabei ist festzulegen, "welche Arbeitsträger die einzelnen informatorischen Arbeitsprozesse auszuführen haben." KÜPPER (1982), S. 31.
[67] Vgl. GAITANIDES (1983). Andere Arbeiten zur Prozeßorganisation decken im Kern die von GAITANIDES behandelten Themen ab. Vgl. FISCHERMANNS/LIEBELT (1997); NOLTE (1999); OSTERLOH/FROST (1996); SCHOLZ (1995); STRIENING (1988).
[68] Vgl. GAITANIDES (1983), Vorwort.
[69] Vgl. GAITANIDES (1983), Vorwort; vgl. auch FISCHERMANNS/LIEBELT (1997).

Tätigkeiten zentralisiert und welche dezentralisiert werden.[70] Daher beziehen sich die Begriffe Zentralisation und Dezentralisation auf die Verteilung von Tätigkeiten innerhalb einer Wirtschaftseinheit. Zentralisation bedeutet, daß gleichartige Tätigkeiten bei einer organisatorischen Einheit zusammengefaßt werden; Dezentralisation meint die getrennte Verteilung gleichartiger Tätigkeiten auf mehrere organisatorische Einheiten.[71]
In der vorliegenden Arbeit, die sich explizit auf die Verteilung von Tätigkeiten anläßlich der Konzernabschlußerstellung konzentriert, wird sich dieser Begriffsfassung angeschlossen.[72]

Organisatorische Gestaltungshandlungen sind im Endeffekt nach ihren Auswirkungen auf den Realisationsgrad der jeweils verfolgten Ziele zu beurteilen.[73] Das bedeutet, daß die Konsequenzen alternativer organisatorischer Maßnahmen abgeleitet und nach Maßgabe der jeweiligen Ziele beurteilt werden müssen.[74] Dabei ist zu beachten, daß immer eine Beziehung zwischen dem jeweils betrachteten organisatorischen Entscheidungstatbestand mit dessen Handlungsalternativen und den auf seine Festlegung anwendbaren Zielgrößen besteht.[75] "Optimale Entscheidungen lassen sich nur treffen, wenn die Auswirkungen der Handlungsvariablen auf die Ziele feststellbar sind."[76] Deshalb können die Oberziele einer Unternehmung wie beispielsweise die Gewinnerzielung nicht unmittelbar auf Entscheidungstatbestände der organisatorischen Gestaltung angewandt werden.[77] Daraus folgt, daß konsistent mit den Oberzielen der Unternehmung verknüpfte, im Idealfall unmittelbar aus diesen abgeleitete (Sub-)Zielgrößen zu konkretisieren sind.[78]

---

[70] Vgl. GAITANIDES (1983), S. 93.
[71] Vgl. grundlegend NORDSIECK (1934); KOSIOL (1962), S. 49 ff. sowie hierauf aufbauend BLEICHER (1966), S. 48 ff.; BLEICHER (1980), Sp. 2407-2411; FRESE (1998), S. 88-94.
[72] Eine andere, in der Literatur zur Betriebswirtschaftslehre erkennbare Gruppe beschränkt die Begriffe Zentralisation und Dezentralisation auf die Zuordnung von Entscheidungsaufgaben auf Führungsebenen von Unternehmen. Vgl. z.B. ALBACH (1967); GUTENBERG (1962); MELLEROWICZ (1961).
[73] Vgl. LAUX/LIERMANN (1997), S. 240.
[74] Vgl. FRESE (1991), S. 447.
[75] Vgl. KÜPPER/HELBER (1995), S. 28.
[76] KÜPPER (1982), S. 5.
[77] Vgl. KÜPPER/HELBER (1995), S. 28.
[78] Zu Bedeutung und Umsetzung dieser Schlußfolgerung in der vorliegenden Arbeit vgl. OBEN, Kap. I.1. sowie UNTEN, Kap. II.3.1.2.

Als wichtige organisatorische *Zielgrößen* der Gestaltung von Informationsprozessen werden genannt:[79]

- Zeitgrößen (z.B. Durchlaufzeiten oder Auslastungszeiten von Arbeitsträgern),
- Erfolgsgrößen (z.B. Opportunitätskostengrößen) und
- Qualitäts- bzw. soziale Größen (z.B. Nutzenmerkmale des Outputs oder Zufriedenheit und Motivation von Mitarbeitern).

Einschränkend stellt KÜPPER jedoch fest, daß gegenwärtig nur wenige Untersuchungen über den Ablauf von Informationsprozessen und damit über Beziehungen zwischen ablauforganisatorischen Tatbeständen und den angeführten Zielgrößen vorliegen.[80] Begründet wird dies damit, daß solche Untersuchungen erhebliche erhebungstechnische Probleme aufwerfen.[81]

In der organisationstheoretischen Literatur ist eine kaum überschaubare Palette denkbarer *Einflußgrößen* der organisatorischen Gestaltung untersucht worden.[82] Die hier behandelte Frage nach der Verteilung von Tätigkeiten im Rahmen der organisatorischen Gestaltung von Informationsverarbeitungsprozessen im allgemeinen sowie der Konzernabschlußerstellung im besonderen, wurde in diesen Untersuchungen jedoch nicht behandelt.

Zusammenfassend ist festzuhalten, daß in der Fachliteratur zur Ablauforganisation oder Prozeßorganisation Komponenten (Handlungsalternativen, Zielgrößen und Einflußgrößen), die das Entscheidungsproblem der organisatorischen Gestaltung von Informationsverarbeitungsprozessen grundsätzlich abbilden können, allgemein beschrieben werden.

---

[79] Vgl. KÜPPER/HELBER (1995), S. 51-61. GAITANIDES verwendet in seiner Forschungsmonographie die gleichen Zielgrößen wie KÜPPER/HELBER. Vgl. GAITANIDES (1983), S. 98. Zu den genannten und weiteren Zielgrößen, die in allgemeinen organisationstheoretischen Beiträgen genannt werden, vgl. auch ARBEITSKREIS "ORGANISATION" DER SCHMALENBACH-GESELLSCHAFT - DEUTSCHE GESELLSCHAFT FÜR BETRIEBSWIRTSCHAFT E.V. (1996), S. 629-631; BÜHNER (1996), S. 227; BÜNTING (1995), S. 19-38; FESSMANN (1980), S. 150, 177, 230-231 und 273-282; FISCHERMANNS/LIEBELT (1997), S. 82-89; FUCHS-WEGNER/WELGE (1974); HAHN (1976), S. 448; GROCHLA/WELGE (1975), S. 284-287; KEßLER (1976), S. 32-39; LAUX (1981), S. 22-23; LAUX/LIERMANN (1997), S. 149-152; PICOT/REICHWALD/WIGAND (1996), S. 4; SAUERBREY (1979), S. 101-103; VAHS (1997), S. 183-188; WEIDNER/FREITAG (1998), S. 237-238.

[80] Vgl. KÜPPER (1982), S. 100 und 107. So auch FRESE (1991), S. 449.

[81] Vgl. FRESE (1991), S. 449.

[82] In bezug auf Ergebnisse dieser Untersuchungen sei auf die umfassende Erhebung von WOLLNIK verwiesen, der 82 Beiträge zur Einflußgrößenforschung ausgewertet und die Ergebnisse dokumentiert hat. Vgl. WOLLNIK (1980). Vgl. auch die bei FESSMANN (1980), S. 45-49 und 283-285, wiedergegebenen, in empirischen Studien verwendeten Einflußgrößen.

Bevor die hier herausgestellten Komponenten der organisatorischen Gestaltung gewürdigt und Aussagen zur Relevanz der beschriebenen Komponenten für die prozeßorganisatorische Gestaltung des Konzernrechnungswesens getroffen werden, soll zunächst untersucht werden, welche entscheidungsrelevanten Komponenten in der Fachliteratur zur Konzernrechnungslegung genannt werden.

2.2. Darstellung und Systematisierung der Ansätze zur Organisation des Konzernrechnungswesens in der Literatur zur Konzernrechnungslegung

Während inhaltliche Fragestellungen des Konzernrechnungswesens in umfangreichem Maße Gegenstand betriebswirtschaftlicher Diskussionen sind[83], werden organisatorische Probleme des Konzernrechnungswesens erst in jüngerer Zeit mit der erforderlichen Systematik in der Fachliteratur behandelt.[84] Eine Arbeit, die eine Verbindung zwischen Konzernrechnungswesen und organisatorischer Gestaltung herstellt, die die prozeßorganisatorische Gestaltung der einzelnen Informationsverarbeitungsteilprozesse und Aktivitäten im Konzernrechnungswesen konzeptionell unter Zugrundelegung des Instrumentariums der Entscheidungstheorie umfassend behandelt, ist dem Verfasser nicht bekannt.

In der wirtschaftswissenschaftlichen Literatur finden sich einige Beiträge, die sich mit organisatorischen Aspekten des gesamten Finanz- und Rechnungswesens auseinandersetzen.[85] Weitgehend wird dabei das Rechnungswesen in seiner institutionalen Dimension beleuchtet, wobei primär Probleme der Eingliederung des Finanz- und Rechnungswesens in die vorhandene Aufbauorganisation einer Unternehmung[86] fokussiert werden.

---

[83] Vgl. z.B. BAETGE (1997); BUSSE VON COLBE/ORDELHEIDE (1993), LÜCK (1994); SCHERRER (1994); SCHILDBACH (1996); STREIM/SCHULTE (1996); WYSOCKI/WOHLGEMUTH (1996) und die dort wiedergegebenen umfangreichen Literaturnachweise sowie aktuell zur Internationalisierung der Konzernrechnungslegung u.a. BALLWIESER (1997); BAUMANN (1998); BORN (1997); C&L DEUTSCHE REVISION (1994); FÖRSCHLE/KRONER/ROLF (1999); GLAUM/MANDLER (1997); HARTMANN (1998); HAVERMANN (1997); ORDELHEIDE (1998); PELLENS (1998) und die dort wiedergegebene Literatur.

[84] Vgl. CARL (1993); PELKA (1994); RUHNKE (1995). Des weiteren findet man in der Fachliteratur Beiträge teilweise älteren Datums, die sich - schwerpunktmäßig oder in ausgewählter Form - mit einzelnen organisatorischen Fragen der Konzernabschlußerstellung auseinandersetzen: Vgl. z.B. HEINE (1968); HORVATH (1972); JUTZ (1993); KOBERSTEIN (1949); KORST (1990); KPMG TREUVERKEHR AG (1990), S. 93-114; LAVOYER/RICHARD (1989); MÜLLER, E. (1980); NOBES (1987); RAFFEGEAU/DUFILS/CORRE (1984), S. 693-749; SAHNER/TERHÜRNE (1989); SCHEFTER (1993); SCHNICKE (1988); SEIFERT (1983); STEUDTER (1992); WEBER-BRAUN (1991a); WEBER-BRAUN/WEISS/FERLINGS (1998).

[85] Vgl. stellvertretend ADAMOWSKY (1961); BLEICHER (1981); COENENBERG (1980); MACHARZINA (1992); NEUHOF (1975); POHLIG (1984); SIGLE (1990).

[86] Vgl. z.B. NEUHOF (1975); POHLIG (1984).

In den letzten Jahren sind drei Monographien[87] zum Thema 'Konzernbuchführung' erschienen:[88] CARL[89] thematisiert die Dokumentationsfunktion und Prüfung einer Konzernbuchführung. In Anlehnung an die Begriffsauffassung des IDW[90] versteht CARL unter Konzernbuchführung sämtliche Unterlagen und Aufzeichnungen, "die zum buchhalterischen Nachweis der einzelnen Arbeitsgänge ab der Hereinnahme der Einzelabschlüsse bis zur Erstellung des Konzernabschlusses notwendig und zweckmäßig, und dadurch zur Erfüllung der dokumentativen Funktion der Konzernbuchführung erforderlich sind."[91] Schwerpunktmäßig versucht CARL, "die Notwendigkeit einer Konzernbuchführung herauszustellen und deren Ausgestaltungsmöglichkeit und Dokumentationsfunktion aufzuzeigen."[92] Außerdem stellt er dar, "mittels welcher Prüfungshandlungen sich der Konzernabschlußprüfer von der Ordnungsmäßigkeit dieses Dokumentationsinstruments überzeugen kann."[93] Der von CARL gewählte Untersuchungsschwerpunkt ist jedoch nicht Gegenstand dieser Arbeit.[94]

Darüber hinaus geht CARL auf drei Seiten auf die zentrale oder dezentrale Organisation der Konzernbuchführung ein.[95] Er listet thesenartig Vorteile einer zentralen Organisation der Konzernbuchführung auf[96] und geht aufgrund dieser Vorteile im weiteren Verlauf seiner Untersuchung von einer zentral organisierten Konzernbuchführung aus, in der die Maßnahmen zur Vereinheitlichung der Einzelabschlüsse und alle Maßnahmen der Konsolidierung ausschließlich zentral durchgeführt werden.[97]
Ein solcher Vorteilskatalog erscheint jedoch ungeeignet, um als Grundlage für fundiertes Gestaltungshandeln fungieren zu können und ist somit kein Ersatz für ein System von Zielgrößen, das aus den Zielen des Konzerns als wirtschaftlicher Einheit abgeleitet ist.[98]

---

87 Vgl. CARL (1993); PELKA (1994); RUHNKE (1995).
88 Über die drei Monographien hinaus findet sich in der Fachliteratur relativ aktuell ein rund 50-seitiger Beitrag von WEBER-BRAUN/WEISS/FERLINGS (1998), in dem verschiedene Einzelfragen der Organisation der Vorbereitung, Aufstellung und Kontrolle des Konzernabschlusses thematisiert werden.
89 Vgl. CARL (1993).
90 Vgl. ARBEITSKREIS WELTBILANZ DES IDW (1990), S. 7.
91 CARL (1993), S. 30.
92 CARL (1993), S. 3.
93 CARL (1993), S. 3.
94 Zur Festlegung des Untersuchungsschwerpunktes der vorliegenden Arbeit, vgl. OBEN, Kap. I.1.
95 Vgl. CARL (1993), S. 62-64.
96 Vgl. CARL (1993), S. 63-64.
97 Vgl. CARL (1993), S. 64.
98 Vgl. hierzu ausführlicher OBEN, Kap. I.2.1. sowie UNTEN, Kap. II.3.1.2.

RUHNKE[99] untersucht die Konzernbuchführung sowohl aus theoretischer als auch aus praktischer Sicht. Unter Konzernbuchführung versteht er "alle Vorkehrungen, die für eine sachgerechte Erfüllung ihrer Funktionen notwendig sind. Dazu zählen sowohl die organisatorischen Regelungen zur Durchführung einer Konzernbuchführung als auch die technische Durchführung selbst."[100] Schwerpunktmäßig werden technische Ausgestaltungsformen einer derivativen Konzernbuchführung untersucht, insbesondere die manuelle und die DV-gestützte Konzernbuchführungstechnik[101] sowie wissensbasierte Systeme als Unterstützungstechnik für die Konzernbuchführung.[102] Die Einzelheiten dieser Konzernbuchführungstechniken finden in der vorliegenden Arbeit allerdings keine thematische Entsprechung.

Des weiteren beschäftigt sich RUHNKE ansatzweise mit der zentralen und dezentralen Konzernbuchführung.[103] Er stellt fest, daß die konsolidierungsvorbereitenden Maßnahmen (darunter versteht er die Erstellung der Handelsbilanz II und die Währungsumrechnung) zum heutigen Zeitpunkt tendenziell dezentral erfüllt werden[104], "während für die Konsolidierung i.e.S. eine zentrale Vorgehensweise unumgänglich ist."[105] Diese Aussagen werden jedoch weder theoretisch noch empirisch belegt.

Der Ansatzpunkt der Arbeit von PELKA[106] liegt darin begründet, der wachsenden Bedeutung des Konzernabschlusses in der Rechnungslegungspraxis Rechnung zu tragen. Die Ableitung des Konzernabschlusses aus den Einzelabschlüssen der Konzernunternehmen erfordert zahlreiche Informationen und Überleitungsrechnungen, die aufgrund der wachsenden Eigenständigkeit des Konzernrechnungswesens nicht mehr durch einen Rückgriff auf statistische Nebenrechnungen zu bewältigen sind.[107] Als Lösung empfiehlt er ein Buchführungssystem, das es ermöglicht, den Konzernabschluß auf der Basis von Einzelbuchungen, also originär zu erstellen.
Die Ausführungen von PELKA zur Ausgestaltungsform einer originären Konzernbuchführung, i.e. die Herleitung des Konzernabschlusses aus einem eigenständigen Buchungskreis, werden in die vorliegende Untersuchung integriert. Die Ausgestaltungsform der originären Konzernbuchführung bildet eine der Randbedingungen des

---

[99] Vgl. RUHNKE (1995).
[100] RUHNKE (1995), S. 17.
[101] Vgl. RUHNKE (1995), S. 214-353.
[102] Vgl. RUHNKE (1995), S. 354-439.
[103] Vgl. RUHNKE (1995), S. 184-189.
[104] Vgl. RUHNKE (1995), S. 189.
[105] RUHNKE (1995), S. 184. Unter Konsolidierung i.e.S. versteht RUHNKE die Kapitalkonsolidierung, die Schuldenkonsolidierung, die Zwischenergebniseliminierung, die Aufwands- und Ertragskonsolidierung sowie die Ermittlung latenter Steuern auf diese Konsolidierungsmaßnahmen. Vgl. RUHNKE (1995), S. 84-85.
[106] Vgl. PELKA (1994).
[107] Vgl. PELKA (1994), S. 1-3.

vorliegenden Entscheidungsproblems, der Zentralisation bzw. Dezentralisation von Teilprozessen und Aktivitäten im Konzernrechnungswesen.[108]

Darüber hinaus greift PELKA auch die Frage der zentralen oder dezentralen Führung eines originären konzernweit integrierten Buchführungssystems auf. Er kommt zu dem Ergebnis, daß sich "die Frage, ob das eigenständige Konzernbuchwerk zentral oder dezentral geführt werden soll, ... nicht eindeutig beantworten"[109] läßt. Bestimmte Vorgänge - wie z.B. die Geschäftsvorfälle, die ausschließlich im Konzernbuchwerk zu berücksichtigen sind, die Errechnung und Erfassung latenter Steuern gemäß § 306 HGB, die Fortschreibung der im Rahmen der Erstkonsolidierung entstandenen Geschäfts- oder Firmenwerte, die Fortschreibung der nach der Equity-Methode zu bewertenden Beteiligungsbuchwerte, die Ermittlung und Fortschreibung der Ausgleichsposten für Anteile anderer Gesellschafter oder die Umgliederung konzerninterner Lieferungen und Leistungen[110] - können "sinnvoll"[111], "sinnvollerweise"[112] oder "letztlich"[113] nur zentral verarbeitet werden.
Die zentrale oder dezentrale Zuordnung dieser Vorgänge wird jedoch nicht anhand von Zielvariablen begründet, die aus den Zielen des Konzerns als wirtschaftlicher Einheit abgeleitet sind. Ebenso mangelt es an der Konkretisierung von Randbedingungen, bei deren Vorliegen die zentrale oder dezentrale Zuordnung von Vorgängen als sinnvoll zu erachten ist.

Des weiteren stellt PELKA fest, daß unabhängig von der zentralen oder dezentralen Führung des originären Konzernbuchwerkes einige Grundvoraussetzungen erfüllt sein müssen:

- "Eine einheitlich anzuwendende Konzern-Buchführungsrichtlinie soll sicherstellen, daß gleiche oder gleichartige Geschäftsvorfälle im Konzernbuchwerk auch gleich behandelt werden. Die mit der Führung des Konzernbuchwerks, oder von Teilen hiervon, betrauten Stellen sind verpflichtet, diese Richtlinie anzuwenden."[114]
- "Als Mindestanforderung muß in diesem Zusammenhang über die Verwendung eines konzerneinheitlichen Kontenplans oder entsprechender Kontenplanbrük-

[108] Vgl. hierzu umfassend UNTEN, Kap. II.3.1.3.1.
[109] PELKA (1994), S. 411.
[110] Vgl. PELKA (1994), S. 411-412.
[111] PELKA (1994), S. 412.
[112] PELKA (1994), S. 411.
[113] PELKA (1994), S. 411.
[114] PELKA (1994), S. 412.

ken hinaus die Verwendung von Gesellschaftskennziffern und Buchungstextschlüsseln gefordert werden."[115]

Wird unterstellt, daß diese Grundvoraussetzungen gegeben sind, so bedeutet das für das in dieser Arbeit untersuchte Entscheidungsproblem, daß die von PELKA genannten Grundvoraussetzungen Randbedingungen des vorliegenden Entscheidungsproblems darstellen und dementsprechend als solche in dieser Arbeit behandelt werden.[116]

Über die drei skizzierten Monographien hinaus ist relativ aktuell ein rund 50-seitiger Beitrag von WEBER-BRAUN/FERLINGS[117] erschienen, in dem verschiedene Einzelfragen der Organisation der Vorbereitung, Aufstellung und Kontrolle des Konzernabschlusses angesprochen bzw. erörtert werden. Behandelt werden schwerpunktmäßig die wesentlichen gesetzlichen Regelungen und ihre Wirkung auf die Erstellung von Konzernabschlüssen, organisatorische Regelungen[118], die Konzernrichtlinie, der Ablauf der Erstellung des Weltabschlusses sowie sonstige Einzelfragen.[119] Sofern dem Zweck der vorliegenden Untersuchung dienlich, werden die erwähnten organisatorischen Einzelfragen entsprechend eingefügt.

Über die bisher in diesem Abschnitt genannten organisatorischen Grundvoraussetzungen hinaus werden solche auch in Fachbeiträgen skizziert, die aufgrund ihrer Themenstellung den Anspruch erheben, sich - schwerpunktmäßig oder in ausgewählter Form - mit organisatorischen Fragen des Konzernrechnungswesens[120] oder des Konzernabschlusses[121] auseinanderzusetzen. Im wesentlichen werden thematisiert:

---

[115] PELKA (1994), S. 412.
[116] Vgl. UNTEN, Kap. II.3.1.3.
[117] Vgl. WEBER-BRAUN/WEISS/FERLINGS (1998).
[118] Hierunter werden insbesondere folgende Aspekte subsumiert: Erstmalige Konsolidierung, Strukturierung der Aufgabe, Festlegung des Informationsbedarfs, Definition der Berichterstattung, Definition allgemeiner Daten, Regelung der Verantwortlichkeiten, Festlegung zeitlicher Abläufe, Definition von Überwachungsfunktionen, Koordinationserfordernisse, Auswahl technischer Hilfsmittel und wiederkehrende Regelungen. Vgl. WEBER-BRAUN/WEISS/FERLINGS (1998), Rn. 1282-1340.
[119] Z.B. unterschiedliche Abschlußstichtage, latente Steuern, abweichende Bewertungs- oder Verbrauchsfolgeverfahren, Umsetzung des Gesamtkosten- in das Umsatzkostenverfahren, besondere Probleme bei Personenhandelsgesellschaften sowie die Prüfung des Konzernabschlusses. Vgl. WEBER-BRAUN/WEISS/FERLINGS (1998), Rn. 1405-1429.
[120] Vgl. HORVATH (1972); KOBERSTEIN (1949); MÜLLER, E. (1980). MÜLLER analysiert vor allem Methoden zur Gewinnung von Informationen zur Ermittlung des Konzerngewinns, zu Konzernfinanzierungsmöglichkeiten und zu Kosten und Erlösen des Gesamtsystems.
[121] Vgl. z.B. HEINE (1968); JUTZ (1993); KORST (1990); KPMG TREUVERKEHR AG (1990), S. 93-114; LAVOYER/RICHARD (1989); NOBES (1987); SAHNER/TERHÜRNE (1989); SCHEFTER (1993); SCHNICKE (1988); SEIFERT (1983); STEUDTER (1992); WEBER-BRAUN (1991a); WEBER-BRAUN/WEISS/FERLINGS (1998).

- Konsolidierungsgrundsätze[122],
- die Vereinheitlichung von Kontenrahmen und Kontenplänen[123],
- die Erstellung einer Richtlinie zur konzerneinheitlichen Rechnungslegung (auch Konzern- bzw. Konsolidierungsrichtlinie oder Konzernmanual)[124] als "unabdingbare"[125] organisatorische Maßnahme[126] zur Vereinheitlichung und Standardisierung der Informationsflüsse im Konzernrechnungswesen,
- ein konzerneinheitliches Formularwesen[127] als ein Instrument zur Beschleunigung der Erfassung und Aufbereitung der speziell für die Konzernrechnungslegung erforderlichen Daten sowie zur Vereinheitlichung und Standardisierung des Informations- und Kommunikationsflusses zwischen den Unternehmen des Konzerns[128]; dabei werden nur vereinzelt entsprechende Formulare veranschaulicht[129],
- die Terminplanung[130],
- Einflußgrößen auf die Organisation der Aufstellung des Konzernabschlusses.[131]

Die Form der Verteilung der Aktivitäten, also die *Zentralisation und Dezentralisation*, wird als die "wichtigste organisatorische Frage"[132] des Konzernrechnungswesens bezeichnet.[133]
WEBER-BRAUN[134] katalogisiert die grundsätzlichen Vor- und Nachteile zentraler und dezentraler Organisation des Konzernrechnungswesens.

---

[122] Vgl. BUSSE VON COLBE (1975); zu den Grundsätzen ordnungsmäßiger Konzernrechnungslegung vgl. über § 297 Abs. 2 HGB hinaus BUSSE VON COLBE/ORDELHEIDE (1993), S. 25-43; RUHNKE (1993); RUHNKE (1995), S. 118-139; TRÜTZSCHLER (1989).
[123] Vgl. z.B. BASTIEN et al. (1977), S. 61-62; CARL (1993), S. 69-74; HEINE (1967), S. 116; KÄFER (1958), S. 12; RAFFEGEAU/DUFILS/CORRE (1984), S. 698.
[124] Vgl. z.B. CARL (1993), S. 23-27; ELLERICH (1990), S. 1380-1381; MÜLLER, A./MÜLLER, K. (1988); SCHNICKE (1988), S. 164-168; STEGMANN/BÜCKLE (1992a); WEBER-BRAUN, (1991a), S. 128; WEBER-BRAUN/WEISS/FERLINGS (1998), Rn. 1341-1350.
[125] KPMG TREUVERKEHR AG (1990), S. 94.
[126] Vgl. LANGENBUCHER (1984), S. 338; RUHNKE (1995), S. 144-173.
[127] Vgl. HEINE (1968), S. 197-199; JONAS (1986), S. 312-338 und 405-409; LARSEN/MOSICH (1988), S. 221-222; RUHNKE (1995), S. 164-170; SAHNER/TERHÜRNE (1989), S. 203-266; STEGMANN/BÜCKLE (1992b), S. 454-499.
[128] Vgl. ADLER/DÜRING/SCHMALTZ (1987), Vorbemerkungen zu §§ 290-315 HGB, Rn. 41-42.
[129] Vgl. BENTLER (1991), S. 131-135, der formularmäßig eine Nebenrechnung zur Equity-Bewertung darstellt; JONAS (1986), S. 312-338, der Datenerfassungsformulare für die Handelsbilanz II zeigt; STEGMANN/BÜCKLE (1992b), S. 454-499, die Erfassungsformulare für die Handelsbilanz II, basierend auf der Konsolidierungssoftware PC-KONSOL abbilden; vgl. auch RUHNKE (1995), S. 166 und 168 und SAHNER/TERHÜRNE (1989), S. 203-266.
[130] Vgl. STEGMANN/BÜCKLE (1992b), S. 412; VERBAND DER CHEMISCHEN INDUSTRIE E.V. (1989), S. 12; WEBER-BRAUN/WEISS/FERLINGS (1998), Rn. 1299; ZOGG (1978), S. 89-90.
[131] Vgl. ARBEITSKREIS "EXTERNE UNTERNEHMENSRECHNUNG" DER SCHMALENBACH-GESELLSCHAFT - DEUTSCHE GESELLSCHAFT FÜR BETRIEBSWIRTSCHAFT E.V. (1987), S. 183-184.
[132] HORVATH (1972), S. 1185.
[133] Vgl. HORVATH (1972), S. 1185; PEDLEY (1985); WEBER-BRAUN (1991b).
[134] Vgl. WEBER-BRAUN (1991b).

Als Vorteile einer zentralen Organisation des Konzernrechnungswesens werden herausgestellt:[135]

- die schnelle Rückgriffsmöglichkeit auf Detailinformationen bei Analyse und Rückfragen der Konzernleitung zum Konzernabschluß,
- die optimale Nutzung der Informationsverarbeitungskapazitäten im Mutterunternehmen,
- die schnelle Durchführung von Anpassungsmaßnahmen, z.B. im Planungsprozeß und bei bilanzpolitischen Maßnahmen sowie
- die ausschließlich zentrale Pflege von Fachkenntnissen über die Konzernrechnungslegung.

Die angesprochenen Vorteile einer zentralen Organisation des Konzernrechnungswesens sind gleichzeitig die Nachteile einer dezentralen Organisation.[136]

Die Vorteile einer dezentralen Organisation des Konzernrechnungswesens sind:[137]

- das detailliertere Know-how über die Tochtergesellschaft und das jeweilige Land (Sprache, Gesetze, Mentalität etc.) im Tochterunternehmen sowie
- die höhere Motivation und das größere Verantwortungsbewußtsein bei den Mitarbeitern in den Konzernunternehmen bei dezentraler Aufgabenerfüllung.

Diese Vorteile einer dezentralen Organisation des Konzernrechnungswesens sind zugleich die Nachteile einer zentralen Organisation.[138]

Bezogen auf die Zentralisation und Dezentralisation von Arbeiten im Konzernrechnungswesen kommt HORVATH[139] zu dem Ergebnis, daß die verschiedenen Einflußfaktoren auf die Organisation des Konzernrechnungswesens "zum Teil zentralisierende, zum Teil dezentralisierende Tendenzen"[140] auslösen, wobei "ein optimales Gleichgewicht"[141] zwischen Zentralisation und Dezentralisation angestrebt wird.[142]

---

[135] Vgl. WEBER-BRAUN (1991b), S. 293. Vgl. auch CARL (1993), S. 63-64; PEDLEY (1985), S. 122-123.

[136] Vgl. CARL (1993), S. 63-64; WEBER-BRAUN (1991b), S. 293-295.

[137] Vgl. WEBER-BRAUN (1991b), S. 294-295. Vgl. auch CARL (1993), S. 63-64; PEDLEY (1985), S. 122-123.

[138] Vgl. CARL (1993), S. 63-64; WEBER-BRAUN (1991b), S. 293-295.

[139] Vgl. HORVATH (1972).

[140] HORVATH (1972), S. 1204.

[141] HORVATH (1972), S. 1203.

[142] Vgl. HORVATH (1972), S. 1203.

Insgesamt gesehen wird jedoch nicht untersucht, welche Aktivitäten im Rahmen der Konzernabschlußerstellung unter Zugrundelegung welcher Zielvariablen und bei Vorliegen welcher Einflußfaktoren im einzelnen zentral bzw. dezentral zu erfüllen sind.

Die Beiträge zur Terminplanung und damit zur Aufstellungszeit des Konzernabschlusses nennen exemplarisch Aktivitäten im Zusammenhang mit der Konzernrechnungslegung, die in einem Terminplan schriftlich fixiert werden können, z.B. Buchungsschluß, Saldenabstimmung, Inventur der Vorräte, Abgabe der Handelsbilanzen II bei der zentralen Konsolidierungsstelle.[143] Die erwähnten Termine betreffen im wesentlichen die mit der Handelsbilanz II-Erstellung verbundenen Meldetermine für die Konzerngesellschaften. Auf Ansätze zur Beschleunigung der Bearbeitungszeiten anläßlich der Konzernabschlußerstellung wird jedoch nicht eingegangen.
Ebenso wird in den Beiträgen zur Terminplanung das Problem der möglichst zeitnahen Erstellung und Veröffentlichung des Konzernabschlusses nicht in das Gesamtproblem der organisatorischen Gestaltung des Konzernrechnungswesens bei gegebenen Informationsverarbeitungskapazitäten integriert.

Die für die Konzernrechnungslegung benötigte Zeit läßt sich durch organisatorische Maßnahmen vermindern, bspw. bei der Schuldenkonsolidierung[144], der Zwischenerfolgseliminierung[145] oder der Abwicklung der Aufwands- und Ertragskonsolidierung bei zahlreichen verschiedenartigen Lieferungen.[146] Diese organisatorischen Maßnahmen sollen insbesondere vor dem Hintergrund der Beschleunigung der

[143] Vgl. STEGMANN/BÜCKLE (1992b), S. 412; VERBAND DER CHEMISCHEN INDUSTRIE E.V. (1989), S. 12; WEBER-BRAUN/WEISS/FERLINGS (1998), Rn. 1299-1300.

[144] FISCHER schlägt vor, konzerninterne Forderungen und Verbindlichkeiten zwischen Unternehmen des Konsolidierungskreises nach einem festgelegten Terminplan und unter Verwendung konzerneinheitlicher Formularsätze abzustimmen sowie zeitliche Buchungsunterschiede zu beschränken, indem der Aussteller einer konzerninternen Gutschrifts- oder Belastungsanzeige in der Zeit um den Stichtag der Konzernrechnungslegung aus Termingründen bestimmt, ob in alter oder in neuer Rechnung zu buchen ist. Vgl. FISCHER (1987), Rz. 30-34; vgl. auch ELLERICH (1990), S. 1383-1384; HEINE (1967), S. 117; KÜHR (1983), S. 81; TEITLER-FEINBERG (1970), S. 223.

[145] Hierbei werden schwerpunktmäßig Maßnahmen der Erfassung der zur Durchführung der Konsolidierung notwendigen Informationen sowie die Organisation des Kommunikationsflusses bei zentraler und dezentraler Zwischenergebniseliminierung und die daraus resultierenden Vor- und Nachteile der entsprechenden Verfahren diskutiert. Vgl. ARBEITSKREIS WOLFGANG SCHOLTISSEK (1969), S. 20-24; BUSSE VON COLBE/ORDELHEIDE (1979), S. 191-194; TEITLER-FEINBERG (1970), S. 222-228; WEBER-BRAUN/WEISS/FERLINGS (1998), Rn. 1361-1362; WOHLGEMUTH (1991), Rn. 59-61.

[146] "Um die arbeitstechnische Vereinfachung gruppenweiser Korrekturen zu nutzen", schlagen BUSSE VON COLBE/ORDELHEIDE vor, die einzelnen Lieferungen vor ihrer Meldung an die zentrale Konsolidierungsstelle nahezu vollständig zu Gruppen zusammenzufassen. BUSSE VON COLBE/ORDELHEIDE (1993), S. 411.

Konzernabschlußerstellung in die vorliegende Untersuchung aufgenommen werden.[147]

Als *Randbedingungen* der Organisation des Konzernrechnungswesens werden u.a. die folgenden erkannt:[148]

- die Größe des Konzerns, gemessen an der Anzahl in- und ausländischer verbundener, assoziierter oder gemeinschaftlich geführter Unternehmen,
- die teilweise weltweite räumliche Trennung der für die Konzernrechnungslegung zu verarbeitenden Daten,
- die partiell stark unterschiedlichen rechtlichen, wirtschaftlichen und währungspolitischen Umfeldbedingungen[149],
- der Konzernverflechtungsgrad (= konzerninterne Kapitalverflechtung, Verflechtung der konzerninternen Schuldverhältnisse sowie die Verflechtung des konzerninternen Liefer- und Leistungsumfangs),
- die organisatorische Struktur des Mutterunternehmens,
- die Anzahl und die Qualifikation der Mitarbeiter in der zentralen Konsolidierungsstelle und in den Rechnungswesen der Konzernunternehmen sowie
- die Informations- und Kommunikationstechnologie bei den einzelnen Gesellschaften des Konzerns.

Ebenso wie in der organisationstheoretischen Literatur zur organisatorischen Gestaltung von Informationsverarbeitungsprozessen[150] wird in der Literatur zur Konzernrechnungslegung ein breites Spektrum möglicher Einflußgrößen der organisatorischen Gestaltung genannt. Die Einflüsse dieser Randbedingungen auf die zentrale und dezentrale Verteilung von Aktivitäten bei der Konzernabschlußerstellung werden jedoch nicht untersucht. Daher kann davon ausgegangen werden, daß es keine generell anerkannte Zusammenstellung von Randbedingungen der zentralen und dezentralen Organisation der Konzernabschlußerstellung gibt.

Der Überblick über die organisationstheoretische Literatur und die Literatur zur Konzernrechnungslegung verdeutlicht, daß die organisatorische Gestaltung von In-

---

[147] Vgl. ausführlich UNTEN, Kap. III.
[148] Vgl. ARBEITSKREIS "EXTERNE UNTERNEHMENSRECHNUNG" DER SCHMALENBACH-GESELLSCHAFT - DEUTSCHE GESELLSCHAFT FÜR BETRIEBSWIRTSCHAFT E.V. (1987), S. 183; BAUMANN (1986), S. 425-432; BÖING/EICKMANN (1988); FRÜH/WEGMANN (1989); HORVATH (1972), S. 1184-1195; JÜSTEN (1983); MINZ/WEINANDY/ESSER (1989); RUHNKE (1995), S. 233-439; SALGERT (1989); STEGMANN (1988); VERBAND DER CHEMISCHEN INDUSTRIE E.V. (1989), S. 9; WEBER-BRAUN (1991b), S. 293; WINKEL/KÖSTERS (1986).
[149] Vgl. KIRCHNER (1978), S. 16; LÜCK/JUNG (1991), S. 275.
[150] Vgl. OBEN, Kap. I.2.1.

formationsverarbeitungsprozessen im allgemeinen und des Prozesses der Konzernabschlußerstellung im besonderen ein äußerst komplexer und situationsabhängiger Vorgang ist. Um vor diesem Hintergrund zu konkreten Aussagen zu kommen, besteht ein Zwang zur Vereinfachung, zur Komplexitätsreduktion.[151] Vereinfachung bedeutet hier, daß aus der Vielzahl der das vorliegende Entscheidungsproblem ausmachenden Komponenten diejenigen herausgegriffen und unter konstruierten Verhältnissen analysiert werden, die für das vorliegende Entscheidungsproblem von besonderer Bedeutung sind.[152]

In bezug auf die Vorauswahl der Handlungsalternativen erfolgt diese Vereinfachung dadurch, daß sich die vorliegende Arbeit auf die wichtigste organisatorische Frage des Konzernrechnungswesens[153], die zentrale oder dezentrale Verteilung von Aktivitäten, beschränkt.[154]

In bezug auf die Zahl der zu berücksichtigenden Randbedingungen heißt Vereinfachung, daß, auch wenn sich für alle oben genannten Randbedingungen ein Einfluß auf das Ergebnis der Entscheidung plausibel machen läßt, dies jedoch nicht bedeutet, daß sie auch alle in einer Untersuchung berücksichtigt werden müssen[155]; "und es gibt in der Tat keine Studie, in der dies geschieht."[156]

Es ist vor der Annahme zu warnen, daß mit zunehmender Zahl der berücksichtigten Randbedingungen die Qualität der Entscheidung automatisch zunimmt. Dagegen spricht, daß mit zunehmender Zahl der berücksichtigten Randbedingungen auch die Abhängigkeiten der Randbedingungen untereinander zunehmen, so daß erhöhte Zurechnungsprobleme die Folge sind.[157] Für die vorliegende Untersuchung bedeutet das, daß - in Anlehnung an das in der Literatur aufgezeigte Spektrum - bedeutende (i.S.v. häufig genannte) Randbedingungen im einzelnen dargestellt und voneinander

---

151 Zur Notwendigkeit der Komplexitätsreduktion durch Vereinfachung bei Entscheidungsproblemen vgl. BÜNTING (1995), S. 103; LAUX (1989), S. 516-517; LAUX (1998a), S. 369-400; LAUX/LIERMANN (1997), S. 55-56.

152 Vgl. zu dieser Vorgehensweise allgemein ANGERMANN (1963), S. 13; LAUX (1989), S. 516-517; LAUX (1998a), S. 369-400; LAUX/LIERMANN (1997), S. 55-56.

153 Vgl. auch OBEN, Kap. I.1.

154 Zu Maßnahmen zur Komplexitätsreduktion hinsichtlich der Handlungsalternativen vgl. allgemein LAUX/LIERMANN (1997), S. 55-57.

155 Zu Maßnahmen zur Komplexitätsreduktion hinsichtlich der Randbedingungen vgl. allgemein LAUX/LIERMANN (1997), S. 55-56.

156 WOLLNIK (1980), Sp. 596.

157 Vgl. RÜTH (1989), S. 221 m.w.N.; WOLLNIK (1980), Sp. 596-597.

abgegrenzt[158], daß aber nicht alle Randbedingungen in das vorliegende Entscheidungsproblem integriert werden.[159]

Beim derzeitigen Forschungsstand erweist sich vor allem die Beurteilung der Auswirkungen von organisatorischen Gestaltungshandlungen auf den Realisationsgrad der jeweils verfolgten Ziele als problematisch. Das Nichtvorhandensein geeigneter Untersuchungen über Beziehungen zwischen ablauforganisatorischen Tatbeständen und Zielgrößen[160] hat zur Folge, daß die Konsequenzen alternativer organisatorischer Maßnahmen in der Regel auf der subjektiven Einschätzung des Beurteilenden beruhen.[161] Entsprechend einer Zielsetzung der vorliegenden Arbeit, der Entwicklung und Analyse allgemein bedeutsamer entscheidungsrelevanter Komponenten[162], soll der Versuch unternommen werden, ein operables System allgemein bedeutsamer Zielgrößen zur Beurteilung der Konsequenzen alternativer organisatorischer Maßnahmen zu entwickeln.[163]

Zusammenfassend ist festzustellen, daß in den diversen Fachbeiträgen die Elemente der prozeßorganisatorischen Gestaltung des Konzernrechnungswesens - die Handlungsalternativen (Zentralisation und Dezentralisation), denkbare Zielvariablen, an denen die organisatorische Gestaltung ausgerichtet werden kann und die Randbedingungen des Prozesses der Konzernabschlußerstellung - zwar vereinzelt aber zum Teil nicht ausreichend beschrieben werden und daß eine die Relationen zwischen diesen Elementen identifizierende Gesamtbetrachtung fehlt. Um jedoch eine fundierte prozeßorganisatorische Gestaltung des Konzernrechnungswesens zu ermöglichen und gestaltungsorientierte Aussagen mit direktem Anwendungsbezug über die Möglichkeiten und Grenzen der Zentralisation und Dezentralisation von Aktivitäten im Rahmen der Konzernabschlußerstellung ableiten zu können, erscheint es notwendig, die skizzierten Elemente zu konkretisieren und in eine Gesamtbetrachtung zu integrieren.

---

158 Vgl. UNTEN, Kap. II.3.1.3.
159 Vgl. UNTEN, Kap. II.3.2.
160 Vgl. hierzu OBEN, Kap. I.2.1.
161 Vgl. FRESE (1991), S. 449; LAUX/LIERMANN (1997), S. 45-46.
162 Vgl. OBEN, Kap. I.1.
163 Vgl. UNTEN, Kap. II.3.1.2.

3. Gang der Untersuchung

Den Ausführungen dieses Kapitels folgt im anschließenden II. Kapitel die Konstruktion des theoretischen Bezugsrahmens der Untersuchung.

Ausgehend vom Verständnis des Konzernrechnungswesens als abgrenzbarem informationsverarbeitenden und -produzierenden Prozeß (Kap. II.1.) werden - da die Informationszwecke des Konzernrechnungswesens auch für die organisatorische Gestaltung des Prozesses der Konzernabschlußerstellung maßgebend sind - die Informationszwecke des Konzernrechnungswesens umfassend analysiert (Kap. II.2.).

Im Anschluß daran wird das vorliegende Entscheidungsproblem, die Zentralisation oder Dezentralisation von Informationsverarbeitungsprozessen bei gegebenen Informationsverarbeitungskapazitäten, strukturiert (Kap. II.3.). Beginnend mit den Handlungsalternativen 'Zentralisation' und 'Dezentralisation' (Kap. II.3.1.1.) werden die einzelnen Komponenten des vorliegenden Entscheidungsproblems entwickelt und vorgestellt.

Unternehmerisches Handeln ist zielorientiert, wobei Ziele jene zukünftigen Zustände ausdrücken, die durch das Handeln erreicht werden sollen. Für das betrachtete Entscheidungsproblem besitzen die Zielvariablen herausragende Bedeutung, da sie Maßgrößen zur Beurteilung der Gestaltungswirkungen vorgeben. Möglichst allgemeingültige Zielvariablen, die für die Vorgehensweise bei der Entscheidung über die organisatorische Gestaltung des Konzernrechnungswesens von Bedeutung sind, werden in Kap. II.3.1.2. entwickelt.

Bei der organisatorischen Gestaltung des Konzernrechnungswesens ist eine Reihe von Randbedingungen zu berücksichtigen. Die für die organisatorische Gestaltung bedeutendsten Randbedingungen werden einer vertieften Betrachtung unterzogen (Kap. II.3.1.3.). Weil das vorliegende Entscheidungsproblem zum einen in der derivativen und zum anderen in der originären Ausgestaltung des Konzernrechnungswesens betrachtet wird, ist es notwendig, die beiden Ausgestaltungsformen zu systematisieren und aus theoretischer Sicht näher zu untersuchen (Kap. II.3.1.3.1.).

Da innerhalb der organisatorischen Regelungen die Richtlinie zur konzerneinheitlichen Rechnungslegung als Grundvoraussetzung für die Konzernabschlußerstellung gilt[164], soll eine solche Richtlinie in ihren Grundzügen skizziert und ihre wesentlichen Inhalte angesprochen werden (Kap. II.3.1.3.3.).

Die Ausführungen zur Modellierung der Handlungsalternativen, der Zielvariablen sowie der Randbedingungen werden überblicksweise strukturiert und systematisiert (Kap. II.3.2.). Damit wird zugleich der Bezugsrahmen zusammengefaßt, dessen praktische Umsetzung im III. Kapitel erfolgt.

Unter Rückgriff auf den im II. Kapitel erarbeiteten Bezugsrahmen werden im III. Hauptteil der Arbeit - zunächst separat für jeden Teilprozeß im Rahmen des Prozesses der Konzernabschlußerstellung[165] - die Gestaltungsmöglichkeiten und -grenzen der Zentralisation und Dezentralisation für die einzelnen Teilprozesse im Hinblick auf die im II. Kapitel konkretisierten Zielvariablen und unter Beachtung der dort dargestellten Randbedingungen jeweils zuerst in der derivativen und daran anschließend in der originären Ausgestaltungsform des Konzernrechnungswesens aus entscheidungstheoretischer Sicht diskutiert.

Dabei wird wie folgt vorgegangen: Jeder Teilprozeß wird zunächst in einzelne Aktivitäten aufgeteilt. So kann z.B. der Teilprozeß 'Anpassung der Daten aus den Rechnungswesen der Konzernunternehmen an die konzerneinheitlichen Bilanzansatz- und Bewertungsvorschriften' in die Aktivitäten 'Anpassung an die konzerneinheitliche Gliederung' (Kap. III.2.1.2.1.) und 'Anpassung an die konzerneinheitliche Bilanzierung und Bewertung' (Kap. III.2.1.2.2.) zerlegt werden.

Bevor die Möglichkeiten und Grenzen der Zentralisation und Dezentralisation der einzelnen Aktivitäten fundiert untersucht werden können, ist es zunächst erforderlich, diese Aktivitäten ausführlich zu beschreiben, die für die Bearbeitung der einzelnen Teilprozesse benötigten Informationen festzuhalten und den Informationsfluß abzubilden.[166] Dazu werden - sofern dem Zweck der vorliegenden Arbeit dienlich -

---

[164] Zur Richtlinie zur konzerneinheitlichen Rechnungslegung als Grundvoraussetzung für die originäre Ableitung des Konzernabschlusses vgl. PELKA (1994), S. 412; zur Richtlinie zur konzerneinheitlichen Rechnungslegung als Grundvoraussetzung für die derivative Ableitung des Konzernabschlusses vgl. ELLERICH (1990), S. 1380-1381; KPMG TREUVERKEHR AG (1990), S. 94; LANGENBUCHER (1984), S. 338; MÜLLER, A./MÜLLER, K. (1988); RUHNKE (1995), S. 144-173; SCHNICKE (1988), S. 164-168; STEGMANN/BÜCKLE (1992a); WEBER-BRAUN, (1991a), S. 128; WEBER-BRAUN/WEISS/FERLINGS (1998), Rn. 1341-1350.

[165] Der Prozeß der Konzernabschlußerstellung wird in der vorliegenden Arbeit in die folgenden Teilprozesse zerlegt: Erfassung der Geschäftsvorfälle, Vereinheitlichung von Bilanzansatz und Bewertung, Währungsumrechnung, Kapitalkonsolidierung, Schuldenkonsolidierung, Zwischenergebniseliminierung, Aufwands- und Ertragskonsolidierung und Beteiligungsbewertung nach der Equity-Methode. Zur Zerlegung des Gesamtprozesses in Teilprozesse vgl. UNTEN, Kap. II.1.

[166] Zu dieser Vorgehensweise vgl. allgemein KÜPPER (1982), S. 30.

Formblätter (Ablaufpläne)[167] entworfen und inhaltlich konkretisiert. Die Formblätter dienen insbesondere zur Bestimmung der relevanten Arbeitsschritte und Informationen im Rahmen der einzelnen Teilprozesse und zur Darstellung der Prozeßabläufe. Damit liefern sie methodische Grundlagen für die praktische Umsetzung des Bezugsrahmens.

In den jeweils folgenden Abschnitten werden die zuvor abgegrenzten Aktivitäten im Hinblick auf die Möglichkeiten und Grenzen der Zentralisation bzw. Dezentralisation untersucht. Bei der Untersuchung der Möglichkeiten und Grenzen der Zentralisation und Dezentralisation der jeweiligen Aktivitäten werden die möglichen Wirkungen der entscheidungsrelevanten Konsequenzen im Hinblick auf die Zielvariablen thematisiert und hieraus resultierende Gestaltungsspielräume aufgezeigt.

Den Abschluß der Untersuchung eines jeden Teilprozesses bildet jeweils eine zusammenfassende Darstellung der erarbeiteten Ergebnisse.

Die Arbeit schließt mit dem vierten Kapitel, den Schlußbetrachtungen. Ausgehend von einer zusammenfassenden Darstellung der Ergebnisse der Untersuchung der einzelnen Teilprozesse werden diese im Hinblick auf die zu Beginn der Arbeit formulierten Ziele[168] gewürdigt. Darüber hinaus wird in einem Ausblick auf mögliche Implikationen eingegangen, die von der informationstechnologischen Entwicklung auf das in dieser Arbeit behandelte Entscheidungsproblem und auf die Ergebnisse der vorliegenden Untersuchung ausgehen können.

---

[167] Ein Formularwesen im herkömmlichen Sinne, verstanden als Formulare zum manuellen Ausfüllen, wird zunehmend durch andere EDV-gestützte Erfassungsmechanismen verdrängt, die auf dem Formularaufbau basieren können, z.B. der Formularaufbau als EDV-gestützte Eingabemaske. Vgl. RUHNKE (1995), S. 176. Wenn im folgenden Formulare angesprochen werden, so wird dabei von der Art der Datenerfassung - manuell oder EDV-gestützt - abstrahiert.

[168] Zu den Zielen der vorliegenden Arbeit vgl. OBEN, Kap. I.1.

II. Konstruktion eines theoretischen Bezugsrahmens für die zentrale und dezentrale Verteilung von Teilprozessen und Aktivitäten im Konzernrechnungswesen

1. Konzernrechnungswesen als determinierbarer Prozeß

Prozeßorganisation ist als eine prozeßorientierte Organisationsgestaltung zu verstehen, in der der Grad der Arbeitsteilung unter Berücksichtigung spezifischer Erfordernisse des Ablaufs betrieblicher Prozesse konzipiert wird.[169]

"Ablauforganisation als Prozeßorganisation"[170] stellt die Gestaltung der Arbeitsprozesse zur Zielerreichung in den Mittelpunkt.[171] Unter Arbeit versteht man "die Erfüllung einer Aufgabe an einem Arbeitsobjekt durch die Güterabgaben von Mensch und Arbeitsmittel."[172] Eine so verstandene Ablauforganisation meint als Inbegriff die raumzeitliche, zielgerichtete Strukturierung der zur Aufgabenerfüllung erforderlichen Arbeitsprozesse.[173]

Grundgedanke einer prozeßorganisatorischen Gestaltung ist die bereits erwähnte Definition eines Prozesses als eine Serie von Aktivitäten[174] jeweils mit Input, Verarbeitung und Output, wobei Output ganz oder zum Teil Input von Folgeprozessen ist.[175]

Dabei können materielle Prozesse und formale Prozesse gegeneinander abgegrenzt werden. Materielle Prozesse betreffen die klassischen Geld- und Warenströme innerhalb der Unternehmung. Die formalen Prozesse haben die Erfassung, Verarbeitung, Speicherung und Verteilung von Informationen zum Gegenstand.[176]

---

[169] Vgl. BREDE (1998), S. 92; GAITANIDES (1983), S. 62; NOLTE (1999), S. 120-123. Zur Prozeßorganisation vgl. u.a. DAVENPORT (1993); FISCHERMANNS/LIEBELT (1997); GAITANIDES (1983); NOLTE (1999); OSTERLOH/FROST (1996); PICOT/DIETL/FRANCK (1997), S. 217-231; SCHOLZ (1995); STRIENING (1988).
[170] GAITANIDES (1992), Sp. 10. Zur Ablauforganisation vgl. z.B. BÜHNER (1996), S. 227-352; GAITANIDES (1992); KOSIOL (1962); KOSIOL (1980); KÜPPER (1982); KÜPPER/HELBER (1995); LAUX (1981), S. 22-23; LAUX/LIERMANN (1997), S. 18, 183-185 und 194; LIEBELT (1992); SCHWEITZER (1964); SCHWEITZER (1974); WEIDNER/FREITAG (1998), S. 233-269.
[171] Vgl. hierzu OBEN, Kap. I.2.1.
[172] SCHWEITZER (1964), S. 38.
[173] Vgl. KÜPPER/HELBER (1995); LAUX/LIERMANN (1997), S. 18 u. 184; SCHWEITZER (1974), Sp. 1.
[174] Vgl. auch OBEN, Kap. I.1.
[175] Vgl. DAVENPORT (1993), S. 5; NOLTE (1999), S. 120; OSTERLOH/FROST (1994), S. 8.
[176] Vgl. VAHS (1997), S. 180-181.

Gemäß obiger Definition eines Prozesses wird das Konzernrechnungswesen in dieser Arbeit als formaler und abgrenzbarer Gesamtprozeß verstanden. Ein arbeitsteiliger Prozeß gilt allgemein als abgegrenzt, wenn er im Zusammenhang mit der Erstellung und Verwertung betrieblicher Leistungen steht und der Organisator ihn isoliert betrachten will.[177] "Die Definition dessen, was als Prozeß abzubilden ist, entspringt also der subjektiven Problemsicht."[178]

Für Zwecke der vorliegenden Untersuchung soll der Prozeß des Konzernrechnungswesens folgendermaßen abgegrenzt werden: Der Prozeß beginnt mit der Erfassung der Geschäftsvorfälle und endet mit dem Output 'Konzernabschluß'.

Im Anschluß an die Abgrenzung des Prozesses des Konzernrechnungswesens wird der Gesamtprozeß in die abgrenzbaren Teilprozesse

- Erfassung der Geschäftsvorfälle,
- Vereinheitlichung von Bilanzansatz und Bewertung,
- Währungsumrechnung,
- Kapitalkonsolidierung,
- Schuldenkonsolidierung,
- Zwischenergebniseliminierung,
- Aufwands- und Ertragskonsolidierung und
- Beteiligungsbewertung nach der Equity-Methode

zerlegt[179], die ihrerseits weiter in Aktivitäten[180] zerlegbar sind. Anfang und Ende eines Teilprozesses bzw. einer Aktivität sind durch Schnittstellen zu den angrenzenden Teilprozessen oder Aktivitäten definiert.[181]

Eine problemgerechte Prozeßzerlegung stellt regelmäßig einen Ausgleich zwischen Vollständigkeit und Wirtschaftlichkeit dar. Explizit vernachlässigen bzw. nicht separat erfassen wird man solche Aktivitäten und insbesondere Prozeßelemente[182], von denen nur geringe Relevanz für das vorliegende Entscheidungsproblem zu erwarten ist. So ist bspw. davon auszugehen, daß im Rahmen des Teilprozesses

---

[177] Zur Prozeßabgrenzung vgl. allgemein GAITANIDES (1983), S. 64-75; FISCHERMANNS/LIEBELT (1997), S. 115-116.
[178] GAITANIDES (1983), S. 65. Vgl. auch NOLTE (1999), S. 122.
[179] Zur Zerlegung von Prozessen in Teilprozesse vgl. allgemein GAITANIDES (1983), S. 75-83.
[180] Zur Zerlegung der genannten Teilprozesse in Aktivitäten vgl. detailliert UNTEN, Kap. III.
[181] Vgl. NOLTE (1999), S. 122.
[182] Als Prozeßelemente werden sogenannte Elementarverrichtungen bezeichnet. Vgl. JAKOB (1980), S. 93.

'Währungsumrechnung' die beiden Aktivitäten 'Ermittlung der Stichtagskurse' und 'Ermittlung der Periodendurchschnittskurse' in der Regel entweder der zentralen Konsolidierungsstelle oder den Konzernunternehmen, aber nicht unterschiedlich zugeordnet werden und insofern die zwei angesprochenen Aktivitäten für das vorliegende Entscheidungsproblem, hier: die Lokalisierung von Aktivitäten anläßlich der Konzernabschlußerstellung, aggregiert behandelt werden können.[183]

Im Anschluß an die Abgrenzung des Prozesses 'Konzernrechnungswesen' und dessen Zerlegung in Teilprozesse resp. Aktivitäten sind diese nach der temporalen Aufeinanderfolge ihrer Bearbeitung zu reihen.[184] Dabei ist letztendlich für jede einzelne Aktivität festzulegen, welche Teilprozesse und Aktivitäten abgeschlossen sein müssen, bevor mit der jeweiligen Aktivität angefangen werden kann.[185] Generell ist aus der Sachlogik des Prozesses deduzierbar[186], welche Teilprozesse und Aktivitäten vorrangig, simultan und nachgeordnet zu verwirklichen sind[187], so daß im Hinblick auf die Reihenfolge der Bearbeitung der einzelnen Teilprozesse auf die oben dargestellte Reihenfolge der Teilprozesse verwiesen werden kann.

Zusammenfassend ist festzuhalten, daß eine prozeßorientierte Organisationsgestaltung des Konzernrechnungswesens die Abbildung eines im Rahmen einer ablauforientierten Analyse generierten Prozeßbildes erfordert. Dieses Prozeßbild stellt modellhaft den Informationsfluß dar, der mit dem Zusammenwirken der einzelnen Tätigkeiten verbunden ist.[188] Daran anschließend lassen sich die im Konzernrechnungswesen zu verrichtenden Tätigkeiten als Schrittfolge in eine Ablaufsequenz bringen. Der Gesamtprozeß der Verrichtungen läßt sich in geschlossene Operationsregeln fassen, mit anderen Worten: der Prozeß 'Konzernrechnungswesen' und seine Regeln sind determinierbar.

---

183 Vgl. hierzu detailliert UNTEN, Kap. III.3.1.2.1.
184 Vgl. allgemein GAITANIDES (1992), Sp. 11; VAHS (1997), S. 195-196.
185 Vgl. allgemein LAUX (1981), S. 22.
186 Vgl. GAITANIDES (1983), S. 83.
187 So kann zum Beispiel die Währungsumrechnung nicht vor der Erfassung der Geschäftsvorfälle der Konzernunternehmen realisiert werden.
188 Vgl. CAPELLER (1990), S. 42; NOLTE (1999), S. 120.

2. Zwecke des Konzernrechnungswesens

Das Konzernrechnungswesen ist ein Informationsinstrument.[189] Letztlich sind daher die Informationszwecke auch für die organisatorische Gestaltung des Prozesses der Konzernabschlußerstellung maßgebend.[190]

Zwei grundlegende Zwecke des Konzernrechnungswesens lassen sich unterscheiden.[191]

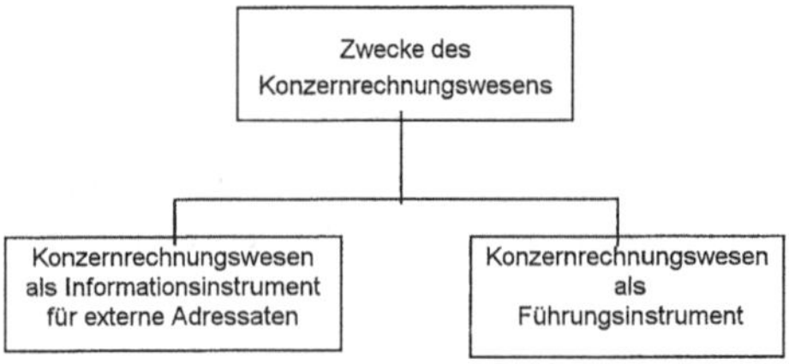

Abb. 1: Zwecke des Konzernrechnungswesens

Ebenso wie das Konzernrechnungswesen als Informationsinstrument für externe Adressaten basiert das Konzernrechnungswesen als Führungsinstrument auf der 'Information' als dem tragenden Element. In Anlehnung an WITTMANN soll Information als "zweckorientiertes Wissen, also solches Wissen, das zur Erreichung eines Zweckes, nämlich einer möglichst vollkommenen Disposition eingesetzt wird"[192] bezeichnet werden. Die Informationen dienen einerseits als Grundlage zur Erfüllung der gesetzlichen Anforderungen an einen Konzernabschluß und andererseits als Grundlage für Entscheidungen.

Das Konzernrechnungswesen erfüllt primär eine Informationsfunktion, indem es die externen und internen Adressaten der Konzernrechnungslegung über die wirt-

---

189 Vgl. aktuell z.B. BALLWIEßER (1997) und die dort wiedergegebene Literatur.

190 Vgl. OBEN, Kap. I.1.

191 Darüber hinaus werden in der Literatur weitere Funktionen erwähnt: die Ausschüttungsbemessungsfunktion und die Steuerbemessungsfunktion. De lege lata kommt dem Konzernabschluß jedoch weder eine Ausschüttungsbemessungsfunktion noch eine Steuerbemessungsfunktion zu, so daß in bezug auf die Vorschläge, die für eine Rechtsänderung sprechen, auf die einschlägige Literatur verwiesen werden kann. Vgl. z.B. BUSSE VON COLBE/ORDELHEIDE (1993), S. 23-24; KLEIN, G. (1989), Rn. 889-904 und die dort angegebene Literatur.

192 WITTMANN (1959), S. 14. Zum Informationsbegriff in der Betriebswirtschaftslehre vgl. auch aktuell BODE (1997) und die dort wiedergegebene Literatur.

schaftliche Lage des Konzerns informiert. Den Informationsempfängern dienen die Informationen zur Vorbereitung diverser Entscheidungen.[193]

Als *Informationsinstrument für externe Adressaten* - das sind die Anteilseigner des Mutterunternehmens sowie der Unternehmen des Konzerns, Gläubiger, Lieferanten, Kunden, Arbeitnehmer und die interessierte Öffentlichkeit[194] - soll das Konzernrechnungswesen den genannten Parteien Informationen über die Vermögens-, Finanz- und Ertragslage des Konzerns als wirtschaftliche Einheit vermitteln.[195] Die Vermögens-, Finanz- und Ertragslage der Unternehmen des Konsolidierungskreises ist im Konzernabschluß so darzustellen, "als ob diese Unternehmen insgesamt ein einziges Unternehmen wären."[196] Dazu sind grundsätzlich alle innerkonzernlichen Beziehungen auszuschalten.

Durch die aggregierte Darstellung der Vermögens-, Finanz- und Ertragslage des Konzerns als wirtschaftliche Einheit soll es den externen Informationsadressaten z.B. ermöglicht werden zu erkennen, ob wegen eines länger anhaltenden Rückgangs der Liquidität einzelner Konzerngesellschaften ein Risiko für den Konzern[197] und mithin auch für dasjenige Unternehmen (Mutterunternehmen oder ein anderes Konzernunternehmen) entsteht, an dem die externen Adressaten ein primäres Interesse haben.[198]

Zu bemerken ist, daß der Konzernabschluß die Einzelabschlüsse der Konzernunternehmen - zumindest in Deutschland - nicht substituiert. Er kompensiert lediglich den bspw. wegen der Orientierung an der Zahlungsbemessung (Ausschüttung, Besteuerung) beeinträchtigten Informationsgehalt von Jahresabschlüssen konzerngebundener Unternehmen.[199] Empirische Untersuchungen bestätigen diese Aussage insofern, als z.B. die spezifischen Aktienrenditen von Konzernobergesellschaften anhand der gleichzeitigen Analyse von Informationen des Einzel- und des Konzernabschlusses in höchstem Grade prognostizierbar sind.[200]

---

[193] Vgl. BALLWIESER (1997), S. 26.
[194] Vgl. FASB (1996b), ARB 51.1.
[195] Vgl. BUSSE VON COLBE/ORDELHEIDE (1984), S. 30.
[196] § 297 Abs. 3 Satz 1 HGB.
[197] Vgl. EDELKOTT (1963), S. 39-72, der in einer Untersuchung über den Zweck des Konzernabschlusses diesen Aspekt in hohem Maße akzentuiert. Aktuellere empirische Untersuchungen zeigen, daß eine kombinierte Analyse des Einzel- und des Konzernabschlusses genauere Risikovorhersagen ermöglicht als lediglich die Analyse des Einzelabschlusses. Vgl. z.B. die bei COENENBERG (1993), S. 79 in Fn. 6 zitierten empirischen Untersuchungen.
[198] Vgl. BUSSE VON COLBE/ORDELHEIDE (1993), S. 20; FASB (1996b), ARB 51.1.
[199] Vgl. HARTLE (1987), Rn. 11; ORDELHEIDE (1989), S. 398.
[200] Vgl. PELLENS (1989).

Alles in allem soll der Konzernabschluß als Informationsinstrument für externe Adressaten gegenwärtigen und potentiellen Interessenten am Konzern unter Beachtung der Grundsätze ordnungsmäßiger Buchführung ein den tatsächlichen Verhältnissen entsprechendes Bild der Vermögens-, Finanz- und Ertragslage des Konzerns vermitteln[201] bzw. die Interessenten mit nützlichen Informationen für ihre Investitions- und Desinvestitionsentscheidungen versorgen.[202]

Seit über einem Jahrzehnt[203] wird die handelsrechtliche Rechnungslegung durch den börsenrechtlichen Zwischenbericht ergänzt.[204] Diesen müssen alle Emittenten börsennotierter Wertpapiere für die ersten sechs Monate des Geschäftsjahres erstellen und innerhalb von maximal zwei Monaten veröffentlichen.[205] Ziel der Veröffentlichung von Zwischenberichten ist es, aktuelle sowie potentielle Anleger frühzeitig über entscheidungsrelevante Sachverhalte zu informieren.[206]

Neben der jährlichen und unterjährigen Rechnungslegung besteht seit dem 1. Januar 1995 für börsennotierte Unternehmen die Pflicht zur unmittelbaren Veröffentlichung von kursbeeinflussenden Tatsachen (sog. Ad-hoc-Publizität).[207] Das Management börsennotierter Unternehmen wird dabei verpflichtet, eine in seinem Tätigkeitsbereich eingetretene Tatsache zu publizieren, wenn sie aufgrund ihrer Auswirkungen auf die Vermögens-, Finanz- und Ertragslage oder auf den allgemeinen Geschäftsverlauf des Unternehmens geeignet ist, erhebliche Kursveränderungen nach sich zu ziehen.[208]
Die organisatorische Gestaltung des Konzernrechnungswesens ist von § 15 WpHG deshalb tangiert, da all jene im Tätigkeitsbereich des Emittenten aufgetretenen und nicht öffentlich bekannten kursbeeinflussenden Tatsachen zu erfassen sind, die "sich soweit konkretisiert haben, daß sie für folgende ... Konzernabschlüsse einen

---

[201] Vgl. § 297 Abs. 2 Satz 2 HGB.
[202] Vgl. IASC (1998), Framework, Tz. 9; FASB (1996b), CON 1.34.
[203] Die Pflicht zur Zwischenberichterstattung ergibt sich gemäß § 44b BörsG erstmals für das nach dem 1.7.1988 beginnende Geschäftsjahr; für Gesellschaften, die bis dahin keine Zwischenberichte erstattet hatten und auch nicht im Ausland zu einer dem § 44b BörsG entsprechenden Zwischenberichterstattung verpflichtet waren, begann die Verpflichtung zur Veröffentlichung im nach dem 31.12.1989 beginnenden Geschäftsjahr (§ 97 Abs. 1 BörsG).
[204] Zur Zwischenberichterstattung börsennotierter Unternehmen vgl. z.B. KÖSTER (1992); zur Zwischenberichterstattung nach US-GAAP, IAS und HGB vgl. stellvertretend FÖRSCHLE/HELMSCHROTT (1997); zur Zwischenberichterstattung nach US-GAAP vgl. u.a. WILLIAMS (1998), p. 26.01-26.08.
[205] Vgl. §§ 53-62 BörsZulV.
[206] Vgl. BUSSE VON COLBE/ORDELHEIDE (1993), S. 556; COENENBERG/FEDERSPIELER (1999), S. 168-169.
[207] Vgl. § 15 WpHG.
[208] Vgl. DEUTSCHE BÖRSE AG (1994), S. 18; SEEBERG (1998), S. 604-605.

Buchungsvorgang erforderlich machen oder für die Aufnahme in den Lagebericht registriert werden müssen."[209]

Das *Konzernrechnungswesen als Führungsinstrument* (Abb. 1) dient der Konzernleitung zur Planung, Steuerung und Kontrolle des Konzerns.[210] Dazu soll das Konzernrechnungswesen die Konzernleitung mit Informationen über den Konzern als in der Währung des Mutterunternehmens geführte finanzwirtschaftliche Einheit versorgen.[211] Diese Funktion bezieht sich überwiegend auf die Finanzplanung und die Kontrolle der Rentabilität.[212]

Zur Erfüllung ihres Informationsbedarfs stehen der Konzernleitung die bereits genannten Instrumente gesetzlich vorgeschriebener Konzernabschluß, Zwischenberichte sowie ggf. Jahresabschlüsse II[213] zur Verfügung.

Da Entscheidungen - hier: Führungsentscheidungen - zeitnahe Informationen erfordern[214], werden in vielen Konzernen monatlich oder quartalsweise Konzernabschlüsse[215] aufgestellt.[216] In Abhängigkeit vom Informationsbedarf der Konzernleitung können dabei Vereinfachungen hinsichtlich des Konsolidierungskreises oder der angewandten Konsolidierungsverfahren gegenüber der gesetzlich vorgeschriebenen Konzernrechnungslegung vorgenommen werden.[217]

---

[209] PELLENS/FÜLBIER (1994), S. 1388.

[210] Zu den Bereichen Konzernplanung, Konzernsteuerung und Konzernkontrolle vgl. u.a. CORDES (1966), S. 67-68; KLEIN, G. (1989), Rn. 859-866; WEBER-BRAUN (1991b), S. 289.

[211] Vgl. BUSSE VON COLBE/ORDELHEIDE (1993), S. 24; KLEIN, G. (1989), Rn. 859-866.

[212] Vgl. CORDES (1966), S. 66-68; KUHN, K. (1969); KUHN, U. (1993); MÜLLER, E. (1987); SCHEFFLER (1992), S. 628-632.

[213] Sofern in dieser Arbeit Einzelabschlüsse angesprochen werden, werden anstelle der von den angewandten Rechnungslegungssystemen HGB, IAS und US-GAAP abhängigen Termini Handelsbilanzen I bzw. II, IAS-Abschlüsse I bzw. II oder US-GAAP-Abschlüsse I bzw. II - zur sprachlichen Vereinfachung - regelmäßig die Begriffe Jahresabschlüsse I bzw. II verwendet.
Jahresabschlüsse II werden im Rahmen der derivativen Ableitung des Konzernabschlusses erstellt (vgl. UNTEN, Kap. III.2.1.). Zu den Ausgestaltungsformen derivative und originäre Konzernabschlußerstellung vgl. UNTEN, Kap. II.3.1.3.
Vor allem für die Konzernsteuerung ist der Jahresabschluß II von Bedeutung, da er nach konzerneinheitlichen Bilanzansatz- und Bewertungsvorschriften erstellt ist und hierdurch eine Vergleichbarkeit der einzelnen Konzernunternehmen ermöglicht wird. Vgl. ELLERICH (1990), S. 1387; HAVERMANN (1988), S. 186-187.

[214] Vgl. ausführlich OBEN, Kap. I. sowie UNTEN, Kap. II.3.1.2.2.2.

[215] Vgl. BUSSE VON COLBE (1998), S. 140-141; BUSSE VON COLBE/ORDELHEIDE (1993), S. 25.

[216] Ein weiteres Informationsmedium für interne Zwecke ist der Konzernplanabschluß. Zum Konzernplanabschluß vgl. KUHN, U. (1993) und die dort angegebene Literatur. Außerdem können ad-hoc Auswertungen des vorhandenen Datenbestandes der Konzernleitung als internes Informationsinstrument dienen.

[217] Vgl. WEBER-BRAUN (1991a), S. 140-141; WEBER-BRAUN/WEISS/FERLINGS (1998), Rn. 1394-1398; WIEBROCK (1971), S. 309-310.

Zusammenfassend betrachtet ist allgemeiner Zweck des Konzernrechnungswesens, sowohl als Informationsinstrument für externe Adressaten als auch als Führungsinstrument, den externen bzw. internen Berichtsempfängern aktuelle und entscheidungsrelevante Informationen über die Vermögens-, Finanz- und Ertragslage des Konzerns als wirtschaftliche Einheit zu vermitteln. Primärer Zweck des Konzernrechnungswesens ist die Erstellung des Konzernabschlusses.

Aufbauend auf der primären Zweckbestimmung des Konzernrechnungswesens, der Erstellung des Konzernabschlusses, wird nachfolgend ein theoretischer Bezugsrahmen entwickelt, der die relevanten Komponenten der organisatorischen Gestaltung erfassen und strukturieren und darüber hinaus Aussagen über Wirkungen und Zusammenhänge zwischen den Komponenten zulassen soll.

Der Bezugsrahmen umfaßt die nachstehenden Elemente:

- Handlungsalternativen,
- Zielvariablen und Präferenzen,
- Randbedingungen.

Die einzelnen Bestandteile des Bezugsrahmens werden im weiteren Verlauf der Untersuchung schrittweise aufgegriffen und konkretisiert. Im folgenden Abschnitt werden die dem Entscheidungsträger im vorliegenden Entscheidungsproblem offen stehenden Handlungsalternativen der prozeßorganisatorischen Gestaltung des Konzernrechnungswesens bei gegebenen Informationsverarbeitungskapazitäten (Zentralisation und Dezentralisation) verdeutlicht (Abschnitt 3.1.1.). Anschließend sollen möglichst allgemeingültige Zielvariablen, die für die Vorgehensweise bei der Entscheidung über die organisatorische Gestaltung des Konzernrechnungswesens von Bedeutung sind, entwickelt (Abschnitt 3.1.2.) und die bedeutendsten Randbedingungen einer vertieften Betrachtung unterzogen werden (Abschnitt 3.1.3.).

3. Die Strukturierung des Entscheidungsproblems der zentralen und dezentralen Verteilung von Teilprozessen und Aktivitäten im Konzernrechnungswesen

3.1. Analyse und Modellierung der Komponenten des Entscheidungsproblems

3.1.1. Die Modellierung der Handlungsalternativen 'Zentralisation' und 'Dezentralisation'

"Ein Entscheidungsproblem kann allgemein durch die Frage charakterisiert werden, welche Handlungsalternative (oder auch kurz: welche Alternative) aus einer Menge mehrerer Alternativen gewählt werden soll."[218] Es müssen mindestens zwei sich gegenseitig ausschließende Alternativen gegeben sein, damit überhaupt ein Entscheidungsproblem vorliegt.[219] Überdies müssen sich die Handlungsalternativen eines Entscheiders "in der Weise unterscheiden, daß mit ihnen ein Ziel mehr oder weniger gut erreicht wird. Andernfalls ist zwar eine Wahlsituation gegeben, aber kein *Entscheidungsproblem*: Der Entscheider kann dann eine beliebige Alternative auswählen."[220]

Bei der Lösung des vorliegenden Entscheidungsproblems, der zentralen und dezentralen Verteilung von Teilprozessen und Aktivitäten im Konzernrechnungswesen bei gegebenen Informationsverarbeitungskapazitäten, wird unterstellt, daß der Entscheider rational vorgeht.[221]

"Rationalität ist kein klarer Begriff."[222] Rationalität läßt sich jedoch dadurch konkretisieren, daß zum einen Anforderungen an den Entscheidungsprozeß aufgestellt[223]

---

[218] LAUX (1998a), S. 3-4. Vgl. auch BAMBERG/COENENBERG (1989), S. 14-16; EISENFÜHR/WEBER (1993), S. 17-19.
Zu Problemen der Individualentscheidung vgl. LAUX (1998a); zu entscheidungslogischen Grundproblemen, bei denen die möglichen Ergebnisse bzw. Risiken zwischen mindestens zwei Personen geteilt werden, vgl. LAUX (1998b).

[219] Vgl. LAUX (1998a), S. 4.

[220] LAUX (1998a), S. 4.

[221] Dem Entscheider zu helfen, möglichst rationale Entscheidungen zu treffen, ist Gegenstand der präskriptiven Entscheidungstheorie. Im Gegensatz dazu will die deskriptive Entscheidungstheorie "tatsächliches menschliches Entscheidungsverhalten beschreiben und erklären." EISENFÜHR/WEBER (1993), S. 2. Vgl. auch BAMBERG/COENENBERG (1989), S. 1-10; EISENFÜHR/WEBER (1993), S. 1-2; LAUX (1998a), S. 1-3.

[222] EISENFÜHR/WEBER (1993), S. 1.

[223] Anforderungen an einen rationalen Entscheidungsprozeß sind:
1. Der Entscheider sollte sich darüber bewußt sein, daß er das richtige Problem löst.
2. Der Entscheider sollte in die Informationsbeschaffung und -verarbeitung einen der Bedeutung der Entscheidung angemessenen Aufwand investieren.

und zum anderen Grundsätze der Konsistenz, d.h. der Übereinstimmung mit bestimmten Anforderungen[224], festgelegt werden.[225]

Des weiteren wird angenommen, daß der Entscheider im vorliegenden Entscheidungsproblem die Ausprägungen aller entscheidungsrelevanten Daten und folglich auch die Randbedingungen mit Sicherheit kennt.[226] Zudem wird vorausgesetzt, daß der Entscheider das entscheidungsrelevante Ergebnis, das bei der Wahl einer Handlungsalternative erzielt wird, vorhersehen kann.[227]

Die Zuordnung bzw. Verteilung der im Zuge der Zerlegung des gesamten Informationsverarbeitungsprozesses 'Konzernrechnungswesen' gewonnenen Teilprozesse und Aktivitäten[228] stellt das zentrale Thema der organisatorischen Gestaltung der Aufgabenerfüllungsprozesse dar.[229]

Prozeßzuordnung und Prozeßverteilung erfolgen in der Regel nach den polaren Grundprinzipien Zentralisation und Dezentralisation (verkürzt: (De-)Zentralisation).[230] Unter Zentralisation wird die Zusammenfassung und unter Dezentralisation die Trennung gleichartiger Arbeiten verstanden.[231]

Bei der Verteilung von Aktivitäten im Rahmen der Erstellung des Konzernabschlusses lassen sich somit zwei extreme Formen unterscheiden: Bei vollständiger Zentra-

---

3. Der Entscheider sollte bei der Bildung seiner Zukunftserwartungen relevante objektive Daten in Betracht ziehen.
4. Der Entscheider sollte sich über seine Ziele und Präferenzen bewußt werden.
Vgl. z.B. EISENFÜHR/WEBER (1993), S. 5-6.

224 Wichtige Anforderungen, die an rationale Präferenzen des Entscheiders gestellt werden, sind:
"1. Zukunftsorientierung. Die Wahl zwischen Alternativen sollte nur von ihren jeweiligen Konsequenzen abhängen.
2. Dominanz. Wenn eine Alternative a in wenigstens einer Hinsicht besser ist als eine andere Alternative b und in jeder anderen Hinsicht zumindest nicht schlechter, so sollte a vorgezogen werden.
3. Transitivität. Wenn der Entscheider a gegenüber b vorzieht und b gegenüber c vorzieht, so sollte er auch a gegenüber c vorziehen.
4. Invarianz. Die Präferenzen sollten nicht davon abhängen, wie das Entscheidungsproblem dargestellt wird, vorausgesetzt die Darstellungen sind äquivalent."
EISENFÜHR/WEBER (1993), S. 6-7.

225 Vgl. BAMBERG/COENENBERG (1989), S. 2-4; EISENFÜHR/WEBER (1993), S. 1.

226 Zur Entscheidung bei Sicherheit vgl. allgemein z.B. BAMBERG/COENENBERG (1989), S. 39-59; EISENFÜHR/WEBER (1993), S. 93-139; LAUX (1998a), S. 61-101.

227 "Die Annahme sicherer Erwartungen hat ... heuristische bzw. didaktische Bedeutung. Sie ermöglicht es, Entscheidungsprobleme und Lösungskonzeptionen in vereinfachter Form zu analysieren." LAUX (1998a), S. 61.

228 Zur Abgrenzung des Gesamtprozesses und dessen Zerlegung in Teilprozesse vgl. OBEN, Kap. II.1.

229 Vgl. ausführlich OBEN, Kap. I.1.

230 Vgl. WITTLAGE (1989), S. 93.

231 Zur terminologischen Abgrenzung von (De-)Zentralisation vgl. auch OBEN, Kap. I.1. und I.2.1.

lisation werden sämtliche mit der Konzernrechnungslegung verbundenen Arbeiten von einer zentralen Konzernrechnungswesenabteilung im Mutterunternehmen wahrgenommen.[232] Bei vollständiger Dezentralisation hingegen werden alle mit der Konzernrechnungslegung verbundenen Tätigkeiten verschiedenen Stellen in den Konzernunternehmen zugeordnet.[233]
Die vollständige Zentralisation und die vollständige Dezentralisation sind aber eher theoretische Ausgestaltungsformen, so daß sich die Frage nach dem Ausmaß der Zentralisation oder Dezentralisation und somit nach dem Zentralisations- bzw. Dezentralisationsgrad[234] stellt. Ob eine Organisationsform mit einem höheren Zentralisationsgrad oder aber mit einem höheren Dezentralisationsgrad vorzuziehen ist, läßt sich nicht generell beantworten.[235]

Für die vorliegende Arbeit folgt daraus, daß die Aktivitäten im Rahmen des Prozesses der Konzernabschlußerstellung jeweils im einzelnen auf Möglichkeiten und Grenzen ihrer (De-)Zentralisation untersucht werden sollen.[236]

3.1.2. Die Modellierung der Zielvariablen und Präferenzen

3.1.2.1. Nützlichkeit von Konzernabschlußinformationen als oberste Zielvariable für die zentrale und dezentrale Verteilung von Teilprozessen und Aktivitäten im Konzernrechnungswesen

Für die Auswahl einer organisatorischen Maßnahme ist letztendlich der durch sie erzielbare Erfolg im Hinblick auf die Ziele der Organisation maßgeblich.[237] Eine Analyse von Gestaltungsmöglichkeiten kann somit nur dann vorgenommen werden, wenn Zielvorstellungen existieren, mit deren Hilfe organisatorische Handlungsalternativen ausgewählt bzw. bereits ergriffene organisatorische Maßnahmen beurteilt werden können.[238] Der Präferenzwert, den der Entscheider einer jeden aus den Handlungsalternativen und Umwelteinflüssen folgenden entscheidungsrelevanten

---

[232] Vgl. SAHNER/TERHÜRNE (1989), S. 191.
[233] Vgl. KPMG TREUVERKEHR AG (1990), S. 93.
[234] Der Dezentralisationsgrad wird abstrakt verstanden als Quotient aus den dezentral zu verrichtenden Tätigkeiten und der Summe aller zu verrichtenden Tätigkeiten. Zum (De-)Zentralisationsgrad und seiner Messung vgl. allgemein BEUERMANN (1992), Sp. 2620-2623; FRESE (1998), S. 90-94.
[235] Eine Untersuchung von MARSCHAK (1959) hat ergeben, daß kein System (Zentralisation oder Dezentralisation) dem anderen in allen Belangen überlegen ist.
[236] Vgl. dazu detailliert UNTEN, Kap. III.
[237] Vgl. LAUX/LIERMANN (1997), S. 240.
[238] Vgl. LAUX (1998a), S. 23.

Konsequenz zuordnet[239], bringt den aus seiner Sicht bei der Wahl der jeweiligen Alternative realisierten Zielerreichungsgrad zum Ausdruck.[240] Die Eigenschaften, durch die der Entscheider die entscheidungsrelevanten Konsequenzen seiner Entscheidung beschreibt, werden auch als Zielvariablen oder Zielgrößen bezeichnet.[241] Demnach kennzeichnet ein Ziel eine Eigenschaft (Zielvariable) in Verbindung mit einer Angabe über die Präferenz des Entscheiders bezüglich dieser Eigenschaft.[242] Durch Definition eines Optimierungskriteriums bestimmt der Entscheidungsträger die angestrebte Ausprägung des Präferenzwertes. Als Optimierungskriterien kommen die Fixierung[243], die Satisfizierung[244], die Maximierung sowie die Minimierung des Präferenzwertes in Betracht.[245]

Wenn in der Literatur Zielvariablen für die zentrale und dezentrale Verteilung von Arbeiten im Rahmen der Konzernabschlußerstellung genannt werden, so geschieht dies fast ausschließlich dadurch, daß mögliche Zielvariablen weitgehend unstrukturiert aufgelistet werden.[246] Dabei wird weder begründet, warum die aufgeführten Zielvariablen relevant sind, noch werden die Beziehungen, die - einerseits zwischen den diversen Zielvariablen und andererseits zwischen den Zielvariablen und den Gestaltungsprinzipien Zentralisation und Dezentralisation - bestehen, transparent gemacht. Die Zielvariablen drücken dann nur Vor- und Nachteile der Zentralisation und Dezentralisation aus, wobei das den beiden Gestaltungsprinzipien übergeordnete Gestaltungsziel jedoch offen bleibt. Aus diesen Gründen erscheinen solche Vor- und Nachteilskataloge für eine fundierte organisatorische Gestaltung unzweckmäßig.

Zielvariablen sind nur dann als Grundlage für fundiertes Gestaltungshandeln geeignet, wenn sie konsistent mit den Oberzielen des Mutterunternehmens verknüpft, im Idealfall direkt aus diesen abgeleitet sind.[247] Dabei ist allerdings zu berücksichtigen, daß die Konkretisierung von Zielvariablen immer von den subjektiven Zielen und Präferenzen des Entscheiders abhängt[248], insofern also auch konzernindividuelle Situationen maßgeblich sind. Problematisch ist darüber hinaus, daß eine all-

239 Vgl. EISENFÜHR/WEBER (1993), S. 30.
240 Vgl. BITZ (1981), S. 31-33.
241 Vgl. EISENFÜHR/WEBER (1993), S. 30.
242 Vgl. EISENFÜHR/WEBER (1993), S. 30.
243 Fixierung bedeutet das "Anstreben eines genau fixierten Wertes für die Zielgröße." LAUX (1998a), S. 24.
244 Satisfizierung meint das "Anstreben eines bestimmten Anspruchsniveaus für die Zielgröße." LAUX (1998a), S. 24.
245 Vgl. LAUX (1998a), S. 25.
246 Vgl. hierzu ausführlich OBEN, Kap. I.2.1. und I.2.2.
247 Vgl. KÜPPER/HELBER (1995), S. 50.
248 Vgl. EISENFÜHR/WEBER (1993), S. 10-11; KEIL (1996), S. 60.

gemein anerkannte Methodik zur Ableitung eines Systems von Zielvariablen noch nicht vorliegt.[249]

Vor diesem Hintergrund sollen nachstehend mögliche, allgemein bedeutsame Zielvariablen, an denen die zentrale und dezentrale Tätigkeitsverteilung im Rahmen der Konzernabschlußerstellung ausgerichtet werden kann, erarbeitet werden.

Allgemeines Ziel der prozeßorganisatorischen Gestaltung des Konzernrechnungswesens ist es, den Prozeß des Konzernrechnungswesens so zu organisieren, daß das Konzernrechnungswesen die ihm qua Gesetz und von der Konzernführung zugewiesenen Zwecke[250] erfüllt. Da sich aber die Wirkung von organisatorischen Maßnahmen auf die Zwecke des Konzernrechnungswesens nur schwer messen oder voraussagen läßt, muß vereinfachend auf solche Größen, hier: die Zielvariablen, zurückgegriffen werden, die eine sinngemäße Beziehung zwischen einer organisatorischen Maßnahme und den Zwecken des Konzernrechnungswesens wenigstens vermuten lassen.[251]

Zweck des Konzernrechnungswesens, verstanden als Informationsinstrument, ist es, den internen und externen Informationsadressaten Informationen zur Verfügung zu stellen.[252] Die Eigenschaften dieser Informationen wiederum orientieren sich an den Informationsbedürfnissen der Informationsadressaten.[253]

"Der Informationsbedarf wird definiert als die Summe derjenigen Informationen, die zur Erfüllung eines informationellen Interesses (z.B. aus betrieblicher Sicht zur Bewältigung einer Aufgabe) erforderlich sind."[254] Hinreichend beschrieben ist ein Informationsbedarf dann, wenn er einerseits alle erforderlichen Informationen enthält; andererseits müssen diese Informationen in bezug auf diejenigen Informationseigenschaften (gleichbedeutend mit Qualität der Informationen[255]) gekennzeichnet sein, die für den jeweiligen Bedarfsfall zu fordern sind.[256]

---

[249] Vgl. WEBER (1992), Sp. 1437.
[250] Zu den Zwecken des Konzernrechnungswesens vgl. OBEN, Kap. II.2.
[251] Vgl. hierzu allgemein LAUX (1989), S. 517; LAUX/LIERMANN (1997), S. 240
[252] Zu den Informationsadressaten und den Zwecken des Konzernrechnungswesens vgl. OBEN, Kap. II.2.
[253] Vgl. FRANKE/LAUX (1970), S. 1-2; MOXTER (1976), S. 97. Vgl. auch aktuell BAUMANN (1998), S. 10; BÖCKING/BENECKE (1998); FÖRSCHLE (1997), S. 501; HAVERMANN (1997); HOFMANN (1998); HULLE (1998); ORDELHEIDE (1996), S. 546; PELLENS/FÜLBIER/GASSEN (1998), S. 56.
[254] BERTHEL (1992), Sp. 873; vgl. auch BÜNTING (1995), S. 50.
[255] Vgl. EWERT (1993), S. 715-716.
[256] Vgl. BERTHEL (1992), Sp. 873.

Im folgenden soll untersucht werden, welche der sich an den Informationsbedürfnissen der Informationsadressaten orientierenden Informationseigenschaften allgemein bedeutsame Zielvariablen sein können, anhand derer die Konzernleitung als Entscheidungsträger die entscheidungsrelevanten Konsequenzen ihrer Entscheidung beschreiben kann. Um die Vielfalt möglicher prozeßorganisatorischer Zielvariablen zu klassifizieren, ist eine Komplexitätsreduktion notwendig.[257]

Als wichtigste Informationseigenschaft wird - sowohl allgemein als auch bezogen auf das Konzernrechnungswesen - die *Nützlichkeit von Informationen* genannt.[258] Die Nützlichkeit von Informationen ist zugleich die Eigenschaft, die alle anderen Informationseigenschaften beinhaltet.[259] Probleme bei der Anwendung der Nützlichkeit von Informationen als Zielvariable ergeben sich vornehmlich bezüglich der Operationalisierung der Nützlichkeit von Informationen.[260] Zur Bestimmung des Zielerreichungsgrades muß dann auf Subzielvariablen zurückgegriffen werden.[261] Die Subzielvariablen müssen in einem engen Zusammenhang zur übergeordneten Zielvariable 'Nützlichkeit von Informationen' einerseits und zu den Handlungsalternativen andererseits stehen.

Ob und inwieweit Subzielvariablen die genannten Relationen aufweisen, kann im Grunde genommen nur empirisch überprüft werden. Eine solche empirische Überprüfung mißlingt im allgemeinen jedoch, denn der Zielbeitrag der im Einzelfall untersuchten Handlungsalternative läßt sich nicht von dem anderer Gestaltungsmaßnahmen bzw. von der Wirkung konzernindividueller Randbedingungen separieren.[262] Daraus folgt, daß im Endeffekt jeder Beurteilungsansatz auf Plausibilitätsüberlegungen zurückgreifen muß.[263]

---

[257] Vgl. FESSMANN (1980), S. 149; FRESE (1995), S. 285; LAUX/LIERMANN (1997), S. 51-64.

[258] "The criterion of usefulness is the only one at the first level." SNAVELY (1967), S. 226. Vgl. auch BERTHEL (1992), Sp. 874; BUSSE VON COLBE/ORDELHEIDE (1993), S. 19; FASB (1996b), CON 2.32; KAM (1986), S. 349-368; KÜPPER (1994), S. 973-974; MÜLLER, E. (1980), S. 5; MÜLLER, G. (1998), S. 72; MÜLLER, G. (1999); ORDELHEIDE (1998), S. 16; WEBER-BRAUN (1991b), S. 292; ZOGG (1978), S. 78-80. Der Konzernabschluß ist in besonderem Maße geeignet, den Interessenten nützliche Informationen zu vermitteln. Vgl. BUSSE VON COLBE (1998), S. 146; BUSSE VON COLBE/ORDELHEIDE (1993), S. 19.

[259] "The all-inclusive criterion is the usefulness of the information." SNAVELY (1967), S. 227. Vgl. auch BLOHM (1975), Sp. 1928-1929; KAM (1986), S. 349-368; KÜPPER (1994), S. 973-974; MÜLLER, E. (1980), S. 5; WEBER-BRAUN (1991b), S. 292; ZOGG (1978), S. 78-80.

[260] Vgl. BUSSE VON COLBE/ORDELHEIDE (1984), S. 30; RUHNKE (1993), S. 767.

[261] Das ersatzweise Heranziehen von Subzielvariablen ist eine, insbesondere in der Organisationstheorie häufig auftretende Notwendigkeit. Vgl. stellvertretend FRESE (1995), S. 284-291; FUCHS-WEGNER/WELGE (1974); GROCHLA (1977), S. 422-423; SCHOLZ (1992), Sp. 537 ff.

[262] Vgl. allgemein SAUERBREY (1979), S. 57-59.

[263] So auch HUNGENBERG (1995), S. 108.

Vor diesem Hintergrund soll nachstehend ein Konzept entwickelt werden, das sich - durch die Bestimmung anwendungsorientierter Subzielvariablen - bei der Beurteilung der zentralen und dezentralen Verteilung von Aktivitäten im Rahmen der Konzernabschlußerstellung an der Nützlichkeit der im Konzernrechnungswesen generierten Informationen orientiert. Dieses Konzept gestattet keine quantitativen Optimierungskalküle; verstanden als - an der Nützlichkeit der im Konzernrechnungswesen generierten Informationen ausgerichtete - Gestaltungsheuristik, gestattet dieses Konzept jedoch, theoretisch fundierte und praxeologische Tendenzaussagen über die entscheidungsrelevanten Konsequenzen zu treffen, die den Entscheider in der entsprechenden Entscheidungssituation bei seiner Entscheidung unterstützen können.[264]

3.1.2.2. Subzielvariablen zur Beurteilung von Gestaltungsmaßnahmen

3.1.2.2.1. Qualität der Konzernabschlußinformationen

Die Nützlichkeit der im Konzernrechnungswesen generierten Informationen als oberste Zielvariable läßt sich näherungsweise durch die Subzielvariable '*Relevanz*' ausdrücken.[265] Anders formuliert: damit Informationen für den Empfänger von Konzernabschlußinformationen nützlich sind, müssen sie für ihn relevant sein.[266]

Informationen sind für den Informationsempfänger immer dann relevant, wenn sie mit den Handlungen oder Entscheidungen, die sie unterstützen sollen, eng verknüpft sind[267]; somit sind relevante (verstanden als nützliche) Informationen letztlich immer entscheidungsorientiert.[268] Aus Sicht der Konzernleitung als Entscheidungsträger bezieht sich die Relevanz von Informationen dabei nicht nur auf die ihr bekannten

---

264 Diese Aussagen bringen zum Ausdruck, welche Handlungsalternativen bei Vorhandensein welcher Randbedingungen gewählt werden können, um bestimmte Ziele zu erreichen. Vgl. u.a. GROCHLA (1978), S. 55 ff.; MAG (1995), S. 327.

265 Vgl. allgemein COENENBERG (1993), S. 75-76; FASB (1996b), CON 2.32 und 2.46-2.50; KÜPPER (1994), S. 973-974; SNAVELY (1967), S. 227-231.

266 Vgl. BÖCKING/BENECKE (1998), S. 94-95. Die grundsätzliche Entscheidungsrelevanz von Rechnungslegungsdaten wurde sowohl in verhaltensorientierten als auch in kapitalmarktorientierten Studien nachgewiesen. Vgl. z.B. COENENBERG (1993), S. 83; COENENBERG (1974), S. 647-657; COENENBERG/HENES (1995), S. 969; PELLENS/TOMASZEWSKI (1999) sowie die dort angegebene Literatur.

267 Vgl. SNAVELY (1967), S. 227.

268 Vgl. BALLWIESER (1997), S. 26; BÖCKING/BENECKE (1998), S. 95; MOXTER (1976), S. 97.

Informationsbedürfnisse, sondern auch auf vermutete Informationsbedürfnisse potentieller Informationsadressaten bzw. des Kapitalmarktes.[269]

"Das Informationsbedürfnis der Empfänger von Konzernabschlüssen ist darauf gerichtet, vergleichbare und aussagefähige Abschlüsse zu erhalten."[270] Der Aussagegehalt von Konzernabschlußinformationen wird durch umfangreiche gesetzliche Regulierungen zum Konzernabschluß determiniert. Die gesetzlichen Regulierungen legen im Endeffekt Mindeststandards[271] fest: Sie bestimmen (in zum Teil verschiedenartigem Genauigkeitsgrad) den Umfang, die Form und den Inhalt der zu vermittelnden Informationen und damit die Mindestqualität des Konzernabschlusses.

Da die Konzernrechnungslegung als Instrument zur Erfüllung bestimmter Zwecke[272] eingesetzt wird, läßt sich 'Qualität' als Grad der Zweckerfüllung auffassen.[273] Mit dieser Definition ist das Qualitätsproblem jedoch nur oberflächlich gelöst.[274] Wegen des derzeit noch unbefriedigenden Wissens vor allem im Bereich der Wirkungszusammenhänge zwischen möglichen Varianten der Rechnungslegung und den einzelnen Zwecken der Rechnungslegung kommt EWERT[275] zu dem Ergebnis, daß "eine umfassende Qualitätsbeurteilung der Rechnungslegung somit nicht nur anspruchsvoll, sondern derzeit auch gar nicht möglich"[276] erscheint.

Wenn in der vorliegenden Arbeit dennoch Aussagen zur Qualität von im Rahmen der Konzernrechnungslegung generierten Informationen gemacht werden sollen, dann geschieht dies auf der Grundlage, daß die Zweckerfüllung der Konzernrech-

---

269 Vgl. BÖCKING/BENECKE (1998), S. 92; FASB (1996b), CON 1.24-1.27; FÖRSCHLE (1997), S. 501-502; ORDELHEIDE (1996), S. 546; PELLENS/BONSE/GASSEN (1998), S. 785.
Die Suche nach dem geeigneten Informationssystem für mehrere Interessentengruppen ist - wenn man es als multipersonales Optimierungsproblem versteht - "bereits schwierig zu formulieren, da zuvor die möglichen Interdependenzen zwischen den Interessentengruppen erforscht werden müssen. Unterstellt, dies sei geschehen, dann müßte aus der Menge der möglichen Rechnungssysteme dasjenige ausgewählt werden, welches unter Zugrundelegung eines bestimmten Bewertungssystems optimal wäre." BUSSE VON COLBE/ORDELHEIDE (1993), S. 14. So grundsätzlich soll in der vorliegenden Arbeit jedoch nicht verfahren werden.

270 TRÜTZSCHLER (1989), Rn. 917. So auch ORDELHEIDE (1998), S. 21: "Bei mangelnder Vergleichbarkeit erhöhen sich die Transaktionskosten im Markt und die Risiken bei vergleichenden Unternehmensanalysen und damit letztlich die Kapitalkosten."

271 Vgl. allgemein EWERT (1993), S. 715.

272 Zu den Zwecken des Konzernrechnungswesens vgl. OBEN, Kap. II.2.

273 Diese Auffassung des Begriffs 'Qualität' lehnt sich an die Definition des Deutschen Instituts für Normung an, das Qualität definiert als die "Gesamtheit von Eigenschaften und Merkmalen eines Produkts oder einer Dienstleistung, die sich auf deren Eignung zur Erfüllung festgelegter oder vorausgesetzter Erfordernisse beziehen." DEUTSCHES INSTITUT FÜR NORMUNG (1992), zitiert bei RINNE/MITTAG (1995), S. 9.

274 Zur Problematik, den Qualitätsbegriff zu operationalisieren, vgl. auch EWERT (1993), S. 715-717; NIEHUS (1993), S. 10-12.

275 Vgl. EWERT (1993).

276 EWERT (1993), S. 716.

nungslegung immer "eine bestimmte Vereinbarkeits- oder Zulässigkeitsbeziehung erfordert."[277] Allgemein gesprochen muß das vorgelegte Rechenwerk (hier der Konzernabschluß) "ein Element der Menge derjenigen Rechenwerke sein, die angesichts der gesetzlich gegebenen Rechnungslegungsvorschriften und der konkreten Unternehmenssituation tatsächlich hätten erstellt werden dürfen."[278] Trifft dies nicht zu, so ist die Erfüllung der mit den gesetzlichen Rechnungslegungsvorschriften intendierten Zwecke auf jeden Fall fraglich.[279]

Dieser Punkt leitet über zu der in dieser Arbeit vorgenommenen Begriffsabgrenzung: Der Begriff 'Qualität' soll sich für Zwecke der vorliegenden Untersuchung auf Umfang, Form und Inhalt von Konzernabschlußinformationen beschränken, die im Rahmen einer gesetzlich zulässigen und der konkreten Situation des Konzerns entsprechenden Konzernrechnungslegung erzeugt werden (dürfen).

Unter einer gesetzlich zulässigen Konzernrechnungslegung soll ein nach den handelsrechtlichen Vorschriften bzw. - im Fall von börsennotierten Mutterunternehmen - ein ggf. nach international anerkannten Rechnungslegungsgrundsätzen aufgestellter und in deutscher Sprache und Währung bzw. in Euro nach den §§ 325, 328 HGB offengelegter Konzernabschluß verstanden werden.

In Ergänzung zu den gesetzlichen Vorschriften ergibt sich die Mindestqualität des Konzernabschlusses unmittelbar aus den im HGB[280] geschriebenen und aus den ungeschriebenen, formellen und materiellen, in der Literatur[281] weitgehend unter dem Terminus 'Konsolidierungsgrundsätze'[282] subsumierten Leitsätzen für die Aufstellung eines aussagefähigen Konzernabschlusses.[283]

---

[277] EWERT (1993), S. 716.

[278] EWERT (1993), S. 716.

[279] Vgl. EWERT (1993), S. 716.

[280] Vgl. §§ 290-315 HGB.

[281] Vgl. BUSSE VON COLBE/ORDELHEIDE (1993), S. 25-33; RUHNKE (1993), S. 758-767; TRÜTZSCHLER (1989).

[282] Mehrheitlich werden die nachfolgend genannten Konsolidierungsgrundsätze als solche charakterisiert: Fiktion der rechtlichen Einheit, Vollständigkeit des Konsolidierungskreises, Vollständigkeit der Inhalte des Konzernabschlusses, einheitliche Gliederung, Bilanzierung und Bewertung, Einheitlichkeit des Konzernabschlußstichtags, Stetigkeit des Konsolidierungskreises, der Darstellung, der Bewertung und der angewandten Konsolidierungsmethoden, Wirtschaftlichkeit, Wesentlichkeit, Klarheit und Übersichtlichkeit, Ausschaltung konzerninterner Beziehungen. Vgl. BUSSE VON COLBE/ORDELHEIDE (1993), S. 25-33 und 559-561; RUHNKE (1993), S. 766; TRÜTZSCHLER (1989), Rn. 926.

[283] "Die Konsolidierungsgrundsätze sollen Kriterien für die zweckentsprechende Gestaltung der Konzernabschlüsse für die Praxis dort liefern, wo die gesetzlichen Vorschriften lückenhaft oder auslegungsbedürftig sind. Sie können darüber hinaus Anhaltspunkte für die Ausfüllung von Konsolidierungswahlrechten geben. Außerdem können sie Maßstäbe für die Kritik sowohl der Konsolidierungspraxis als auch gesetzlicher Vorschriften setzen." BUSSE VON COLBE/ORDELHEIDE (1993), S. 43.

Die einzelnen Aktivitäten im Rahmen der Konzernrechnungslegung sowie der Output der Konzernrechnungslegung, i.e. der Konzernabschluß per se, dürfen in ihrem Ergebnis diese durch die gesetzlichen Regulierungen und die Konsolidierungsgrundsätze determinierten Mindeststandards nicht unterschreiten.

Neben der gesetzlich vorgeschriebenen Qualität der Informationsvermittlung wird der Aussagegehalt und mithin die Entscheidungsrelevanz von Konzernabschlußinformationen durch freiwillig vermittelte Konzernabschlußinformationen erhöht. In bezug auf das Konzernrechnungswesen als Informationsinstrument für externe Adressaten sind bspw. die insbesondere zur Beeinflussung der Beurteilungen und Entscheidungen von Investoren und Finanzanalysten freiwillig veröffentlichten Konzernabschlußinformationen im Rahmen des Investor Relations[284] zu nennen. So veröffentlichen seit 1994 - und damit bereits vor dem Inkrafttreten des Kapitalaufnahmeerleichterungsgesetzes[285] - immer mehr deutsche Unternehmen ihre Konzernabschlüsse unter Beachtung internationaler Rechnungslegungsstandards.[286]

---

[284] "Die Aufgabe von Investor Relations besteht vor allem im ständigen Dialog zwischen Unternehmen und Kapitalmarkt. Dabei wirkt Investor Relations als ein Sprachrohr nach zwei Seiten: Einerseits vermittelt es Informationen über das Unternehmen an die Investoren. Zum anderen erhält Investor Relations Feedback vom Kapitalmarkt und kommuniziert die Fragestellungen sowie Erwartungen des Kapitalmarkts in das Unternehmen hinein." HARTMANN (1998), S. 268. Zur Disziplin des Investor Relations vgl. auch KRYSTEK/MÜLLER (1993); KÜTING/HÜTTEN (1996).

[285] Das Kapitalaufnahmeerleichterungsgesetz (KapAEG) ist am 24.4.1998 in Kraft getreten. Nach § 292a HGB ist ein börsennotiertes Unternehmen, das Mutterunternehmen eines Konzerns ist, von der Verpflichtung zur Aufstellung eines Konzernabschlusses und eines Konzernlageberichts nach Handelsrecht befreit, sofern es einen Konzernabschluß und einen Konzernlagebericht nach international anerkannten Rechnungslegungsgrundsätzen aufstellt und ihn in deutscher Sprache und Währung bzw. in Euro nach den §§ 325, 328 HGB offenlegt.

[286] Die deutschen Unternehmen haben die ihnen zur Verfügung stehenden Möglichkeiten sehr unterschiedlich in Anspruch genommen:

1. Aufstellung eines HGB-Abschlusses und Erweiterung des Informationsgehalts im Hinblick auf internationale Gepflogenheiten, z.B. DEGUSSA AG (1996).
2. Aufstellung eines HGB-Abschlusses unter Beachtung der internationalen Rechnungslegungsvorschriften soweit zulässig, z.B. SIEMENS AG (1996).
3. Aufstellung eines dualen HGB-IAS-Abschlusses, z.B. BAYER AG (1997).
4. Aufstellung eines HGB-Abschlusses unter Anwendung von US-GAAP soweit zulässig mit Überleitungsrechnung zu US-GAAP, z.B. VEBA AG (1997).
5. Aufstellung eines HGB-Abschlusses und parallel dazu eines reinen IAS- oder US-GAAP-Abschlusses, z.B. IAS: DEUTSCHE BANK AG (1997) und US-GAAP: DAIMLER-BENZ AG (1997).
6. Aufstellung eines dualen HGB-IAS-Abschlusses mit Überleitungsrechnung zu US-GAAP, z.B. HOECHST AG (1998).

Zu Stand und Entwicklung der internationalen Rechnungslegung deutscher Unternehmen vgl. auch ORDELHEIDE (1998), S. 17 und 33-44.

Zur internationalen Rechnungslegung vgl. z.B. BALLWIESER (1997); BAUMANN (1998); BORN (1997); BORN (1999); C&L DEUTSCHE REVISION (1994); FASB (1996a); FASB (1996b); FÖRSCHLE/KRONER/ROLF (1999); GLAUM/MANDLER (1997); HARTMANN (1998); HAVERMANN (1997); IASC (1998); KPMG DEUTSCHE TREUHAND-GESELLSCHAFT AG (1999); KPMG DÜSSELDORF (1996); ORDELHEIDE (1998); PELLENS (1998); WILLIAMS (1998).

In bezug auf das Konzernrechnungswesen als Führungsinstrument wird unter den freiwillig durch die Konzernrechnungslegung zu vermittelnden Informationen - über die im Rahmen des Investor Relations veröffentlichten Informationen hinaus - bspw. die Erstellung von Plankonzernabschlüssen[287] oder die Aufstellung von unterjährigen Abschlüssen verstanden.[288]

Aus Sicht der Konzernleitung als Entscheidungsträger bedeutet das für die Eigenschaften, durch die die Konzernleitung die entscheidungsrelevanten Konsequenzen ihrer Entscheidung beschreibt, daß die durch den Konzernabschluß zu vermittelnden Informationen einen bestimmten Umfang, eine bestimmte Form, einen bestimmten Inhalt und damit eine bestimmte Qualität haben müssen. Zielvariable ist dann die *Qualität der zu vermittelnden Konzernabschlußinformationen*.

Da die durch die Konzernrechnungslegung zu vermittelnden Informationen zumindest der gesetzlich vorgeschriebenen (Mindest-)Qualität entsprechen müssen, kann die Qualität der zu vermittelnden Konzernabschlußinformationen in den Fällen eine geeignete Zielvariable sein, in denen ein Mutterunternehmen gesetzlich verpflichtet ist, Konzernabschlüsse zu erstellen und zu veröffentlichen.
Darüber hinaus kann die Konzernleitung als Entscheidungsträger die Qualität der zu vermittelnden Konzernabschlußinformationen auch dann in ihr Zielsystem integrieren, wenn der Konzernleitung Informationen für die Steuerung und Kontrolle des Konzerns als finanzwirtschaftliche Einheit zur Verfügung gestellt werden sollen.

Die Zielvariable 'Qualität der durch die Konzernrechnungslegung zu vermittelnden Informationen' wird die Konzernleitung als Entscheidungsträger im allgemeinen um die Präferenzaussage 'Satisfizierung'[289] ergänzen: Satisfizierung bedeutet hier, daß die Konzernleitung das Ziel anstrebt, daß die zu vermittelnden Konzernabschlußinformationen bestimmte, von der Konzernleitung formulierte Mindestbedingungen einhalten. Die Mindestbedingungen können so formuliert sein, daß - sowohl für interne als auch für externe Rechnungslegungszwecke - nur das gesetzlich geforderte Mindestmaß an Konzernabschlußinformationen generiert und der Konzernleitung vorgelegt bzw. veröffentlicht wird. Das Anspruchsniveau kann aber auch so festgelegt sein, daß der Informationsgehalt des Konzernabschlusses entsprechend der Informationswünsche der Analysten und Anleger - z.B. im Hinblick auf

---

[287] Zur Aufstellung von Plankonzernabschlüssen vgl. KUHN, U. (1993) und die dort angegebene Literatur.
[288] Vgl. BUSSE VON COLBE (1998), S. 140-142.
[289] "Im allgemeinen strebt man ... nicht eine Maximierung der Qualität an. Vielmehr werden Mindestbedingungen formuliert. Qualitätsmerkmale sollen durch eine Festlegung von Anspruchsniveaus eingehalten werden." KÜPPER/HELBER (1995), S. 57.

internationale Gepflogenheiten um eine konsolidierte Kapitalflußrechnung[290] - erweitert wird.

Beschreibt die Konzernleitung als Entscheider die entscheidungsrelevanten Konsequenzen ihrer Entscheidung im vorliegenden Entscheidungsproblem durch das Ziel 'Satisfizierung der Qualität der durch die Konzernrechnungslegung zu vermittelnden Informationen', dann werden die Teilprozesse bzw. Aktivitäten so auf die Stellen im Konzern verteilt, daß der Output des Informationsverarbeitungsprozesses, der Konzernabschluß, Informationen enthält, die ein von der Konzernleitung festgelegtes Anspruchsniveau einhalten.
Bezogen auf die einzelnen Teilprozesse und Aktivitäten heißt das, daß - bei einem gegebenen Gesamtprozeß und gegebenen Teilprozessen und Aktivitäten - die Satisfizierung der Qualität der durch die Konzernrechnungslegung zu vermittelnden Informationen durch die Satisfizierung der Qualität der im Rahmen der einzelnen Teilprozesse und Aktivitäten generierten Informationen erreicht wird. Das von der Konzernleitung festgelegte Anspruchsniveau an die Qualität der durch die Konzernrechnungslegung zu vermittelnden Informationen ist dann die Gesamtheit der Qualitätsbeiträge der im Rahmen der einzelnen Teilprozesse und Aktivitäten erzeugten Informationen.[291] Insofern wird in der vorliegenden Arbeit die (De-)Zentralisation der einzelnen Teilprozesse und Aktivitäten anhand der *Qualität der im Rahmen der einzelnen Teilprozesse und Aktivitäten generierten Informationen* beurteilt.

Mit der gleichen Interpretation wie die Begriffe 'Qualität der zu vermittelnden Konzernabschlußinformationen' bzw. 'Qualität der im Rahmen der einzelnen Teilprozesse und Aktivitäten generierten Informationen' wird - zur sprachlichen Vereinfachung - im folgenden auch der verkürzte Terminus 'Qualität' verwendet.

---

[290] Nach § 297 Abs. 1 Satz 2 HGB haben die gesetzlichen Vertreter eines börsennotierten Mutterunternehmens den Konzernanhang um eine Kapitalflußrechnung und eine Segmentberichterstattung zu erweitern. Zur Kapitalflußrechnung vgl. z.B. GEBHARDT (1999); ORDELHEIDE/LEUZ (1998); PFUHL (1991).

[291] Zur Aggregation von Qualitätsbeiträgen zu einer Gesamtqualität vgl. allgemein RINNE/MITTAG (1995), S. 9-10.

3.1.2.2.2. Arbeitstage bis zur Vorlage/Veröffentlichung des Konzernabschlusses

Die gesetzlichen Regulierungen zum Konzernabschluß legen nicht nur Mindeststandards hinsichtlich der Qualität der zu vermittelnden Informationen - hier verstanden als Umfang, Form und Inhalt dieser Informationen - fest.

Die Rechtsvorschriften, nach denen der Konzernabschluß innerhalb von fünf Monaten nach Abschluß des vorangegangenen Geschäftsjahres bzw. der Zwischenbericht innerhalb von zwei Monaten zu publizieren ist[292], fixieren darüber hinaus zeitliche Mindeststandards für die Veröffentlichung von Konzernabschlußinformationen.

Aufgrund nationaler[293] und internationaler[294] Gepflogenheiten gewinnen die für die Konzernrechnungslegung benötigten Arbeitstage im Sinne einer möglichst schnellen Publizierung immer mehr an Bedeutung:[295] Im Jahre 1990 veröffentlichten die drei großen deutschen Chemiekonzerne ihre Geschäftsberichte im Mai, und zwar die Hoechst AG am 3.5., die Bayer AG am 9.5. und die BASF AG am 11.5. (jeweils einen Tag nach der Bilanzpressekonferenz). Demgegenüber informierten die ausländischen Konkurrenten DuPont am 28. Februar und ICI und Monsanto am 5. März die externen Informationsadressaten über die geschäftliche und finanzielle Lage der Konzerne.[296] Zwar haben die drei großen deutschen Chemie-Konzerne ihre Bilanzpressekonferenzen, die in der Regel einen Tag vor der allgemeinen Veröffentlichung des Geschäftsberichts liegen, bis 1997 gegenüber 1990 um rund sieben Wochen vorverlegt; damit aber ist der Terminvorsprung der ausländischen Konkurrenz noch nicht ganz überwunden.

Um eine möglichst zeitnahe Informationsbereitstellung zu erreichen, veröffentlichen seit 1997 Unternehmen bereits nach der Verabschiedung des vorläufigen Konzernabschlusses durch den Vorstand die wichtigsten Eckdaten, z.B. Daimler-Benz AG und Hoechst AG.[297]

---

[292] Vgl. § 290 Abs. 1 i.V.m. § 325 Abs. 3 HGB bzw. § 44b BörsG.
[293] Vgl. DUNSCH (1998); LIENER (1992), S. 284.
[294] Vgl. BAUMANN (1993), S. 70; FASB (1996b), CON 2.56-2.57; HARTMANN (1998), S. 260; ORDELHEIDE (1999); PELLENS/FÜLBIER/GASSEN (1998); SCHEFTER (1993), S. 211; SEEBERG (1998), S. 603-604; WOLLMERT/ACHLEITNER (1997), Tz. 6.
[295] Vgl. auch OBEN, Kap. I.1.
[296] Vgl. MÜLLER, H. G. (1991).
[297] Vgl. DUNSCH (1998).

Außerdem erfordert auch die von einigen Unternehmen angestrebte Notierung an internationalen Börsen und eine damit verbundene Anpassung an internationale Handelsbräuche eine möglichst schnelle Publizierung des Konzernabschlusses.[298]

Der Zeitaspekt der Informationsbereitstellung ist jedoch nicht nur bei der externen Konzernrechnungslegung wichtig, sondern ebenso bei der internen Konzernrechnungslegung, d.h. für das Konzernrechnungswesen als Führungsinstrument.[299] Auch für die Konzernleitung als Informationsempfänger sind Informationen nur dann nützlich, im Sinne von entscheidungsrelevant, wenn die Informationen der Konzernrechnungslegung Entscheidungen beeinflussen und aktuell sind. So wird die Entscheidungsrelevanz des monatlich erstellten Konzernabschlusses in Frage gestellt, wenn dieser erst zwei Monate nach Ultimo der Konzernleitung vorgelegt wird. Insofern müssen nützliche, verstanden als entscheidungsrelevante Informationen möglichst kurzfristig dem Informationsempfänger zur Verfügung stehen.

Die große Bedeutung, die der möglichst kurzfristigen Bereitstellung von Informationen der Konzernrechnungslegung beigemessen wird, rechtfertigt es, die bis zur Bekanntgabe dieser Informationen benötigten Arbeitstage als eigenständige Zielvariable zu betrachten. Im Falle des internen (externen) Konzernrechnungswesens heißt das, daß die *Arbeitstage bis zur Vorlage des Konzernabschlusses bei der Konzernleitung (bis zur Veröffentlichung des Konzernabschlusses)* als Zielvariable behandelt werden sollen.

Als mögliche Präferenzen der Konzernleitung bezüglich der bis zur Vorlage des Konzernabschlusses bzw. dessen Veröffentlichung benötigten Arbeitstage kommen die Satisfizierung und die Minimierung in Betracht. Satisfizierung bedeutet das Anstreben eines bestimmten Anspruchsniveaus, das heißt einer bestimmten Zahl von Arbeitstagen bis zur Vorlage oder Veröffentlichung des Konzernabschlusses. Im Fall der Minimierung würde die Konzernleitung anstreben, den Konzernabschluß schnellstmöglich vorgelegt zu bekommen bzw. zu veröffentlichen.

Beschreibt die Konzernleitung als Entscheider die entscheidungsrelevanten Konsequenzen ihrer Entscheidung im vorliegenden Entscheidungsproblem durch das Ziel 'Satisfizierung bzw. Minimierung der benötigten Arbeitstage', dann werden die ein-

[298] In den USA muß eine publizitätspflichtige Gesellschaft die geforderten Unterlagen der SEC innerhalb von 45 Tagen (Zwischenberichterstattung) bzw. 90 Tagen (Jahresberichterstattung) zur Verfügung stellen. In der Regel werden die Berichte den Aktionären jedoch noch früher übermittelt. Vgl. PELLENS/FÜLBIER/GASSEN (1998), S. 261; vgl. auch HARTMANN (1998), S. 260; ORDELHEIDE (1999), S. 239-245; SCHEFTER (1993), S. 211.

[299] Zum Konzernrechnungswesen als Führungsinstrument vgl. ausführlich OBEN, Kap. II.2.

zelnen Teilprozesse und Aktivitäten so im Konzern zentralisiert oder dezentralisiert, daß der Output des Informationsverarbeitungsprozesses, der Konzernabschluß, den Informationsempfängern entweder bis zu einem vorgegebenen Termin oder aber so schnell wie möglich zur Verfügung steht. Das wiederum bedeutet, daß bei einem gegebenen Gesamtprozeß und gegebenen Teilprozessen und Aktivitäten die Satisfizierung bzw. Minimierung der Gesamterfüllungszeit durch die Satisfizierung bzw. Minimierung der Erfüllungszeiten der einzelnen Teilprozesse und Aktivitäten implizit miterreicht wird.[300] Das von der Konzernleitung festgelegte Anspruchsniveau an die bis zur Vorlage oder Veröffentlichung des Konzernabschlusses benötigten Arbeitstage ist dann die Gesamtheit der für die einzelnen Teilprozesse und Aktivitäten benötigten Arbeitstage. Für die vorliegende Arbeit folgt daraus, daß die (De-)Zentralisation der einzelnen Teilprozesse und Aktivitäten anhand der *für die Erfüllung der einzelnen Teilprozesse und Aktivitäten benötigten Arbeitstage* beurteilt wird.

Mit dem gleichen Verständnis wie die Begriffe 'Arbeitstage bis zur Vorlage des Konzernabschlusses bei der Konzernleitung, 'Arbeitstage bis zur Veröffentlichung des Konzernabschlusses' oder 'für die Erfüllung der einzelnen Teilprozesse und Aktivitäten benötigte Arbeitstage' wird - zur sprachlichen Vereinfachung - im folgenden auch der verkürzte Terminus 'Arbeitstage' gebraucht.

3.1.2.2.3. Zusammenfassung der Zielvariablen

Eingangs dieses Abschnitts[301] wurde festgestellt, daß die Konkretisierung von Zielvariablen immer von den subjektiven Zielen und Präferenzen des jeweiligen Entscheiders abhängt, insofern also auch konzernindividuelle Situationen die Bestimmung der Zielvariablen beeinflussen. Gleichzeitig wurde der Anspruch erhoben, Zielvariablen von möglichst allgemeiner Bedeutung zu erarbeiten.

---

[300] So auch SAUERBREY (1979), S. 120.
[301] Vgl. OBEN, Kap. II.3.1.2.1.

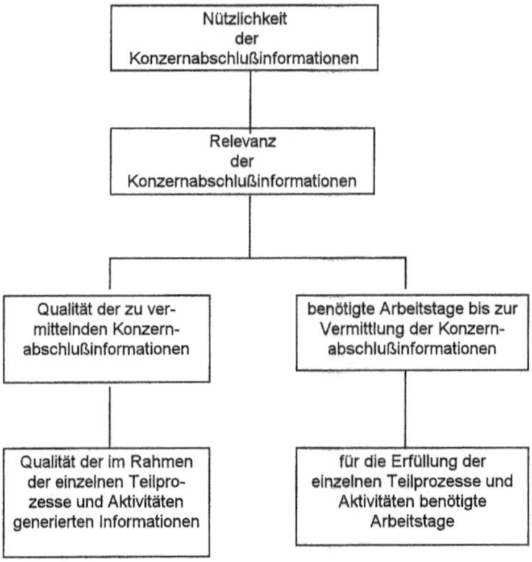

Abb. 2: Hierarchie allgemein bedeutsamer Zielvariablen bei der Entscheidung über die zentrale und dezentrale Verteilung von Teilprozessen und Aktivitäten im Konzernrechnungswesen

Zweck des Konzernrechnungswesens ist die Bereitstellung nützlicher Informationen, wobei die Nützlichkeit von Informationen allerdings schwer zu messen ist.[302] Die Nützlichkeit der Informationen wird durch die Subzielvariablen 'Qualität der erzeugten Informationen' und 'benötigte Arbeitstage bis zur Bereitstellung der Informationen' konkretisiert; beide Subzielvariablen lassen sich unmittelbar aus dem obersten Gestaltungsziel, der Erfüllung der dem Konzernrechnungswesen zugewiesenen Zwecke, ableiten. Die Qualität der erzeugten Informationen als Subzielvariable reflektiert die Notwendigkeit, nur jene generierten Informationen als nützlich zu bezeichnen, die im Rahmen einer gesetzlich zulässigen und der konkreten Situation des Konzerns entsprechenden Konzernrechnungslegung erzeugt werden (dürfen). Durch die benötigten Arbeitstage bis zur Bereitstellung der Informationen als Subzielvariable soll berücksichtigt werden, daß Informationen nur dann nützlich sind, wenn sie aktuell sind.

Da somit bei der Lösung des Entscheidungsproblems, der zentralen und dezentralen Verteilung von Teilprozessen und Aktivitäten im Konzernrechnungswesen bei gegebenen Informationsverarbeitungskapazitäten, mehrere Zielvariablen beachtet

[302] Zu diesen Ausführungen vgl. OBEN, Abb. 2.

werden können[303], sind in einem weiteren Schritt die möglichen Beziehungen dieser Zielvariablen untereinander zu identifizieren.

Als mögliche Beziehungen zwischen Zielvariablen kommen grundsätzlich Zielneutralität[304], Zielkomplementarität[305] und - in den meisten schwierigen Entscheidungen[306] - Zielkonflikt in Betracht. Der Zielkonflikt besteht darin, "daß es keine Alternative gibt, die hinsichtlich jeder Zielvariablen besser als - oder zumindest nicht schlechter als - jede andere ist."[307] Beim Übergang von einer Alternative auf eine andere tritt dann in bezug auf einzelne Zielvariablen eine Verbesserung und hinsichtlich anderer Zielvariablen eine Verschlechterung ein, so daß die Lösung des Zielkonflikts stets ein Abwägen verlangt.[308]

Dazu ein Beispiel: Zwischen den Zielen 'Satisfizierung der Qualität der zu vermittelnden Konzernabschlußinformationen' und 'Satisfizierung oder Minimierung der bis zur Vermittlung dieser Informationen benötigten Arbeitstage' kann ein Zielkonflikt vorliegen: Beabsichtigt die Konzernleitung als Entscheider die Konzernabschlußinformationen in der gesetzlich vorgeschriebenen Qualität und keine Informationen freiwillig zu publizieren (minimales Anspruchsniveau), dann kann ggf. - in Abhängigkeit von den im Konzern vorhandenen Informationsverarbeitungskapazitäten, z.B. zahlreiche Tochterunternehmen und unzureichende personelle Ausstattung der zentralen Konsolidierungsstelle - das Ziel, die Minimierung der bis zur Vermittlung dieser Informationen benötigten Arbeitstage nicht erreicht werden.
Bei Vorhandensein der genannten Informationsverarbeitungskapazitäten kann die Relation zwischen dem angestrebten hohen Anspruchsniveau für die Zielvariable Qualität der freiwillig durch die Konzernrechnungslegung zu vermittelnden Informationen und der möglichst kurzfristigen Vermittlung dieser Informationen ähnlich sein: Möchte die Konzernleitung bspw. im Konzernabschluß freiwillig und erstmalig die International Accounting Standards anwenden, dann kann dies unter Berücksichti-

---

303 Der Fall mehrerer Zielvariablen trifft in realen Entscheidungssituationen am ehesten zu. Vgl. LAUX (1998a), S. 63-64.

304 Von Zielneutralität spricht man dann, wenn die Maßnahmen zur Verbesserung der einen Zielvariable keinen Einfluß auf die Ausprägung der anderen Zielvariablen haben. Vgl. BIDLINGMAIER/ SCHNEIDER (1975), Sp. 4734; LAUX/LIERMANN (1997), S. 41-42.

305 Zielkomplementarität liegt dann vor, wenn Maßnahmen zur zunehmenden Erfüllung einer Zielgröße auch zu einem besseren Ergebnis hinsichtlich der anderen führen. Vgl. BIDLINGMAIER/ SCHNEIDER (1975), Sp. 4734; LAUX/LIERMANN (1997), S. 41-42.

306 Vgl. EISENFÜHR/WEBER (1993), S. 30.

307 EISENFÜHR/WEBER (1993), S. 30.

308 Vgl. EISENFÜHR/WEBER (1993), S. 30; LAUX (1998a) S. 66.

gung der genannten Randbedingungen ggf. dazu führen, daß das Ziel, die Konzernabschlußinformationen möglichst kurzfristig zu vermitteln, nicht erreicht wird.[309]

3.1.3. Die Modellierung der Randbedingungen

3.1.3.1. Ausgestaltungsformen des Prozesses des Konzernrechnungswesens: derivative und originäre Ausgestaltung des Konzernrechnungswesens

Der hier gewählte Bezugsrahmen umfaßt neben den Handlungsalternativen[310] und den Zielvariablen auch solche Größen, die die entscheidungsrelevanten Konsequenzen der Handlungsalternativen zwar beeinflussen, die aber keine Entscheidungsvariablen des Entscheiders darstellen. Sie werden im folgenden als Randbedingungen[311] des Prozesses der Konzernabschlußerstellung bezeichnet. Die Randbedingungen, die sich auch gegenseitig beeinflussen können, stellen Restriktionen für die Auswahl geeigneter Formen der Organisation dar.[312]

In diesem und den nachfolgenden Abschnitten soll das organisatorische Umfeld, in dem sich die Informationsverarbeitungsprozesse vollziehen und damit wichtige Randbedingungen des Prozesses der Konzernabschlußerstellung einzeln betrachtet werden. Die Implikationen der in das vorliegende Entscheidungsproblem integrierten Randbedingungen[313] auf den Entscheidungsprozeß werden detailliert im III. Kapitel behandelt.

In vorhergehenden Abschnitten[314] wurde festgestellt, daß es keine generell anerkannte Zusammenstellung von Randbedingungen der zentralen und dezentralen Organisation der Konzernabschlußerstellung gibt.

Auch in der vorliegenden Arbeit kann die Problematik der Wirkungsweisen von Randbedingungen auf die zentrale und dezentrale Verteilung von Aktivitäten nicht

---

309 Zu den Relationen zwischen den einzelnen Zielvariablen im Rahmen der jeweiligen Entscheidungssituationen vgl. detailliert UNTEN, Kap. III.

310 Zu den Handlungsalternativen vgl. OBEN, Kap. II.3.1.1.

311 Nachstehend werden 'Randbedingungen', 'Einflußgrößen', 'Bestimmungsfaktoren', 'Operationsbedingungen' und 'Kontextfaktoren' als synonyme Begriffe verwendet. Vgl. KIESER/KUBICEK (1983), S. 228-229; WOLLNIK (1980), Sp. 594. In der Literatur zur Entscheidungstheorie werden 'Randbedingungen' auch als 'Umwelteinflüsse' oder 'Umweltzustände' bezeichnet. Vgl. z.B. EISENFÜHR/WEBER (1993), S. 15; LAUX (1998a), S. 21-23.

312 Vgl. WOLLNIK (1980), Sp. 597.

313 Vgl. hierzu UNTEN, Kap. II.3.1.3.6. und II.3.2.

314 Vgl. OBEN, Kap. I.2.1. und I.2.2.

umfassend behandelt werden - bereits der Versuch würde den Umfang der Arbeit bei weitem sprengen. Außerdem nehmen mit zunehmender Zahl der berücksichtigten Randbedingungen auch die Abhängigkeiten der Randbedingungen untereinander zu, so daß erhöhte Zurechnungsprobleme die Folge sind.[315] In Anbetracht der Zielsetzung der vorliegenden Arbeit[316] scheint es deshalb zweckmäßiger, ausschließlich die bedeutendsten Randbedingungen zu berücksichtigen und nur die zwischen diesen Randbedingungen und den Handlungsalternativen vorliegenden Beziehungsmuster zu untersuchen.[317]

Um Anhaltspunkte für die Bedeutsamkeit einzelner Randbedingungen zu gewinnen, wurde die in der Literatur genannte Palette denkbarer Einflußgrößen erfaßt.[318]

Eine der wichtigsten Randbedingungen des vorliegenden Entscheidungsproblems, der prozeßorganisatorischen Gestaltung des Konzernrechnungswesens bei gegebenen Informationsverarbeitungskapazitäten, ist die Ausgestaltungsform des Prozesses des Konzernrechnungswesens, da sie - wie in diesem Abschnitt gezeigt werden soll - die Art des Informationsflusses und damit letztendlich die entscheidungsrelevanten Konsequenzen der Handlungsalternativen des Entscheiders beeinflußt.[319]

Zwei Formen der Ausgestaltung lassen sich unterscheiden: das derivative und das originäre Konzernrechnungswesen.[320]

Die *derivative Form des Konzernrechnungswesens* beinhaltet als zentralen Vorgang die Konsolidierung.[321] Konsolidierung bedeutet "die Zusammenfassung der Einzelabschlüsse der Konzernunternehmen unter Aufrechnung der Ergebnisse aus innerkonzernlichen Verbindungen, die sich in Vermögens-, Kapital- und Erfolgsgrößen niederschlagen können."[322]

---

[315] Vgl. RÜTH (1989), S. 221 m.w.N.; WOLLNIK (1980), Sp. 596-597.

[316] Zur Zielsetzung der vorliegenden Arbeit vgl. OBEN, Kap. I.1.

[317] Zu Maßnahmen zur Komplexitätsreduktion hinsichtlich der Randbedingungen vgl. allgemein LAUX/LIERMANN (1997), S. 55-56.

[318] Vgl. hierzu detailliert OBEN, Kap. I.2.1. und I.2.2.

[319] Zur Beeinflussung der entscheidungsrelevanten Konsequenzen der Handlungsalternativen des Entscheiders durch die Ausgestaltungsform des Prozesses des Konzernrechnungswesens vgl. detailliert UNTEN, Kap. III.

[320] Zur derivativen und originären Ausgestaltung des Konzernrechnungswesens vgl. z.B. PELKA (1994); RUHNKE (1995).

[321] Vgl. RUHNKE (1995), S. 62.

[322] WYSOCKI/WOHLGEMUTH (1986), S. 21.

In der Regel wird der Konzernabschluß gegenwärtig derivativ aus dezentralen, nicht integrierten Buchhaltungssystemen abgeleitet.[323] Wenn in der vorliegenden Arbeit von der derivativen Form des Konzernrechnungswesens bzw. von der derivativen Ableitung des Konzernabschlusses gesprochen wird, so ist die Ableitung des Konzernabschlusses aus dezentralen, nicht integrierten Buchhaltungssystemen gemeint.[324]

Der Ablauf der derivativen Form des Konzernrechnungswesens gestaltet sich vereinfacht wie folgt: Durch die Eröffnungsbuchungen wird die Eröffnungsbilanz eines jeden Konzernunternehmens in Konten aufgelöst. Daraufhin werden die im laufenden Geschäftsjahr anfallenden Geschäftsvorfälle verbucht. Durch die Abschlußbuchungen am Ende des Geschäftsjahres werden die Konten eines jeden Konzernunternehmens zum landesrechtlichen Jahresabschluß des jeweiligen Konzernunternehmens (Jahresabschluß I) zusammengefaßt. Der Jahresabschluß I eines jeden Konzernunternehmens wird mittels Buchungen an die konzerneinheitliche Gliederung, Bilanzierung und Bewertung angepaßt. Dadurch wird für jedes Konzernunternehmen ein Jahresabschluß II erzeugt. Die Jahresabschlüsse II der Konzernunternehmen werden zu einer Summenbilanz des Konzerns zusammengefaßt. Summenbilanz und Konsolidierungsbuchungen ergeben den Konzernabschluß.

Idealbedingungen für die derivative Ableitung des Konzernabschlusses sind:[325]

- ein konstanter Konsolidierungskreis. Dadurch wird insbesondere das Problem der Endkonsolidierung ausgeklammert,
- ein einheitlicher Abschlußstichtag. Dadurch entfallen etwaige Überleitungsrechnungen von anderen Abschlußstichtagen auf den Konzernabschlußstichtag,
- ein Konzernkontenplan[326],
- einheitliche Bilanzierungs- und Bewertungsrichtlinien.[327]

---

[323] Vgl. ORDELHEIDE auf der FAZ/KPMG-Fachtagung zum Thema "Die Zukunft der Konzernrechnungslegung - Von der Nachschau zur Konzernsteuerung" am 1. Juni 1995 in Frankfurt am Main. Vgl. auch GEBHARDT/BERGMANN (1991), Rn. 70. Zur derivativen Ableitung des Konzernabschlusses aus einem konzernweit integrierten Buchhaltungssystem vgl. RUHNKE (1995).

[324] Vgl. auch OBEN, Kap. I.1.

[325] So z.B. ADLER/DÜRING/SCHMALTZ (1987), Vorbemerkungen zu §§ 290-315 HGB, Rn. 35-40; BASTIEN et al. (1977), S. 61-62; CARL (1993), S. 21-22; JONAS (1986), S. 293; KLEIN, G. (1969), S. 1026; KOBERSTEIN (1949), S. 37-41; KPMG TREUVERKEHR AG (1990), S. 94-97; MÜLLER, E. (1987), S. 500; TEITLER-FEINBERG (1970), S. 220-221.

[326] Zum Konzernkontenplan vgl. UNTEN, Kap. II.3.1.3.2.

[327] Zur Richtlinie zur konzerneinheitlichen Rechnungslegung vgl. UNTEN, Kap. II.3.1.3.3.

Auch wenn die hier beschriebenen idealtypischen Bedingungen der Ableitung des Konzernabschlusses in praxi nicht immer gegeben sein mögen, so sollen die genannten Idealbedingungen für Zwecke der vorliegenden Untersuchung dennoch immer dann als gegeben angenommen werden, wenn das vorliegende Entscheidungsproblem in der derivativen Ausgestaltungsform des Konzernrechnungswesens diskutiert wird.

Bei der *originären Form des Konzernrechnungswesens* bzw. der originären Ableitung des Konzernabschlusses wird der Konzernabschluß direkt ohne Hinzuziehung der Einzelabschlüsse hergeleitet.[328] Nur aus einem konzernweit integrierten Buchhaltungssystem ist die originäre Ableitung des Konzernabschlusses möglich.

Der Ablauf der originären Form des Konzernrechnungswesens gestaltet sich vereinfacht wie folgt: Durch die Eröffnungsbuchungen wird die Konzerneröffnungsbilanz in Konten aufgelöst. Daraufhin werden die im laufenden Geschäftsjahr anfallenden Konzerngeschäftsvorfälle verbucht. Durch die Konzernabschlußbuchungen am Ende des Geschäftsjahres werden die Konten zum Konzernabschluß zusammengefaßt.
Im Vergleich zur derivativen Form des Konzernrechnungswesens wird bei der originären Form weder ein Jahresabschluß II noch eine Summenbilanz benötigt.

Aus der Ausgestaltungsform des originären Konzernrechnungswesens resultieren ein umfangreicher Datenpool sowie vielfältige und zeitnahe Auswertungsmöglichkeiten und damit letztendlich eine umfangreiche konzerninterne Informationsversorgung.[329] Dazu gehören im wesentlichen Konzernkapitalflußrechnungen, die Möglichkeit der Erstellung von Plankonzernabschlüssen und der Einrichtung einer eigenständigen Konzernkostenrechnung[330] sowie die Erstellung von Spartenkonzernabschlüssen.[331] In diesem Zusammenhang führt PFUHL aus: "Das (Konzern-)Rechnungswesen muß ... in der Lage sein, die originären Daten so differenziert aufzubereiten und flexible Auswertungen zuzulassen, daß eine Anpassung an weitere Informationsbedürfnisse auch kurzfristig möglich ist. Dies erfordert einen hohen Detaillierungsgrad der Daten, d.h. zusätzliche Auswertungen müssen bis zur Ebene der Geschäftsvorfälle der Finanzbuchhaltung möglich sein."[332]

---

[328] Vgl. RUHNKE (1995), S. 109.
[329] Vgl. PELKA (1991), S. 326; PELKA (1994), S. 443-445.
[330] Zur Einrichtung einer eigenständigen Konzernkostenrechnung vgl. z.B. DUSEMOND (1991); HAASE/LÖCHERBACH (1968).
[331] Vgl. PELKA (1994), S. 444.
[332] PFUHL (1991), S. 462.

In Abhängigkeit von den Zielvorstellungen der Konzernleitung ist jedoch im Einzelfall sorgfältig zu prüfen, ob diese zusätzlichen Informationen zu Analysezwecken auf Konzernebene auch tatsächlich benötigt werden.[333] Da das in der vorliegenden Arbeit behandelte Entscheidungsproblem lautet, welche Tätigkeiten im Rahmen des Prozesses der Konzernabschlußerstellung zentral und welche dezentral ausgeführt werden sollen, und daher nicht diskutiert werden soll, ob und bei welchen Zielvorstellungen der Konzernleitung eine Entscheidung für die originäre Ausgestaltungsform des Konzernrechnungswesens angemessen ist, wird eine solche Prüfung von der weiteren Untersuchung ausgeklammert.

Idealbedingungen für die originäre Ableitung des Konzernabschlusses sind:[334]

- ein konstanter Konsolidierungskreis. Dadurch wird insbesondere das Problem der Endkonsolidierung ausgegrenzt[335],
- ein einheitlicher Abschlußstichtag. Dadurch entfallen etwaige Überleitungsrechnungen von anderen Abschlußstichtagen auf den Konzernabschlußstichtag,
- ein Konzernkontenplan[336],
- einheitliche Bilanzierungs- und Bewertungsrichtlinien[337],
- das Konzernbuchwerk wird in einer einheitlichen Konzernwährung geführt. Das heißt, Transaktionen in fremder Währung werden unmittelbar in Konzernwährung erfaßt,
- das Vorhandensein eines eigenen Buchungskreises für Zwecke der Konzernrechnungslegung. Es liegt ein konzernweit integriertes Mehrkreissystem vor, das es erlaubt, neben identischen Buchungen auch unterschiedliche Buchungen für den Jahresabschluß und für den Konzernabschluß vorzunehmen[338],
- die Existenz konzerneinheitlicher Rechnungswesensoftware als ideale Voraussetzung für die Einrichtung eines integrierten Mehrkreissystems für die verschiedenen Einzelabschlußzwecke und den Konzernabschluß.[339] Das heißt bspw., daß sämtliche Schnittstellenprobleme zwischen den einzelnen Rechnungswesensubsystemen im Konzern gelöst sind. Damit sind die Rechnungs-

---

[333] Vgl. MARET/VOß (1995), S. 658.
[334] Vgl. CARL (1993), S. 18-20; PELKA (1994), S. 43-45, 53-60 und 69-70; RUHNKE (1995), S. 107-117 und 455.
[335] Zu Problemen der Endkonsolidierung und deren mögliche Behandlung in der originären Ausgestaltungsform des Konzernrechnungswesens vgl. PELKA (1994), S. 198-211 und 418-421.
[336] Zum Konzernkontenplan vgl. UNTEN, Kap. II.3.1.3.2.
[337] Zur Richtlinie zur konzerneinheitlichen Rechnungslegung vgl. UNTEN, Kap. II.3.1.3.3.
[338] Zum Mehrkreissystem als Idealbedingung für die originäre Ableitung des Konzernabschlusses vgl. auch PELKA (1994), S. 59-70.
[339] Vgl. PELKA (1994), S. 65-69.

wesensubsysteme im Konzern kompatibel, und ein Datentransfer zwischen den Systemen ist problemlos möglich.

Nur dann, wenn die genannten Idealbedingungen erfüllt sind, gilt die originäre Ableitung des Konzernabschlusses als "unproblematisch."[340]

Auch wenn die genannten Idealbedingungen der Ableitung des Konzernabschlusses in praxi (noch) nicht immer gegeben sein mögen, so sollen sie dessenungeachtet im weiteren Verlauf der Arbeit immer dann als gegeben angenommen werden, wenn das vorliegende Entscheidungsproblem in der originären Ausgestaltungsform des Konzernrechnungswesens diskutiert wird.

Abschließend ist anzumerken, daß es sich bei der originären und der derivativen Ausgestaltungsform des Konzernrechnungswesens nicht notwendigerweise um zwei sich gegenseitig ausschließende Ausgestaltungsformen handelt. So ist z.B. die folgende Mischform denkbar, daß (zunächst) nur die langjährigen Tochterunternehmen, deren Anteile zu 100% dem Mutterunternehmen gehören, in das originäre Konzernrechnungswesen integriert sind, wohingegen die Informationen der übrigen Konzernunternehmen (übergangsweise) aus ihren Einzelabschlüssen abgeleitet werden.

3.1.3.2. Konzernkontenplan

Eine einheitliche Gliederung setzt eine einheitliche Kontierung und identische Konteninhalte voraus. Die Konten und ihre Inhalte sind so festgelegt, daß einerseits der Inhalt eines Kontos nicht verschiedene Abschlußposten betrifft[341]; andererseits sind besondere Konten zur Erfassung der konzerninternen Vorgänge vorgesehen.

Für Zwecke der originären Ableitung des Konzernabschlusses sind die Konten in die aus Konzernsicht relevanten Primärkonten und die aus Sicht der jeweiligen Einzelgesellschaft relevanten Sekundärkonten getrennt.[342]

Ein *Konzernkontenplan* ist so tief gegliedert, daß über die spezifischen Besonderheiten aus den Vorschriften zur Konzernrechnungslegung[343] hinaus sämtliche glie-

---

[340] So PELKA (1994), S. 34.
[341] Vgl. HEINE (1967), S. 116.
[342] Vgl. RUHNKE (1995), S. 111.

derungsmäßigen Besonderheiten aus den einzelnen nationalen Rechnungslegungsvorschriften abgedeckt sind.[344]

Aufgrund entgegenstehender nationaler Vorschriften bei ausländischen Tochterunternehmen[345] bzw. bei zu stark diversifizierten Konzernen, bei denen die Anzahl der Konten aufgrund der großen Zahl der einzurichtenden Konten zu sehr ausgeweitet würde[346], ist die Vorgabe eines konzerneinheitlichen Kontenplans[347] häufig nicht denkbar.

In diesen Fällen wird ein für alle einbezogenen Unternehmen gemeinsamer *Kontenrahmen*[348] vorgegeben, der auch den lokalen Erfordernissen der Konzernunternehmen gerecht wird. Ein gemeinsamer Kontenrahmen beinhaltet die überbetriebliche systematische Einteilung von Konten des Konzerns mit dem Zweck der einheitlichen Kontierung der Geschäftsvorfälle innerhalb dieses Konzerns.[349] Der für alle Tochterunternehmen identisch vorgegebene Kontenrahmen stellt eine Strukturierungshilfe zur formalen Vereinheitlichung der zu verarbeitenden Informationen dar.[350]

Ein konzerneinheitlicher Kontenrahmen kann dergestalt konzipiert sein, daß die ersten vier Stellen eines jeden Kontos konzerneinheitlich sind und die fünfte Stelle den länderindividuellen Notwendigkeiten Rechnung trägt.[351] Für Zwecke der Konzernrechnungslegung kann dann auf zusammengefaßte vierstellige Konten zurückgegriffen werden.

Obwohl ein konzerneinheitlicher Kontenrahmen - abgesehen vom konzerneinheitlichen Kontenplan - am ehesten die gleichartige Erfassung identischer Sachverhalte garantiert, muß die Konteneinheitlichkeit nicht schon im Zeitpunkt der Datenerfas-

---

343 Zu nennen sind z.B. besondere Konten für innerkonzernliche Forderungen und Verbindlichkeiten, die Aufteilung der Konzernumsatzerlöse in Innen- und Außenumsätze sowie die Aufteilung der anderen Erträge und Aufwendungen in jene, die mit anderen Konzernunternehmen und solche, die mit konzernfremden Unternehmen realisiert sind.

344 Vgl. WEBER-BRAUN/WEISS/FERLINGS (1998), Rn. 1293.

345 Ein Beispiel hierfür ist Frankreich. Zum französischen Kontenplan vgl. COLLETTE/RICHARD (1985).

346 Vgl. HAVERMANN (1988), S. 189.

347 Zur Vorgabe eines einheitlichen Kontenplans vgl. ADLER/DÜRING/SCHMALTZ (1987), Vorbemerkungen zu §§ 290-315 HGB, Rn. 34 u. 36; BASTIEN et al. (1977), S. 61-62; JONAS (1986), S. 293; KLEIN, G. (1969), S. 1026; KOBERSTEIN (1949), S. 37-41; MÜLLER, E. (1987), S. 500; PELKA (1994), S. 43-45 und 53-59; TEITLER-FEINBERG (1970), S. 220-221.

348 Zum Kontenrahmen vgl. allgemein SCHMALENBACH (1929) und MATTHES (1993).

349 Vgl. KPMG TREUVERKEHR AG (1990), S. 95.

350 Vgl. KPMG TREUVERKEHR AG (1990), S. 95; SAHNER/TERHÜRNE (1989), S. 190.

351 Vgl. HERRMANN (1983), S. 269.

sung, sondern sie braucht erst im Zuge der Konsolidierung mittels spezieller Überleitungsmaßnahmen hergestellt zu werden.[352] Eine solche Überleitungsmaßnahme ist der *Kontenzuordnungsplan*, der für jedes Konto bzw. für mehrere Konten der zu konsolidierenden Konzernunternehmen die entsprechende Zeile der Konzerngliederung vorgibt.[353] Der Kontenzuordnungsplan wird einmalig nach Akquisition eines Unternehmens bzw. vor dessen erstmaliger Behandlung als Tochterunternehmen oder Gemeinschaftsunternehmen festgelegt.[354]

Komplementär zu Kontenplan, Kontenrahmen und Kontenzuordnungsplan, die Ablaufpläne des Konzernrechnungswesens darstellen[355], liegen in der Regel einheitliche Kontierungsrichtlinien zur Gewährleistung einer homogenen Kontierung für die einbezogenen Unternehmen vor, in denen das Mutterunternehmen Kontierungsanweisungen in materieller und zeitlicher Hinsicht[356] für alle oder für wesentliche Geschäftsvorfälle eindeutig und verbindlich festlegt.[357]

Zusammengefaßt sind außer dem Konzernkontenplan noch andere Instrumente zur formalen Datenvereinheitlichung, wie ein gemeinsamer Kontenrahmen oder ein Kontenzuordnungsplan, denkbar. Im folgenden wird jedoch - sowohl bei derivativer als auch bei originärer Ausgestaltung des Konzernrechnungswesens - die Existenz eines Konzernkontenplans unterstellt, da dieser als eine der Idealbedingungen beider Ausgestaltungsformen des Konzernrechnungswesens kategorisiert wird.[358]

3.1.3.3. Richtlinie zur konzerneinheitlichen Rechnungslegung

Die Prozeßorganisation des Konzernrechnungswesens "wird entscheidend durch die Ausgestaltung der Konzernrichtlinie bestimmt."[359] Die Richtlinie zur konzerneinheitlichen Rechnungslegung gilt ebenso wie der Konzernkontenplan als Idealbedingung[360], sowohl für die originäre als auch für die derivative Ableitung des Konzern-

[352] Vgl. RUHNKE (1995), S. 151.
[353] Vgl. CARL (1993), S. 69-72; FISCHER (1983), S. 95.
[354] Vgl. CARL (1993), S. 71.
[355] Vgl. allgemein BLEICHER (1981), Sp. 1251.
[356] Vgl. FINKE (1971), S. 26; ZOGG (1978), S. 67.
[357] Vgl. HEINE (1968), S. 197.
[358] Vgl. OBEN, Kap. II.3.1.3.1.
[359] RUHNKE (1995), S. 143.
[360] Zur Kategorisierung der Richtlinie zur konzerneinheitlichen Rechnungslegung als Idealbedingung der originären und derivativen Ausgestaltungsform des Konzernrechnungswesens vgl. OBEN, Kap. II.3.1.3.1.

abschlusses.[361] Eine Konzernrichtlinie ist eine Arbeitsanleitung. Durch ihre Existenz ist es überhaupt erst möglich, Aktivitäten anläßlich der Konzernabschlußerstellung, wie z.B. die Anpassung der Daten an die konzerneinheitliche Bilanzierung und Bewertung, zu dezentralisieren.

Im folgenden sollen - aufbauend auf grundlegenden Ausführungen zur Organisation der Richtlinie zur konzerneinheitlichen Rechnungslegung - die wesentlichen Inhalte einer solchen Richtlinie angesprochen werden.

Zur Vereinheitlichung der Informationen[362], zur Gewährleistung der gewünschten Interpretation der weitergegebenen Informationen und zur Umsetzung der gesetzlichen Vorschriften[363] wird die Richtlinie zur konzerneinheitlichen Rechnungslegung, Berichterstattung und Konsolidierung erstellt.[364] Ihre Herausgabe ist zugleich eine der wichtigsten organisatorischen Maßnahmen[365], um die Aktivitätsfolgen sowie den Informationsfluß im Konzernrechnungswesen und in den Rechnungswesen der Tochterunternehmen in sachlicher und temporaler Hinsicht zu reglementieren und zu koordinieren.[366]
Die als Grundanweisung des Mutterunternehmens zu deutende Richtlinie hat dauerhaften Charakter und wird um Jahresanweisungen (z.B. Terminpläne) ergänzt.[367] Um die Verbindlichkeit von Inhalt und insbesondere von temporalen Fristen zu betonen, wird die Richtlinie den Konzernunternehmen durch direkte Anweisung der Konzernleitung zur Kenntnis gebracht.[368]

Eine allen Konzernunternehmen als Loseblattsammlung[369] in Form eines Handbuchs oder mehrerer Handbücher oder als Datei[370] zur Verfügung gestellte[371], ggf. in mehreren Sprachen[372] verfaßte Richtlinie für die einheitliche Berichterstattung im

---

[361] Vgl. z.B. CARL (1993), S. 23-27; ELLERICH (1990), S. 1380-1381; KPMG TREUVERKEHR AG (1990), S. 94.; LANGENBUCHER (1984), S. 338; MÜLLER, A./MÜLLER, K. (1988); PELKA (1994), S. 412; RUHNKE (1995), S. 144-173; SCHNICKE (1988), S. 164-168; STEGMANN/ BÜCKLE (1992a); WEBER-BRAUN, (1991a), S. 128; WEBER-BRAUN/WEISS/FERLINGS (1998), Rn. 1341-1350.
[362] Vgl. STEGMANN/BÜCKLE (1992a), S. 201.
[363] Vgl. STEGMANN/BÜCKLE (1992a), S. 201.
[364] Vgl. PEDLEY (1985), S. 122.
[365] Vgl. CARL (1993), S. 23-24; LANGENBUCHER (1984), S. 338 u. 349; RUHNKE (1995), S. 1.
[366] Vgl. HERRMANN (1983), S. 268; SEIFERT (1983), S. 120.
[367] Vgl. ELLERICH (1990), S. 1380.
[368] Vgl. KORST (1990), S. 90; ZOGG (1978), S. 68.
[369] Vgl. SCHNICKE (1988), S. 165-166.
[370] Vgl. STEGMANN/BÜCKLE (1992b), S. 416.
[371] Vgl. MÜLLER, A./MÜLLER, K. (1988), S. 189.
[372] Vgl. WEBER-BRAUN/WEISS/FERLINGS (1998), Rn. 1341-1350.

Konzern, die vom Mutterunternehmen in Kooperation mit dem Konzernabschlußprüfer erstellt wird[373], weist folgende Inhalte auf:[374]

	Richtlinie zur konzerneinheitlichen Rechnungslegung, Berichterstattung und Konsolidierung
I.	Vorbemerkungen
II.	Terminplan
III.	Gliederungsteil
IV.	Bewertungsteil
V.	Konsolidierung und Berichtswesen
VI.	Verbundene Unternehmen, assoziierte Unternehmen und sonstige Beteiligungen
VII.	Analyse- und Planungsteil (Internes retrospektives bzw. prospektives Berichtswesen)
VIII.	Berichtspaket, Formblätter

Abb. 3: Inhalt einer Richtlinie zur konzerneinheitlichen Rechnungslegung, Berichterstattung und Konsolidierung

Im Rahmen der *Vorbemerkungen* wird auf den Sinn und Zweck, die Adressaten, die Struktur der Konzernrichtlinie sowie auf Dokumentationserfordernisse und Aufbewahrungsfristen eingegangen.

Die im Informationssystem Konzern generierten Daten müssen rechtzeitig im Rahmen eines von der zentralen Konsolidierungsstelle erstellten[375] *Terminplans* in disponibler Form vorliegen.[376] Da die von der zentralen Konsolidierungsstelle vorgegebenen Termine zum einen von gesetzlichen Aufstellungs- und Veröffentlichungsfristen bzw. von den von den Kapitalanlegern gewünschten kürzeren Offenlegungsfristen, zum anderen von den Terminen, die der Konsolidierungsstelle für die Berichterstattung an den Vorstand gesetzt werden, abhängig sind, müssen die Abfolgen der Tätigkeiten und ihre Terminierung durch eine retrograde Rechnung festgelegt werden.[377]

In der Richtlinie für die Konzernberichterstattung sind als Termine zumindest Buchungsschluß, Zeitpunkt der Beendigung der Saldenabstimmung, Abgabetermin des

[373] Vgl. SEIFERT (1983), S. 120.

[374] Vgl. ADLER/DÜRING/SCHMALTZ (1987), Vorbemerkungen zu §§ 290-315 HGB, Rn. 39; ARBEITSKREIS "EXTERNE UNTERNEHMENSRECHNUNG DER SCHMALENBACH-GESELLSCHAFT - DEUTSCHE GESELLSCHAFT FÜR BETRIEBSWIRTSCHAFT E.V. (1987), S. 184-185; KPMG TREUVERKEHR AG (1990), S. 108-114; LAVOYER/RICHARD (1989), S. 631-632; MÜLLER, A./MÜLLER, K. (1988); RUHNKE (1995), S. 144-173; SAHNER/TERHÜRNE (1989), S. 196-200; SEIFERT (1983), S. 122-131; WEBER-BRAUN/WEISS/FERLINGS (1998), Rn. 1341-1350.

[375] Vgl. ZOGG (1978), S. 89.

[376] Vgl. WEBER-BRAUN/WEISS/FERLINGS (1998), Rn. 1299-1300.

[377] Ein Verfahren, das z.B. für die Terminierung des Gesamtprozesses eingesetzt werden kann, ist die Netzplantechnik. Vgl. WEBER-BRAUN/WEISS/FERLINGS (1998), Rn. 1299. Zur Netzplantechnik vgl. allgemein HEINEN (1985), S. 465-480; SCHWARZE (1990); WIRTSCHAFTSPRÜFER-HANDBUCH (1992), S. 250-251; ZIMMERMANN (1989), S. 6-38.

Formularsatzes und Datum des Bestätigungsvermerks des Abschlußprüfers für den landesrechtlichen Jahresabschluß, ggf. für den Jahresabschluß II vorgesehen.[378]

Im *Gliederungsteil* wird mittels Darstellung des konzerneinheitlichen Gliederungsschemas für die Bilanz und die Gewinn- und Verlustrechnung auf Aufbau und Inhalt der einzelnen Abschlußpositionen eingegangen. Dazu werden die einzelnen Positionen definiert und beschrieben sowie ergänzende Anleitungen gegeben, in welcher Weise gesetzliche Gliederungs- und Bilanzansatzwahlrechte auszuüben sind.

Der *Bewertungsteil*, der häufig mit dem Gliederungsteil zusammengefaßt wird[379], erfüllt die Funktion, die anzuwendenden Bewertungsregeln zu erläutern. Hier erfolgt für jede Abschlußposition die Beschreibung der anzuwendenden Bewertungsmethode im Sinne einer durch die Obergesellschaft vorgegebenen einheitlichen Ausübung von Bewertungswahlrechten. Bei Kenntnis des Mutterunternehmens darüber, daß in die Konzernrechnungslegung integrierte, für die Darstellung der Vermögens-, Finanz- und Ertragslage des Konzerns bedeutende Unternehmen in ihren Einzelabschlüssen von der konzerneinheitlichen Bewertung abweichen, erfolgt die Beschreibung der Bewertung der entsprechenden Abschlußpositionen mit besonderer Sorgfalt.[380]

Dem Bewertungsteil, der grundsätzlich längerfristig Gültigkeit hat, werden ggf. gesondert zu jedem Rechnungslegungsstichtag konzernbilanzpolitisch bedingte Einzelanweisungen hinzugefügt.

Im Abschnitt *Konsolidierung und Berichtswesen* werden zum einen Regelungen beschrieben, auf deren Basis die einzelnen Unternehmen des Konzerns die benötigten Informationen ermitteln; zum anderen enthält dieser Abschnitt Ausfüllanweisungen für das Berichtspaket.

Im Unternehmensverzeichnis werden die Unternehmen des Konzerns in *verbundene Unternehmen, assoziierte Unternehmen und sonstige Beteiligungen* kategorisiert.[381]

---

[378] Konkrete Ausgestaltungen von Terminplänen sind exemplarisch bei KOSING (1983), S. 288-290; LAVOYER/RICHARD (1989), S. 660; SAHNER/TERHÜRNE (1989), S. 192-196; WEBER-BRAUN/WEISS/FERLINGS (1998), Rn. 1300 wiedergegeben.

[379] Vgl. WEBER-BRAUN/WEISS/FERLINGS (1998), Rn. 1345.

[380] Vgl. JUNG (1980), S. 83-182. Dies gilt insbesondere für Konzerne, die ihre Konzernabschlüsse nach internationalen Rechnungslegungsgrundsätzen erstellen. Zu den Grundlagen der Bilanzierung, der Bewertung und des Ausweises nach IAS vgl. z.B. ACHLEITNER/WOLLMERT/VAN HULLE (1997).

[381] Dabei ist folgende Untergliederung denkbar: Verbundene Unternehmen werden untergliedert in Unternehmen, die in den Konzernabschluß einbezogen werden und Unternehmen, die nicht in den

Dieses Verzeichnis wird um einen Adreßteil mit Namen etc. von Ansprechpartnern erweitert.[382]

Im *Analyse- und Planungsteil*, dem internen retrospektiven bzw. prospektiven Berichtswesen, werden Möglichkeiten vorgestellt, den mit der Konzernrechnungslegung verbundenen Aufwand auch für interne Zwecke, d.h. für die monatliche, quartalsweise und halbjährliche Konzernrechnungslegung, nutzbar zu machen. In Abhängigkeit vom Informationsbedarf der Konzernleitung kann es sich dabei um Vereinfachungen hinsichtlich der angewandten Konsolidierungsverfahren verglichen mit der gesetzlich vorgeschriebenen Konzernrechnungslegung handeln.[383]

Da die von den Konzernunternehmen ermittelten Informationen richtig, vollständig und mit der erforderlichen Klarheit anderen Konzernunternehmen bzw. der zentralen Konsolidierungsstelle zu übermitteln sind, ist das Verfahren der Informationsübermittlung festzulegen. Das vorherrschende Übermittlungsverfahren[384] basiert auf einem einheitlichen, sich aus *Formblättern*[385] zusammensetzenden, per Brief, Telefax, Diskette oder Datenfernübertragung transferierbaren *Berichtspaket*.[386]
Die Funktion des einheitlichen Formularwesens besteht darin, die Abwicklung typischer und regelmäßig wiederkehrender Buchungsfälle durch weitgehende Normung zu beschleunigen, die Zusammenfassung ungleichartiger Buchungsfälle zu verhindern und "dem gesamten Belegfluß eine organisatorische Zwangsläufigkeit zu geben."[387]

Konzernabschluß einbezogen werden; Beteiligungen werden aufgeteilt in Gemeinschaftsunternehmen, assoziierte Unternehmen, die nach der Equity-Methode bewertet werden, assoziierte Unternehmen, die nicht nach der Equity-Methode bewertet werden und übrige Beteiligungen. Vgl. KPMG TREUVERKEHR AG (1990), S. 108-109.

[382] Vgl. WEBER-BRAUN/WEISS/FERLINGS (1998), Rn. 1343.

[383] Vgl. WEBER-BRAUN (1991a), S. 140-141; WIEBROCK (1971), S. 309-310.

[384] Vgl. VERBAND DER CHEMISCHEN INDUSTRIE E.V. (1989), S. 12.

[385] Ein Formularwesen im herkömmlichen Sinne, verstanden als Formulare zum manuellen Ausfüllen, wird zunehmend durch andere EDV-gestützte Erfassungsmechanismen verdrängt, die auf dem Formularaufbau basieren können, z.B. der Formularaufbau als EDV-gestützte Eingabemaske. Vgl. RUHNKE (1995), S. 176. Wenn im folgenden Formulare angesprochen werden, so wird dabei von der Art der Datenerfassung - manuell oder EDV-gestützt - abstrahiert.

[386] Ein solches Berichtspaket setzt sich zumindest aus folgenden Formblättern zusammen: Bilanz, Gewinn- und Verlustrechnung, Nachweise der Umwertungen, Brutto-Anlagespiegel, konzernintern erworbenes Sach- und Finanzanlagevermögen, Entwicklung der Beteiligungsbuchwerte an zu konsolidierenden Unternehmen, Daten zur Equity-Bewertung, Kontenabstimmung, Saldenentflechtung, Bewertungskorrekturen zu konzerninternen Forderungen und konzernintern bedingten Rückstellungen, Vorratswerte aus konzerninternen Lieferungen, Anschaffungs- und Herstellungskosten sowie Umsatzerlöse, Entwicklung von Kapital und Rücklagen, Erträge von konsolidierten verbundenen Unternehmen, Zusammensetzung der stillen Reserven, Zusammenstellung benötigter Informationen für Anhang und Lagebericht. Vgl. JONAS (1986), S. 312-338 und 405-409; STEGMANN/BÜCKLE (1992b), S. 453-499; WEBER-BRAUN/WEISS/FERLINGS (1998), Rn. 1287; ZOGG (1978), S. 397-402.

[387] ADLER/DÜRING/SCHMALTZ (1987), Vorbemerkungen zu §§ 290-315 HGB, Rn. 41.

3.1.3.4. Größe des Konzerns

Neben der Ausgestaltungsform des Prozesses des Konzernrechnungswesens[388], dem Konzernkontenplan[389] und der Richtlinie zur konzerneinheitlichen Rechnungslegung[390] kann man zu weiteren wichtigen Randbedingungen des vorliegenden Entscheidungsproblems im einzelnen zählen:[391]

- die Größe des Konzerns, gemessen an der Anzahl in- und ausländischer verbundener, gemeinschaftlich geführter und assoziierter Unternehmen und die damit einhergehende, teilweise weltweite räumliche Trennung der für die Konzernrechnungslegung zu verarbeitenden Daten,
- die Schnittstellen zwischen den einzelnen Teilprozessen und Aktivitäten (Kap. II.3.1.3.5.).

Aussagen über die Größe des Konzerns als Randbedingung des interessierenden Entscheidungsproblems erfordern zunächst die Bestimmung eines geeigneten Maßstabs zur Messung der Größe eines Konzerns. Die Größe des Konzerns soll für Zwecke der vorliegenden Untersuchung abstrakt durch die Anzahl in- und ausländischer verbundener, gemeinschaftlich geführter und assoziierter Unternehmen ausgedrückt werden.

In der Regel fehlt ein funktionaler Zusammenhang zwischen der Größe des Konzerns und der Größe des Konzernrechnungswesens als Abteilung, da dem aufgrund des Größeneinflusses gestiegenen Koordinationsbedarf nicht durch eine Vergrößerung der Abteilung 'Konzernrechnungswesen', sondern durch eine Erhöhung seiner organisatorischen Komplexität begegnet wird.

Organisationseinheiten reagieren auf zunehmende Größe mit erhöhter struktureller Differenzierung, was zu einer stärkeren Spezialisierung (Arbeitsteilung) führt.[392]

---

[388] Vgl. OBEN, Kap. II.3.1.3.1.
[389] Vgl. OBEN, Kap. II.3.1.3.2.
[390] Vgl. OBEN, Kap. II.3.1.3.3.
[391] Die aufgeführten Randbedingungen gehören zu denen, die in der Literatur am häufigsten genannt werden; vgl. OBEN, Kap. I.2.2. Eine weitere häufig genannte Einflußgröße ist die Anzahl und die Qualifikation der Mitarbeiter in der zentralen Konsolidierungsstelle und in den Konzernunternehmen. Die Einflüsse mitarbeiterbezogener Gestaltungsbedingungen entziehen sich jedoch einer allgemeingültigen Betrachtung, da sie entscheidend von Persönlichkeitsmerkmalen und sozialen Interaktionsprozessen determiniert werden.
[392] Vgl. FORD/ARMANDI/HEATON (1988), S. 97; KIESER/KUBICEK (1983), S. 80-81. "Auf der anderen Seite ergibt sich für ein System mit wachsender Größe gewöhnlich ein (begrenzt) steigendes Potential an Skalenersparnissen." SCHREYÖGG (1998), S. 167.

Daraus resultiert tendenziell eine verstärkte Dezentralisation von Arbeiten.[393] Der Einfluß der Anzahl der in die Konzernrechnungslegung einbezogenen Unternehmen auf die (De-)Zentralisation von Aktivitäten ist somit evident: Je mehr Tochterunternehmen, Gemeinschaftsunternehmen und assoziierte Unternehmen in die Konzernrechnungslegung einbezogen sind, um so stärker wird die Tendenz zur Dezentralisation von Arbeiten im Rahmen der Konzernrechnungslegung sein.[394]

3.1.3.5. Schnittstellen zwischen den einzelnen Teilprozessen und Aktivitäten

Bei Entscheidungen, die die Gestaltung der Informationsflüsse im Konzernrechnungswesen bei gegebenen Informationsverarbeitungskapazitäten zum Gegenstand haben, ist zu berücksichtigen, daß eine organisatorische Entscheidung hinsichtlich der Zentralisation oder Dezentralisation eines Teilprozesses bzw. einer Aktivität Auswirkungen auf die Wahl einer Handlungsalternative bei einem bzw. mehreren zeitlich und inhaltlich nachfolgenden Konsolidierungsverfahren haben kann. Aus diesem Grund müssen die zwischen den verschiedenen Teilprozessen und Aktivitäten bestehenden Schnittstellen erfaßt werden.[395]

In der vorliegenden Arbeit werden die zwischen den verschiedenen Teilprozessen und Aktivitäten bestehenden Schnittstellen folgendermaßen berücksichtigt:[396] Die einzelnen Teilprozesse und Aktivitäten werden im Hinblick auf ihre zeitliche und inhaltliche Reihenfolge untersucht. Aus darstellungstechnischen Gründen wird dabei sequentiell stufenweise, in zeitlicher und inhaltlicher Reihenfolge der einzelnen Teilprozesse und Aktivitäten vorgegangen. In jedem Zeitpunkt t ($t = 1, 2, ..., T$) , d.h. bei jedem Teilprozeß oder jeder Aktivität, ist mit Sicherheit bekannt, welche Handlungsalternativen in diesem Zeitpunkt ergriffen werden können, welche Randbedingungen und letztendlich welche entscheidungsrelevanten Konsequenzen vorliegen.[397] Der Entscheidungsspielraum im Zeitpunkt 1 hängt von den in diesem Zeitpunkt gegebenen Randbedingungen ab; der Entscheidungsspielraum im Zeit-

393 Vgl. WOLLNIK (1980), Sp. 609.
394 Zur Beziehung zwischen Unternehmensgröße und (De-)Zentralisation vgl. allgemein die bisherigen Ergebnisse empirischer Studien, die überwiegend davon ausgehen, daß mit zunehmender Unternehmensgröße eine Tendenz zur Dezentralisation einhergeht. Vgl. u.a. BLAU/SCHOENHERR (1971); CHILD (1973); LIOUKAS/XEROKOSTAS (1982).
395 Prozesse, Teilprozesse und Aktivitäten "weisen externe und interne Schnittstellen auf, die Transport-, Liege-, Übergabe- und Einarbeitungszeiten verursachen. Zur Verkürzung von Durchlaufzeiten müssen Schnittstellen reduziert und/oder harmonisiert (und damit zu Verbindungsstellen gemacht) werden. Prozeßorganisation ist daher zu einem erheblichen Teil Schnittstellenorganisation." FISCHERMANNS/LIEBELT (1997), S. 127.
396 Zu dieser Vorgehensweise vgl. allgemein LAUX (1998a), S. 281-284.
397 Vgl. OBEN, Kap. II.3.1.1.

punkt 2 hängt zum einen von den im Zeitpunkt 2 gegebenen Randbedingungen und zum anderen von der Handlungsalternative ab, die im Zeitpunkt 1 realisiert wird. Die Handlungsalternative, die im Zeitpunkt 1 gewählt wird, wird somit bei der Entscheidung im Zeitpunkt 2 zur Randbedingung.

Ein Ziel der vorliegenden Arbeit ist es, nicht nur theoretische, sondern auch allgemeingültige praktische Hinweise und gestaltungsorientierte Aussagen über die Möglichkeiten und Grenzen der zentralen und dezentralen Verteilung von Aktivitäten im Rahmen der Konzernabschlußerstellung zu entwickeln.[398] Für die oben dargestellte sequentiell stufenweise Vorgehensweise folgt daraus allgemein, daß bei der Untersuchung der Entscheidungssituation im Zeitpunkt t nicht die in den Zeitpunkten 1,...,t-1 *gewählten Handlungsalternativen* als Randbedingungen berücksichtigt werden; vielmehr werden die in den Zeitpunkten 1,...,t-1 *gegebenen Handlungsalternativen* (Zentralisation und Dezentralisation) im Zeitpunkt t als Randbedingungen erfaßt. Um die Komplexität des vorliegenden Entscheidungsproblems zu reduzieren, sollen hier jedoch nur solche in den Zeitpunkten 1,...,t-1 gegebenen Handlungsalternativen im Zeitpunkt t als Randbedingungen explizit berücksichtigt werden, von denen ein signifikanter Einfluß auf die Entscheidungssituation im Zeitpunkt t zu erwarten ist.[399]

Das Endergebnis der gesamten Entscheidungssequenz, i.e. der Konzernabschluß als Output des Informationsverarbeitungsprozesses, hängt davon ab, welche Handlungsalternativen in den Zeitpunkten 1, 2, ..., T realisiert werden.

Ein Beispiel: Der Entscheidungsspielraum bei der Entscheidung über die zentrale oder dezentrale Erfassung der Geschäftsvorfälle im Zeitpunkt 1[400] hängt von den in diesem Zeitpunkt gegebenen Randbedingungen (Ausgestaltungsform des Prozesses des Konzernrechnungswesens und Größe des Konzerns) ab[401]; der Entscheidungsspielraum bei der Entscheidung über die zentrale oder dezentrale Vereinheitlichung von Bilanzansatz und Bewertung[402] im Zeitpunkt 2 hängt zum einen von den in diesem Zeitpunkt gegebenen Randbedingungen (Ausgestaltungsform des Prozesses des Konzernrechnungswesens und Größe des Konzerns) und zum anderen

---

398 Zu den Zielen der vorliegenden Arbeit vgl. OBEN, Kap. I.1.

399 In diesem Sinne auch LAUX/LIERMANN (1997), S. 56: "Eine ... Möglichkeit der Komplexitätsreduktion besteht darin, einen oder mehrere Umweltzustände völlig zu vernachlässigen ... Die derart vereinfachte Darstellung der Umweltzustände ist insbesondere auch bei sequentiellen Entscheidungsproblemen geboten."

400 Vgl. UNTEN, Kap. III.1.

401 Die Randbedingungen 'Ausgestaltungsform des Konzernrechnungswesens' und 'Größe des Konzerns' sind in jedem Zeitpunkt t (t = 1, 2, ..., T) gegeben.

402 Vgl. UNTEN, Kap. III.2.

von den im Zeitpunkt 1 (Erfassung der Geschäftsvorfälle) gegebenen Handlungsalternativen ab. Die im Zeitpunkt 1 gegebenen Handlungsalternativen (zentrale oder dezentrale Erfassung der Geschäftsvorfälle) werden somit bei der Entscheidung im Zeitpunkt 2 (zentrale oder dezentrale Vereinheitlichung von Bilanzansatz und Bewertung) zur Randbedingung.

3.1.3.6. Zusammenfassung der Randbedingungen

Neben den Handlungsalternativen[403] und den Zielvariablen[404] sind bei der organisatorischen Gestaltung des Konzernrechnungswesens auch spezifische Randbedingungen zu berücksichtigen. Die Randbedingungen kennzeichnen in Abhängigkeit vom jeweiligen Zustand zu berücksichtigende Merkmale der Gestaltungssituation.

Die folgenden Randbedingungen wurden einzeln behandelt:

- Ausgestaltungsform des Prozesses des Konzernrechnungswesens[405],
- Konzernkontenplan[406],
- Richtlinie zur konzerneinheitlichen Rechnungslegung[407],
- Größe des Konzerns[408],
- Schnittstellen zwischen den einzelnen Teilprozessen und Aktivitäten.[409]

Die Ausführungen zum Konzernkontenplan und zur Richtlinie zur konzerneinheitlichen Rechnungslegung haben verdeutlicht, daß diese beiden Instrumente quasi Grundvoraussetzungen darstellen, damit ein Konzernabschluß überhaupt erstellt werden kann. Ihr Verständnis als Strukturierungshilfe zur formalen Vereinheitlichung der zu verarbeitenden Informationen[410] bzw. als Arbeitsanleitung, vor allem für die konzerneinheitliche Bilanzierung und Bewertung, ist zugleich eine Grundvoraussetzung dafür, daß Arbeiten im Zuge der Erstellung des Konzernabschlusses sowohl zentral als auch dezentral erfüllt werden können. In diesem Sinne sind diese beiden Instrumente zwar fundamental für die Behandlung des in dieser Arbeit interessierenden Entscheidungsproblems; vom Vorhandensein der beiden Randbedin-

[403] Vgl. OBEN, Kap. II.3.1.1.
[404] Vgl. OBEN, Kap. II.3.1.2.
[405] Vgl. OBEN, Kap. II.3.1.3.1.
[406] Vgl. OBEN, Kap. II.3.1.3.2.
[407] Vgl. OBEN, Kap. II.3.1.3.3.
[408] Vgl. OBEN, Kap. II.3.1.3.4.
[409] Vgl. OBEN, Kap. II.3.1.3.5.
[410] Vgl. KPMG TREUVERKEHR AG (1990), S. 95; SAHNER/TERHÜRNE (1989), S. 190.

gungen geht jedoch kein Einfluß auf die zentrale oder dezentrale Arbeitsverteilung dergestalt aus, daß sich - bei isolierter Betrachtung der beiden Einflußgrößen - bei zentraler Arbeitsverteilung andere entscheidungsrelevante Konsequenzen ergeben als bei dezentraler Arbeitsverteilung.

Angesichts dieser Tatsache sowie bedingt dadurch, daß eine große Zahl berücksichtigter Randbedingungen nicht automatisch zu einer höheren Qualität der Entscheidung führt[411], beschränkt sich die Analyse der Wirkungen von Randbedingungen auf die (De-)Zentralisation von Aktivitäten im Konzernrechnungswesen auf die folgenden Randbedingungen: Ausgestaltungsform des Prozesses des Konzernrechnungswesens, Größe des Konzerns sowie Schnittstellen zwischen den einzelnen Teilprozessen und Aktivitäten.

3.2. Zusammenfassung der Komponenten des Bezugsrahmens für die zentrale und dezentrale Verteilung von Teilprozessen und Aktivitäten im Konzernrechnungswesen und weiteres Vorgehen

In den vorangegangenen Abschnitten wurde das vorliegende Entscheidungsproblem, die zentrale und dezentrale Verteilung von Teilprozessen und Aktivitäten im Konzernrechnungswesen bei gegebenen Informationsverarbeitungskapazitäten, in einzelne Komponenten zerlegt: Handlungsalternativen[412], Zielvariablen[413] und Randbedingungen.[414] Diese Komponenten sind zugleich die Bausteine des theoretischen Bezugsrahmens für die zentrale und dezentrale Verteilung von Teilprozessen und Aktivitäten im Konzernrechnungswesen.

Im nachfolgenden Kapitel werden die aus der Zerlegung der einzelnen Teilprozesse hervorgehenden Aktivitäten im Hinblick auf ihre (De-)Zentralisationsmöglichkeiten und -grenzen untersucht, wobei die zentrale und die dezentrale Verteilung einer jeden Aktivität zugleich die jeweiligen *Handlungsalternativen* sind.

Die entscheidungsrelevanten Konsequenzen der Entscheidung werden durch die folgenden *Zielvariablen* beschrieben:

---

[411] Vgl. ausführlich OBEN, Kap. I.2. und II.3.1.3.1.
[412] Vgl. OBEN, Kap. II.3.1.1.
[413] Vgl. OBEN, Kap. II.3.1.2.
[414] Vgl. OBEN, Kap. II.3.1.3.

- Qualität der im Rahmen der einzelnen Teilprozesse und Aktivitäten generierten Informationen, oder verkürzt: Qualität,
- für die Erfüllung der einzelnen Teilprozesse und Aktivitäten benötigte Arbeitstage, oder verkürzt: Arbeitstage.

Da somit mehrere Zielvariablen existieren, sollte die Konzernleitung als Entscheider in der realen Entscheidungssituation prinzipiell in der Lage sein, die möglichen entscheidungsrelevanten Konsequenzen ihrer Entscheidung miteinander zu vergleichen.[415]

Präferenzaussagen bezüglich der Zielvariablen sollen nicht getroffen werden. Diese können faktisch nur durch den Entscheidungsträger selbst getroffen werden, da sie seine individuellen Empfindungen gegenüber den entscheidungsrelevanten Konsequenzen ausdrücken.[416]

Welches Ergebnis bei der Wahl einer bestimmten Handlungsalternative erzielt wird, hängt auch von den *Randbedingungen* der Konzernabschlußerstellung ab. Für alle genannten Randbedingungen[417] wurde ein Einfluß auf die organisatorische Gestaltung des Prozesses der Konzernabschlußerstellung plausibel gemacht. Das heißt jedoch nicht, daß in den folgenden Ausführungen sämtliche Randbedingungen berücksichtigt werden sollen. Aus konzeptionellen Erwägungen und speziellen Erkenntnisinteressen heraus werden in die weitere Untersuchung diejenigen Randbedingungen einbezogen, von denen vermutet wird, daß sie einen besonders starken Einfluß auf die prozeßorganisatorische Gestaltung des Konzernrechnungswesens ausüben. Als solche sollen für Zwecke der vorliegenden Arbeit diejenigen Randbedingungen typisiert werden, die in der wirtschaftswissenschaftlichen Fachliteratur besonders häufig genannt werden:[418]

- Ausgestaltungsform des Prozesses des Konzernrechnungswesens[419],
- Größe des Konzerns[420],
- Schnittstellen zwischen den einzelnen Teilprozessen und Aktivitäten.[421]

---

[415] Vgl. allgemein LAUX (1998a), S. 67. Zur Problematik der Entscheidung bei Sicherheit und mehreren Zielgrößen vgl. u.a. BAMBERG/COENENBERG (1989), S. 43-59; EISENFÜHR/WEBER (1993), S. 109-139; LAUX (1998a), S. 61-101.
[416] So u.a. auch EISENFÜHR/WEBER (1993), S. 1 und 16.
[417] Vgl. OBEN, Kap. II.3.1.3.
[418] Vgl. OBEN, Kap. I.2.
[419] Vgl. OBEN, Kap. II.3.1.3.1.
[420] Vgl. OBEN, Kap. II.3.1.3.4.
[421] Vgl. OBEN, Kap. II.3.1.3.5.

In der vorliegenden Untersuchung wird in bezug auf die Randbedingung 'Ausgestaltungsform des Prozesses des Konzernrechnungswesens' zwischen der derivativen Ableitung des Konzernabschlusses aus dezentralen, nicht integrierten Buchhaltungssystemen und der originären Ableitung des Konzernabschlusses aus einem konzernweit integrierten Buchhaltungssystem differenziert. Dazu wird das betrachtete Entscheidungsproblem - unter sonst gleichen Bedingungen - einerseits bei einer derivativen und andererseits bei einer originären Ableitung des Konzernabschlusses formuliert.
Diese Vorgehensweise ist von praktischer Relevanz: So kann in einem Konzern die Ausgestaltungsform des Konzernrechnungswesens so ausgeprägt sein, daß z.B. (zunächst) nur die langjährigen Tochterunternehmen, deren Anteile zu 100% dem Mutterunternehmen gehören, in das originäre Konzernrechnungswesen integriert sind, wohingegen die Informationen der übrigen Tochterunternehmen (übergangsweise) weiterhin derivativ aus ihren Einzelabschlüssen abgeleitet werden.

Im folgenden Hauptteil werden - separat für jeden Teilprozeß im Rahmen des Prozesses der Konzernabschlußerstellung - die Aktivitäten, aus denen sich jeder Teilprozeß zusammensetzt, analysiert und beschrieben.[422] Diese Analyse bildet allgemein den Ausgangspunkt der Gestaltung von Informationsprozessen.[423] Soweit dem Zweck der vorliegenden Arbeit dienlich, werden für die Beschreibung des prozeßorganisatorischen Gestaltungsproblems Formblätter entwickelt. Sie dienen insbesondere zur Bestimmung der relevanten Aktivitäten und Informationen im Rahmen der einzelnen Teilprozesse und zur Darstellung der Prozeßabläufe. Damit können sie methodische Grundlagen für die in den jeweils nachfolgenden Abschnitten wiedergegebenen theoretischen Aussagen liefern.

Aufbauend auf der Analyse der Aktivitäten, aus denen sich die einzelnen Teilprozesse zusammensetzen, wird der sich aus den Komponenten Handlungsalternativen, Zielvariablen und Randbedingungen zusammensetzende Bezugsrahmen jeweils in der derivativen und in der originären Ausgestaltungsform der Ableitung des Konzernabschlusses auf die einzelnen Aktivitäten angewandt.

Aus darstellungstechnischen Gründen sowie zur Berücksichtigung der zwischen den verschiedenen Teilprozessen und Aktivitäten bestehenden Schnittstellen wird dabei sequentiell stufenweise, in zeitlicher und inhaltlicher Reihenfolge der einzelnen

[422] "Schon durch die Beschreibung von Alternativen und ihrer möglichen Konsequenzen kann Licht in ein undurchsichtiges Entscheidungsproblem gebracht werden." LAUX (1998a), S. 41.
[423] Vgl. KÜPPER (1982), S. 30.

Teilprozesse - beginnend mit der Erfassung der Geschäftsvorfälle als erstem Teilprozeß[424] - vorgegangen.[425]

Um nicht nur theoretische, sondern auch allgemeingültige praktische Hinweise und gestaltungsorientierte Aussagen über die Möglichkeiten und Grenzen der zentralen und dezentralen Verteilung von Aktivitäten im Rahmen der Konzernabschlußerstellung entwickeln zu können, werden bei der Untersuchung der Entscheidungssituation im Zeitpunkt t nicht die in den Zeitpunkten 1,...,t-1 *gewählten Handlungsalternativen* als Randbedingungen berücksichtigt; vielmehr werden die in den Zeitpunkten 1,...,t-1 *gegebenen Handlungsalternativen* (Zentralisation und Dezentralisation) im Zeitpunkt t als Randbedingungen erfaßt. Zur Komplexitätsreduktion sollen hier jedoch nur solche in den Zeitpunkten 1,...,t-1 gegebenen Handlungsalternativen im Zeitpunkt t als Randbedingungen explizit berücksichtigt werden, von denen ein signifikanter Einfluß auf die Entscheidungssituation im Zeitpunkt t zu erwarten ist.

Zur Darstellung der in den jeweiligen Abschnitten zur zentralen und dezentralen Verteilung der Aktivitäten betrachteten Kombinationen von Handlungsalternativen und Randbedingungen wird eine Ergebnismatrix verwendet.[426] Diese hat folgende Gestalt:

Randbedingungen / Handlungsalternativen im Zeitpunkt t	Größe des Konzerns	Handlungsalternativen in den Zeitpunkten 1,...,t-1
Zentrale Durchführung der Aktivität	E_{11}	E_{12}
Dezentrale Durchführung der Aktivität	E_{21}	E_{22}

Abb. 4: Ergebnismatrix

[424] Vgl. UNTEN, Kap. III.1.

[425] In jedem Zeitpunkt t (t = 1, 2, ..., T) , d.h. bei jedem Teilprozeß oder jeder Aktivität, ist mit Sicherheit bekannt, welche Handlungsalternativen in diesem Zeitpunkt ergriffen werden können, welche Randbedingungen und letztendlich welche entscheidungsrelevanten Konsequenzen vorliegen. Vgl. ausführlich OBEN, Kap. II.3.1.1. und II.3.1.3.5.

[426] Zur Ergebnismatrix vgl. allgemein z.B. FRESE (1998), S. 47; LAUX (1979), S. 9; LAUX (1998a), S. 34-37.

In der Vorspalte der Ergebnismatrix sind die Handlungsalternativen im Zeitpunkt t und in der Kopfzeile die Randbedingungen aufgeführt. Als Elemente der Ergebnismatrix werden für jede Kombination aus Handlungsalternativen im Zeitpunkt t und Randbedingungen die jeweiligen resultierenden entscheidungsrelevanten Konsequenzen (oder alternativ: Ergebnisse) dargestellt. Hierbei bezeichnet z.B. E_{11} jene entscheidungsrelevante Konsequenz, die sich in Abhängigkeit von der Größe des Konzerns als Randbedingung ergibt, wenn die zentrale Durchführung der Aktivität im Zeitpunkt t gewählt wird.

Es wird angenommen, daß durch die gewählte Handlungsalternative und die Randbedingungen - im Endeffekt also durch die resultierende entscheidungsrelevante Konsequenz - die Werte der Zielvariablen deterministisch bestimmt sind.[427] Die möglichen entscheidungsrelevanten Konsequenzen, denen Bedeutung beigemessen wird und denen insofern Zielvariablen entsprechen[428], bestimmen die Möglichkeiten und Grenzen der zentralen und dezentralen Verteilung von Teilprozessen und Aktivitäten im Konzernrechnungswesen.

Zur übersichtlichen Darstellung werden die erarbeiteten Ergebnisse in einer Zielvariablenmatrix tabellarisch abgebildet und zusammengefaßt.[429] Die Zielvariablenmatrix hat folgende Gestalt:

Zielvariablen / Handlungsalternativen	Qualität	Arbeitstage
Zentralisation	Z_1	Z_2
Dezentralisation	Z_3	Z_4

Abb. 5: Zielvariablenmatrix

Dabei bezeichnet bspw. Z_1 die Wirksamkeit der Handlungsalternativen 'Zentralisation' hinsichtlich der Zielvariablen 'Qualität'.

427 Zu dieser Annahme vgl. auch EISENFÜHR/WEBER (1993), S. 29; LAUX (1998a), S. 36.
428 Vgl. allgemein LAUX (1998a), S. 21.
429 Zur Zielvariablenmatrix oder Zielgrößenmatrix als Darstellungsform vgl. LAUX (1998a), S. 62-63.

Zusammenfassend werden im folgenden III. Kapitel Aussagen über die Relationen zwischen den betrachteten Komponenten des vorliegenden Entscheidungsproblems bzw. Hypothesen über die Wirksamkeit der untersuchten (De-)Zentralisationsformen hinsichtlich der Zielvariablen abgeleitet. Diese sind Ausgangspunkt für die Gewinnung von Aussagen, die als wissenschaftlich fundierte Hilfen für praktisches organisatorisches Gestalten klassifiziert werden können.[430] Um der Komplexität der realen Gestaltungssituation gerecht werden zu können, müssen diese Aussagen in der vorliegenden Arbeit jedoch modellartig vereinfacht sein.[431]

[430] Hierbei handelt es sich um sog. praxeologische Aussagen. Diese bringen zum Ausdruck, welche Handlungsalternativen bei Vorhandensein welcher Randbedingungen gewählt werden können, um bestimmte Ziele zu erreichen. Vgl. u.a. GROCHLA (1978), S. 55 ff.; LAUX/LIERMANN (1997), S. 26-28; MAG (1995), S. 327.

[431] In diesem Sinne auch allgemein LAUX (1998a), S. 52-54.

III. Möglichkeiten und Grenzen der zentralen und dezentralen Verteilung von Teilprozessen und Aktivitäten im Konzernrechnungswesen

1. Erfassung der Geschäftsvorfälle

1.1. Erfassung der Geschäftsvorfälle in der derivativen Ausgestaltung des Konzernrechnungswesens

Der erste Teilprozeß im Rahmen der Erstellung eines Konzernabschlusses ist die Erfassung der Geschäftsvorfälle. Hierbei gilt es zunächst abzugrenzen, welche Vorgänge für Zwecke der Konzernrechnungslegung als Geschäftsvorfälle zu bezeichnen sind.

In der derivativen Ausgestaltung des Konzernrechnungswesens lassen sich Vorgänge auf der einzelgesellschaftlichen Ebene von solchen auf Konzernebene unterscheiden.[1] Auf der einzelgesellschaftlichen Ebene sind Geschäftsvorfälle

- "Vorgänge zwischen dem buchführenden Unternehmen und anderen Rechtsträgern, die nach den Grundsätzen ordnungsmäßiger Buchführung zu Aufwendungen oder Erträgen führen oder
- Vorgänge, die einzelne in der Bilanz zu erfassende Vermögensgegenstände, Schulden, Rechnungsabgrenzungs- oder Eigenkapitalposten berühren."[2]

Die genannten Vorgänge sind originäre Geschäftsvorfälle auf der einzelgesellschaftlichen Ebene.

Auf Konzernebene ist der Terminus 'Geschäftsvorfall' inhaltlich anders zu bestimmen: Da der derivativ abgeleitete Konzernabschluß aus den einzelgesellschaftlichen Abschlüssen entwickelt wird, sind die landesrechtlichen Jahresabschlüsse bzw. die originären einzelgesellschaftlichen Geschäftsvorfälle grundsätzlich durch derivative Geschäftsvorfälle auf Konzernebene zu korrigieren.[3] Die derivativen Geschäftsvorfälle auf Konzernebene beziehen sich im wesentlichen auf die Korrekturen im Rahmen der Vereinheitlichung von Bilanzansatz und Bewertung[4], der Währungsumrechnung[5], der Kapitalkonsolidierung[6], der Schuldenkonsolidierung[7], der

---

[1] Vgl. RUHNKE (1995), S. 9.
[2] NIEMANN/SCHMIDT (1994), S. 46.
[3] Vgl. RUHNKE (1995), S. 9.
[4] Vgl. hierzu UNTEN, Kap. III.2.
[5] Vgl. hierzu UNTEN, Kap. III.3.

Zwischenergebniseliminierung[8], der Aufwands- und Ertragskonsolidierung[9] sowie der Beteiligungsbewertung nach der Equity-Methode[10] und werden als solche an dortiger Stelle behandelt.

Wenn in diesem Abschnitt von Geschäftsvorfällen gesprochen wird, dann sind damit die originären Geschäftsvorfälle auf der einzelgesellschaftlichen Ebene gemeint.

Geschäftsvorfälle entstehen durch Güter- und Geldströme zwischen dem jeweiligen Konzernunternehmen und seiner Umwelt. Das bedeutet, daß Geschäftsvorfälle zweifelsohne dezentral entstehen. Sie sind zeitnah und geordnet in einer Buchführung zu erfassen.[11] Zeitnahe Erfassung der Geschäftsvorfälle heißt, daß ein zeitlicher Zusammenhang zwischen den Vorgängen und ihrer buchmäßigen Erfassung bestehen muß.[12]

Die Erfassung der Geschäftsvorfälle auf einzelgesellschaftlicher Ebene erfüllt eine Primärfunktion anläßlich der Erstellung des landesrechtlichen Jahresabschlusses: die Geschäftsvorfälle müssen im Rahmen der einzelgesellschaftlichen Buchführung und damit für Zwecke der Erstellung des Einzelabschlusses erfaßt werden.[13] Infolgedessen gibt es zur dezentralen Erfassung der Geschäftsvorfälle in der derivativen Ausgestaltung des Konzernrechnungswesens faktisch keine Alternative. Da somit für die Erfassung der Geschäftsvorfälle in der derivativen Ausgestaltung des Konzernrechnungswesens nur eine Alternative existiert, nämlich die dezentrale Erfassung, liegt in bezug auf die Erfassung der Geschäftsvorfälle kein Entscheidungsproblem vor.[14] Das heißt, daß sich ein Rückgriff auf das entscheidungstheoretische Instrumentarium an dieser Stelle erübrigt und in der derivativen Ausgestaltung des Konzernrechnungswesens von einer dezentralen Erfassung der originären Geschäftsvorfälle auf der einzelgesellschaftlichen Ebene ausgegangen wird.

---

[6] Vgl. hierzu UNTEN, Kap. III.4.
[7] Vgl. hierzu UNTEN, Kap. III.5.
[8] Vgl. hierzu UNTEN, Kap. III.6.
[9] Vgl. hierzu UNTEN, Kap. III.7.
[10] Vgl. hierzu UNTEN, Kap. III.8.
[11] Die für Zwecke der vorliegenden Arbeit vorgenommene Typisierung des Konzernkontenplans als gegeben angenommene Idealbedingung für die derivative Ableitung des Konzernabschlusses impliziert, daß die organisatorischen und technischen Voraussetzungen für die zeitnahe und geordnete Erfassung der Geschäftsvorfälle vorhanden sind. Vgl. OBEN, Kap. II.3.1.3.1., 3.1.3.6. und 3.2. Zum Konzernkontenplan vgl. auch OBEN, Kap. II.3.1.3.2.
[12] Vgl. FALTERBAUM/BECKMANN (1993), S. 226.
[13] Vgl. FALTERBAUM/BECKMANN (1993), S. 225-226.
[14] Zum Begriff des Entscheidungsproblems vgl. OBEN, Kap. I.1.

1.2. Erfassung der Geschäftsvorfälle in der originären Ausgestaltung des Konzernrechnungswesens

Für Zwecke der originären Ableitung des Konzernabschlusses existiert ein eigener Buchungskreis 'Konzern'.[15] Dieser tritt selbständig neben die Buchungskreise der einzelgesellschaftlichen Rechnungslegung.[16]

Ähnlich wie für Zwecke der einzelgesellschaftlichen Rechnungslegung ist auch für Zwecke der Konzernrechnungslegung eine zeitnahe und geordnete Erfassung der Geschäftsvorfälle erforderlich.[17]

Es liegt nahe, für Zwecke des Konzernabschlusses auf die buchmäßig erfaßten Geschäftsvorfälle für Zwecke des Einzelabschlusses zurückzugreifen.[18] Dies sind diejenigen Buchungen, die für Zwecke des Einzel- und Konzernabschlusses identisch sind und daher unverändert in den Buchungskreis 'Konzern' übernommen werden können.[19] Insofern heißt originäre Ableitung des Konzernabschlusses aus einem eigenen Buchungskreis 'Konzern' nicht, daß das Konzernrechnungswesen vollständig von den einzelgesellschaftlichen Rechnungswesen der Konzernunternehmen separiert ist.

Im Hinblick auf die (De-)Zentralisation der Erfassung der Geschäftsvorfälle in der originären Ausgestaltung des Konzernrechnungswesens gilt das zur Erfassung der Geschäftsvorfälle in der derivativen Ausgestaltung des Konzernrechnungswesens Gesagte[20] analog: Auch in der originären Ausgestaltung des Konzernrechnungswe-

---

[15] Zu den Voraussetzungen und Idealbedingungen für die originäre Ableitung des Konzernabschlusses vgl. OBEN, Kap. II.3.1.1., II.3.1.3.2., II.3.1.3.3., II.3.1.3.6. und II.3.2.

[16] Vgl. PELKA (1994), S. 59.

[17] Vgl. PELKA (1994), S. 69.

[18] Wie noch zu zeigen sein wird, kann dieser Rückgriff für Zwecke der Konzernrechnungslegung nur auf die Geschäftsvorfälle erfolgen, die bei den in die Konzernrechnungslegung einbezogenen Tochterunternehmen und Gemeinschaftsunternehmen erfaßt werden, jedoch nicht auf solche Geschäftsvorfälle, die bei at equity bewerteten Beteiligungsgesellschaften oder übrigen Beteiligungsgesellschaften erfaßt werden. Zur Beteiligungsbewertung nach der Equity-Methode in der originären Ausgestaltung des Konzernrechnungswesens vgl. UNTEN, Kap. III.8.1.2. und III.8.2.
Wenn im folgenden - im Zusammenhang mit der Betrachtung der originären Ausgestaltung des Konzernrechnungswesens - der Terminus 'Konzernunternehmen' verwendet wird, dann sind damit die Unternehmen des Vollkonsolidierungskreises und des Quotenkonsolidierungskreises gemeint, aber nicht die Beteiligungen, die at equity bewertet werden und auch nicht die Unternehmen, die den Kreis der einfachen Beteiligungsunternehmen bilden. Zum Stufenkonzept des Konzerns vgl. BUSSE VON COLBE/ORDELHEIDE (1993), S. 45-47.

[19] Zur Erfassung derjenigen Geschäftsvorfälle, die in der originären Ausgestaltung des Konzernrechnungswesens für Zwecke der jeweiligen einzelgesellschaftlichen Rechnungslegung und für Zwecke der Konzernrechnungslegung unterschiedlich zu behandeln sind, vgl. UNTEN, Kap. III.2.2., III.3.2., III.4.1.2., III.4.2., III.5.2., III.6.2., III.7.2., III.8.1.2. und III.8.2.

[20] Vgl. OBEN, Kap. III.1.1.

sens liegt dem Entscheider faktisch nur eine Handlungsmöglichkeit vor, i.e. die dezentrale Erfassung der Geschäftsvorfälle. Folglich wird in der originären Ausgestaltung des Konzernrechnungswesens eine dezentrale Erfassung derjenigen Geschäftsvorfälle angenommen, die unverändert in den Buchungskreis 'Konzern' übernommen werden können.

2. Vereinheitlichung von Bilanzansatz und Bewertung

2.1. Prozeßorganisatorische Gestaltung des Teilprozesses 'Vereinheitlichung von Bilanzansatz und Bewertung' in der derivativen Ausgestaltung des Konzernrechnungswesens

2.1.1. Zerlegung des Teilprozesses in einzelne Aktivitäten

Der zweite Teilprozeß im Rahmen der Erstellung eines Konzernabschlusses ist die Vereinheitlichung von Bilanzansatz und Bewertung. Dabei wird unterstellt, daß Bilanzansatz und Bewertung für Zwecke der einzelgesellschaftlichen Rechnungslegung und für Zwecke der Konzernrechnungslegung differieren.[21]

Im Rahmen der derivativen Ausgestaltung des Konzernrechnungswesens heißt Vereinheitlichung von Bilanzansatz und Bewertung, daß der landesrechtliche Jahresabschluß (Jahresabschluß I) in einen Abschluß für Konsolidierungszwecke (Jahresabschluß II[22]) überzuleiten ist.[23] Dies ist der "in der Praxis übliche Weg"[24] der Vereinheitlichung von Bilanzansatz und Bewertung.

Eine solche Überleitungs-[25] bzw. Ergänzungsrechnung[26] kann insbesondere bei ausländischen, zudem aber auch bei im Inland domizilierenden Konzernunterneh-

[21] Voraussetzungen für eine Identität von Bilanzansatz und Bewertung in einzelgesellschaftlicher Rechnungslegung und Konzernrechnungslegung sind, daß weder Interessen des jeweiligen Konzernunternehmens in bezug auf Gewinnverwendung, Kapitalbeschaffung, Steuerpolitik etc. noch gesetzliche Vorschriften, bspw. Börsenzulassungsvoraussetzungen, diese Identität restringieren. Diese Voraussetzungen werden in praxi jedoch kaum gegeben sein. In diesem Sinne auch HAVERMANN (1987), S. 195.

[22] Sofern in dieser Arbeit Einzelabschlüsse angesprochen werden, werden anstelle der von den angewandten Rechnungslegungssystemen HGB, IAS und US-GAAP abhängigen Termini Handelsbilanzen I bzw. II, IAS-Abschlüsse I bzw. II oder US-GAAP-Abschlüsse I bzw. II - zur sprachlichen Vereinfachung - regelmäßig die Begriffe Jahresabschlüsse I bzw. II verwendet. Zu den einzelnen Termini in der Fachliteratur vgl. u.a. BAETGE/SCHULZE (1997), IAS 27, Tz. 111; TREUHAND-VEREINIGUNG AG (1987), S. 111.

[23] Vgl. RUHNKE (1995), S. 14.

[24] GEBHARDT/BERGMANN (1991), Rn. 70.

[25] Vgl. BUDDE/FÖRSCHLE (1990), Anm. 26.

men notwendig sein, wenn diese - z.B. rechtsformbedingt - einzelne Vorschriften in ihrem landesrechtlichen Abschluß nicht anwenden dürfen resp. nicht anzuwenden brauchen oder das Mutterunternehmen über die gesetzlichen Mindesterfordernisse hinaus eine weitergehende Vereinheitlichung aus Planungs- und Steuerungsgesichtspunkten im Jahresabschluß II obligatorisch anordnet.[27] Die weitergehende Vereinheitlichung ermöglicht einerseits die Beurteilung der Konzernunternehmen nach uniformen Kriterien, da konzerneinheitlich die Bilanzierungs- und Bewertungsvorschriften des Mutterunternehmens zur Anwendung gelangen[28]; sie erhebt andererseits die Bedeutung des Jahresabschlusses II über das reine "Konsolidierungs- bzw. Informationsinstrument"[29] hinaus zu einem Instrument für das interne Finanzcontrolling.[30]

Aufbauend auf diesen Ausführungen zu Begriff und Inhalt des Jahresabschlusses II, verstanden als Output des Teilprozesses 'Vereinheitlichung von Bilanzansatz und Bewertung' in der derivativen Ausgestaltung des Konzernrechnungswesens, wird dieser Teilprozeß im folgenden in einzelne Aktivitäten zerlegt.

Ausgangspunkt für die Erstellung eines Jahresabschlusses II ist der aus der Einzelbuchführung abgeleitete landesrechtliche Jahresabschluß einer Konzerngesellschaft (Jahresabschluß I).[31]

Die den einzelnen landesrechtlichen Jahresabschlußpositionen zugrunde liegenden Konten werden den Abschlußpositionen des Konzernabschlusses zugeordnet. Maßgeblich für die Zuordnung der dem landesrechtlichen Jahresabschluß zugrunde liegenden Konten zu den Positionen des Konzernabschlusses ist die in der Richtlinie zur konzerneinheitlichen Rechnungslegung[32] vorgegebene Gliederung von Bilanz und Gewinn- und Verlustrechnung. Die Zuordnung erfolgt mit Hilfe eines sog. Kontenzuordnungsplans.[33] Der Kontenzuordnungsplan wird einmalig nach Akquisition eines Unternehmens bzw. vor dessen erstmaliger Behandlung als Tochterun-

---

[26] Vgl. ARBEITSKREIS "EXTERNE UNTERNEHMENSRECHNUNG DER SCHMALENBACH-GESELLSCHAFT - DEUTSCHE GESELLSCHAFT FÜR BETRIEBSWIRTSCHAFT E.V. (1987), S. 189-190; FERK (1993), S. 337.
[27] Vgl. LEDERLE (1987), Rz. 15.
[28] Vgl. ELLERICH (1990), S. 1387.
[29] HAVERMANN (1988), S. 188; vgl. auch WIRTSCHAFTSPRÜFER-HANDBUCH (1986), S. 356.
[30] Vgl. BUSSE VON COLBE/ORDELHEIDE (1993), S. 97.
[31] Vgl. GEBHARDT/BERGMANN (1991), Rn. 70.
[32] Zur Richtlinie zur konzerneinheitlichen Rechnungslegung vgl. OBEN, Kap. II.3.1.3.3.
[33] Vgl. CARL (1993), S. 69-72; ähnlich FISCHER (1983), S. 95. Zum Kontenzuordnungsplan vgl. auch OBEN, Kap. II.3.1.3.2.

ternehmen, als Gemeinschaftsunternehmen oder ggf. als assoziiertes Unternehmen festgelegt.[34]

Die erste periodisch durchzuführende Aktivität ist die Sortierung der den Konzernabschlußpositionen zugeordneten Konten nach den Konzernabschlußpositionen. Daraus ergibt sich ein an die konzerneinheitliche Gliederung angepaßter Jahresabschluß.

Ausgehend von dem an die konzerneinheitliche Gliederung angepaßten Jahresabschluß wird dieser - unter Rückgriff auf die in der Richtlinie zur konzerneinheitlichen Rechnungslegung beschriebenen Methoden - durch Bilanzansatz- und Bewertungskorrekturen in den Jahresabschluß II übergeleitet.

Diese Aktivität kann durch das Medium 'Formular' unterstützt werden.[35] Ein solches Formular kann vierspaltig aufgebaut sein, damit jede Abschlußposition, ausgehend von den nach den Konzernabschlußpositionen zugeordneten Hauptbuchkonten, durch Anpassung an die einheitlichen Gliederungs-, Bilanzierungs- und Bewertungsgrundsätze in den Jahresabschluß II übergeleitet wird: In der ersten Spalte wird die jeweilige Abschlußposition genannt, in der zweiten deren Wert im landesrechtlichen Jahresabschluß. Die dritte Spalte, die Umbewertungsspalte, beinhaltet die Anpassungsbuchungen an die von der zentralen Konsolidierungsstelle in der Konzernrichtlinie vorgegebene einheitliche Gliederung, Bilanzierung und Bewertung. In der vierten Spalte wird das Resultat festgehalten, i.e. der Jahresabschluß II in Landeswährung.

Mit der Komplettierung der Abschlußformulare ist der Jahresabschluß II fertiggestellt.

Da die Bewertungsunterschiede zwischen Jahresabschluß I und Jahresabschluß II in den Folgeperioden entsprechend dem Schicksal der betreffenden Bewertungsobjekte behandelt werden müssen, ist für die Überleitung vom Jahresabschluß I in den Jahresabschluß II eine Ergänzungsbilanz zu erstellen, in der sämtliche Abweichungen von der für Zwecke der Konzernrechnungslegung vorgeschriebenen Gliederung, Bilanzierung und Bewertung erfaßt und in den Folgejahren fortgeführt

---

[34] Vgl. CARL (1993), S. 71. Im Gegensatz zu Tochter- und Gemeinschaftsunternehmen besteht ein Wahlrecht, die Bewertungsmethoden des Jahresabschlusses des assoziierten Unternehmens in einem Jahresabschluß II an die des Konzernabschlusses anzupassen. Vgl. § 312 Abs. 5 Satz 1 HGB und IASC (1998), IAS 28.20.

[35] Vgl. KPMG TREUVERKEHR (1990), S. 120.

werden.[36] Diese Anpassungen können statistisch festgehalten und als Nebenrechnung von Jahr zu Jahr weiterentwickelt werden.[37]

Da davon ausgegangen werden kann, daß die Buchung der Bilanzansatz- und Bewertungskorrekturen sowie die Fortführung dieser Korrekturen in den Folgeperioden in der Regel entweder der zentralen Konsolidierungsstelle oder den Konzernunternehmen, aber nicht unterschiedlich zugeordnet werden, und insofern bei einer separaten Untersuchung dieser beiden Aktivitäten nur eine geringe Relevanz für das in der vorliegenden Arbeit behandelte Entscheidungsproblem zu erwarten ist, kann die (De-)Zentralisation der beiden angesprochenen Aktivitäten aggregiert unter 'Anpassung an die konzerneinheitliche Bilanzierung und Bewertung' behandelt werden.

Die einzelnen Aktivitäten im Rahmen des Teilprozesses 'Vereinheitlichung von Bilanzansatz und Bewertung' in der derivativen Ausgestaltung des Konzernrechnungswesens und deren zeitliche Reihenfolge faßt die nachstehende Abbildung zusammen.

Nr.	Aktivität
1	Sortierung der den landesrechtlichen Jahresabschlußpositionen zugrunde liegenden Konten nach den Positionen des Konzernabschlusses (= Anpassung an die konzerneinheitliche Gliederung)
2	Buchung der Bilanzansatz- und Bewertungskorrekturen und Erstellen der Abschlußformulare (Jahresabschluß II) (= Anpassung an die konzerneinheitliche Bilanzierung und Bewertung)

Abb 6: Aktivitäten im Rahmen des Teilprozesses 'Vereinheitlichung von Bilanzansatz und Bewertung' in der derivativen Ausgestaltung des Konzernrechnungswesens

2.1.2. Zentrale oder dezentrale Verteilung der Aktivitäten

2.1.2.1. Anpassung an die konzerneinheitliche Gliederung

Die Zuordnung der den landesrechtlichen Jahresabschlußpositionen zugrunde liegenden Konten zum Konzernkontenplan und damit zu den Positionen des Konzernabschlusses wird durch den Kontenzuordnungsplan unterstützt, der einmalig nach Erwerb eines Unternehmens bzw. vor dessen erstmaliger Einbeziehung in die

[36] Vgl. ADLER/DÜRING/SCHMALTZ (1987), Vorbemerkungen zu §§ 290-315 HGB, Rn. 45.
[37] Vgl. ADLER/DÜRING/SCHMALTZ (1987), Vorbemerkungen zu §§ 290-315 HGB, Rn. 45.

Konzernrechnungslegung unter Zuhilfenahme eines Mitarbeiters der Zentralstelle im Mutterunternehmen vor Ort festgelegt wird.[38]

Die erstgenannte Aktivität im Rahmen des Teilprozesses 'Vereinheitlichung von Bilanzansatz und Bewertung' in der derivativen Ausgestaltung des Konzernrechnungswesens, die Anpassung an die konzerneinheitliche Gliederung[39], kann sowohl zentral als auch dezentral vorgenommen werden. Im folgenden soll untersucht werden, welche entscheidungsrelevanten Konsequenzen sich aus der zentralen oder dezentralen Anpassung an die konzerneinheitliche Gliederung und den Randbedingungen hinsichtlich der Zielvariablen ergeben können. Dabei soll im Hinblick auf die möglichen entscheidungsrelevanten Konsequenzen wie folgt differenziert werden:

Randbedingungen / Handlungsalternativen im Zeitpunkt t	Größe des Konzerns	Handlungsalternativen in den Zeitpunkten 1,...,t-1
Zentrale Anpassung an die konzerneinheitliche Gliederung	E_{11}	E_{12}
Dezentrale Anpassung an die konzerneinheitliche Gliederung	E_{21}	E_{22}

Abb. 7: Matrix der betrachteten Handlungsalternativen und Randbedingungen im Rahmen der Aktivität 'Anpassung an die konzerneinheitliche Gliederung' in der derivativen Ausgestaltung des Konzernrechnungswesens

Die möglichen entscheidungsrelevanten Konsequenzen werden schließlich im Lichte der Subzielvariablen 'Qualität der im Rahmen der Sortierung der den landesrechtlichen Jahresabschlußpositionen zugrunde liegenden Konten nach den Positionen des Konzernabschlusses erzeugten Informationen' sowie 'für die Erfüllung dieser Aktivität benötigte Arbeitstage' beurteilt.

Wird die Anpassung an die konzerneinheitliche Gliederung zentralisiert (Abb. 7, E_{11} und E_{12}), so bedeutet das, daß die bei den Konzernunternehmen originär vorliegenden Informationen[40], nämlich der jeweilige landesrechtliche Jahresabschluß bzw.

[38] Zur dezentralen Festlegung des Kontenzuordnungsplans unter Zuhilfenahme eines Mitarbeiters der Zentralstelle im Mutterunternehmen gibt es de facto keine Alternative. So auch CARL (1993), S. 71.
[39] Vgl. OBEN, Kap. III.2.1.1., Abb. 6.
[40] Vgl. LEDERLE (1987), Rz. 148.

die Hauptabschlußübersicht, der zentralen Konsolidierungsstelle zu übermitteln sind. In der zentralen Konsolidierungsstelle werden dann die Konten der Hauptabschlußübersicht den Positionsnummern des Konzernabschlusses zugeordnet.

Bei Dezentralisation (Abb. 7, E_{21} und E_{22}) erfolgt die Zuordnung der Konten der Hauptabschlußübersicht zu den Positionsnummern des Konzernabschlusses in den Konzernunternehmen.

In der derivativen Ausgestaltung des Konzernrechnungswesens ergeben sich aus der zentralen Anpassung an die konzerneinheitliche Gliederung als Handlungsalternative und der Größe des Konzerns - als Randbedingung (Abb. 7, E_{11}) die folgenden entscheidungsrelevanten Konsequenzen: Über die Anzahl der der zentralen Konsolidierungsstelle zu übermittelnden landesrechtlichen Jahresabschlüsse bzw. Hauptabschlußübersichten wird die Menge der in der Zentralstelle zu verarbeitenden Informationen determiniert. Je größer der Konzern ist, d.h. je mehr Konzernunternehmen in den Konsolidierungskreis integriert sind, desto größer ist der Umfang der der zentralen Konsolidierungsstelle zu meldenden und dort zu verarbeitenden Informationen.

In bezug auf die Zielvariable 'Qualität' gehen bei Zentralisation aufgrund der Größe des Konzerns (Abb. 7, E_{11}) keine entscheidungsbeeinflussenden Ergebnisse hervor. Der Vorgang der Anpassung an die konzerneinheitliche Gliederung ist so weit standardisiert[41], daß sich unabhängig von der (De-)Zentralisation dieses Vorgangs aufgrund der Größe des Konzerns (Abb. 7, E_{11} und E_{21}) keine entscheidungsbeeinflussenden Auswirkungen auf die Qualität als Zielvariable ergeben werden.

Angesichts des großen Umfangs der in der Zentralstelle zu verarbeitenden Informationen können sich allerdings entscheidungsrelevante Konsequenzen im Hinblick auf die für die Erfüllung dieser Aktivität benötigten Arbeitstage als Zielvariable abzeichnen. Bei isolierter Wirkungsanalyse kann die ausschließlich zentrale Zuordnung und Sortierung der den landesrechtlichen Jahresabschlußpositionen zugrunde liegenden Konten zu den Positionen des Konzernabschlusses (Abb. 7, E_{11}) dazu führen, daß die Zahl der für diese Aktivität erforderlichen Arbeitstage größer ist als bei Dezentralisation dieser Tätigkeit (Abb. 7, E_{21}).

41 Die folgenden Standardisierungsinstrumente wurden im einzelnen vorgestellt bzw. genannt: Kontenzuordnungsplan und einheitliche Kontierungsrichtlinien. Vgl. hierzu OBEN, Kap. II.3.1.3.2.

Ganz anders verhält es sich bei dem Wirkungszusammenhang zwischen zentraler Anpassung an die konzerneinheitliche Gliederung als Handlungsalternative und den Handlungsalternativen im Zeitpunkt t-1 als Randbedingung (Abb. 7, E_{12}): Im Zeitpunkt t-1, d.h. bei der Erfassung der Geschäftsvorfälle, wird von einer dezentralen Erfassung ausgegangen.[42] Von der dezentralen Erfassung der Geschäftsvorfälle gehen jedoch keine unmittelbaren Implikationen auf die Anpassung an die konzerneinheitliche Gliederung als Aktivität aus. Sowohl bei Zentralisation als auch bei Dezentralisation der Anpassung an die konzerneinheitliche Gliederung müssen die Daten jeweils einmal zur Konsolidierungszentrale transferiert werden. Bei Zentralisation geschieht dies vor der Anpassung an die konzerneinheitliche Gliederung und bei Dezentralisation nachdem dieser Vorgang von den Konzernunternehmen abgeschlossen wurde.
Genauer heißt das: im Hinblick auf die Qualität der Informationen und die Zahl der Arbeitstage sind die denkbaren entscheidungsrelevanten Konsequenzen der Zentralisation der Anpassung an die konzerneinheitliche Gliederung unabhängig von der Dezentralisation der Erfassung der Geschäftsvorfälle.

Aus der dezentralen Anpassung an die konzerneinheitliche Gliederung und der Größe des Konzerns (Abb. 7, E_{21}) folgt, daß die zentrale Konsolidierungsstelle in verrichtungsmäßiger Hinsicht entlastet wird. Da Konzernkontenplan und Richtlinie zur konzerneinheitlichen Rechnungslegung als gegeben angenommen werden, sollten sich bei isolierter Wirkungsanalyse aufgrund der Größe des Konzerns keine entscheidungsrelevanten Auswirkungen auf die Qualität der dezentral erzeugten Informationen ergeben.[43]

In bezug auf die für die Anpassung an die konzerneinheitliche Gliederung benötigten Arbeitstage ist das Ergebnis von angesprochener Handlungsalternative und Größe des Konzerns (Abb. 7, E_{21}) als Randbedingung so zu interpretieren, daß bei dezentraler Erfüllung dieser Aktivität die benötigten Arbeitstage geringer sein werden als bei zentraler Erfüllung, da diese Aktivität in den Konzernunternehmen bereits parallel zur Erstellung des Jahresabschlusses I ausgeführt werden kann und somit nicht die Jahresabschlüsse I von ggf. zahlreichen Konzernunternehmen seitens der Zentralstelle an die konzerneinheitliche Gliederung anzupassen sind.

---

[42] Vgl. OBEN, Kap. III.1.1.
[43] In diesem Sinne äußern sich auch WEBER-BRAUN/WEISS/FERLINGS, die sogar im Extremfall, nämlich bei fehlendem Know-how vor Ort, die dezentrale Umgliederung des Jahresabschlusses I empfehlen. Vgl. WEBER-BRAUN/WEISS/FERLINGS (1998), Rn. 1371.

Aus der Kombination von dezentraler Anpassung an die konzerneinheitliche Gliederung und Schnittstellen zwischen der Anpassung an die konzerneinheitliche Gliederung und der Erfassung der Geschäftsvorfälle (Abb. 7, E_{22}) werden sich - ähnlich wie bei E_{12} aus den an dortiger Stelle bereits genannten Gründen - keine entscheidungsrelevanten Konsequenzen, weder bezogen auf die Qualität der generierten Informationen, noch in bezug auf die zur Erfüllung dieser Aktivität erforderlichen Arbeitstage abzeichnen.

Zusammenfassend ist festzuhalten, daß es sich bei der Anpassung an die konzerneinheitliche Gliederung um einen weitgehend standardisierten Vorgang handelt, auf den keine unmittelbaren Implikationen von zeitlich und inhaltlich vorgelagerten Teilprozessen und Aktivitäten ausgehen. Daraus folgt, daß in der derivativen Ausgestaltung des Konzernrechnungswesens Wirkungen auf die (De-)Zentralisation der Anpassung an die konzerneinheitliche Gliederung zwar von der Größe des Konzerns ausgehen, jedoch nicht von Schnittstellen zur Erfassung der Geschäftsvorfälle. Die von der Größe des Konzerns ausgehenden Wirkungen beschränken sich auf die zur Erfüllung dieser Aktivität benötigten Arbeitstage; es ergeben sich jedoch keine Auswirkungen auf die Qualität der im Rahmen dieser Tätigkeit erzeugten Informationen.

2.1.2.2. Anpassung an die konzerneinheitliche Bilanzierung und Bewertung

In der derivativen Ausgestaltung des Konzernrechnungswesens ist die Buchung der Bilanzansatz- und Bewertungskorrekturen und das Erstellen der Abschlußformulare die zweite Aktivität im Rahmen des Teilprozesses 'Vereinheitlichung von Bilanzansatz und Bewertung.'[44] Die Bilanzansatz- und Bewertungskorrekturen können erst dann gebucht werden, wenn die vorgenannte Aktivität, die Anpassung an die konzerneinheitliche Gliederung, abgeschlossen ist.

Die Buchung der Bilanzansatz- und Bewertungskorrekturen und das Erstellen der Abschlußformulare kann sowohl zentral als auch dezentral erfolgen. Welche entscheidungsrelevanten Konsequenzen sich aus der (De-)Zentralisation dieser Aktivität und der Randbedingungen im Hinblick auf die Zielvariablen ergeben können, soll nachstehend analysiert werden.

---

[44] Vgl. OBEN, Kap. III.2.1.1., Abb. 6.

Randbedingungen / Handlungsalternativen im Zeitpunkt t	Größe des Konzerns	Handlungsalternativen in den Zeitpunkten 1,...,t-1
Zentrale Anpassung an die konzerneinheitliche Bilanzierung und Bewertung	E_{11}	E_{12}
Dezentrale Anpassung an die konzerneinheitliche Bilanzierung und Bewertung	E_{21}	E_{22}

Abb. 8: Matrix der betrachteten Handlungsalternativen und Randbedingungen im Rahmen der Aktivität 'Anpassung an die konzerneinheitliche Bilanzierung und Bewertung' in der derivativen Ausgestaltung des Konzernrechnungswesens

Die entscheidungsrelevanten Konsequenzen werden anhand der Zielvariablen 'Qualität der im Rahmen der Anpassung an die konzerneinheitliche Bilanzierung und Bewertung generierten Informationen' sowie 'für die Erfüllung dieser Aktivität benötigte Arbeitstage' beurteilt.

Wird in der derivativen Ausgestaltung des Konzernrechnungswesens die Anpassung an die konzerneinheitliche Bilanzierung und Bewertung zentralisiert (Abb. 8, E_{11} und E_{12}), dann müssen die einzelnen Konzernunternehmen der zentralen Konsolidierungsstelle ein großes Volumen der originär bei den Konzernunternehmen vorliegenden Informationen übermitteln: den jeweiligen landesrechtlichen Jahresabschluß in Landeswährung, ergänzt um Erläuterungen und Zusatzangaben (z.B. die Nutzungsdauer bei Anlagegegenständen), die für die zentrale Erstellung des Jahresabschlusses II notwendig sind.[45]

Bei dezentraler Erstellung des Jahresabschlusses II (Abb. 8, E_{21} und E_{22}) ist nur der im Rahmen der Konzernrechnungslegung zu verarbeitende Abschluß, nicht aber die umfangreichen Einzelinformationen, zur zentralen Konsolidierungsstelle zu transferieren.

Handelt es sich bei den betreffenden Konzernunternehmen um Gemeinschaftsunternehmen und assoziierte Unternehmen, dann kann sich die Entscheidung über die

[45] Vgl. LEDERLE (1987), Rz. 148.

(De-)Zentralisation der Erstellung des Jahresabschlusses II als problematisch erweisen, da hier die Kompetenzen der Obergesellschaft zur Durchsetzung derartiger Entscheidungen - aufgrund der im Vergleich zu Tochterunternehmen geringeren Einflußnahmemöglichkeiten - häufig limitiert sind.[46] Als Lösung zur Beseitigung derartiger Informationsbeschaffungsprobleme bietet sich bei Entscheidung für eine zentrale Organisationsform (Abb. 8, E_{11} und E_{12}) die Ausstattung der zentralen Konsolidierungsstelle mit entsprechender Verfügungskompetenz, d.h. dem Zugriffsrecht auf bestimmte Informationen, an. Bei Entscheidung für eine dezentrale Organisationsform (Abb. 8, E_{21} und E_{22}) wäre der zentralen Konsolidierungsstelle entsprechende Anordnungskompetenz, d.h. das Recht, die jeweiligen Unternehmen zur Jahresabschluß II-Erstellung anzuweisen, zu übertragen.[47]

In Abhängigkeit von der Größe des Konzerns steigt durch die Zentralisation der hier interessierenden Aktivität (Abb. 8, E_{11}) der Umfang der zentral zu verarbeitenden Informationen erheblich an. Sind bspw. zahlreiche Jahresabschlüsse der Konzernunternehmen an die konzerneinheitliche Bilanzierung und Bewertung anzupassen, dann kann die Zentralisation der Buchung der Bilanzansatz- und Bewertungsunterschiede zu dem Resultat führen, daß für die Erfüllung dieser Tätigkeit und mithin für die Erstellung des Konzernabschlusses insgesamt mehr Arbeitstage benötigt werden als bei Dezentralisation (Abb. 8, E_{21}).[48]

Aufgrund der für konzernbilanzpolitische Maßnahmen zur kurzfristigen Steuerung des Konzernergebnisses erforderlichen schnellen Anpassung des landesrechtlichen Abschlusses an die Bewertung im Konzernabschluß, ergeben sich dagegen - im Vergleich zur dezentralen Vorgehensweise (Abb. 8, E_{21}) - wegen des fehlenden Kommunikations- und Koordinationsaufwands positivere Wirkungen aus der zentralen Vorgehensweise (Abb. 8, E_{11}) auf die zur Erfüllung dieser Tätigkeit benötigten Arbeitstage.

Aus der Dezentralisation der Jahresabschluß II-Erstellung und der Größe des Konzerns resultieren die folgenden Effekte (Abb. 8, E_{21}): Da die für die Jahresab-

[46] Vgl. HAVERMANN (1988), S. 201.
[47] Vgl. OPPERMANN (1973), S. 2203.
[48] In bezug auf (De-)Zentralisation der Anpassung an die konzerneinheitliche Bilanzierung und Bewertung stellt die KPMG TREUVERKEHR AG fest, daß bei einem sich aus bis zu zehn Tochterunternehmen zusammensetzenden Konsolidierungskreis das Prinzip der zentralen Jahresabschluß II-Erstellung zu "effizienten Resultaten führt", da in diesem Fall die Mitarbeiter der zentralen Konsolidierungsstelle mit allen wesentlichen Problemen und Besonderheiten im Hinblick auf die landesrechtliche Rechnungslegung der Tochterunternehmen vertraut sind und folglich die für die zentrale Bearbeitung der entsprechenden Informationen benötigten Arbeitstage geringer sein werden als bei Dezentralisation. Vgl. KPMG TREUVERKEHR AG (1990), S. 93-94 und 134.

schluß II-Erstellung benötigten Informationen originär bei den Konzernunternehmen vorliegen, verfügen die Konzernunternehmen - bezogen auf die den Anpassungen an konzerneinheitliche Bilanzierungs- und Bewertungsmethoden zugrunde liegenden bilanziellen Sachverhalte - über die bessere Informationslage als die zentrale Konsolidierungsstelle.[49] Insofern können die einzelnen Arbeiten anläßlich der Jahresabschluß II-Erstellung - zumindest partiell - parallel zur Erstellung des Jahresabschlusses I ablaufen. Durch die dezentrale Erstellung werden auch die bei einer zentralen Aufstellung des Jahresabschlusses II ggf. zahlreich auftretenden Rück- und Zweifelsfragen und mithin die für die Informationsverarbeitung erforderlichen Arbeitstage reduziert.[50]

Abgesehen von den für die Erfüllung einer Aktivität benötigten Arbeitstagen werden die entscheidungsrelevanten Konsequenzen der (De-)Zentralisation auch hinsichtlich der Qualität der im Rahmen der entsprechenden Aktivität generierten Informationen betrachtet. Mit der (De-)Zentralisation der Anpassung an die konzerneinheitliche Bilanzierung und Bewertung unter Einbeziehung der Größe des Konzerns (Abb. 8, E_{11} und E_{21}) können Effekte in bezug auf die Qualität der erzeugten Informationen verbunden sein. Die Qualität der erzeugten Informationen ist immer dann von besonders hoher Bedeutung, wenn die Konzernleitung - aus internen Planungs- und Steuerungsgesichtspunkten heraus - ein außerordentlich hohes Anspruchsniveau an die im Rahmen der Anpassung an die konzerneinheitliche Bilanzierung und Bewertung generierten Informationen stellt. Nur wenn die in den Jahresabschlüssen II der Konzernunternehmen enthaltenen Informationen den Qualitätsanforderungen der Konzernleitung entsprechen, können die Jahresabschlüsse II über ihre Verwendung als reines "Konsolidierungs- bzw. Informationsinstrument"[51] hinaus auch für das interne Finanzcontrolling eingesetzt werden.[52]
In der Literatur wird davon regelmäßig dann ausgegangen, wenn die Erstellung der Jahresabschlüsse II in Konzernen mit zahlreichen Konzernunternehmen dezentralisiert wird.[53]

---

[49] Vgl. z.B. GEBHARDT/BERGMANN (1991), Rn. 71; HAVERMANN (1988), S. 196.
[50] So auch HAVERMANN (1988), S. 196.
[51] BUDDE/FÖRSCHLE (1990), Anm. 28.
[52] Vgl. BUSSE VON COLBE/ORDELHEIDE (1993), S. 97.
[53] Begründet wird diese Ansicht damit, daß die für die Jahresabschluß II-Erstellung benötigte Vielzahl von Informationen bei den Konzernunternehmen vorliegt und die Konzernunternehmen deshalb besser über die den Anpassungen an konzerneinheitliche Bilanzierungs- und Bewertungsmethoden zugrunde liegenden bilanziellen Sachverhalte informiert sind als die Zentralstelle. Vgl. u.a. GEBHARDT/BERGMANN (1991), Rn. 71; HAVERMANN (1988), S. 196. Zudem wird angenommen, daß eine Richtlinie zur konzerneinheitlichen Rechnungslegung existiert, durch die die Konzernunternehmen in der Lage sind, den Jahresabschluß II entsprechend den in der Richtlinie vorgegebenen Qualitätsanforderungen zu erstellen. Vgl. stellvertretend WEBER-BRAUN/WEISS/FERLINGS (1998), Rn. 1371.

Da bei dezentraler Jahresabschluß II-Erstellung (Abb. 8, E_{21} und E_{22}) nur der im Rahmen der Konzernrechnungslegung zu verarbeitende Abschluß, nicht aber die umfangreichen Einzelinformationen, zur zentralen Konsolidierungsstelle transferiert werden, verfügt die zentrale Konsolidierungsstelle bei Dezentralisation dieser Aktivität über einen - im Vergleich zur Zentralisation - eingeschränkten Datenpool und mithin über weniger Auswertungsmöglichkeiten, so daß sich bei (De-)Zentralisation der Anpassung an die konzerneinheitliche Bilanzierung und Bewertung Auswirkungen auf die Qualität ergeben: bei Zentralisation sind die Auswirkungen positiv, bei Dezentralisation hingegen negativ.

Aus der Kombination von (De-)Zentralisation als Handlungsalternativen und Schnittstellen zur Anpassung an die konzerneinheitliche Gliederung als Randbedingung (Abb. 8, E_{12} und E_{22}) ergeben sich Auswirkungen auf die Zielvariablen des Entscheidungsträgers: Werden die landesrechtlichen Abschlüsse der Konzernunternehmen zentral an die konzerneinheitliche Gliederung angepaßt[54], dann wird die dezentrale Anpassung an die konzerneinheitliche Bilanzierung und Bewertung als Handlungsalternative (Abb. 8, E_{22}) unter Berücksichtigung der für diese Aktivität benötigten Arbeitstage faktisch ausscheiden. Würde die Dezentralisation der Vereinheitlichung von Bilanzansatz und Bewertung bei vorheriger Zentralisation der Anpassung an die konzerneinheitliche Gliederung als Handlungsalternative in Erwägung gezogen, so hieße das, daß die gliederungsmäßig angepaßten Jahresabschlüsse I an die jeweiligen Konzernunternehmen zurückzusenden wären, damit diese die Bilanzansatz- und Bewertungskorrekturen vornehmen könnten. Verglichen mit der Zentralisation der Vereinheitlichung von Bilanzansatz und Bewertung (Abb. 8, E_{12}) würde diese Vorgehensweise zu einer Verlängerung der benötigten Arbeitstage führen.

Wird die Anpassung an die konzerneinheitliche Gliederung dagegen dezentralisiert[55], so ergeben sich aufgrund dieser Entscheidung im Hinblick auf die für die Erfüllung dieser Aktivität erforderlichen Arbeitstage keine unmittelbaren Auswirkungen auf die Entscheidung über die (De-)Zentralisation der Vereinheitlichung von Bilanzansatz und Bewertung.

---

[54] Vgl. OBEN, Kap. III.2.1.2.1., Abb. 7, E_{11} und E_{12}.
[55] Vgl. OBEN, Kap. III.2.1.2.1., Abb. 7, E_{21} und E_{22}.

2.1.3. Ergebnis

Der Teilprozeß 'Vereinheitlichung von Bilanzansatz und Bewertung' in der derivativen Ausgestaltung des Konzernrechnungswesens umfaßt im wesentlichen zwei Aktivitäten:[56]

- Anpassung an die konzerneinheitliche Gliederung und
- Anpassung an die konzerneinheitliche Bewertung.

Beide Aktivitäten können grundsätzlich sowohl zentral als auch dezentral ausgeführt werden.

Die wichtigsten Ergebnisse der Analyse der Möglichkeiten und Grenzen der (De-)Zentralisation der Anpassung an die konzerneinheitliche Gliederung[57] lassen sich wie folgt zusammenfassen:

Zielvariablen / Handlungsalternativen	Qualität	Arbeitstage
Zentrale Anpassung an die konzerneinheitliche Gliederung	- keine entscheidungsbeeinflussenden Ergebnisse, da dieser Vorgang durch Kontenplan und Konsolidierungsrichtlinie weitgehend standardisiert ist	- hoher Umfang der zu meldenden/zu verarbeitenden Informationen - verrichtungsmäßige/zeitliche Belastung der Zentralstelle
Dezentrale Anpassung an die konzerneinheitliche Gliederung	- keine entscheidungsbeeinflussenden Ergebnisse, da dieser Vorgang durch Kontenplan und Konsolidierungsrichtlinie weitgehend standardisiert ist	- geringer Umfang der zu meldenden/verarbeitenden Informationen - verrichtungsmäßige/zeitliche Entlastung der Zentralstelle

Abb. 9: Zielvariablenmatrix bei Anpassung an die konzerneinheitliche Gliederung in der derivativen Ausgestaltung des Konzernrechnungswesens

Die Zielvariablenmatrix zur Anpassung an die konzerneinheitliche Bilanzierung und Bewertung[58] hat die folgende Gestalt:

---

[56] Zur Zerlegung des Teilprozesses 'Vereinheitlichung von Bilanzansatz und Bewertung' in der derivativen Ausgestaltung des Konzernrechnungswesens in einzelne Aktivitäten vgl. OBEN, Kap. III.2.1.1.

[57] Vgl. OBEN, Kap. III.2.1.2.1.

Zielvariablen / Handlungsalternativen	Qualität	Arbeitstage
Zentrale Anpassung an die konzerneinheitliche Bilanzierung und Bewertung	- Zentralstelle verfügt über großen Datenpool; dadurch vielfältige Auswertungsmöglichkeiten	- hoher Umfang der zu meldenden/zu verarbeitenden Informationen - kurzfristige Steuerung des Konzernergebnisses ist einfacher als bei Dezentralisation - verrichtungsmäßige/zeitliche Belastung der Zentralstelle
Dezentrale Anpassung an die konzerneinheitliche Bilanzierung und Bewertung	- Zentralstelle verfügt über einen - im Vergleich zur Zentralisation - eingeschränkten Datenpool; dadurch sind Auswertungsmöglichkeiten begrenzt	- bessere Informationslage, bezogen auf die den Anpassungen zugrunde liegenden Sachverhalte - Arbeiten können - zumindest partiell - parallel zur Erstellung des JA I ablaufen - Rück- und Zweifelsfragen sind ggf. geringer als bei Zentralisation - verrichtungsmäßige/zeitliche Entlastung der Zentralstelle - nur Übermittlung des JA II, aber nicht der zahlreichen Einzelinformationen

Abb. 10: Zielvariablenmatrix bei Anpassung an die konzerneinheitliche Bilanzierung und Bewertung in der derivativen Ausgestaltung des Konzernrechnungswesens

2.2. Prozeßorganisatorische Gestaltung des Teilprozesses 'Vereinheitlichung von Bilanzansatz und Bewertung' in der originären Ausgestaltung des Konzernrechnungswesens

2.2.1. Zerlegung des Teilprozesses in einzelne Aktivitäten

Im Gegensatz zur derivativen Ausgestaltung des Konzernrechnungswesens wird in der originären Ausgestaltung des Konzernrechnungswesens der Konzernabschluß, ausgehend von der Konzernerőffnungsbilanz auf der Basis der Geschäftsvorfälle und der Konzernabschlußbuchungen erstellt.

Die Anfangsbestände der Konzerneröffnungsbilanz werden durch die Eröffnungsbuchungen auf die aktiven und passiven Bestandskonten übertragen. Analog zur technischen Vorgehensweise im Einzelabschluß[59] wird auch auf Konzernebene das

[58] Vgl. OBEN, Kap. III.2.1.2.2.
[59] Vgl. hierzu z.B. BECHTEL (1989), S. 26; DEY (1993), S. 47; FALTERBAUM/BECKMANN (1993), S. 96.

Eröffnungsbilanzkonto als Hilfsmittel für die technische Durchführung der Kontenereröffnung eingerichtet.[60]

Die den landesrechtlichen Jahresabschlußpositionen zugrunde liegenden Konten werden den Abschlußpositionen des Konzernabschlusses zugeordnet. Dies geschieht einmalig nach Akquisition eines Unternehmens oder vor dessen erstmaliger Einbeziehung in den Konzernabschluß.

In der vorliegenden Arbeit wird unterstellt, daß die originäre Ableitung des Konzernabschlusses aus einem konzernweit integrierten Buchhaltungssystem erfolgt. Ferner werden die Konten des einzelgesellschaftlichen Rechnungswesens mit Hilfe eines Kontenzuordnungsplans den Konten des Konzernabschlusses zugewiesen. Anhand dieser Vorgaben werden die abweichenden Gliederungen nach Eingabe der Geschäftsvorfälle und der Konzernabschlußbuchungen übergeleitet, so daß sich der Umgliederungsvorgang nach einmaliger Zuordnung der Konten vollständig automatisieren läßt und somit in der originären Ausgestaltung des Konzernrechnungswesens entfällt.[61]

In bezug auf die laufenden Konzerngeschäftsvorfälle und Konzernabschlußbuchungen lassen sich Buchungen, die für Zwecke der einzelgesellschaftlichen Rechnungslegung und der Konzernrechnungslegung identisch sind[62] und grundsätzlich unverändert in den Buchungskreis Konzern übernommen werden[63], von solchen unterscheiden, die für Zwecke der einzelgesellschaftlichen Rechnungslegung und der Konzernrechnungslegung differieren.[64]

Die für Zwecke der einzelgesellschaftlichen Rechnungslegung und der Konzernrechnungslegung differierenden Buchungen wiederum lassen sich unterteilen in:[65]

(a) Buchungen nur für Zwecke der einzelgesellschaftlichen Rechnungslegung[66]

---

[60] Vgl. RUHNKE (1995), S. 110.

[61] So im Ergebnis auch PELKA (1994), S. 60-61.

[62] Zur Erfassung der Buchungen, die für Zwecke der einzelgesellschaftlichen Rechnungslegung und der Konzernrechnungslegung identisch sind, vgl. OBEN, Kap. III.1.2.

[63] Die Übernahme der Buchungen, die für Zwecke der einzelgesellschaftlichen Rechnungslegung und der Konzernrechnungslegung identisch sind, führt nicht notwendigerweise dazu, daß diese Buchungen doppelt zu erfassen sind. Sind die gleichlautend zu übernehmenden Buchungen gesondert gekennzeichnet, dann kann - unter der Voraussetzung, daß die einzelgesellschaftlichen Buchführungsdaten in entsprechenden Dateien zur Verfügung gestellt werden - in der originären Ausgestaltung des Konzernrechnungswesens ein Rückgriff auf diese Buchführungsdaten erfolgen. Vgl. PELKA (1994), S. 60-61.

[64] Vgl. PELKA (1994), S. 60-62.

[65] Vgl. PELKA (1994), S. 62-65.

(b) Buchungen, die sich für Zwecke der einzelgesellschaftlichen Rechnungslegung und der Konzernrechnungslegung wertmäßig unterscheiden[67] und

(c) Buchungen nur für Zwecke der Konzernrechnungslegung[68]

In der originären Ausgestaltung des Konzernrechnungswesens wird die Frage der Vereinheitlichung vom Bilanzansatz für Zwecke der Konzernrechnungslegung dadurch gelöst, daß Buchungen, die in der einzelgesellschaftlichen Rechnungslegung und in der Konzernrechnungslegung identisch sind und für beide Rechnungslegungszwecke zum Bilanzansatz führen, unverändert in den Buchungskreis 'Konzern' übernommen werden; dagegen werden Vorgänge, die ausschließlich die einzelgesellschaftliche Rechnungslegung betreffen und nur in dieser zum Bilanzansatz führen (sollen), im einzelgesellschaftlichen Buchungskreis als solche mit einem Buchungstextschlüssel[69] kenntlich gemacht und im Zuge einer Selektion der Daten für Zwecke der Konzernrechnungslegung (sog. Konsolidierungslauf) nicht weiterverarbeitet.[70]

Zur Beantwortung der Frage, wie in der originären Ausgestaltung des Konzernrechnungswesens die Bewertung in der einzelgesellschaftlichen Rechnungslegung an die in der Konzernrechnungslegung angepaßt wird, interessieren die oben unter (b) genannten Buchungen und hier nur diejenigen, aufgrund derer sich die Bewertung für Zwecke der einzelgesellschaftlichen Rechnungslegung und der Konzernrechnungslegung wertmäßig voneinander unterscheidet. Für Zwecke der Konzernrechnungslegung sind die angesprochenen (Anpassungs-)Buchungen gesondert zu erfassen.[71]

Die gesonderte Erfassung dieser (Anpassungs-)Buchungen ist die Aktivität, die es im folgenden im Hinblick auf die (De-)Zentralisationsmöglichkeiten und -grenzen zu untersuchen gilt.

---

[66] Zur Erfassung der Buchungen nur für Zwecke der einzelgesellschaftlichen Rechnungslegung, vgl. OBEN, Kap. III.1.2.

[67] Dies sind z.B. die sich aus den Vorschriften zur konzerneinheitlichen Bewertung durch unterschiedliche Wahlrechtsausübung in Einzel- und Konzernabschluß ergebenden Buchungen.

[68] Hierunter fallen z.B. Buchungen, die aus der Fortschreibung im Rahmen der Kapitalkonsolidierung verbliebener und als Geschäfts- oder Firmenwerte ausgewiesener Unterschiedsbeträge oder aus der Fortschreibung von Beteiligungsbuchwerten at equity bewerteter assoziierter Unternehmen resultieren. Vgl. dazu speziell die entsprechenden Ausführungen, UNTEN, Kap. III.4. ff.

[69] Eine mögliche Struktur von Buchungstextschlüsseln für Zwecke der originären Ableitung des Konzernabschlusses ist bei PELKA (1994), S. 356-357 wiedergegeben.

[70] Vgl. PELKA (1994), S. 62-63.

Nr.	Aktivität
1	Anpassung der sich für Zwecke der einzelgesellschaftlichen Rechnungslegung und der Konzernrechnungslegung wertmäßig voneinander unterscheidenden Buchungen an die konzerneinheitliche Bewertung

Abb. 11: Aktivität im Rahmen des Teilprozesses 'Vereinheitlichung von Bilanzansatz und Bewertung' in der originären Ausgestaltung des Konzernrechnungswesens

2.2.2. Zentrale oder dezentrale Anpassung der sich für Zwecke der einzelgesellschaftlichen Rechnungslegung und der Konzernrechnungslegung wertmäßig voneinander unterscheidenden Buchungen an die konzerneinheitliche Bewertung

Die möglichen entscheidungsrelevanten Konsequenzen der (De-)Zentralisation der Anpassung der sich für Zwecke der einzelgesellschaftlichen Rechnungslegung und der Konzernrechnungslegung wertmäßig voneinander unterscheidenden Buchungen an die konzerneinheitliche Bewertung werden auf der Grundlage nachstehender Abbildung diskutiert.

Randbedingungen / Handlungsalternativen im Zeitpunkt t	Größe des Konzerns	Handlungsalternativen in den Zeitpunkten 1,...,t-1
Zentrale Anpassung an die konzerneinheitliche Bewertung	E_{11}	E_{12}
Dezentrale Anpassung an die konzerneinheitliche Bewertung	E_{21}	E_{22}

Abb. 12: Matrix der betrachteten Handlungsalternativen und Randbedingungen im Rahmen der Aktivität 'Anpassung an die konzerneinheitliche Bewertung' in der originären Ausgestaltung des Konzernrechnungswesens

Werden die Anpassungsbuchungen in der zentralen Konsolidierungsstelle erfaßt (Abb. 12, E_{11} und E_{12}), dann erfolgt die Umbewertung der sich wertmäßig voneinander unterscheidenden, im einzelgesellschaftlichen Rechnungswesen als solche

[71] Vgl. PELKA (1994), S. 63-64.

gekennzeichneten Buchungen unmittelbar in einem für Zwecke der Konzernrechnungslegung eingerichteten Buchungskreis.[72]

Passen dagegen die Konzernunternehmen die sich für Zwecke der einzelgesellschaftlichen Rechnungslegung und der Konzernrechnungslegung wertmäßig voneinander unterscheidenden Buchungen an die konzerneinheitliche Bewertung an (Abb. 12, E_{21} und E_{22}), so folgt daraus, daß bei den Konzernunternehmen jeweils - neben dem einzelgesellschaftlichen Buchungskreis - ein paralleler Buchungskreis für die Konzernrechnungslegung geführt wird. Da ein Charakteristikum der originären Ausgestaltungsform des Konzernrechnungswesens die Existenz eines integrierten Mehrkreissystems ist[73], können die im parallelen Buchungskreis angepaßten Buchungen DV-gestützt in den Buchungskreis 'Konzern' transferiert werden, ohne daß jede einzelne Buchung manuell doppelt zu erfassen ist.[74]

Obwohl die Aktivität 'Anpassung der sich für Zwecke der einzelgesellschaftlichen Rechnungslegung und der Konzernrechnungslegung wertmäßig voneinander unterscheidenden Buchungen an die konzerneinheitliche Bewertung' in der originären Ausgestaltung des Konzernrechnungswesens zu einem ähnlichen Output führt wie die Aktivität 'Anpassung an die konzerneinheitliche Bilanzierung und Bewertung' in der derivativen Ausgestaltung des Konzernrechnungswesens, das sind an die konzerneinheitliche Bewertung angepaßte Daten, können sich im Hinblick auf den Zielerreichungsgrad der (De-)Zentralisation in der originären Ausgestaltungsform dennoch von der derivativen Ausgestaltungsform abweichende entscheidungsrelevante Konsequenzen ergeben.[75]

Damit die sich für Zwecke der einzelgesellschaftlichen Rechnungslegung und für Zwecke der Konzernrechnungslegung wertmäßig unterscheidenden Buchungen insgesamt in einer begrenzten Anzahl von Arbeitstagen nach Konzernabschlußstichtag an die konzerneinheitliche Bewertung angepaßt werden können, müssen die buchmäßige Erfassung im einzelgesellschaftlichen Buchungskreis und die Anpassung der wertmäßig differierenden Buchungen an die konzerneinheitliche Bewertung möglichst zeitgleich, im Idealfall simultan erfolgen.

---

[72] Vgl. PELKA (1994), S. 95.
[73] Vgl. OBEN, Kap. II.3.1.3.1.
[74] Vgl. PELKA (1994), S. 67.
[75] Zu den entscheidungsrelevanten Konsequenzen der (De-)Zentralisation der Vereinheitlichung von Bilanzansatz und Bewertung in der derivativen Ausgestaltung des Konzernrechnungswesens vgl. OBEN, Kap. III.2.1.2.2. und III.2.1.3.

Darüber hinaus sollte die Anpassung der wertmäßig differierenden Buchungen an die konzerneinheitliche Bewertung und die Erfassung im einzelgesellschaftlichen Buchungskreis im Idealfall auch deshalb simultan erfolgen, um u.a. zeitnahe Auswertungen des Datenpools zu gewährleisten.[76]

Betrachtet man vor diesem Hintergrund die aus der (De-)Zentralisation und der Größe des Konzerns resultierenden Wirkungen (Abb. 12, E_{11} und E_{21}), dann dürfte der Entscheider - unter Berücksichtigung der Zahl der Arbeitstage - zur Dezentralisation der Anpassungsbuchungen tendieren (Abb. 12, E_{21}): Auch bei wenigen Konzernunternehmen wird die Zentralstelle weder in der Lage sein, die im jeweiligen einzelgesellschaftlichen Buchungskreis erfaßten Transaktionen in einer vertretbaren Anzahl von Arbeitstagen an die konzerneinheitliche Bewertung anzupassen, noch wird es der Zentralstelle möglich sein, diese Anpassungen zeitgleich mit der Erfassung im einzelgesellschaftlichen Buchungskreis vorzunehmen (Abb. 12, E_{11}).

Aus der (De-)Zentralisation der Anpassung der Buchungen an die konzerneinheitliche Bewertung ergeben sich gleichartige Wirkungen unter dem Gesichtspunkt der Qualität der Informationen. In Anlehnung an die obigen Ausführungen werden in Konzernen mit zahlreichen Konzernunternehmen, insbesondere bei ad-hoc Auswertungen, die an die konzerneinheitliche Bewertung angepaßten Buchungen nur dann zeitnah und damit vollständig erfaßt sein, wenn diese Aktivität dezentral erfüllt wird (Abb. 12, E_{21}). Da die Zentralstelle in der originären Ausgestaltung des Konzernrechnungswesens sowohl bei Zentralisation als auch bei Dezentralisation der Anpassungen an die konzerneinheitliche Bewertung Zugriffsmöglichkeiten auf die einzelnen Buchungen und damit auf den Datenpool hat[77], ergibt sich bei dezentraler Ausführung dieser Aktivität kein Informationsverlust für die Konsolidierungszentrale.[78]

Zwischen der Verrichtung 'Anpassung der sich für Zwecke der einzelgesellschaftlichen Rechnungslegung und der Konzernrechnungslegung wertmäßig voneinander unterscheidenden Buchungen an die konzerneinheitliche Bewertung' und der Erfas-

---

[76] Vgl. z.B. PELKA (1994), S. 444.
[77] Vgl. PELKA (1994), S. 443-445.
[78] Dies steht im Gegensatz zur dezentralen Anpassung an die konzerneinheitliche Bilanzierung und Bewertung in der derivativen Ausgestaltung des Konzernrechnungswesens, bei der grundsätzlich nur der im Rahmen der Konzernrechnungslegung zu verarbeitende Jahresabschluß II, nicht aber die umfangreichen Einzelinformationen zur zentralen Konsolidierungsstelle transferiert werden. Vgl. OBEN, Kap. III.2.1.2.2. und 2.1.3.

sung der Geschäftsvorfälle[79] bestehen zwar Schnittstellen (Abb. 12, E_{12} und E_{22}); durch die Dezentralisation der Erfassung der Geschäftsvorfälle[80] werden die entscheidungsrelevanten Konsequenzen jedoch nicht dergestalt beeinflußt, daß sich - bedingt durch die Dezentralisation der Erfassung der Geschäftsvorfälle - die Zielwirksamkeiten bei Zentralisation oder Dezentralisation der Anpassung an die konzerneinheitliche Bewertung in irgendeiner Form unterscheiden (Abb. 12, E_{12} und E_{22}).
Daraus folgt, daß der Entscheider bei der hier betrachteten Gestaltungsfrage den zu diesem Zeitpunkt bereits vollendeten Teilprozeß der dezentralen Erfassung der Geschäftsvorfälle nicht in sein Entscheidungsfeld zu integrieren braucht.

2.2.3. Ergebnis

In der originären Ausgestaltung des Konzernrechnungswesens werden Bilanzansatz und Bewertung im wesentlichen durch die Aktivität 'Anpassung der sich für Zwecke der einzelgesellschaftlichen Rechnungslegung und der Konzernrechnungslegung wertmäßig voneinander unterscheidenden Buchungen an die konzerneinheitliche Bewertung' vereinheitlicht.[81]

Diese Aktivität kann sowohl zentral als auch dezentral erfüllt werden.

Die bedeutendsten Ergebnisse der Analyse der Möglichkeiten und Grenzen der (De-)Zentralisation lassen sich abbildungsmäßig darstellen.[82]

---

[79] Vgl. OBEN, Kap. III.1.2.
[80] In der vorliegenden Arbeit wird von der Dezentralisation der Erfassung der Geschäftsvorfälle ausgegangen. Zu Einzelheiten vgl. OBEN, Kap. III.1.2.
[81] Vgl. auch OBEN, Kap. III.2.2.1.
[82] Zur Herleitung der Ergebnisse vgl. im einzelnen OBEN, Kap. III.2.2.2.

Zielvariablen / Handlungsalternativen	Qualität	Arbeitstage
Zentrale Anpassung der sich für Zwecke der einzelgesellschaftlichen Rechnungslegung und der Konzernrechnungslegung wertmäßig voneinander unterscheidenden Buchungen an die konzerneinheitliche Bewertung	- Zentralstelle verfügt über Zugriffsmöglichkeiten auf die einzelnen Buchungen und damit über den gesamten Datenpool; dadurch vielfältige Auswertungsmöglichkeiten	- zeitgleiche Erfassung der Buchungen im einzelgesellschaftlichen Buchungskreis sowie deren Anpassung an konzerneinheitliche Bewertung ist nicht möglich - dadurch ggf. hoher Bedarf an Arbeitstagen für diese Tätigkeit nach Konzernabschlußstichtag - verrichtungsmäßige/zeitliche Belastung der Zentralstelle
Dezentrale Anpassung der sich für Zwecke der einzelgesellschaftlichen Rechnungslegung und der Konzernrechnungslegung wertmäßig voneinander unterscheidenden Buchungen an die konzerneinheitliche Bewertung	- zeitgleiche Erfassung der Buchungen im einzelgesellschaftlichen Buchungskreis sowie deren Anpassung an die konzerneinheitliche Bewertung - dadurch zeitnahe Auswertungsmöglichkeiten - bessere Informationslage, bezogen auf die den Anpassungen zugrunde liegenden Sachverhalte - Zentralstelle verfügt über Zugriffsmöglichkeiten auf die einzelnen Buchungen und damit über den gesamten Datenpool; dadurch vielfältige Auswertungsmöglichkeiten	- bessere Informationslage, bezogen auf die den Anpassungen zugrunde liegenden Sachverhalte - zeitgleiche Erfassung der Buchungen im einzelgesellschaftlichen Buchungskreis sowie deren Anpassung an die konzerneinheitliche Bewertung - geringer Bedarf an Arbeitstagen für diese Tätigkeit nach Abschlußstichtag - Rück- und Zweifelsfragen sind ggf. geringer als bei Zentralisation - verrichtungsmäßige/zeitliche Entlastung der Zentralstelle

Abb. 13: Zielvariablenmatrix bei Anpassung der sich für Zwecke der einzelgesellschaftlichen Rechnungslegung und der Konzernrechnungslegung wertmäßig voneinander unterscheidenden Buchungen an die konzerneinheitliche Bewertung in der originären Ausgestaltung des Konzernrechnungswesens

3. Währungsumrechnung

3.1. Prozeßorganisatorische Gestaltung des Teilprozesses 'Währungsumrechnung' in der derivativen Ausgestaltung des Konzernrechnungswesens

3.1.1. Zerlegung des Teilprozesses in einzelne Aktivitäten

Der Konzernabschluß ist in deutscher Sprache und in Deutscher Mark[83] aufzustellen. Werden ausländische Konzernunternehmen einbezogen, dann müssen in der

[83] Vgl. § 298 Abs. 1 i.V.m. § 244 HGB. In § 244 HGB wurden die Wörter "Deutsche Mark" mit Wirkung vom 1.1.1999 durch das Wort "Euro" ersetzt. Nach Art. 42 EGHGB darf der Konzernabschluß

derivativen Ausgestaltung des Konzernrechnungswesens deren in fremder Währung aufgestellte Jahresabschlüsse II in DM umgerechnet werden.[84] Der dritte Teilprozeß im Rahmen der Erstellung eines Konzernabschlusses ist somit die Währungsumrechnung.

Die Währungsumrechnung ist lediglich eine vorbereitende Maßnahme, sozusagen eine Voraussetzung der Konsolidierung.[85]

Im Rahmen der derivativen Ableitung des Konzernabschlusses bedeutet Währungsumrechnung in formaler Hinsicht die Multiplikation eines Devisenkurses mit einem im Jahresabschluß II ausgewiesenen Fremdwährungsbetrag.[86]

In Abhängigkeit von der gewählten Umrechnungsmethode[87] (reine Stichtagskursmethode[88], modifizierte Stichtagskursmethode[89], Zeitbezugsmethode[90] oder funktionale Umrechnung[91]) legt die zentrale Konsolidierungsstelle für alle Abschlußpo-

---

"auch in Deutscher Mark aufgestellt werden, letztmals für das im Jahre 2001 endende Geschäftsjahr." Wenn in dieser Arbeit die Währungsumrechnung angesprochen wird, so wird von einer Umrechnung in Deutsche Mark ausgegangen.

84 Die anzuwendende Methode der Umrechnung der Jahresabschlüsse von Konzerngesellschaften mit Sitz im Ausland in Konzernwährung ist in Deutschland nicht gesetzlich geregelt (vgl. § 298 Abs. 1 HGB i.V.m. § 244 HGB sowie § 313 Abs. 1 Nr. 2 HGB). Insofern ist die Währungsumrechnung nur der Generalnorm des § 297 Abs. 2 HGB unterworfen. Den Ausführungen zur Währungsumrechnung in der Richtlinie zur konzerneinheitlichen Rechnungslegung kommt daher eine besondere Bedeutung zu. Vgl. RUHNKE (1994), S. 896.

85 Vgl. CSIK/SCHNECK (1983), S. 293-294; STEINLE/KOHL (1975), S. 361.

86 Inhaltlich stellt sich die Frage, wann welcher Devisenkurs auf welchen Fremdwährungsbetrag anzuwenden ist.

87 In der Literatur werden im wesentlichen die folgenden Umrechnungsverfahren diskutiert: 'current-noncurrent method', 'monetary-nonmonetary method', 'temporal principle of translation', 'current rate method', funktionsspezifische Umrechnung; vgl. z.B. BUSSE VON COLBE/ORDELHEIDE (1984), S. 314-352; GEBHARDT (1987); LANGENBUCHER (1989), Rn. 979-1002; LORENSEN (1972); WYSOCKI (1971), S. 687-688.

88 Bei der reinen Stichtagskursmethode werden sämtliche Positionen des Jahresabschlusses eines ausländischen Konzernunternehmens zum jeweiligen Kurs am Abschlußstichtag in Konzernwährung umgerechnet. Vgl. HFA (1986), S. 666.

89 Nach der modifizierten Stichtagskursmethode wird das Eigenkapital mit historischen Kursen und/ oder die Posten der Gewinn- und Verlustrechnung mit Durchschnittskursen umgerechnet.

90 Nach der an dem Äquivalenzprinzip ausgerichteten Zeitbezugsmethode ist "grundsätzlich der Umrechnungskurs des Zeitpunktes zu wählen, auf den der Wertansatz der Position bezogen ist." BUSSE VON COLBE/ORDELHEIDE (1984), S. 316. Damit verbunden ist die Beachtung des erweiterten Anschaffungswert-, Niederstwert- und Imparitätsprinzips in der umgerechneten Bilanz. Zur Umrechnung nach dem Äquivalenzprinzip vgl. detailliert BUSSE VON COLBE/ORDELHEIDE (1993), S. 146-161.

91 Nach dem Konzept der funktionalen Umrechnung wird zwischen foreign entities (ausländischen Unternehmen) und foreign operations (ausländischen Betriebsstätten) unterschieden. Bei foreign entities sind alle Bilanzposten mit dem Stichtagskurs und alle Erträge und Aufwendungen mit dem Devisenkurs des jeweiligen Geschäftsvorfalls bzw. einem gewichteten Periodendurchschnittskurs umzurechnen. Für foreign operations ist die Zeitbezugsmethode anzuwenden. Vgl. IASC (1998), IAS 21.23-21.36 und FASB (1996a), SFAS 52 sowie WILLIAMS (1998), p. 17.01-17.27.

sitionen bzw. numerische Daten fest, ob diese mit dem Stichtagskurs, einem historischen Kurs oder mit einem Durchschnittskurs umgerechnet werden.

Ausgangspunkt der Währungsumrechnung ist die Festlegung allgemeiner Daten, wie z.B. Währungsschlüssel, Stichtagskurs und Periodendurchschnittskurs. Der Währungsschlüssel bestimmt die relevante Währung und enthält einen Faktor, der eine praktische Anwendung von unterschiedlich-stelligen Währungen, wie z.B. Yen und DM, erlaubt.[92] Der Kurs am Ende der jeweiligen Berichtsperiode, der Stichtagskurs, kann als Mittelkurs aus Brief- und Geldkurs am jeweiligen Bilanzstichtag berechnet werden.[93] Der Periodendurchschnittskurs wird grundsätzlich als arithmetisches Mittel aus den täglichen Mittelkursen errechnet.[94]

Werden Positionen der Bilanz und der Gewinn- und Verlustrechnung mit den jeweiligen historischen Kursen umgerechnet, so müßte - betrachtet man den Konzern als eine Einheit - jeder Geschäftsvorfall zum Transaktionstag mit dem dann gültigen Kurs in Konzernwährung umgerechnet werden. Zur Reduktion des Umrechnungsaufwandes kann den betreffenden Geschäftsvorfällen der jeweilige historische Periodendurchschnittskurs als arithmetisches Mittel aus den täglichen Mittelkursen der Periode, in der sich der Geschäftsvorfall ereignete, zugrunde gelegt werden.[95]

Stichtagskurse, Periodendurchschnittskurse sowie Kurse für die historische Umrechnung des Anlagevermögens jener Devisen, in denen im Konzern Transaktionen abgewickelt werden, werden in einer Währungstabelle zusammengefaßt.
Anschließend werden die Jahresabschlüsse II in Konzernwährung umgerechnet.

Die diesen Abschnitt abschließende Übersicht faßt die einzelnen Aktivitäten im Rahmen der Währungsumrechnung bei derivativer Ableitung des Konzernabschlusses in ihrer zeitlichen Reihenfolge zusammen.

Nr.	Aktivität
1	Ermittlung der Umrechnungskurse
2	Umrechnung der Jahresabschlüsse II

Abb. 14: Aktivitäten im Rahmen des Teilprozesses 'Währungsumrechnung' in der derivativen Ausgestaltung des Konzernrechnungswesens

[92] Vgl. WEBER-BRAUN/WEISS/FERLINGS (1998), Rn. 1291 und 1375.
[93] Vgl. BUSSE VON COLBE/ORDELHEIDE (1993), S. 126-127.
[94] Vgl. BUSSE VON COLBE/ORDELHEIDE (1993), S. 190.
[95] Vgl. BUSSE VON COLBE/ORDELHEIDE (1993), S. 190.

3.1.2. Zentrale oder dezentrale Verteilung der Aktivitäten

3.1.2.1. Ermittlung der Umrechnungskurse

In der derivativen Ausgestaltung des Konzernrechnungswesens ist die erste Aktivität innerhalb der Währungsumrechnung als Teilprozeß die Ermittlung der Stichtagskurse, Periodendurchschnittskurse sowie der historischen Kurse. Der Analyse der möglichen entscheidungsrelevanten Konsequenzen der (De-)Zentralisation der Ermittlung der Umrechnungskurse wird die folgende Abbildung zugrunde gelegt.

Randbedingungen / Handlungsalternativen im Zeitpunkt t	Größe des Konzerns	Handlungsalternativen in den Zeitpunkten 1,...,t-1
Zentrale Ermittlung der Umrechnungskurse	E_{11}	E_{12}
Dezentrale Ermittlung der Umrechnungskurse	E_{21}	E_{22}

Abb. 15: Matrix der betrachteten Handlungsalternativen und Randbedingungen im Rahmen der Aktivität 'Ermittlung der Umrechnungskurse' in der derivativen Ausgestaltung des Konzernrechnungswesens

Wird bei der vorliegenden Gestaltungsfrage die Ermittlung der Umrechnungskurse zentralisiert (Abb. 15, E_{11} und E_{12}), so bedeutet das, daß die Umrechnungskurse in der zentralen Konsolidierungsstelle ermittelt werden; eine Dezentralisation dieser Aktivität (Abb. 15, E_{21} und E_{22}) dagegen heißt, daß die Umrechnungskurse in den einzelnen Konzernunternehmen ermittelt werden.

Wie im weiteren Verlauf der Arbeit gezeigt wird, weist die Ermittlung der Umrechnungskurse zwar Schnittstellen zu zeitlich und inhaltlich nachfolgenden Teilprozessen und Aktivitäten auf[96]; bei der Entscheidung über die (De-)Zentralisation der Kursermittlung existieren jedoch keine Schnittstellen zu solchen Teilprozessen und Aktivitäten, die zeitlich und inhaltlich vorher stattfinden. Daraus kann unmittelbar abgeleitet werden, daß die in obiger Abbildung dargestellten Kombinationen (E_{12} und E_{22}) im Zusammenhang mit der in diesem Abschnitt behandelten Gestal-

[96] Vgl. hierzu insbesondere UNTEN, Kap. III.3.1.2.2.

tungsfrage keine entscheidungsrelevanten Konsequenzen zur Folge haben und somit von der weiteren Untersuchung ausgeklammert werden können.

Vor dem Hintergrund des in dieser Arbeit entwickelten Zielkonzeptes bietet die Ermittlung der Umrechnungskurse ein größeres Potential für eine Zentralisation als für eine Dezentralisation: Im Fall von E_{11} (Abb. 15) werden die durch die Kursermittlung bei den Konzernunternehmen (Abb. 15, E_{21}) herrührenden, zeitintensiven Mehrfacharbeiten und die damit verbundenen, zu Lasten der Qualität der Informationen gehenden potentiellen Fehlerquellen vermieden.[97]

3.1.2.2. Umrechnung der Jahresabschlüsse II in Konzernwährung

Nachstehende Abbildung (Abb. 16) veranschaulicht, daß bei derivativer Ableitung des Konzernabschlusses die Umrechnung der lokalen Jahresabschlüsse in Konzernwährung[98] sowohl von der Konsolidierungszentrale als auch von den im Ausland domizilierenden Konzernunternehmen vorgenommen werden kann.

Randbedingungen / Handlungsalternativen im Zeitpunkt t	Größe des Konzerns	Handlungsalternativen in den Zeitpunkten 1,...,t-1
Zentrale Umrechnung der Jahresabschlüsse II in Konzernwährung	E_{11}	E_{12}
Dezentrale Umrechnung der Jahresabschlüsse II in Konzernwährung	E_{21}	E_{22}

Abb. 16: Matrix der betrachteten Handlungsalternativen und Randbedingungen im Rahmen der Aktivität 'Umrechnung der Jahresabschlüsse II in Konzernwährung' in der derivativen Ausgestaltung des Konzernrechnungswesens

[97] So auch BÖING/EICKMANN (1988), S. 262-263.

[98] Zur Abgrenzung dieser Aktivität im Rahmen des Teilprozesses 'Währungsumrechnung' vgl. OBEN, Kap. III.3.1.1., Abb. 14.

Werden die in Fremdwährung aufgestellten Jahresabschlüsse in der zentralen Konsolidierungsstelle in Konzernwährung umgerechnet (Abb. 16, E_{11} und E_{12})[99], dann müssen die ausländischen Konzernunternehmen der Zentralstelle die Zeitpunkte bestimmter Geschäftsvorfälle (z.B. den Zeitpunkt der Kapitalerhöhung aus Gesellschaftereinlagen) mitteilen, damit die Zentralstelle die diesen Zeitpunkten entsprechenden historischen Kurse ermitteln kann.[100]

Dagegen rechnen bei dezentraler Währungsumrechnung (Abb. 16, E_{21} und E_{22}) die ausländischen Konzernunternehmen ihre Jahresabschlüsse in Konzernwährung um und lassen der zentralen Konsolidierungsstelle die umgerechneten Jahresabschlußinformationen zukommen.

Aufgrund der Größe des Konzerns als Randbedingung (Abb. 16, E_{11} und E_{21}) ergeben sich vor allem Implikationen hinsichtlich der Menge der umzurechnenden Jahresabschlüsse II und mithin bezogen auf die für die Umrechnung erforderlichen Arbeitstage. Setzt sich bspw. der Konsolidierungskreis neben inländischen Konzernunternehmen aus zahlreichen ausländischen in die Konzernrechnungslegung einbezogenen Unternehmen zusammen, so läßt sich daraus vor dem Hintergrund der zur Umrechnung benötigten Arbeitstage[101] ein größeres Potential für eine Dezentralisation (Abb. 16, E_{21}) als für eine Zentralisation (Abb. 16, E_{11}) der Umrechnung der Jahresabschlüsse II ableiten.[102]

Eine Verlagerung der Fremdwährungsumrechnung auf die einzelnen ausländischen Konzernunternehmen (Abb. 16, E_{21}) führt zwar zu einer verrichtungsmäßigen und damit zeitlichen Entlastung der zentralen Konsolidierungsstelle; sie kann aber auch einen Informationsverlust für die Zentralstelle über den möglichen Einfluß von Devisenkursänderungen auf die Vermögens-, Finanz- und Ertragslage und damit eine Einschränkung der Qualität der Informationen mit sich bringen. Um Alternativ- oder

---

[99] Bei der Aufstellung von Konzernabschlüssen "ist es in Deutschland allgemein üblich, die Umrechnung der Abschlüsse in Deutsche Mark in der Konzernzentrale vorzunehmen." TREUHAND-VEREINIGUNG AG (1987), S. 297.

[100] Vgl. auch OBEN, Kap. III.3.1.2.1., Abb. 15, E_{11} und E_{12}. Zur Frage, ob und unter welchen Bedingungen eine Bilanzposition zum historischen Kurs oder zum Stichtagskurs umgerechnet werden soll, vgl. BUSSE VON COLBE/ORDELHEIDE (1993), S. 128-158.

[101] Die Umrechnung der Abschlüsse in der zentralen Konsolidierungsstelle kann sich bei zahlreichen ausländischen Tochterunternehmen als ein zeitaufwendiges Verfahren erweisen.

[102] Ähnlich STEINLE (1976), S. 88. Das größere Dezentralisationspotential gilt insbesondere für in Hochinflationsländern domizilierende Tochterunternehmen. Vor allem dann, wenn Unklarheiten in Detailfragen bezogen auf den historischen Ablauf lokaler bilanzieller Sachverhalte auftreten, sind die sich aus der zentralen Währungsumrechnung ergebenden entscheidungsrelevanten Effekte - unter dem Gesichtspunkt der Informationsverarbeitungszeit - weniger positiv zu beurteilen als die aus der dezentralen Umrechnung resultierenden Effekte.

Simulationsrechnungen über die Auswirkungen veränderter Devisenkurse durchführen zu können, ist es daher bei der dezentralen Vorgehensweise unerläßlich, die Konzernunternehmen nicht nur in Konzernwährung, sondern auch in Landeswährung berichterstatten zu lassen.[103]

Die Aktivität 'Umrechnung der Jahresabschlüsse II in Konzernwährung' weist Schnittstellen (Abb. 16, E_{12} und E_{22}) zu folgenden, zeitlich und inhaltlich vor der Umrechnung der Jahresabschlüsse II in Konzernwährung stattfindenden Teilprozessen bzw. Aktivitäten auf:

(a) Vereinheitlichung von Bilanzansatz und Bewertung[104]
(b) Ermittlung der Umrechnungskurse[105]

Die entsprechenden Handlungsalternativen in den Punkten (a) und (b) werden in das Entscheidungsproblem, das in diesem Abschnitt betrachtet wird, als Randbedingungen integriert.

Entscheidet sich die Konzernleitung im Punkt (a) für die zentrale Anpassung der landesrechtlichen Jahresabschlüsse an die konzerneinheitliche Bilanzierung und Bewertung[106], so bietet diese Entscheidung vor dem Hintergrund der für die Währungsumrechnung benötigten Arbeitstage kein Potential für eine Dezentralisation der Umrechnung der zentral erstellten Jahresabschlüsse II (Abb. 16, E_{22}). Ansonsten müßten die in der zentralen Konsolidierungsstelle erstellten Jahresabschlüsse II den Konzernunternehmen übermittelt werden, damit diese die einzelnen Abschlußpositionen in Konzernwährung umrechnen können. Die in die Währung des Mutterunternehmens umgerechneten Abschlüsse wären wiederum an die Zentralstelle zu senden, was mit erheblichem Zeitaufwand verbunden ist. Insofern gehen von der Zentralisation der Jahresabschluß II-Erstellung entscheidungsrelevante Implikationen auf die Entscheidung über die Lokalisierung der Währungsumrechnung aus.

Werden die Jahresabschlüsse II in der zentralen Konsolidierungsstelle erstellt, dann obliegt ihr infolgedessen auch die Währungsumrechnung (Abb. 16, E_{12}). Diese Überlegungen gelten für die Umrechnung der Konsolidierungsmeldungen analog, d.h. werden die Konsolidierungsmeldungen in der Zentralstelle erstellt, so werden sie auch dort in Konzernwährung umgerechnet.

---

[103] Vgl. JONAS (1986), S. 295.
[104] Vgl. OBEN, Kap. III.2.1.2.2.
[105] Vgl. OBEN, Kap. III.3.1.2.1.
[106] Vgl. OBEN, Kap. III.2.1.2.2., Abb. 8, E_{11} und E_{12}.

Passen dagegen im Punkt (a) die ausländischen Konzernunternehmen ihre Einzelabschlüsse an die konzerneinheitliche Bilanzierung und Bewertung an[107], dann hat die Verteilung der einzelnen Aufgabenerfüllungsprozesse im Zuge der Erstellung der Jahresabschlüsse II prinzipiell keinen Einfluß auf die Entscheidung, die Währungsumrechnung zentral oder dezentral zu lokalisieren (Abb. 16, E_{12} und E_{22}). Die Jahresabschlüsse II müssen jeweils einmal zur Zentralstelle übermittelt werden; ob dies bei dezentraler Jahresabschluß II-Erstellung und zentraler Währungsumrechnung vor der Währungsumrechnung oder - bei dezentraler Währungsumrechnung - im Anschluß an die Währungsumrechnung geschieht, ist im Hinblick auf die Qualität und die Arbeitstage als Zielvariablen unerheblich.

Wählt die Konzernleitung als Entscheider im Punkt (b) die Handlungsalternative 'dezentrale Ermittlung der Umrechnungskurse'[108], dann schließt diese Wahl - unter Bezugnahme auf das der vorliegenden Untersuchung zugrunde liegende Zielkonzept - die Möglichkeiten, die Umrechnung der Jahresabschlüsse II zu zentralisieren (Abb. 16, E_{12}), nahezu aus. Anderenfalls müßten die jeweiligen ausländischen Konzernunternehmen die Umrechnungskurse ermitteln[109], diese zusammen mit den Jahresabschlüssen II an die Konsolidierungszentrale weiterleiten, damit letztere die Abschlüsse in Konzernwährung umrechnen kann.

Bei zentraler Ermittlung der Umrechnungskurse[110] und dezentraler Umrechnung der Jahresabschlüsse II (Abb. 16, E_{22}) wird die zentrale Konsolidierungsstelle zwar in verrichtungsmäßiger und damit in zeitlicher Hinsicht entlastet; dagegen zu rechnen ist aber der Kommunikationsaufwand für die Übermittlung der Umrechnungskurse an die Tochterunternehmen.
Bei zentraler Ermittlung der Umrechnungskurse und zentraler Umrechnung der Jahresabschlüsse II (Abb. 16, E_{12}) verhält es sich dagegen genau umgekehrt: der Kommunikationsaufwand für die Übermittlung der Kurse entfällt; im Gegenzug wird die zentrale Konsolidierungsstelle in verrichtungsmäßiger und damit in zeitlicher Hinsicht belastet.

---

[107] Vgl. OBEN, Kap. III.2.1.2.2., Abb. 8, E_{21} und E_{22}.
[108] Vgl. OBEN, Kap. III.3.1.2.1., Abb. 15, E_{21} und E_{22}.
[109] Auf die daraus herrührenden, zeitintensiven Mehrfacharbeiten und die damit verbundenen, zu Lasten der Qualität der erzeugten Informationen gehenden potentiellen Fehlerquellen wurde bereits an geeigneter Stelle hingewiesen. Vgl. OBEN, Kap. III.3.1.2.1.
[110] Vgl. OBEN, Kap. III.3.1.2.1., Abb. 12, E_{11} und E_{12}.

3.1.3. Ergebnis

Der Teilprozeß 'Währungsumrechnung' setzt sich in der derivativen Ausgestaltung des Konzernrechnungswesens aus zwei Aktivitäten zusammen:[111]

- Ermittlung der Umrechnungskurse und
- Umrechnung der Jahresabschlüsse II in Konzernwährung.

Die Zusammenstellung der wichtigsten Ergebnisse der Analyse des (De-)Zentralisationspotentials der Ermittlung der Umrechnungskurse[112] ergibt folgendes Bild:

Zielvariablen / Handlungsalternativen	Qualität	Arbeitstage
Zentrale Ermittlung der Umrechnungskurse	- Vermeidung der zu Lasten der Qualität der Informationen gehenden potentiellen Fehlerquellen	- Reduktion des Kontrollaufwands, da Umrechnungskurse zentral vorgegeben werden
Dezentrale Ermittlung der Umrechnungskurse	- potentielle Fehlerquellen durch Mehrfacharbeiten	- ggf. erheblicher Kontrollaufwand, da Umrechnungskurse von mehreren Stellen ermittelt werden

Abb. 17: Zielvariablenmatrix bei Ermittlung der Umrechnungskurse in der derivativen Ausgestaltung des Konzernrechnungswesens

Die Zielvariablenmatrix zur Umrechnung der Jahresabschlüsse II in Konzernwährung[113] hat die folgende Gestalt (vgl. Seite 109):

[111] Zur Zerlegung des Teilprozesses 'Währungsumrechnung' in der derivativen Ausgestaltung des Konzernrechnungswesens in einzelne Aktivitäten vgl. OBEN, Kap. III.3.1.1.

[112] Vgl. OBEN, Kap. III.3.1.2.1.

[113] Vgl. OBEN, Kap. III.3.1.2.2.

Zielvariablen / Handlungsalternativen	Qualität	Arbeitstage
Zentrale Umrechnung der Jahresabschlüsse II in Konzernwährung	- Zentralstelle verfügt über erforderliche Informationen für Simulationsrechnungen über den möglichen Einfluß von Devisenkursänderungen auf die Vermögens-, Finanz- und Ertragslage des Konzerns	- verrichtungsmäßige/zeitliche Belastung der Zentralstelle - bei zentraler JA II-Erstellung dürfte Zahl der Arbeitstage hier geringer sein als bei Dezentralisation
Dezentrale Umrechnung der Jahresabschlüsse II in Konzernwährung	- ggf. Informationsverlust für die Zentralstelle über den möglichen Einfluß von Devisenkursänderungen auf die Vermögens-, Finanz- und Ertragslage des Konzerns, wenn Konzernunternehmen nicht auch in Landeswährung berichterstatten	- verrichtungsmäßige/zeitliche Entlastung der Zentralstelle - bei zentraler JA II-Erstellung dürfte Zahl der Arbeitstage hier höher sein als bei Zentralisation

Abb. 18: Zielvariablenmatrix bei Umrechnung der Jahresabschlüsse II in Konzernwährung in der derivativen Ausgestaltung des Konzernrechnungswesens

3.2. Prozeßorganisatorische Gestaltung des Teilprozesses 'Währungsumrechnung' in der originären Ausgestaltung des Konzernrechnungswesens

3.2.1. Zerlegung des Teilprozesses in einzelne Aktivitäten

Bei der Vorstellung der originären Ausgestaltung des Konzernrechnungswesens wurde unterstellt, daß das Konzernbuchwerk in einer einheitlichen Konzernwährung geführt wird.[114] Daraus ergibt sich, daß Transaktionen in fremder Währung unmittelbar in Konzernwährung verbucht werden.[115] Ergebnis ist die Führung von parallelen einzelgesellschaftlichen Buchwerken für jedes ausländische Konzernunternehmen: ein Buchwerk enthält die einzelgesellschaftlichen Buchführungsdaten in der jeweiligen Landeswährung, und das andere Buchwerk enthält dieselben Buchführungsdaten in Konzernwährung.[116]

Dadurch, daß in der originären Ausgestaltung des Konzernrechnungswesens die Existenz eines integrierten Mehrkreissystems bei hoher Kompatibilität der bei den Konzernunternehmen eingesetzten Subsystemen unterstellt wird[117], können die in

[114] Vgl. hierzu die OBEN, Kap. II.3.1.3.1.
[115] Zu einer Differenzierung, welche Kurse welchen Geschäftsvorfällen im einzelnen zugeordnet werden, vgl. PELKA (1994), S. 300-303.
[116] Vgl. OTTE (1988), S. 664-665; PELKA (1994), S. 297.
[117] Vgl. OBEN, Kap. II.3.1.3.1.

Konzernwährung erfaßten Buchführungsdaten aus den Buchwerken der ausländischen Konzernunternehmen in den Buchungskreis 'Konzern' übernommen werden, mit dem Resultat, daß der Konzernabschluß originär ableitbar ist.[118]

Insgesamt gesehen werden in der originären Ausgestaltung des Konzernrechnungswesens - im Gegensatz zur derivativen Ausgestaltung - keine auf einen Bilanzstichtag aufgestellten Abschlüsse umgerechnet, sondern es werden Geschäftsvorfälle - im Idealfall zeitgleich - in Landeswährung und in Konzernwährung erfaßt. Aus diesem Grund werden die Aktivitäten 'Ermittlung der Umrechnungskurse' und 'Führung eines parallelen Buchwerkes in Konzernwährung für jedes in die Konzernrechnungslegung einbezogene Konzernunternehmen mit Sitz im Ausland' simultan ausgeführt. Das hat zur Folge, daß die zwei genannten Aktivitäten in der Regel entweder der zentralen Konsolidierungsstelle oder den Konzernunternehmen, aber nicht unterschiedlich zugeordnet werden. Für die Behandlung des in diesem Abschnitt betrachteten Entscheidungsproblems, i.e. die (De-)Zentralisation von Aktivitäten im Rahmen des Teilprozesses 'Währungsumrechnung', heißt das, daß die beiden Aktivitäten aggregiert behandelt werden können.

Im nachstehenden Abschnitt wird somit nur die (De-)Zentralisation der Führung eines parallelen Buchwerkes in Konzernwährung für jedes in die Konzernrechnungslegung einbezogene Konzernunternehmen mit Sitz im Ausland als Aktivität untersucht. Dies impliziert, daß in der originären Ausgestaltung des Konzernrechnungswesens der Teilprozeß 'Währungsumrechnung' und die Aktivität 'Führung eines parallelen Buchwerkes in Konzernwährung für jedes in die Konzernrechnungslegung einbezogene Konzernunternehmen mit Sitz im Ausland' sowohl in zeitlicher als auch in inhaltlicher Hinsicht deckungsgleich sind.

Nr.	Aktivität
1	Führung eines parallelen Buchwerkes in Konzernwährung für jedes in die Konzernrechnungslegung einbezogene Konzernunternehmen mit Sitz im Ausland

Abb. 19: Aktivität im Rahmen des Teilprozesses 'Währungsumrechnung' in der originären Ausgestaltung des Konzernrechnungswesens

[118] Vgl. PELKA (1994), S. 297.

3.2.2. Zentrale oder dezentrale Führung eines parallelen Buchwerkes in Konzernwährung für jedes in die Konzernrechnungslegung einbezogene Konzernunternehmen mit Sitz im Ausland

Die sich aus der (De-)Zentralisation der Führung eines parallelen Buchwerkes in Konzernwährung für jedes in die Konzernrechnungslegung einbezogene Konzernunternehmen mit Sitz im Ausland ergebenden möglichen entscheidungsrelevanten Konsequenzen werden anhand nachstehender Abbildung analysiert.

Randbedingungen / Handlungsalternativen im Zeitpunkt t	Größe des Konzerns	Handlungsalternativen in den Zeitpunkten 1,...,t-1
Zentrale Führung eines parallelen Buchwerkes in Konzernwährung für jedes in die Konzernrechnungslegung einbezogene Konzernunternehmen mit Sitz im Ausland	E_{11}	E_{12}
Dezentrale Führung eines parallelen Buchwerkes in Konzernwährung für jedes in die Konzernrechnungslegung einbezogene Konzernunternehmen mit Sitz im Ausland	E_{21}	E_{22}

Abb. 20: Matrix der betrachteten Handlungsalternativen und Randbedingungen im Rahmen der Aktivität 'Führung eines parallelen Buchwerkes in Konzernwährung für jedes in die Konzernrechnungslegung einbezogene Konzernunternehmen mit Sitz im Ausland' in der originären Ausgestaltung des Konzernrechnungswesens

Sollen die Geschäftsvorfälle in der zentralen Konsolidierungsstelle in Konzernwährung erfaßt werden (Abb. 20, E_{11} und E_{12}), dann müssen die in die Konzernrechnungslegung einbezogenen Konzernunternehmen mit Sitz im Ausland ihre gesamten Buchungen sowie bestimmte Zusatzinformationen[119] an die zentrale Konsolidierungsstelle in Landeswährung übermitteln.[120] Im Anschluß daran erfolgt in der Zen-

---

[119] Diese betreffen z.B. die im landesrechtlichen Jahresabschluß gewählte Abschreibungsmethode.
[120] Vgl. PELKA (1994), S. 303-304.

tralstelle die buchmäßige Erfassung und Fortführung der Wertansätze in Konzernwährung.

Erfassen die in die Konzernrechnungslegung einbezogenen Konzernunternehmen mit Sitz im Ausland die Geschäftsvorfälle in Konzernwährung (Abb. 20, E_{21} und E_{22}), so folgt daraus, daß bei den genannten Konzernunternehmen jeweils - neben dem einzelgesellschaftlichen Buchungskreis in Landeswährung - ein paralleler Buchungskreis in Konzernwährung geführt wird.
Um die buchmäßige Erfassung der Geschäftsvorfälle und die Fortführung der Wertansätze in Konzernwährung in der originären Ausgestaltung des Konzernrechnungswesens in einer begrenzten Anzahl von Arbeitstagen durchführen zu können, müssen die Geschäftsvorfälle in dem in Konzernwährung geführten einzelgesellschaftlichen Buchungskreis ebenso zeitnah erfaßt werden wie in dem in Fremdwährung geführten einzelgesellschaftlichen Buchungskreis.[121] Im Idealfall finden die Erfassung in dem in Fremdwährung geführten einzelgesellschaftlichen Buchungskreis sowie die Erfassung in dem in Konzernwährung geführten einzelgesellschaftlichen Buchungskreis gleichzeitig statt.

Eine nähere Betrachtung der aus der (De-)Zentralisation und der Größe des Konzerns resultierenden Wirkungen (Abb. 20, E_{11} und E_{21}) zeigt, daß der Entscheider - unter Berücksichtigung der Anzahl der Arbeitstage - zur Dezentralisation der buchmäßigen Erfassung der Geschäftsvorfälle und der Fortführung der Wertansätze in Konzernwährung (Abb. 20, E_{21}) tendieren dürfte: Sogar bei wenigen Konzernunternehmen mit Sitz im Ausland wird es der zentralen Konsolidierungsstelle nicht gelingen, die im jeweiligen einzelgesellschaftlichen Buchungskreis in Fremdwährung erfaßten Transaktionen in einer angemessenen Anzahl von Arbeitstagen in dem hier bei der Zentralstelle geführten einzelgesellschaftlichen Buchungskreis in Konzernwährung zu erfassen, geschweige denn, die Erfassung in Konzernwährung zeitgleich mit der Erfassung in Fremdwährung im einzelgesellschaftlichen Buchungskreis vorzunehmen (Abb. 20, E_{11}).

Aus der (De-)Zentralisation der Führung eines parallelen Buchungskreises in Konzernwährung zeichnen sich ähnliche Wirkungen unter dem Gesichtspunkt der Qualität der Informationen ab. Aufbauend auf den obigen Ausführungen werden bei Zentralisation dieser Aktivität (Abb. 20, E_{11}) die in dem in Konzernwährung geführten einzelgesellschaftlichen Buchungskreis enthaltenen Daten vor allem bei ad-hoc

[121] So auch PELKA (1994), S. 304. Zur Erfassung der Geschäftsvorfälle in dem in Fremdwährung geführten Buchungskreis vgl. OBEN, Kap. III.1.2.

Auswertungen nicht zeitnah erfaßt und somit nicht vollständig sein, d.h. die Qualität der generierten Informationen wird bei zentraler Erfassung tendenziell geringer sein als bei zeitnaher, dezentraler Erfassung der Geschäftsvorfälle in Konzernwährung (Abb. 20, E_{21}).

Insgesamt gesehen wird das Dezentralisationspotential der Führung eines parallelen Buchwerkes in Konzernwährung für jedes einbezogene Konzernunternehmen mit Sitz im Ausland im allgemeinen um so größer sein, je mehr Konzernunternehmen mit Sitz im Ausland in die Konzernrechnungslegung einbezogen werden.

Die Aktivität 'Führung eines parallelen Buchwerkes in Konzernwährung für jedes in die Konzernrechnungslegung einbezogene Konzernunternehmen mit Sitz im Ausland' weist Schnittstellen zu der zu Beginn dieser Aktivität bereits abgeschlossenen Tätigkeit 'Anpassung der sich für Zwecke der einzelgesellschaftlichen Rechnungslegung und der Konzernrechnungslegung wertmäßig voneinander unterscheidenden Buchungen an die konzerneinheitliche Bewertung'[122] auf (Abb. 20, E_{12} und E_{22}).

Entscheidet sich die Konzernleitung dafür, die Anpassung an die konzerneinheitliche Bewertung zu zentralisieren[123], so schränkt diese Entscheidung unter dem Gesichtspunkt der erforderlichen Arbeitstage die Möglichkeiten der Dezentralisation der Erfassung der zentral an die konzerneinheitliche Bewertung angepaßten Daten in Konzernwährung (Abb. 20, E_{22}) erheblich ein. Die in der Konsolidierungszentrale gesondert erfaßten (Anpassungs-)Buchungen an die konzerneinheitliche Bewertung müßten den ausländischen Konzernunternehmen zugänglich gemacht werden, damit diese die einzelnen Transaktionen in Konzernwährung erfassen könnten. Die dezentral in Konzernwährung erfaßten Transaktionen müßten wiederum der Zentralstelle zur Verfügung gestellt werden.

Im Hinblick auf die benötigten Arbeitstage erscheint die dezentrale Vorgehensweise zeitaufwendiger zu sein als die zentrale Erfassung der Daten in Konzernwährung (Abb. 20, E_{12}), bei der die Daten nicht von der Konsolidierungsstelle an die ausländischen Konzernunternehmen et vice versa transferiert, sondern die bereits von der Zentralstelle an die konzerneinheitliche Bewertung angepaßten Daten in der Zentralstelle in Konzernwährung erfaßt werden.

---

[122] Vgl. OBEN, Kap. III.2.2.2.

[123] Vgl. OBEN, Kap. III.2.2.2., Abb. 12, E_{11} und E_{12}.

Vor dem Hintergrund der benötigten Arbeitstage würde somit aus der Zentralisation der Anpassung der Daten an die konzerneinheitliche Bewertung[124] die Zentralisation der Führung eines parallelen Buchwerkes in Konzernwährung für Konzernunternehmen mit Sitz im Ausland folgen (Abb. 20, E_{12}).

Passen dagegen die ausländischen Konzernunternehmen die Daten an die konzerneinheitliche Bewertung an[125], dann müssen sowohl bei Zentralisation als auch bei Dezentralisation der Erfassung der Daten in Konzernwährung die Daten jeweils einmal der zentralen Konsolidierungsstelle übermittelt werden: Im Fall der Zentralisation der Erfassung der Daten in Konzernwährung (Abb. 20, E_{12}) geschieht dies nach der Anpassung der Daten an die konzerneinheitliche Bewertung durch die ausländischen Konzernunternehmen und im Fall der Dezentralisation der Erfassung der Daten in Konzernwährung (Abb. 20, E_{22}) im Anschluß an die Erfassung der Daten in Konzernwährung durch die ausländischen Konzernunternehmen. Daraus folgt, daß - im Hinblick auf die Arbeitstage - von der Dezentralisation der Anpassung der Daten an die konzerneinheitliche Bewertung keine entscheidungsbeeinflussenden Implikationen auf die Entscheidung über die (De-)Zentralisation der Erfassung der Daten in Konzernwährung ausgehen.

Unter besonderer Berücksichtigung der Qualität der Informationen ergeben sich aufgrund der (De-)Zentralisation der Anpassung der Daten an die konzerneinheitliche Bewertung entscheidungsrelevante Implikationen für die (De-)Zentralisation der Führung eines parallelen Buchwerkes in Konzernwährung für Konzernunternehmen mit Sitz im Ausland wie folgt: Da, wie bereits angesprochen, die Auswertungsmöglichkeiten - insbesondere bei an die zentrale Konsolidierungsstelle gerichteten ad-hoc Anfragen - aufgrund der zeitgleichen Erfassung bei Dezentralisation im allgemeinen größer sind als bei Zentralisation, wird sich, sowohl bei zentraler als auch bei dezentraler Anpassung der Daten an die konzerneinheitliche Bewertung[126], die dezentrale Führung eines parallelen Buchwerkes in Konzernwährung für jedes in die Konzernrechnungslegung einbezogene Konzernunternehmen mit Sitz im Ausland (Abb. 20, E_{22}) positiver auf die Qualität der Informationen auswirken als die zentrale Führung (Abb. 20, E_{12}).

---

[124] Vgl. OBEN, Kap. III.2.2.2., Abb. 12, E_{11} und E_{12}.
[125] Vgl. OBEN, Kap. III.2.2.2., Abb. 12, E_{21} und E_{22}.
[126] Vgl. OBEN, Kap. III.2.2.2., Abb. 12, E_{11}, E_{12}, E_{21} und E_{22}.

3.2.3. Ergebnis

Zusammenfassend betrachtet ist in der originären Ausgestaltung des Konzernrechnungswesens die Führung eines parallelen Buchwerkes in Konzernwährung für jedes in die Konzernrechnungslegung einbezogene Unternehmen mit Sitz im Ausland sowohl zentral als auch dezentral durchführbar.

Die Wirksamkeitsgrade der (De-)Zentralisation dieser Aktivität im Hinblick auf die Zielvariablen können wie folgt zusammengefaßt werden:

Ziel-variablen / Handlungs-alternativen	Qualität	Arbeitstage
Zentrale Führung eines parallelen Buchwerkes in Konzernwährung für jedes in die Konzernrechnungslegung einbezogene Unternehmen mit Sitz im Ausland	- zeitgleiche Erfassung der Geschäftsvorfälle in Landeswährung und in Konzernwährung wird kaum realisierbar sein; dadurch Datenpool nicht vollständig und nicht aktuell - je mehr ausländische Konzernunternehmen, desto geringer wird die Wirksamkeit dieser Handlungsalternative hinsichtlich dieser Zielvariablen sein	- verrichtungsmäßige/zeitliche Belastung der Zentralstelle - je mehr ausländische Konzernunternehmen, desto geringer wird die Wirksamkeit dieser Handlungsalternative hinsichtlich dieser Zielvariablen sein - bei zentraler Anpassung an konzerneinheitliche Bewertung ergeben sich positive Auswirkungen im Hinblick auf diese Zielvariable
Dezentrale Führung eines parallelen Buchwerkes in Konzernwährung für jedes in die Konzernrechnungslegung einbezogene Unternehmen mit Sitz im Ausland	- zeitgleiche Erfassung der Geschäftsvorfälle in Landeswährung und in Konzernwährung wird realisierbar sein; dadurch vollständiger und aktueller Datenpool - je mehr ausländische Konzernunternehmen, desto höher wird die Wirksamkeit dieser Handlungsalternative hinsichtlich dieser Zielvariablen sein	- verrichtungsmäßige/zeitliche Entlastung der Zentralstelle - je mehr ausländische Konzernunternehmen, desto höher wird die Wirksamkeit dieser Handlungsalternative hinsichtlich dieser Zielvariablen sein - bei zentraler Anpassung an konzerneinheitliche Bewertung sind die Auswirkungen im Hinblick auf diese Zielvariable ungünstiger als bei Dezentralisation

Abb. 21: Zielvariablenmatrix bei Führung eines parallelen Buchwerkes in Konzernwährung für jedes in die Konzernrechnungslegung einbezogene Unternehmen mit Sitz im Ausland in der originären Ausgestaltung des Konzernrechnungswesens

4. Kapitalkonsolidierung

4.1. Prozeßorganisatorische Gestaltung des Teilprozesses 'Kapitalkonsolidierung nach der Erwerbsmethode' in der derivativen und in der originären Ausgestaltung des Konzernrechnungswesens

4.1.1. Zerlegung des Teilprozesses in einzelne Aktivitäten in der derivativen Ausgestaltung des Konzernrechnungswesens

Die Konzernrechnungslegung bildet den Konzern als eine Einheit ab. Bei derivativer Ableitung des Konzernabschlusses sind dazu die in der Summenbilanz ausgewiesenen Beteiligungen an den Tochterunternehmen mit den entsprechenden dem Mutterunternehmen gehörenden Eigenkapitalanteilen zu konsolidieren. Diese Verrechnung wird durch den Begriff der Kapitalkonsolidierung umschrieben. Die Kapitalkonsolidierung ist nach der Erfassung der Geschäftsvorfälle[127], der Vereinheitlichung von Bilanzansatz und Bewertung[128] sowie der Währungsumrechnung[129] der vierte Teilprozeß im Rahmen des Gesamtprozesses 'Erstellung des Konzernabschlusses'.[130]

Der Teilprozeß 'Kapitalkonsolidierung nach der Erwerbsmethode'[131] kann nach der Buchwertmethode[132] und nach der Neubewertungsmethode[133] durchgeführt wer-

---

[127] Vgl. OBEN, Kap. III.1.

[128] Vgl. OBEN, Kap. III.2.

[129] Vgl. OBEN, Kap. III.3.

[130] Zur Abgrenzung des Gesamtprozesses und dessen Zerlegung in abgrenzbare Teilprozesse Vgl. OBEN, Kap. II.1.

[131] "Aufgrund der überragenden praktischen Bedeutung" (BUSSE VON COLBE/ORDELHEIDE (1993), S. 192; vgl. auch ORDELHEIDE (1987b), Rz. 4) wird die Diskussion auf die Erwerbsmethode beschränkt. Zur Kapitalkonsolidierung nach der Erwerbsmethode vgl. § 301 HGB, IASC (1998), IAS 22.11-22.12 und 22.18-22.60, FASB (1996b), APB 16.66-16.96 sowie vergleichend KÜTING/HARTH (1999).
Auf die Kapitalkonsolidierung bei Interessenzusammenführung (§ 302 HGB, IASC (1998), IAS 22.14-22.17 und 22.61-22.67 sowie FASB (1996b), APB 16.45-16.65), die unter sehr strengen Anwendungsvoraussetzungen eine vereinfachte Verrechnung des Buchwertes des Mutterunternehmens mit dem gezeichneten Kapital des in den Konsolidierungskreis aufzunehmenden Unternehmens erlaubt, soll an dieser Stelle nicht eingegangen werden, da sie aufgrund des entfallenden Folgekonsolidierungsaufwands nicht nur in organisatorischer Hinsicht erheblich problemloser als die Erwerbsmethode ist, sondern darüber hinaus in der deutschen Bilanzierungspraxis bis dato lediglich eine geringe Bedeutung hat. So PELKA (1994), S. 107, Fn. 88; SCHEREN (1989), Rn. 143; TREUARBEIT (1990). Zur Interessenzusammenführungsmethode vgl. z.B. PFAFF (1987); WILLIAMS (1998), p. 3.23-3.34. Zu internationalen Reformüberlegungen in bezug auf die Interessenzusammenführungsmethode vgl. MUJKANOVIC (1999).

[132] Bei derivativer Ableitung des Konzernabschlusses wird bei Anwendung der Buchwertmethode vom Jahresabschluß II des Tochterunternehmens ausgegangen. Ergibt sich aus der Aufrechnung von Beteiligungsbuchwert und dem anteiligen Eigenkapital des Tochterunternehmens gemäß Buchwertmethode ein Unterschiedsbetrag, so ist dieser "den Wertansätzen von in der Kon-

den.[134] Hinsichtlich des Konsolidierungsablaufs unterscheiden sich beide Methoden jedoch nur geringfügig[135], so daß von einer getrennten Behandlung der Buchwertmethode und der Neubewertungsmethode abgesehen wird. Methodenunterschiede werden allerdings insoweit berücksichtigt, als sie für das vorliegende Gestaltungsproblem, die (De-)Zentralisation von Aktivitäten im Zuge der Kapitalkonsolidierung, relevant sind.

Die Kapitalkonsolidierung nach der Erwerbsmethode "ist besonders durch die folgenden Merkmale gekennzeichnet:"[136]

- Aufrechnung des Eigenkapitals des Tochterunternehmens gegen den Bilanzwert der Beteiligung,
- Ermittlung und Zuordnung der stillen Tageswertrücklagen und –lasten,
- Fortführung der zugeordneten Werte.

Diese Merkmale führen dazu, daß bei der Kapitalkonsolidierung nach der Erwerbsmethode stets zwischen Erst- und Folgekonsolidierung unterschieden werden muß.[137]

---

zernbilanz anzusetzenden Vermögensgegenständen und Schulden des jeweiligen Tochterunternehmens insoweit zuzuschreiben oder mit diesen zu verrechnen, als deren Wert höher oder niedriger ist als der bisherige Wertansatz" (§ 301 Abs. 1 Satz 3 HGB). Ein verbleibender aktiver Unterschiedsbetrag ist als Geschäftswert auszuweisen (§ 301 Abs. 3 HGB) oder offen mit den Rücklagen zu verrechnen (§ 309 Abs. 1 Satz 3 HGB). Die Verrechnung des Geschäftswertes mit den Rücklagen ist nach IAS 22.40 bzw. APB 16.90 nicht zulässig.

133 Bei der Neubewertungsmethode wird das Eigenkapital des Tochterunternehmens vor der Aufrechnung gegen den Beteiligungsbuchwert des Mutterunternehmens neubewertet, indem zunächst die erworbenen Vermögenswerte mit dem Wert angesetzt werden, der ihnen aus Sicht des Mutterunternehmens beizulegen ist. Die Neubewertung des Eigenkapitals führt zu einer neubewerteten Bilanz, auch "Konsolidierungseröffnungsbilanz" (ORDELHEIDE (1987b), Rz. 60) oder "Neubewertungsbilanz" (ADLER/DÜRING/SCHMALTZ (1987), § 301 HGB, Rn. 99) genannt, die die Grundlage für die Erst- und Folgekonsolidierung des Tochterunternehmens bildet. Vgl. ADLER/DÜRING/SCHMALTZ (1987), § 301 HGB, Rn. 40.

134 IAS 22 (IASC (1998)) präferiert die Buchwertmethode (benchmark treatment) gegenüber der Neubewertungsmethode (allowed alternative treatment), zugelassen sind aber beide Methoden. Vgl. BAETGE/SIEFKE (1997), IAS 22, Tz. 92-103. Für den im Zuge eines Unternehmenserwerbs entstehenden Geschäftswert besteht nach IAS 22.40 - im Gegensatz zu § 309 Abs. 1 Satz 3 HGB - jedoch Aktivierungspflicht. Nach APB 16.66-16.76 (FASB (1996b)) ist obligatorisch dem Prinzip der deutschen Neubewertungsmethode zu folgen. Eine Verrechnung des Geschäftswertes mit den Rücklagen ist unzulässig (FASB (1996b), APB 16.90) Vgl. auch WILLIAMS (1998), p. 3.08.

135 Der konsolidierungstechnische Unterschied zwischen Buchwert- und Neubewertungsmethode besteht im wesentlichen darin, daß bei der Buchwertmethode die Wertkorrekturen an die beizulegenden Werte im Rahmen der Konsolidierungsbuchungen vorgenommen werden, bei der Neubewertungsmethode hingegen die Neubewertung vor der Kapitalkonsolidierung - in der Regel in einer gesonderten Neubewertungsbilanz - durchgeführt wird. Vgl. ADLER/DÜRING/SCHMALTZ (1987), § 301 HGB, Rn. 40.

136 TREUHAND-VEREINIGUNG AG (1987), S. 114.

Im Zuge der Kapitalkonsolidierung werden bestimmte Informationen anhand von Ergänzungsrechnungen ermittelt.[138] Dies sind insbesondere der Saldo zwischen Buchwert und (anteiligem) Eigenkapital des Tochterunternehmens, i.e. der Unterschiedsbetrag, die stillen Tageswertrücklagen und -lasten, deren Zuordnung zu den einzelnen Vermögensgegenständen und Schulden, die Ermittlung des Geschäftswertes bzw. passivischen Unterschiedsbetrages, die Fortschreibung der Zuordnungsbeträge bei Anwendung der Buchwertmethode bzw. die Weiterentwicklung der "Neubewertungsbilanz"[139] bei Anwendung der Neubewertungsmethode sowie ggf. die Ermittlung und Weiterentwicklung des Ausgleichspostens für Anteile anderer Gesellschafter.

Zusammenfassend soll in bezug auf die (De-)Zentralisation der einzelnen Aufgabenerfüllungsprozesse im Rahmen der Kapitalkonsolidierung bei derivativer Ableitung des Konzernabschlusses zwischen folgenden Aktivitäten unterschieden werden:[140]

Nr.	Aktivität
1	Feststellung der reservebehafteten Vermögensgegenstände und Schulden und Zuordnung des Unterschiedsbetrages
2	Fortschreibung der stillen Tageswertrücklagen und -lasten
3	Fortschreibung des verbleibenden aktivischen/ passivischen Unterschiedsbetrages

Abb. 22: Aktivitäten im Rahmen des Teilprozesses 'Kapitalkonsolidierung' in der derivativen Ausgestaltung des Konzernrechnungswesens

4.1.2. Zerlegung des Teilprozesses in einzelne Aktivitäten in der originären Ausgestaltung des Konzernrechnungswesens

Wie bereits ausgeführt, soll in der originären Ausgestaltung des Konzernrechnungswesens - abweichend von der derivativen Vorgehensweise - der Konzernab-

---

137 Vgl. TREUHAND-VEREINIGUNG AG (1987), S. 114. Die beiden erstgenannten Merkmale werden unter dem Terminus 'Erstkonsolidierung' subsumiert, das an dritter Stelle erwähnte Merkmal fällt unter die Folgekonsolidierung.

138 Vgl. z.B. RUHNKE (1995), S. 444. Zur möglichen Ausgestaltung von Ergänzungsrechnungen im Rahmen der Kapitalkonsolidierung vgl. detailliert UNTEN, Kap. III.4.2.1. und III.4.2.2.

139 ADLER/DÜRING/SCHMALTZ (1987), § 301 HGB, Rn. 99.

140 Die Aktivität Nr. 1 wird der Erstkonsolidierung, die Aktivitäten Nr. 2 und 3 werden der Folgekonsolidierung zugeordnet.

schluß, ausgehend von der Konzerneröffnungsbilanz auf der Basis der einzelnen Geschäftsvorfälle und der Konzernabschlußbuchungen, erstellt werden.

Die Darstellungen zur Vereinheitlichung von Bilanzansatz und Bewertung[141] sowie zur Währungsumrechnung[142] haben verdeutlicht, daß dies möglich ist, ohne auf irgendwelche Neben- oder Ergänzungsrechnungen außerhalb der verschiedenen Buchungskreise zurückgreifen zu müssen. Darüber hinaus wurde offensichtlich, daß sich die genannten Teilprozesse - bedingt durch die Abweichungen bei den beiden Ausgestaltungsformen - aus zum Teil sehr verschiedenartigen Aktivitäten mit partiell stark unterschiedlichen (De-)Zentralisationsmöglichkeiten und -grenzen zusammensetzen.

Im Rahmen des Teilprozesses 'Kapitalkonsolidierung' sind - ähnlich wie bei derivativer Ableitung des Konzernabschlusses[143] - auch bei originärer Ableitung bestimmte Informationen anhand von Ergänzungsrechnungen zu ermitteln.[144] Dies sind insbesondere der Saldo zwischen Buchwert und (anteiligem) Eigenkapital des Tochterunternehmens, der Unterschiedsbetrag, die stillen Tageswertrücklagen und -lasten, deren Zuordnung zu den einzelnen Vermögensgegenständen und Schulden, die Ermittlung des Geschäftswertes bzw. passivischen Unterschiedsbetrages, die Fortschreibung der Zuordnungsbeträge bei Anwendung der Buchwertmethode bzw. die Weiterentwicklung der Neubewertungsbilanz bei Anwendung der Neubewertungsmethode sowie ggf. die Ermittlung und Weiterentwicklung des Ausgleichspostens für Anteile anderer Gesellschafter.[145]

Im Anschluß an deren Ermittlung innerhalb dieser Ergänzungsrechnungen werden die in diesen Rechnungen erzeugten Informationen durch separate Buchungen in den Buchungskreis 'Konzern' eingestellt.[146]

Die erwähnten Informationen sind identisch mit denen, die für Zwecke der Kapitalkonsolidierung in der derivativen Ausgestaltung des Konzernrechnungswesens

---

[141] Vgl. OBEN, Kap. III.2.2.
[142] Vgl. OBEN, Kap. III.3.2.
[143] Vgl. OBEN, Kap. III.4.1.1.
[144] Vgl. PELKA (1994), S. 115 und 358-364; RUHNKE (1995), S. 444. Zur möglichen Ausgestaltung von Ergänzungsrechnungen im Rahmen der Kapitalkonsolidierung vgl. detailliert UNTEN, Kap. III.4.2.1. und III.4.2.2.
[145] Vgl. PELKA (1994), S. 115-116, 123-125, 127-128, 158-160 und 178-184.
[146] Zur Abgrenzung von Buchungen nur für Zwecke der Konzernrechnungslegung vgl. allgemein OBEN, Kap. III.2.2.1.

anhand von Ergänzungsrechnungen ermittelt werden.[147] Daraus kann geschlossen werden, daß auch die für die Ermittlung dieser Informationen auszuführenden Aktivitäten in beiden Ausgestaltungsformen gleichlautend sind (vgl. nachstehende Abb.).[148]

Nr.	Aktivität
1	Feststellung der reservebehafteten Vermögensgegenstände und Schulden und Zuordnung des Unterschiedsbetrages
2	Fortschreibung der stillen Tageswertrücklagen und -lasten
3	Fortschreibung des verbleibenden aktivischen/ passivischen Unterschiedsbetrages

Abb. 23: Aktivitäten im Rahmen des Teilprozesses 'Kapitalkonsolidierung' in der originären Ausgestaltung des Konzernrechnungswesens

Insofern können die in beiden Ausgestaltungsformen übereinstimmenden Aktivitäten im Hinblick auf ihre (De-)Zentralisationsmöglichkeiten und -grenzen gemeinsam untersucht werden.

4.2. Zentrale oder dezentrale Verteilung der Aktivitäten

4.2.1. Feststellung der reservebehafteten Vermögensgegenstände und Schulden und Zuordnung des Unterschiedsbetrages

Für die Durchführung der Erstkonsolidierung müssen die reservebehafteten Vermögensgegenstände und Schulden festgestellt werden.[149] Liegt ein aktuelles Bewertungsgutachten mit einer Substanzwertermittlung des erstmals einzubeziehenden Unternehmens vor, dann lassen sich die Zeitwerte daraus entnehmen.[150] Fehlt ein solches Gutachten, so müssen die benötigten Informationen ermittelt werden.

---

[147] Vgl. OBEN, Kap. III.4.1.1. Die anhand von Ergänzungsrechnungen ermittelten Informationen sind zwar in beiden Ausgestaltungsformen des Konzernrechnungswesens identisch, es besteht jedoch ein konsolidierungstechnischer Unterschied: Bei der originären Ableitung des Konzernabschlusses "erübrigt sich die bei der derivativen Vorgehensweise erforderliche Wiederholung der aufgelaufenen Konsolidierungsbuchungen incl. Auflösung und Fortschreibung der stillen Reserven seit dem Erstkonsolidierungszeitpunkt." PELKA (1994), S. 408. Statt dessen wird so verfahren, daß "die Konsolidierungen in den Folgeperioden im Rahmen einer Konsolidierungsbuchhaltung jeweils auf Basis des Konzernabschlusses der Vorperiode" vorgenommen werden. ORDELHEIDE (1987c), Rz. 84.

[148] In diesem Sinne auch PELKA (1994), S. 109-116 und 119-168.

[149] Vgl. IASC (1998), IAS 22.27-22.30.

[150] Vgl. JONAS (1986), S. 228; ORDELHEIDE (1987a), Rz. 37.

Zur Abbildung der für die Durchführung der hier betrachteten Aktivität benötigten Informationen wird nachstehend ein Formblatt (Ablaufplan) für die Erstkonsolidierung[151] entworfen und inhaltlich konkretisiert. Der Ablaufplan schafft die methodischen Grundlagen für die anschließende Analyse der (De-)Zentralisationsmöglichkeiten und -grenzen der Aktivität 'Feststellung der reservebehafteten Vermögensgegenstände und Schulden und Zuordnung des Unterschiedsbetrages.'

Ein Ablaufplan für Zwecke der Erstkonsolidierung enthält sämtliche Informationen zur Ermittlung des Unterschiedsbetrages sowie für dessen Zuordnung. Ein solcher, für jedes einbezogene Tochterunternehmen auszufüllender Ablaufplan könnte schematisiert etwa wie folgt ausgestaltet sein:

Tochterunternehmen: ________ Ges.-Nr. ________
Obergesellschaft: ________ Ges.-Nr. ________

ERMITTLUNG DES UNTERSCHIEDSBETRAGES

Buchwert zum 31.12.XXXX ________

(Anteiliges) Eigenkapital zum 31.12.XXXX - ________

Aktivsaldo bzw. Passivsaldo = ________

ZUORDNUNG DES SALDOS	Buchwert	Zeitwert	stille Reserven/Lasten gesamt	stille Reserven/Lasten anteilig
Grundstücke Gebäude Maschinen and. Anlagen Finanzanlagen Vorräte				
stille Lasten	-	-	-	-
	=	=	=	=

Nicht zuordenbar: Geschäftswert
(Aktivsaldo abzügl. Zuordnung) ________

Abb. 24: Ergänzungsrechnung für Zwecke der Erstkonsolidierung im Rahmen der Kapitalkonsolidierung

[151] Ein solches Formblatt (Ablaufplan) wird allgemein auch als Ergänzungs- bzw. Nebenrechnung charakterisiert. Vgl. stellvertretend für viele PELKA (1994), S. 115.

Der Kopfteil enthält Standardinformationen (Name der Gesellschaft und Gesellschaftsnummer) über das Tochterunternehmen sowie über dessen Anteilseigner.

Bei Anwendung der Buchwertmethode[152] werden die Anschaffungskosten der Beteiligung (Abb. 24, Zeile 1) dem (anteiligen) Eigenkapital des Tochterunternehmens (Abb. 24, Zeile 2) gegenübergestellt. In der Regel ergibt sich aus dieser Gegenüberstellung entweder ein Aktivsaldo oder ein Passivsaldo (Abb. 24, Zeile 3). Der Aktivsaldo wird in einem nächsten Schritt den einzelnen Vermögens- und Schuldposten zugeordnet.

In der ersten Spalte werden die Buchwerte der Vermögens- und Schuldposten, in der zweiten Spalte ihre Zeitwerte notiert. Als Differenz zwischen Buchwert und Zeitwert werden in der dritten Spalte die jeweils auf die einzelnen Vermögens- und Schuldposten entfallenden stillen Reserven und stillen Lasten in voller Höhe ausgewiesen.

Sind an dem Tochterunternehmen außenstehende Gesellschafter beteiligt und werden die stillen Reserven proportional zugeordnet[153], so werden bei Anwendung der Buchwertmethode in der vierten Spalte die stillen Reserven bzw. Lasten nur in Höhe der Beteiligungsquote des Mutterunternehmens, also anteilig eingetragen. Ein nach Zuordnung verbleibender Betrag ist ein Geschäftswert.

Ist im Rahmen der Erstkonsolidierung der Beteiligungsbuchwert kleiner als das anteilige Eigenkapital des Tochterunternehmens, so entsteht ein Passivsaldo bzw. ein passivischer Unterschiedsbetrag.

Bei Anwendung der Neubewertungsmethode[154] wird das Eigenkapital des Tochterunternehmens vor der Aufrechnung gegen den Beteiligungsbuchwert des Mutterunternehmens (Abb. 24, Zeile 1) neubewertet, indem die erworbenen Vermögenswerte mit dem Wert angesetzt werden, der ihnen aus Sicht des Mutterunternehmens beizulegen ist (Abb. 24, Zeile 2). Eine aktive Differenz ist als Geschäfts-

---

[152] Eine der Buchwertmethode entsprechende Vorgehensweise ist nach US-amerikanischen Regelungen unzulässig. Vgl. FASB (1996b), APB 16.66-16.69. Dagegen präferiert IAS 22 (IASC (1998)) die Buchwertmethode (benchmark treatment) gegenüber der Neubewertungsmethode (allowed alternative treatment). Vgl. auch BAETGE/SIEFKE (1997), IAS 22, Tz. 92-103.

[153] Zu den Zuordnungsproblemen bei der Auflösung stiller Reserven im Rahmen der Kapitalkonsolidierung vgl. z.B. BUSSE VON COLBE/ORDELHEIDE (1993), S. 218-220; KÜTING/ZÜNDORF (1985).

[154] Die US-amerikanischen Regelungen entsprechen der Neubewertungsmethode. Vgl. FASB (1996b), APB 16.66-16.69.

wert, eine passive Differenz als Unterschiedsbetrag aus der Kapitalkonsolidierung zu erfassen und entsprechend fortzuführen (Abb. 24, Zeile 3).[155]
Die sachgerechte Dokumentation der zugeordneten stillen Tageswertrücklagen und -lasten ist von besonderer Bedeutung[156], nicht zuletzt für die Folgekonsolidierung.

Aufbauend auf diesen Ausführungen sollen im folgenden die (De-)Zentralisationsmöglichkeiten und -grenzen der Aktivität 'Feststellung der reservebehafteten Vermögensgegenstände und Schulden und Zuordnung des Unterschiedsbetrages' untersucht werden.

Randbedingungen / Handlungsalternativen im Zeitpunkt t	Größe des Konzerns	Handlungsalternativen in den Zeitpunkten 1,...,t-1
Zentrale Feststellung der reservebehafteten Vermögensgegenstände und Schulden und Zuordnung des Unterschiedsbetrages	E_{11}	E_{12}
Dezentrale Feststellung der reservebehafteten Vermögensgegenstände und Schulden und Zuordnung des Unterschiedsbetrages	E_{21}	E_{22}

Abb. 25: Matrix der betrachteten Handlungsalternativen und Randbedingungen im Rahmen der Aktivität 'Feststellung der reservebehafteten Vermögensgegenstände und Schulden und Zuordnung des Unterschiedsbetrages' in der derivativen und in der originären Ausgestaltung des Konzernrechnungswesens

[155] Nach US-GAAP wird ein passivischer Unterschiedsbetrag (negativer Geschäftswert) den übernommenen noncurrent assets (ausgenommen sind börsennotierte Wertpapiere des Anlagevermögens) zugerechnet und vermindert deren Zeitwert. Werden infolge der Herabsetzung sämtliche noncurrent assets auf Null abgeschrieben, so wird ein noch verbliebener Unterschiedsbetrag als deferred credit passiviert und über seine Nutzungsdauer aufgelöst. Vgl. FASB (1996b), APB 16.91-16.92; KPMG DEUTSCHE TREUHAND-GESELLSCHAFT AG (1999), S. 150. Dies ist auch die nach IAS bevorzugte Methode. Vgl. IASC (1998), IAS 22.49-22.50. Alternativ zum benchmark treatment ist es nach IAS zulässig, den gesamten Überschuß des Anteils des Erwerbers an den beizulegenden Werten der identifizierbaren Vermögensgegenstände und Schulden über die Anschaffungskosten als passiven Abgrenzungsposten (negativen Goodwill) zu behandeln und planmäßig erfolgswirksam aufzulösen. Vgl. IASC (1998), IAS 22.51.

[156] Vgl. ADLER/DÜRING/SCHMALTZ (1987), § 301 HGB, Rn. 72.

Die Entscheidung, die Feststellung der reservebehafteten Vermögensgegenstände und Schulden und die Zuordnung des Unterschiedsbetrages zu zentralisieren (Abb. 25, E_{11} und E_{12}) oder zu dezentralisieren (Abb. 25, E_{21} und E_{22}), wird von keinem vorher stattfindenden Teilprozeß und keiner bereits abgeschlossenen Aktivität beeinflußt oder gar festgelegt.[157] Daraus folgt, daß keine Handlungsalternativen in den Zeitpunkten 1, ..., t-1 als Randbedingungen in das an dieser Stelle untersuchte Entscheidungsproblem zu integrieren sind und E_{12} und E_{22} (Abb. 25) somit hier ignoriert werden können.

Wird die Subzielvariable 'benötigte Arbeitstage' zur Bewertung der Handlungsalternativen herangezogen, so kann dies in Konzernen mit zahlreichen, erstmals einzubeziehenden Tochterunternehmen dazu führen, daß sich die dezentrale Feststellung der reservebehafteten Vermögensgegenstände und Schulden als vorteilhaft erweist (Abb. 25, E_{21}), da so die Zentralstelle in verrichtungsmäßiger und damit zeitlicher Hinsicht von der eigentlichen Arbeit entlastet wird. Dagegen zu rechnen ist dann aber der durch die Dezentralisation dieser Aktivität entstehende Kontrollaufwand in der Konsolidierungszentrale.

Vor dem Hintergrund des für die Durchführung dieser Aktivität erforderlichen Zeitaufwands, ist einschränkend allerdings festzustellen, daß das Dezentralisationspotential dieser Aktivität um so geringer sein wird, je weniger Tochterunternehmen erstmals einzubeziehen sind. Im Extremfall dieses Entscheidungsproblems, in dem lediglich ein Tochterunternehmen erstmals in den Konzernabschluß einbezogen wird, könnte dies dazu führen, daß - unter dem Blickwinkel der Arbeitstage - letztendlich weder die Zentralisation (Abb. 25, E_{11}) noch die Dezentralisation der Feststellung der reservebehafteten Vermögensgegenstände und Schulden (Abb. 25, E_{21}) die Handlungsalternative mit dem 'besten' Ergebnis ist, so daß Indifferenz gegenüber beiden Alternativen besteht.

Die Tochterunternehmen verfügen in der Regel unmittelbar über die entsprechenden Informationen und mithin über einen besseren Informationsstand als die Zen-

---

[157] Interdependenzen zu bereits abgeschlossenen Teilprozessen und Aktivitäten liegen allerdings insofern vor, als z.B. bei der Einbeziehung von Auslandsgesellschaften die Währungsumrechnung und die Kapitalkonsolidierung aufeinander abzustimmen sind. Im Rahmen der Erstkonsolidierung ist der gesamte Abschluß des im Ausland ansässigen Tochterunternehmens und ggf. der Beteiligungswert mit dem Kurs im Erstkonsolidierungszeitpunkt umzurechnen. Dieser Kurs gilt als historischer Kurs. Vgl. BUSSE VON COLBE/ORDELHEIDE (1993), S. 285.

tralstelle[158], so daß sich aufgrund der Dezentralisation (Abb. 25, E_{21}) hier auch positive Wirkungen im Hinblick auf die Qualität der Informationen ergeben können.

Auf der anderen Seite sagt IAS 22.27 zur Feststellung der Vermögensgegenstände und Schulden, daß ein Ansatzkriterium die zuverlässige Bewertung der beizulegenden Werte der Vermögensgegenstände und Schulden durch den Erwerber ist und insofern die Zentralisation dieser Aktivität (Abb. 25, E_{11}) quasi vorgeschrieben wird.[159]

Können nicht sämtliche festgestellten stillen Tageswertrücklagen und -lasten aufgedeckt werden, d.h. ergibt sich bei der Auflösung der stillen Tageswertrücklagen und -lasten ein Zuordnungsproblem[160], so können die möglichen entscheidungsrelevanten Konsequenzen der (De-)Zentralisation wie folgt bewertet werden: Das Mutterunternehmen bringt mit den Anschaffungskosten der Beteiligung, die im wesentlichen auf dem Wert der Vermögensgegenstände und Schulden des Tochterunternehmens beruhen, die aus der Nutzung der Beteiligung erzielbaren Ertragserwartungen zum Ausdruck. Wird die Subzielvariable 'Qualität der erzeugten Informationen' zur Bewertung der Handlungsalternativen herangezogen, so kann es nur Aufgabe der zentralen Konsolidierungsstelle sein, die stillen Tageswertrücklagen und -lasten den einzelnen Vermögensgegenständen und Schulden zuzuordnen, da ausschließlich das die Beteiligung haltende Mutterunternehmen Kenntnisse darüber haben kann, für welche Vermögensgegenstände und Schulden ein von ihrem Buchwert abweichender Betrag bezahlt wurde.[161]

Als Fazit ist an dieser Stelle festzuhalten, daß die reservebehafteten Vermögensgegenstände und Schulden grundsätzlich sowohl zentral als auch dezentral festgestellt werden können, wobei gemäß IAS die Zentralisation dieser Aktivität quasi vorgeschrieben wird. Dagegen kann bei Vorliegen eines Zuordnungsproblems die Zuordnung der stillen Tageswertrücklagen und -lasten zu den einzelnen Vermögensgegenständen und Schulden faktisch nur zentral erfolgen.

---

[158] Dies gilt insbesondere für die Fälle, in denen kein aktuelles Bewertungsgutachten mit einer Substanzwertermittlung des erstmals einzubeziehenden Unternehmens vorliegt und die Feststellung der reservebehafteten Vermögensgegenstände und Schulden somit auf einer rationalen Schätzung basiert. Vgl. JONAS (1986), S. 228 sowie im Ergebnis ELLERICH (1990), S. 1379.

[159] Vgl. IASC (1998), IAS 22.27-22.30 sowie BAETGE/SIEFKE (1997), IAS 22, Tz. 71-87.

[160] Zu den Zurechnungsmodalitäten stiller Tageswertrücklagen im Rahmen der Kapitalkonsolidierung vgl. BUSSE VON COLBE/ORDELHEIDE (1993), S. 218-220; KÜTING/ZÜNDORF (1985).

[161] So auch IASC (1998), IAS 22.38; JONAS (1986), S. 219; OTTE (1988), S. 665.

4.2.2. Fortschreibung der stillen Tageswertrücklagen und -lasten

Für die Durchführung der zweiten Aktivität im Rahmen des Teilprozesses 'Kapitalkonsolidierung', i.e. die Fortschreibung der stillen Tageswertrücklagen und -lasten, ist die sachgerechte Dokumentation der zugeordneten und ggf. in Vorperioden bereits fortgeschriebenen stillen Tageswertrücklagen und -lasten von besonderer Bedeutung.[162]

Im Zuge der Folgekonsolidierung werden die im Rahmen der Erstkonsolidierung zugeordneten Beträge, genauer: die Differenz einer jeden reservebehafteten Abschlußposition zu ihrem Buchwert, sowie der Geschäftswert fortgeschrieben: Entfallen stille Reserven bspw. auf den Grundstücksbereich, so ist eine Fortführung nach den den einzelnen Parzellen zugewiesenen Teilbeträgen des Unterschiedsbetrages notwendige Bedingung.[163]
Für Gebäude, Maschinen sowie andere Anlagen wird je Vermögensgegenstand eine Anlagekartei[164] geführt, die für Zwecke der Konzernrechnungslegung mindestens die folgenden Angaben enthalten muß:

- Bezeichnung des Anlagegegenstands,
- Datum des Zugangs,
- Anschaffungs- und Herstellungskosten (in Landeswährung und in Konzernwährung),
- zugeordnete Unterschiedsbeträge aus der Kapitalkonsolidierung,
- Abschreibungsmethode und -prozentsatz,
- Außerplanmäßige Abschreibungen.

Die in der Anlagekartei enthaltenen Informationen werden gesellschaftsweise in der Ergänzungsrechnung für Zwecke der Folgekonsolidierung im Rahmen der Kapitalkonsolidierung erfaßt.

Ein solche, periodisch für jedes einbezogene Tochterunternehmen zu komplettierende Ergänzungsrechnung für Zwecke der Folgekonsolidierung könnte etwa wie folgt aufgebaut sein:

---

[162] Vgl. ADLER/DÜRING/SCMALTZ (1987), § 301 HGB, Rn. 72.
[163] Vgl. KPMG TREUVERKEHR AG (1990), S. 133.
[164] Eine solche Anlagekartei muß nicht zwangsläufig manuell, sondern sie kann auch EDV-gestützt geführt werden.

Tochterunternehmen: ________ Ges.-Nr. ________
Obergesellschaft: ________ Ges.-Nr. ________

ERFOLGSWIRKSAME FOLGEKONSOLIDIERUNG

Für stille Reserven gilt:

	Gebäude	Maschinen	andere Anlagen	Abschreibg. gesamt
1. Nutzungsdauer				
2. AfA, % p.a.				
3. AfA-Betrag				
4. AfA Vorjahre				
5. AfA kumuliert				
6. zugeordneter Betrag aus d. Erstkonsolid.				
7. Restbetrag				

Für stille Reserven im Finanzanlage- und Umlaufvermögen gilt: ein Realisierungsertrag wird konzernerfolgsmindernd zurückgenommen.

Für stille Lasten gilt: konzernerfolgserhöhende Auflösung, sofern der Aufwand angefallen ist.

Für einen Geschäftswert gilt: lineare Abschreibung über 15 Jahre

= 6,67 % p.a.

Abb. 26: Ergänzungsrechnung für Zwecke der Folgekonsolidierung im Rahmen der Kapitalkonsolidierung

In der Zeile 'Nutzungsdauer' (Zeile 1) wird die durchschnittliche Restnutzungsdauer in Jahren angegeben. Die durchschnittliche Restnutzungsdauer von Gebäuden könnte bspw. 20 Jahre, von Maschinen 5 Jahre und von anderen Anlagen 3 Jahre betragen. Daraus ergibt sich in der zweiten Zeile der entsprechende Abschreibungsprozentsatz pro Jahr. Bei linearer Abschreibung würden im obigen Beispiel die Abschreibungsprozentsätze wie folgt lauten: für Gebäude 5 % p.a., für Maschinen 20 % p.a. und für andere Anlagen 33,33 % p.a.

In der dritten Zeile wird der gesamte Abschreibungsausgangsbetrag vermerkt. Bei Anwendung der Neubewertungsmethode entspricht der Abschreibungsausgangsbetrag den im Rahmen der Erstkonsolidierung zugeordneten *gesamten* stillen Re-

serven[165], wohingegen bei Anwendung der Buchwertmethode der Abschreibungsausgangsbetrag und die *anteiligen* stillen Reserven[166] identisch sind.
In der vierten Zeile wird der auf die jeweiligen Vermögensgegenstände entfallende Abschreibungsbetrag der Vorjahre festgehalten. Durch Addition der dritten und der vierten Zeile ergibt sich in der fünften Zeile der kumulierte Abschreibungsbetrag.

In der sechsten Zeile wird nach Vermögenswerten differenziert der jeweils zugeordnete Betrag aus der Erstkonsolidierung notiert. Dieser ist mit dem in der dritten Zeile angegebenen Abschreibungsausgangsbetrag identisch.
Der noch abzuschreibende Betrag, der Restbetrag in Zeile 7, ergibt sich als Differenz aus Zeile 6 und Zeile 5.

Die Fortschreibung der stillen Reserven im Finanzanlage- und im Umlaufvermögen, der stillen Lasten sowie des Geschäftswertes ist in den unteren Zeilen der Abb. 26 geregelt.

In diesem Zusammenhang muß die Stelle im Konzern, die die Fortschreibung durchführt, über ggf. bereits verflüchtigte aktivierte stille Tageswertrücklagen bzw. passivierte stille Tageswertlasten gesondert informiert werden.

Darüber hinaus ist die Folgekonsolidierung mit den Beteiligungsabschreibungen im Einzelabschluß zu koordinieren, d.h. im Zuge der Folgekonsolidierung sind die Gründe für eine eventuell vorgenommene Abschreibung der Beteiligung im Einzelabschluß zu regeln, um aus der Verrechnung von Bilanzansatz- und Bewertungskorrekturen sowie einer Geschäftswertabschreibung im Konzernabschluß resultierende Doppelrechnungen zu vermeiden.[167]

Anschließend werden die fortgeschriebenen Korrekturbeträge und der Geschäftswert den entsprechenden Vermögenswerten bzw. Schulden im summierten Abschluß jedes Jahr hinzugefügt (derivative Ausgestaltung des Konzernrechnungswesens)[168] bzw. in den Buchungskreis 'Konzern' eingestellt (originäre Ausgestaltung des Konzernrechnungswesens).[169]

---

[165] Vgl. OBEN, Kap. III.4.2.1., Abb. 24: Ergänzungsrechnung für Zwecke der Erstkonsolidierung im Rahmen der Kapitalkonsolidierung, vorletzte Spalte.
[166] Vgl. OBEN, Kap. III.4.2.1., Abb. 24: Ergänzungsrechnung für Zwecke der Erstkonsolidierung im Rahmen der Kapitalkonsolidierung, letzte Spalte.
[167] Vgl. BUSSE VON COLBE/ORDELHEIDE (1993), S. 239.
[168] Vgl. BUSSE VON COLBE/ORDELHEIDE (1993), S. 231.
[169] Vgl. PELKA (1994), S. 142-143.

Das in diesem Abschnitt vorliegende Entscheidungsproblem lautet, ob die Fortschreibung der stillen Tageswertrücklagen und -lasten zentral beim Mutterunternehmen oder dezentral bei den einzelnen Tochterunternehmen erfolgen soll (vgl. Abb. 27).

Randbedingungen / Handlungsalternativen im Zeitpunkt t	Größe des Konzerns	Handlungsalternativen in den Zeitpunkten 1,...,t-1
Zentrale Fortschreibung der stillen Tageswertrücklagen und -lasten	E_{11}	E_{12}
Dezentrale Fortschreibung der stillen Tageswertrücklagen und -lasten	E_{21}	E_{22}

Abb. 27: Matrix der betrachteten Handlungsalternativen und Randbedingungen im Rahmen der Aktivität 'Fortschreibung der stillen Tageswertrücklagen und -lasten' in der derivativen und in der originären Ausgestaltung des Konzernrechnungswesens

Die zentrale Fortschreibung der stillen Tageswertrücklagen und -lasten (Abb. 27, E_{11} und E_{12}) kann dazu führen, daß die Qualität der generierten Informationen höher ist als bei Dezentralisation (Abb. 27, E_{21} und E_{22}): Gewährleistet wird die Informationsqualität im allgemeinen durch bereits unterjährig durchführbare Abstimmungskontrollen zwischen der Konsolidierungszentrale im Mutterunternehmen und der Buchhaltung des Tochterunternehmens, wodurch etwaige Abstimmungsdifferenzen[170] zwischen der Zentralstelle und dem Rechnungswesen des Tochterunternehmens rechtzeitig erkannt und beseitigt werden können.

Auf der anderen Seite kann die Dezentralisation (Abb. 27, E_{21} und E_{22}) gegenüber der Zentralisation (Abb. 27, E_{11} und E_{12}) vorgezogen werden, wenn eine ordnungsgemäße Abwicklung der Fortschreibung der stillen Tageswertrücklagen und -lasten im Sinne der Konzernleitung garantiert ist. Hierfür spricht, daß in den Tochterunternehmen, also dezentral, naturgemäß die bessere Kenntnis der Sachverhalte

[170] Abstimmungsdifferenzen können sich z.B. ergeben durch abweichende Zuordnung zu den Anlagepositionen, Nichtbeachtung der Wertobergrenze für geringwertige Wirtschaftsgüter oder durch Meldung des Abgangs eines Anlagegegenstandes, ohne daß ein effektiver körperlicher Abgang vorliegt. Vgl. OTTE (1987), Rz. 15.

vorliegt[171], die sich positiv auf die Qualität der generierten Informationen auswirkt. Dieser Gesichtspunkt ist insbesondere dann von Bedeutung, wenn es darum geht, ggf. bereits verflüchtigte aktivierte stille Tageswertrücklagen bzw. passivierte stille Tageswertlasten zu verifizieren.

Die bessere Kenntnis der Sachverhalte 'vor Ort' kann sich nicht nur positiv auf die Qualität der generierten Informationen auswirken, sondern sie kann außerdem bewirken, daß bei Dezentralisation (Abb. 27, E_{21} und E_{22}) die für die Ausführung dieser Verrichtung benötigten Arbeitstage geringer sind als bei Zentralisation (Abb. 27, E_{11} und E_{12}). Dieser Effekt wird um so stärker ausgeprägt sein, je mehr Tochterunternehmen in die Konzernrechnungslegung integriert sind, d.h. je größer der Konzern ist (Abb. 27, E_{11} und E_{21}).

Die Aktivität 'Fortschreibung der stillen Tageswertrücklagen und -lasten' weist keine unmittelbaren Schnittstellen zu bereits stattgefundenen bzw. abgeschlossenen Teilprozessen und Aktivitäten auf (Abb. 27, E_{12} und E_{22}). Zwar könnte geschlossen werden, daß sich aus der Lokalisierung der Zuordnung des Unterschiedsbetrages zu den einzelnen reservebehafteten Vermögensgegenständen und Schulden[172] entscheidungsrelevante Konsequenzen in bezug auf die (De-)Zentralisation der Fortführung der zugeordneten Beträge ergeben.[173] Dafür spricht, daß bei einer gleichlautenden, also zentralen oder dezentralen Erfüllung der beiden Aktivitäten der bei unterschiedlicher Erfüllung entstehende Koordinations- und Kommunikationsaufwand entfällt. Dagegen sprechen die im vorigen[174] und in diesem Abschnitt abgeleiteten Ergebnisse, nach denen sich - vor dem Hintergrund des in dieser Arbeit angewandten Zielkonzeptes - auch bei zentraler Zuordnung des Unterschiedsbetrages mögliche Vorteile bei dezentraler Fortschreibung der stillen Tageswertrücklagen und -lasten ergeben können.[175]

---

[171] Vgl. OTTE (1988), S. 664.
[172] Vgl. OBEN, Kap. III.4.2.1.
[173] In diesem Sinne offensichtlich OTTE (1988), S. 665.
[174] Vgl. OBEN, Kap. III.4.2.1.
[175] Als möglicher Vorteil einer Dezentralisation der Fortschreibung der stillen Tageswertrücklagen und -lasten wurde die bessere Kenntnis der Sachverhalte vor Ort genannt. Diese kann insbesondere dann entscheidungsrelevant sein, wenn es darum geht, ggf. bereits verflüchtigte aktivierte stille Tageswertrücklagen bzw. passivierte stille Tageswertlasten zu verifizieren. Darüber hinaus gewinnt der Aspekt der besseren Kenntnis der Sachverhalte um so mehr an Bedeutung, je mehr Tochterunternehmen in die Konzernrechnungslegung integriert sind.

4.2.3. Fortschreibung des verbleibenden aktivischen/passivischen Unterschiedsbetrages

Bei der Diskussion der für Zwecke der einzelgesellschaftlichen Rechnungslegung und der Konzernrechnungslegung differierenden Buchungen im Rahmen der originären Ableitung des Konzernabschlusses wurden Buchungen typisiert, die nur für Zwecke der Konzernrechnungslegung durchzuführen sind.[176] Darunter fallen bspw. jene Buchungen, die im Kontext mit der Fortschreibung des im Rahmen der Erstkonsolidierung festgestellten Geschäftswertes bzw. eines passivischen Unterschiedsbetrages zu erfassen sind.

Die nach § 309 Abs. 1 Satz 3 HGB fakultative direkte Verrechnung des Teils des Unterschiedsbetrages, der als Geschäftswert anzusehen ist, mit den Konzernrücklagen vermeidet den mit seiner Fortführung verbundenen zeitlichen Aufwand, da die Verrechnung ein nur einmal stattfindender Vorgang ist. Wird ein Geschäftswert dagegen aktiviert, wie es nach internationalen Rechnungslegungsgrundsätzen obligatorisch ist[177], so ist er in den Folgeperioden in organisatorischer Hinsicht in Analogie zu den den einzelnen Vermögensgegenständen zugeordneten stillen Tageswertrücklagen[178] fortzuschreiben.

In Abhängigkeit von der Behandlung des Geschäftswertes - nach § 309 Abs. 1 Satz 3 HGB zulässige erfolgsneutrale Verrechnung mit den Rücklagen oder Aktivierung und Abschreibung - entsteht somit ein mehr oder weniger ausgeprägter organisatorischer Aufwand entweder in der zentralen Konsolidierungsstelle oder dezentral im Rechnungswesen des Tochterunternehmens.[179]

Untenstehende Abbildung (Abb. 28) zeigt die Fälle, zwischen denen im Kontext mit der zentralen und dezentralen Fortschreibung des verbleibenden aktivischen oder

---

[176] Vgl. OBEN, Kap. III.2.2.1.

[177] Nach IAS und US-GAAP ist der Goodwill beim Anteilserwerb, beim Asset Deal und bei der Verschmelzung "nach der purchase method zu ermitteln, zu aktivieren und dann zu bewerten." ORDELHEIDE (1998), S. 26. Vgl. auch IASC (1998), IAS 22.40-22.48; WILLIAMS (1998), p. 3.08.

[178] Vgl. OBEN, Kap. III.4.2.2.

[179] Die Dezentralisation dieser Aktivität wird erst dadurch vorstellbar, daß die Konzernleitung über die Richtlinie zur konzerneinheitlichen Rechnungslegung, z.B. die Nutzungsdauer und damit den Abschreibungszeitraum für einen Geschäftswert festlegen kann und somit den gewünschten Einfluß auf die Behandlung des Geschäftswertes nehmen kann. Zur Richtlinie zur konzerneinheitlichen Rechnungslegung vgl. OBEN, Kap. II.3.1.3.3.

passivischen Unterschiedsbetrages[180], der dritten Aktivität im Rahmen des Teilprozesses 'Kapitalkonsolidierung'[181], differenziert werden soll.

Randbedingungen / Handlungsalternativen im Zeitpunkt t	Größe des Konzerns	Handlungsalternativen in den Zeitpunkten 1,...,t-1
Zentrale Fortschreibung des verbleibenden aktivischen/passivischen Unterschiedsbetrages	E_{11}	E_{12}
Dezentrale Fortschreibung des verbleibenden aktivischen/passivischen Unterschiedsbetrages	E_{21}	E_{22}

Abb. 28: Matrix der betrachteten Handlungsalternativen und Randbedingungen im Rahmen der Aktivität 'Fortschreibung des verbleibenden aktivischen/passivischen Unterschiedsbetrages' in der derivativen und in der originären Ausgestaltung des Konzernrechnungswesens

Eine extreme, weil ausschließlich in Richtung Zentralisation gehende Ansicht vertritt OTTE, der ausführt: "Ohne Alternative ... ist es, einen evtl. entstandenen good-will zentral im Konzernabschluß fortzuentwickeln, d.h. abzuschreiben."[182]

Auf den ersten Blick und bei isolierter Betrachtungsweise dieser Aktivität erscheint auch einzig und allein die Dokumentation und Fortführung des Geschäftswertes durch das Mutterunternehmen (Abb. 28, E_{11} und E_{12}) möglich, denn nur die erwerbende Unternehmung kann die voraussichtliche Nutzungsdauer und damit den Abschreibungszeitraum für den Geschäftswert festlegen und damit gewährleisten, daß dem in dieser Arbeit verwendeten Qualitätskonzept entsprechende Informationen generiert werden.

Darüber hinaus ergibt sich bei Zentralisation (Abb. 28, E_{11} und E_{12}) der Effekt, daß zum einen der für die Übermittlung der fortgeführten Werte vom Tochterunternehmen an die Zentralstelle benötigte Zeitaufwand und zum anderen die mit der Dezentralisation (Abb. 28, E_{21} und E_{22}) verbundenen, erforderlichen Kontrollen durch das Mutterunternehmen entfallen.

---

180 Ein beispielhafter Aufbau einer Ergänzungsrechnung für Zwecke der Fortschreibung im Rahmen der Kapitalkonsolidierung ist OBEN, Kap. III.4.1.1., Abb. 26 wiedergegeben.

181 Vgl. OBEN, Kap. III.4.1.1., Abb. 22 und Abb. 23.

182 OTTE (1988), S. 665. Vgl. auch JONAS (1986), S. 221 sowie im Ergebnis PELKA (1994), S. 125.

Die durch Dezentralisation verursachten Kontrollmaßnahmen werden tendenziell um so aufwendiger sein, je größer der Konzern ist, d.h. je mehr Geschäftswerte fortzuführen sind (Abb. 28, E_{21}).
Bedingt durch die Vielzahl möglicher, fortzuführender Geschäftswerte kann aber auch ein gegenläufiger Effekt eintreten: Bei Zentralisation (Abb. 28, E_{11}) entfallen zwar die mit zeitlichem Aufwand verbundenen Kontrollen, aber dagegen zu rechnen ist der für die eigentliche Fortschreibung in der Zentralstelle erforderliche Zeitaufwand.

Soll die isolierte Betrachtungsweise verlassen werden, so sind zunächst die Schnittstellen zu den zu diesem Zeitpunkt vollendeten Teilprozessen und Aktivitäten offenzulegen (Abb. 28, E_{12} und E_{22}). Solche bestehen – zumindest mittelbar - zur Fortschreibung der stillen Tageswertrücklagen und -lasten.[183]

Bezogen auf die Fortschreibung der stillen Tageswertrücklagen und -lasten kann sich die Frage stellen, ob eine von der Fortschreibung des Geschäftswertes getrennte Fortschreibung der den Vermögensgegenständen und Schulden zugeordneten stillen Tageswertrücklagen und -lasten zwangsläufig ist, oder ob nicht vielmehr die gesamte Fortschreibung aller Vermögensgegenstände und Schulden und damit auch des Geschäftswertes entweder zu zentralisieren oder zu dezentralisieren ist. Für das hier untersuchte Gestaltungsproblem hieße das, daß die bei der (De-)Zentralisation der Fortschreibung der stillen Tageswertrücklagen und -lasten vorliegenden Handlungsalternativen als Randbedingungen der Entscheidung über die (De-)Zentralisation der Fortschreibung des Geschäftswertes zu berücksichtigen wären.[184]

Entscheidungsrelevante Konsequenzen könnten sich dann insbesondere im Hinblick auf die benötigten Arbeitstage ergeben: Wird die Fortführung der stillen Tageswertrücklagen und -lasten der zentralen Konsolidierungsstelle zugeordnet[185] und wird ggf. eine zentrale Konzernanlagebuchführung[186] zur Dokumentation und Fortführung dieser Werte implementiert, dann wäre auch der Geschäftswert ein Bestandteil dieser zentralen Konzernanlagebuchführung und als solcher demzufolge zentral zu dokumentieren und fortzuführen (Abb. 28, E_{12}). Die der dezentralen

---

[183] Vgl. OBEN, Kap. III.4.2.2.

[184] Für die Fortschreibung der stillen Tageswertrücklagen und -lasten wurde sowohl ein Zentralisations- als auch ein Dezentralisationspotential erkannt. Vgl. OBEN, Kap. III.4.2.2.

[185] Vgl. OBEN, Kap. III.4.2.2., Abb. 27, E_{11} und E_{12}.

[186] Zur Konzeption einer Konzernanlagebuchführung vgl. z.B. BUSSE VON COLBE/ORDELHEIDE (1993), S. 431-432; OTTE (1987).

Fortschreibung (Abb. 28, E_{22}) inhärenten Kontrollzeiten seitens des Mutterunternehmens würden bei dieser Konzeption entfallen.

Entsprechend wäre bei Dezentralisation der Fortführung der stillen Tageswertrücklagen und -lasten[187] und einer etwaigen dezentralen Konzernanlagebuchführung auch der Geschäftswert ein Bestandteil dieser dezentralen Konzernanlagebuchführung und als solcher dezentral zu dokumentieren und fortzuführen (Abb. 28, E_{22}).

Bei der praktischen Umsetzung der Verrechnung eines passivischen Unterschiedsbetrages aus der Kapitalkonsolidierung ist folgendes zu beachten: Bezieht man die gesetzlichen Kriterien[188], die für die ergebniserhöhende Auflösung eines passivischen Unterschiedsbetrages erfüllt sein müssen, in das Entscheidungskalkül mit ein, so würde die Dezentralisation der Verrechnung eines passivischen Unterschiedsbetrages (Abb. 28, E_{21} und E_{22}), insbesondere vor dem Hintergrund der Informationsqualität, quasi ausscheiden, da nur die Zentralstelle letztendlich beurteilen kann, ob die gesetzlich genannten Kriterien für eine ergebniswirksame Auflösung eines passivischen Unterschiedsbetrages erfüllt sind.[189]

4.3. Ergebnis

Sowohl in der derivativen als auch in der originären Ausgestaltung des Konzernrechnungswesens umfaßt der Teilprozeß 'Kapitalkonsolidierung' drei Aktivitäten:[190]

- Feststellung der reservebehafteten Vermögensgegenstände und Schulden und Zuordnung des Unterschiedsbetrages,
- Fortschreibung der stillen Tageswertrücklagen und -lasten und
- Fortschreibung des verbleibenden aktivischen/passivischen Unterschiedsbetrages.

---

187 Vgl. OBEN, Kap. III.4.2.2., Abb. 27, E_{21} und E_{22}.

188 "Ein nach § 301 Abs. 3 auf der Passivseite auszuweisender Unterschiedsbetrag darf ergebniswirksam nur aufgelöst werden, soweit 1. eine zum Zeitpunkt des Erwerbs der Anteile oder der erstmaligen Konsolidierung erwartete ungünstige Entwicklung der künftigen Ertragslage des Unternehmens eingetreten ist oder zu diesem Zeitpunkt erwartete Aufwendungen zu berücksichtigen sind oder 2. am Abschlußstichtag feststeht, daß er einem realisierten Gewinn entspricht." § 309 Abs. 2 HGB bzw. IASC (1998), IAS 22.51.

189 In diesem Sinne auch PELKA (1994), S. 128; WIRTSCHAFTSPRÜFER-HANDBUCH (1996), S. 929-931.

190 Zur Zerlegung des Teilprozesses 'Kapitalkonsolidierung' in einzelne Aktivitäten vgl. OBEN, Kap. III.4.1.1. und III.4.1.2.

Nachstehend sollen die (De-)Zentralisationsmöglichkeiten und -grenzen der genannten Aktivitäten zusammengefaßt und damit die resultierenden Implikationen für den gesamten Teilprozeß 'Kapitalkonsolidierung' aufgezeigt werden.

Die Zielvariablenmatrix zur Feststellung der reservebehafteten Vermögensgegenstände und Schulden und Zuordnung des Unterschiedsbetrages[191] hat folgende Gestalt:

Ziel-variablen / Handlungs-alternativen	Qualität	Arbeitstage
Zentrale Feststellung der reservebehafteten Vermögensgegenstände und Schulden und Zuordnung des Unterschiedsbetrages	- IAS schreiben Zentralisation quasi vor, da ein Ansatzkriterium die zuverlässige Bewertung der beizulegenden Werte der Vermögensgegenstände und Schulden durch den Erwerber ist - bei Zuordnungsproblem bzgl. Auflösung stiller Tageswertrücklagen und -lasten hat nur das Mutterunternehmen Kenntnis darüber, für welche Vermögensgegenstände und Schulden ein von ihrem Buchwert abweichender Betrag bezahlt wurde	- bei Zuordnungsproblem bzgl. Auflösung stiller Tageswertrücklagen und -lasten hat nur das Mutterunternehmen Kenntnis darüber, für welche Vermögensgegenstände und Schulden ein von ihrem Buchwert abweichender Betrag bezahlt wurde
Dezentrale Feststellung der reservebehafteten Vermögensgegenstände und Schulden und Zuordnung des Unterschiedsbetrages	- Fachkenntnis bzgl. Feststellung der reservebehafteten Vermögensgegenstände und Schulden ist bei Tochterunternehmen besser als bei der Konsolidierungszentrale	- Fachkenntnis bzgl. Feststellung der reservebehafteten Vermögensgegenstände und Schulden ist bei Tochterunternehmen besser als bei der Konsolidierungszentrale

Abb. 29: Zielvariablenmatrix bei Feststellung der reservebehafteten Vermögensgegenstände und Schulden und Zuordnung des Unterschiedsbetrages in der derivativen und in der originären Ausgestaltung des Konzernrechnungswesens

[191] Vgl. OBEN, Kap. III.4.2.1.

Die wichtigsten Ergebnisse der Analyse der Möglichkeiten und Grenzen der (De-)Zentralisation der Fortschreibung der stillen Tageswertrücklagen und -lasten[192] lassen sich abbildungsmäßig wie folgt darstellen:

Ziel-variablen / Handlungs-alternativen	Qualität	Arbeitstage
Zentrale Fortschreibung der stillen Tageswert-rücklagen und -lasten	- bereits unterjährig sind Abstimmungskontrollen zwischen der Zentralstelle und der Buchhaltung des Tochterunternehmens durchführbar, wodurch etwaige Abstimmungsdifferenzen rechtzeitig erkannt und beseitigt werden können	- bereits unterjährig sind Abstimmungskontrollen zwischen der Zentralstelle und der Buchhaltung des Tochterunternehmens durchführbar, wodurch etwaige Abstimmungsdifferenzen rechtzeitig erkannt und beseitigt werden können
Dezentrale Fortschreibung der stillen Tageswert-rücklagen und -lasten	- bessere Kenntnis der Sachverhalte, insbesondere wenn es darum geht, ggf. bereits verflüchtigte aktivierte stille Tageswertrücklagen bzw. passivierte stille Tageswertlasten zu verifizieren	- bessere Kenntnis der Sachverhalte, dadurch relativ geringer Zeitbedarf für die Erzeugung der Informationen (insbesondere dann von Bedeutung, je mehr Tochterunternehmen in die Konzernrechnungslegung integriert sind)

Abb. 30: Zielvariablenmatrix bei Fortschreibung der stillen Tageswertrücklagen und -lasten in der derivativen und in der originären Ausgestaltung des Konzernrechnungswesens

[192] Vgl. OBEN, Kap. III.4.2.2.

Die Zusammenstellung der bedeutendsten Ergebnisse der Analyse des (De-)Zentralisationspotentials der Fortschreibung des verbleibenden aktivischen/passivischen Unterschiedsbetrages[193] ergibt folgendes Bild:

Zielvariablen / Handlungsalternativen	Qualität	Arbeitstage
Zentrale Fortschreibung des verbleibenden aktivischen/ passivischen Unterschiedsbetrages	- nur erwerbendes Unternehmen kann voraussichtliche Nutzungsdauer und damit den Abschreibungszeitraum für den Geschäftswert festlegen - nur die Zentralstelle kann beurteilen, ob die gesetzlich genannten Kriterien für eine ergebniswirksame Auflösung eines passivischen Unterschiedsbetrages erfüllt sind	- Kontrollaufwand wird reduziert - mit der eigentlichen Fortschreibung verbundener Zeitaufwand fällt in der Zentralstelle an
Dezentrale Fortschreibung des verbleibenden aktivischen/ passivischen Unterschiedsbetrages	- schlechtere Kenntnis der Sachverhalte, insbesondere bzgl. Festlegung der Nutzungsdauer eines Geschäftswertes oder Erfüllung der Auflösungskriterien eines passivischen Unterschiedsbetrages	- die erforderlichen Kontrollen sind um so aufwendiger, je größer der Konzern ist, d.h. je mehr Geschäftswerte fortzuführen sind - mit der eigentlichen Fortschreibung verbundener Zeitaufwand entfällt in der Zentralstelle

Abb. 31: Zielvariablenmatrix bei Fortschreibung des verbleibenden aktivischen/passivischen Unterschiedsbetrages in der derivativen und in der originären Ausgestaltung des Konzernrechnungswesens

[193] Vgl. OBEN, Kap. III.4.2.3.

5. Schuldenkonsolidierung

5.1. Prozeßorganisatorische Gestaltung des Teilprozesses 'Schuldenkonsolidierung' in der derivativen Ausgestaltung des Konzernrechnungswesens

5.1.1. Zerlegung des Teilprozesses in einzelne Aktivitäten

Neben der Beseitigung der buchmäßigen Auswirkungen konzerninterner *Kapital*verflechtungen (Kapitalkonsolidierung)[1] verlangt der Prozeß der Konzernabschlußerstellung auch die Beseitigung der buchmäßigen Auswirkungen konzerninterner *Kredit*verflechtungen (Schuldenkonsolidierung).

Als Schuldenkonsolidierung bezeichnet § 303 Abs. 1 HGB das Weglassen von Ausleihungen und anderen Forderungen, Rückstellungen und Verbindlichkeiten zwischen den in den Konzernabschluß einbezogenen Unternehmen sowie der entsprechenden Rechnungsabgrenzungsposten.[2] Die Termini Forderungen und Verbindlichkeiten sind hier nicht im engen bilanziellen Sinn auszulegen; vielmehr sind bei der Konzernrechnungslegung solche innerkonzernlichen Rechtsbeziehungen wegzulassen, die intergesellschaftliche Forderungs- und Verbindlichkeitseigenschaften aufweisen.[3]

Als organisatorische Grundlage der Abstimmung und Konsolidierung konzerninterner Forderungen und Verbindlichkeiten fungiert die Einrichtung bestimmter, ggf. nach der Andersartigkeit der Liefer- und Leistungsbeziehungen tiefer untergliederter Konten bzw. Kontengruppen für Forderungen und Verbindlichkeiten innerhalb des Konzerns[4], die eine schnelle[5], vollständige[6] und reibungslose Abstimmung der Salden ermöglichen.

---

[1] Vgl. OBEN, Kap. III.4.

[2] Die Schuldenkonsolidierung nach internationalen Rechnungslegungsgrundsätzen unterscheidet sich nicht von der nach § 303 HGB. Vgl. IASC (1998), IAS 27.17 und FASB (1996b), ARB 51.1 und 51.6. Allerdings ist zu beachten, daß gemäß IAS 10.16 - im Gegensatz zu den handelsrechtlichen Vorschriften - auch Eventualgewinne (contingent gains) im Anhang (notes) anzugeben sind. Solche ungewissen Erfolge sind ggf. im Rahmen der Schuldenkonsolidierung zu eliminieren.

[3] Vgl. BAETGE/SCHULZE (1997), IAS 27, Tz. 130; KÜTING/SIENER (1990), S. 9.

[4] Vgl. HEINE (1967), S. 117 u. 148; TEITLER-FEINBERG (1970), S. 223 sowie zum Konzernkontenplan OBEN, Kap. II.3.1.3.2. Die Aufspaltung in zu konsolidierende und nicht zu konsolidierende Komponenten betrifft die folgenden Konten bzw. Abschlußposten: ausstehende Einlagen auf das gezeichnete Kapital; geleistete Anzahlungen auf Gegenstände des Anlagevermögens; erhaltene Anzahlungen; Anzahlungen auf Forderungen bzw. Verbindlichkeiten gegenüber verbundenen Unternehmen; Wertberichtigungen auf Forderungen, Schecks, sonstige Wertpapiere des Umlaufvermögens und sonstige Vermögensgegenstände; Rückstellungen; Posten der Rechnungsabgrenzung; Eventualverbindlichkeiten, Haftungsverhältnisse und sonstige finanzielle Verpflichtungen. Vgl. BUSSE VON COLBE/ORDELHEIDE (1993), S. 334-342.

Die Konten sind unternehmens- und kontendefinitionseinheitlich zu führen, "so daß das vom Konzernschuldner geführte Kreditorenkonto dem vom Konzerngläubiger geführten Debitorenkonto entspricht."[7]

Sind die konzerninternen Kreditverflechtungen umfangreich, so kann sich die Schuldenkonsolidierung - vor allem durch das Auftreten zeitlicher[8], aber auch sachlicher[9] Buchungsunterschiede zwischen den Konzernunternehmen - als ein aufwendiger Prozeß erweisen.[10] Soweit innerhalb des Konzerns nicht ohnehin periodische Kontenabstimmungen vorgenommen werden[11], z.B. bei Entstehung und Tilgung konzerninterner Schuldverhältnisse[12], kann der Abstimmungsprozeß zum Geschäfts-

---

[5] Zur Sicherstellung einer schnellen Abstimmung der Salden wird ein Terminplan erstellt und dessen Einhaltung überwacht. Aus dem Terminplan geht unter anderem hervor, zu welchem Zeitpunkt welche für die Schuldenkonsolidierung benötigten Informationen in welcher Form an welcher Stelle vorliegen müssen. Zum Terminplan als Bestandteil einer Richtlinie zur konzerneinheitlichen Rechnungslegung OBEN, Kap. II.3.1.3.3.

[6] Darüber hinaus übermittelt das Mutterunternehmen zu Beginn einer jeden Berichtsperiode den einzelnen in die Konzernrechnungslegung integrierten Unternehmen eine Beteiligungsliste aus Sicht des Mutterunternehmens, damit die Unternehmen des Konzerns die erforderlichen organisatorischen Vorkehrungen, z.B. im Hinblick auf die Kontenführung gegen konsolidierte verbundene Unternehmen, treffen können. Der Sinn einer solchen Beteiligungsübersicht ist im sachgerechten Bilanzausweis der konzerninternen und -externen Geschäftsvorfälle zu sehen. Vgl. WOHLGEMUTH (1992), Sp. 1748; ZOGG (1978), S. 85-86 sowie zur Beteiligungsübersicht als Bestandteil einer Richtlinie zur konzerneinheitlichen Rechnungslegung OBEN, Kap. II.3.1.3.3.

[7] FISCHER (1987), Rz. 32.

[8] Zeitliche Buchungsunterschiede, die auch als sogenannte 'unechte' Aufrechnungsdifferenzen bezeichnet werden, entstehen in den Fällen, in denen konzerninterne Schuldverhältnisse bei den Unternehmen des Konsolidierungskreises nicht simultan gebucht werden: am Bilanzstichtag kann dann die Forderung vom Gläubiger bereits gebucht worden sein, wohingegen der Schuldner die entsprechende Verbindlichkeit noch nicht erfaßt hat.
Häufig auftretende Ursachen von 'unechten' Aufrechnungsdifferenzen, d.h. zeitlichen Buchungsunterschieden, sind z.B. beim Schuldner noch nicht gebuchte Warenlieferungen, beim Gläubiger noch nicht gebuchte Provisions- und andere Gutschriften oder vom Gläubiger noch nicht gebuchte Zahlungen. Vgl. BUSSE VON COLBE/ORDELHEIDE (1993), S. 328. Zeitliche Buchungsunterschiede lassen sich reduzieren, indem jedes Unternehmen des Konzerns, das in der Zeit um den Abschlußstichtag eine konzerninterne Gutschrift oder Belastung erteilt, nach vorheriger Rücksprache mit der zentralen Konsolidierungsstelle dem betreffenden Konzernkontokorrent angibt, ob in der alten oder in der neuen Berichtsperiode zu buchen ist. Vgl. FISCHER (1987), Rz. 33.

[9] Von sachlichen Buchungsunterschieden, oder 'echten' Aufrechnungsdifferenzen spricht man, wenn sich Aufrechnungsdifferenzen aufgrund unterschiedlicher Wertansätze der zu eliminierenden Forderungen und Verbindlichkeiten ergeben.
Häufig auftretende Ursachen von 'echten' Aufrechnungsdifferenzen sind z.B. ein aktivisch abgesetzter Wertabschlag wegen Zinslosigkeit oder niedriger Verzinsung, vorgenommene Abschreibungen auf Forderungen an einbezogene Unternehmen, die Kreditgewährung mit einem Abschlag vom nominellen Ausgabebetrag oder - bei Einbeziehung ausländischer Konzernunternehmen - unterschiedliche Umrechnungskurse für Valutaforderungen und -verbindlichkeiten. Vgl. BUSSE VON COLBE/ORDELHEIDE (1993), S. 325-327; HARMS (1989), Rn. 31-36.

[10] "Von der Masse der zu verrechnenden Salden her hat bei Industriekonzernen die Schuldenkonsolidierung den größten Anteil." KEMPE (1983), S. 162. Vgl. auch BERNDT (1983), S. 309-310; HARMS (1989), Rn. 7.

[11] Vgl. STEINLE (1971), S. 38.

[12] Vgl. BUSSE VON COLBE/ORDELHEIDE (1993), S. 327.

jahresende durch eine - einige Monate vor der Saldenabstimmung[13] zum Ende des Geschäftsjahres durchzuführende - gründliche Vorab-Abstimmung der Salden verkürzt werden.[14]

Im Anschluß an die ggf. abgewickelte Vorab-Saldenabstimmung ist die wenige Tage nach dem Abschlußstichtag stattfindende eigentliche Saldenabstimmung die nächste periodisch auszuführende Aktivität im Rahmen der Schuldenkonsolidierung.

Die Saldenabstimmungen sind Arbeitsgänge vorbereitenden Charakters für die Schuldenkonsolidierung.[15] Sie stellen sicher, daß die in die Konzernrechnungslegung einbezogenen Unternehmen betrags- und ausweismäßig übereinstimmende Angaben liefern und daß dadurch ein verursachungs- und termingerechtes Weglassen konzerninterner Forderungs- und Schuldposten anläßlich der Schuldenkonsolidierung gewährleistet ist.[16]

Nachdem die Kontensalden abgestimmt sind, werden die wegzulassenden aktivischen und passivischen Komponenten der Abschlußposten gegeneinander aufgerechnet.

Daraufhin wird der Saldo aus sämtlichen aktivischen und passivischen Komponenten entweder in der Konzernbilanz separat ausgewiesen oder aber mit Positionen des Eigenkapitals verrechnet.[17]

Der Saldo aus sämtlichen aktivischen und passivischen Komponenten für die Berichtsperiode wird dem für die Vorperiode ermittelten Differenzbetrag gegenüberge-

---

[13] Die konzerninterne kontenweise Abstimmung und die vollständige Meldung der wegzulassenden Abschlußposten werden durch den Einsatz konzerneinheitlicher Formularsätze erleichtert. Vgl. stellvertretend für viele FISCHER (1987), Rz. 34. Zum beispielhaften Aufbau eines Formularsatzes zur Abstimmung der konzerninternen Forderungs- und Schuldposten vgl. UNTEN, Kap. III.5.1.2.1.

[14] Eine solche Vorab-Abstimmung hat den Zweck, unterjährig aufgetretene, zeitliche und sachliche Unterschiede zwischen Forderungen und Verbindlichkeiten gegen konsolidierte verbundene Konzernunternehmen festzustellen und bis zur eigentlichen Saldenabstimmung zum Geschäftsjahresende, spätestens aber bis zur Erstellung des Konzernabschlusses zu beseitigen. Vgl. HARMS (1989), Rn. 7; STEINLE (1976), S. 89.
Wie in diesem Kapitel noch gezeigt wird, handelt es sich bei der Saldenabstimmung um ein zeitaufwendiges Verfahren. Daraus folgt, daß die Notwendigkeit einer Vorab-Saldenabstimmung einer exakten Prüfung bedarf. In diesem Fall könnten die für die Vorab-Saldenabstimmung benötigten Arbeitstage gegen den Nutzen der Vorab-Saldenabstimmung abgewogen werden, i.e. die Feststellung und Beseitigung der Differenzen zwischen konzerninternen Forderungen und Verbindlichkeiten bis zur Saldenabstimmung zum Geschäftsjahresende und damit letztendlich eine zeitlich kürzere Saldenabstimmung zum Geschäftsjahresende.

[15] Vgl. HARMS (1989), Rn. 7; KLEIN, G. (1970), S. 182; SAHNER/TERHÜRNE (1989), S. 234.

[16] Vgl. KÜHR (1983), S. 81.

[17] Vgl. BUSSE VON COLBE/ORDELHEIDE (1993), S. 348 und 432-452.

stellt. Der sich aus dieser Gegenüberstellung ergebende Betrag wird dem in der Summen-Gewinn- und -Verlustrechnung ausgewiesenen Jahresüberschuß - korrigiert um einen etwaigen Anteil für latente Steuern - entweder mit positivem oder negativem Vorzeichen hinzugefügt.[18]

Bei den unterjährig für interne Zwecke erstellten Konzernrechnungen wird generell keine vollständige und detaillierte Schuldenkonsolidierung praktiziert.[19] Vielmehr ist es hier durchaus üblich, die Schuldenkonsolidierung vereinfacht durchzuführen, entweder in Form einer pauschalen Aufrechnung der Summenpositionen 'Forderungen gegen verbundene Unternehmen' und 'Verbindlichkeiten gegenüber verbundene Unternehmen'[20], oder aber aufgrund einseitiger Meldungen, bei denen nur das Gläubigerunternehmen seine Forderung meldet.[21]

Die in den folgenden Abschnitten (Kap. III.5.1.2.1 und III.5.1.2.2.) zu untersuchenden Aktivitäten anläßlich der Schuldenkonsolidierung lassen sich wie folgt zusammenfassen:

Nr.	Aktivität
1	(Vorab-)Saldenabstimmung
2	Aufrechnung der zu konsolidierenden aktivischen und passivischen Bestandteile der Abschlußposten

Abb. 32: Aktivitäten im Rahmen des Teilprozesses 'Schuldenkonsolidierung' in der derivativen Ausgestaltung des Konzernrechnungswesens

[18] Vgl. BUSSE VON COLBE/ORDELHEIDE (1993), S. 348.
[19] Vgl. WEBER-BRAUN (1991a), S. 141.
[20] Vgl. WEBER-BRAUN/WEISS/FERLINGS (1998), Rn. 1397.
[21] Vgl. WEBER-BRAUN/WEISS/FERLINGS (1998), Rn. 1363.

5.1.2. Zentrale oder dezentrale Verteilung der Aktivitäten

5.1.2.1. (Vorab-)Saldenabstimmung

Die nachstehende Abbildung (Abb. 33) zeigt die den Ausführungen dieses Abschnitts zugrunde liegende Ergebnismatrix.

Randbedingungen / Handlungsalternativen im Zeitpunkt t	Größe des Konzerns	Handlungsalternativen in den Zeitpunkten 1,...,t-1
Zentraler Saldenabstimmungsprozeß	E_{11}	E_{12}
Dezentraler Saldenabstimmungsprozeß	E_{21}	E_{22}

Abb. 33: Matrix der betrachteten Handlungsalternativen und Randbedingungen im Rahmen der Aktivität '(Vorab-)Saldenabstimmung' in der derivativen Ausgestaltung des Konzernrechnungswesens

Beim zentralen Abstimmungsprozeß[22] (Abb. 33, E_{11} und E_{12}) sendet jede kontoführende Stelle dem Mutterunternehmen zu einem von diesem festgelegten Termin eine Aufgliederung der einzelnen Kontensalden, Übersichten über die konzerninternen Kreditgeschäfte und sonstigen Verpflichtungen sowie etwaige ergänzende Angaben zu.

Die zentrale Abstimmung durch die Konsolidierungsstelle wird erleichtert, wenn die in den Konzernabschluß einbezogenen Unternehmen auf der Übersicht über die empfangenen und erbrachten konzerninternen Kreditgeschäfte und sonstigen Verpflichtungen jeweils vermerken, auf welche Rechnungen sie sich beziehen.[23] Anhand der dem Mutterunternehmen übermittelten Unterlagen sollten "sämtliche Abweichungen zwischen Forderungen und Verbindlichkeiten ... geklärt werden kön-

[22] Zum zentralen Abstimmungsprozeß vgl. allgemein HEINE (1967), S. 117 u. 149.

[23] Vgl. ARBEITSKREIS "EXTERNE UNTERNEHMENSRECHNUNG" DER SCHMALENBACH-GESELLSCHAFT - DEUTSCHE GESELLSCHAFT FÜR BETRIEBSWIRTSCHAFT E.V. (1987), S. 190.

nen."[24] Andernfalls muß das Mutterunternehmen bei den Tochterunternehmen rückfragen.[25]

Bei der dezentralen Vorgehensweise[26] (Abb. 33, E_{21} und E_{22}) erfolgt die Saldenabstimmung anhand eines konzerneinheitlichen Abstimmungsformulars bzw. Abstimmungsformularsatzes.[27] Mit Hilfe des Abstimmungsformulars werden die Forderungen gegen und die Verbindlichkeiten gegenüber verbundenen Unternehmen zwischen Gläubiger und Schuldner kontenweise gegenseitig abgestimmt.

Grundsätzlich werden abweichende konzerninterne Forderungen und Verbindlichkeiten durch Korrekturbuchungen gleichlautend gestellt.[28]

Für die Saldenabstimmung könnte ein Formularsatz mit vier Durchschlägen etwa wie folgt aufgebaut sein (vgl. S. 144):

---

[24] HEINE (1967), S. 149.

[25] Vgl. HEINE (1967), S. 149.

[26] Zum dezentralen Abstimmungsprozeß vgl. grundlegend HARMS (1989), Rn. 9; KÜHR (1983), S. 81-82; JONAS (1986), S. 296-297 u. 393; SAHNER/TERHÜRNE (1989), S. 233-237.

[27] Vgl. stellvertretend HARMS (1989), Rn. 8-9; KPMG TREUVERKEHR AG (1990), S. 197: KÜHR (1983), S. 81-82; JONAS (1986), S. 296-297 und 393-394; SAHNER/TERHÜRNE (1989), S. 233-237.

[28] In Abhängigkeit von den konzernindividuellen Gegebenheiten und nach Zustimmung des Konzernwirtschaftsprüfers können sog. Bagatellgrenzen festgelegt werden. Danach brauchen abweichende konzerninterne Forderungen und Verbindlichkeiten für Zwecke der Schuldenkonsolidierung nur dann durch gesellschaftsindividuelle Korrektur- und Konsolidierungsbuchungen gleichlautend gestellt zu werden, wenn die Forderungen und Verbindlichkeiten bzw. die Abstimmdifferenzen zwischen ihnen einen bestimmten Betrag, die Bagatellgrenze, übersteigen. Bei Beträgen unterhalb der Bagatellgrenze ist dann aus Wirtschaftlichkeitsgründen die Vornahme der Korrektur- und Konsolidierungsbuchungen in einer Summe zulässig.

Konzerngläubiger:	________________	Ges.-Nr.	________________
Konzernschuldner:	________________	Ges.-Nr.	________________

KONTENABSTIMMUNG ZUM 31.12.XXXX

Wir haben laut beigefügter Einzelaufstellung (Rechnungsdatum, -Nr., -betrag) Forderungen in folgenden Währungen an Sie:

Teil 1		Unsere Kto.Nr.	Währungsart	Währungsbetrag	in unserem JA II ausgewiesen unter Pos.Nr.	Betrag in unserer LW ( )
	A	B	C	D	E	F

________ Datum ________________ Firma, Unterschrift Summe ________

Wir bitten um Bestätigung

Wir bestätigen Ihre Forderungen für folgende Konten:

Teil 2	Unsere Kto. Nr.	Ihre Kto.Nr.	Währungsart	Währungsbetrag	in unserem JA II ausgewiesen unter Pos.Nr.	Betrag in unserer LW ( )
	A	B	C	D	E	F

________ Datum ________________ Firma, Unterschrift Summe ________

Wir bestätigen Ihre Forderungen für folgende Konten nicht.
Unsere Konten weisen folgende Verbindlichkeiten aus:

Teil 3	Unsere Kto.Nr.	Ihre Kto.Nr.	Währungsart	Währungsbetrag	in unserem JA II ausgewiesen unter Pos.Nr.	Betrag in unserer LW ( )
	A	B	C	D	E	F

________ Datum ________________ Firma, Unterschrift Summe ________

Abb. 34: Formular zur Abstimmung der konzerninternen Forderungs- und Schuldposten

Die zentrale Konsolidierungsstelle regelt, welches der betreffenden Konzernunternehmen - das Gläubiger- oder das Schuldnerunternehmen - die Saldenabstimmung in die Wege leitet.

Die Initiative für die Anforderung der Saldenbestätigungen obliegt grundsätzlich derjenigen Konzerngesellschaft, die zum Abschlußstichtag eine Forderung gegen ein konsolidiertes verbundenes Unternehmen ausweist.[29] Ergo wartet dasjenige Konzernunternehmen, das konzerninterne Verbindlichkeiten ausweist, auf die Anforderung der Saldenabstimmung durch das korrespondierende Unternehmen. Wenn der Konzerngläubiger die Abstimmung nicht termingerecht initiiert hat, leitet der Konzernschuldner die Abstimmung ersatzweise ein.

Die den Abstimmungsprozeß lancierende Gesellschaft, hier der Konzerngläubiger, trägt im *Teil 1* folgende Informationen auf dem Abstimmungsformular (Abb. 34) ein:

- Name und Gesellschaftsnummer des meldenden Konzernunternehmens,
- Name und Gesellschaftsnummer des korrespondierenden Konzernunternehmens,
- genaue Bezeichnung der Lieferung oder Leistung des Konzerngläubigers, erweitert um Rechnungsdatum, -nummer und -betrag (eingetragen auf einer dem Abstimmungsformular beigefügten Einzelaufstellung),
- genaue Angabe des Konzerngläubigers hinsichtlich seines Kontos (Spalte B), der Währungsart (Spalte C)[30], des Währungsbetrags (Spalte D), genaue Kategorisierung des Forderungssaldos (Spalte E) sowie die in seinem Jahresabschluß II[31] ausgewiesene Summe in Einheiten seiner Landeswährung (Spalte F)[32],
- eventuell vorgenommene Bewertungskorrekturen zu Forderungen gegen konsolidierte verbundene Unternehmen, so daß der ursprüngliche Betrag ersichtlich ist,

---

[29] So z.B. JONAS (1986), S. 296 u. 393.

[30] Sofern am Bilanzstichtag gegen ein Unternehmen des Konsolidierungskreises Salden in mehreren vereinbarten Währungen bestehen, sind die einzelnen Salden und die jeweiligen vereinbarten Währungen gesondert anzugeben.

[31] Hierbei wird angenommen, daß der Jahresabschluß II dezentral erstellt wird. Zu den Möglichkeiten und Grenzen der (De-)Zentralisation der Erstellung des Jahresabschlusses II in der derivativen Ausgestaltung des Konzernrechnungswesens vgl. OBEN, Kap. III.2.1.2. und III.2.1.3.

[32] In diesem Beispiel wird unterstellt, daß die Währungsumrechnung in der zentralen Konsolidierungsstelle erfolgt. Zu den Möglichkeiten und Grenzen der (De-)Zentralisation der Währungsumrechnung in der derivativen Ausgestaltung des Konzernrechnungswesens vgl. OBEN, Kap. III.3.1.2. und III.3.1.3.

- Ausfülldatum und Name des für das Ausfüllen des Abstimmungsformulars verantwortlichen Sachbearbeiters sowie dessen Unterschrift.

Zudem sind bestimmte, auf dem Abstimmungsformular nicht reglementierte Sachverhalte und Anmerkungen - wie die nicht buchmäßigen Eventualverbindlichkeiten - festzuhalten und der Konsolidierungsstelle und/oder dem Konzernschuldner zukommen zu lassen.

Der Konzerngläubiger sendet die ersten drei Ausfertigungen des Abstimmungsformulars mit der Bitte um Bestätigung an den Kontrahenten. Soweit für die Abstimmung dienlich, ist der Forderungs- bzw. Verbindlichkeitssaldo auf einer formlosen Anlage zum Abstimmungsformular (z.B. Offene-Posten-Liste) ausreichend zu detaillieren. Der Belegempfänger prüft und bestätigt die erhaltenen Ausfertigungen (*Teil 2*). Bei nicht fehlerhaften Nichtübereinstimmungen kann der Konzernschuldner von der Zentralstelle angewiesen sein, sich an die geltend gemachten Forderungen bzw. Verbindlichkeiten anzupassen. Kann der Konzernschuldner im begründeten Ausnahmefall keine Anpassung vornehmen, dann muß er die Abstimmdifferenz zwecks verursachungsgerechter Konsolidierung gesondert, und zwar in der Währungsart des jeweiligen Kontos herleiten (*Teil 3* und Anlage). Auf der Anlage zur Ableitung der Abstimmdifferenz, auf der die der Abweichungsursache entsprechenden Kontierungen versehen sein können, vermerkt der Konzernschuldner, ob der abweichende Kontostand z.B. auf vom Schuldner noch nicht gebuchte Warenrechnungen, Zinsbelastungen oder Lizenzbelastungen oder aber auf vom Schuldner zwar gebuchte, vom Gläubiger jedoch noch nicht gebuchte Zahlungen, Retouren oder Gutschriften zurückzuführen ist.

Im Anschluß an die Prüfung behält der Konzernschuldner die erste Ausfertigung als Nachweis zum Verbleib, sendet die zweite - ggf. inklusive Anlage zur Ableitung der Abstimmdifferenz - an den Konzerngläubiger zurück und läßt die dritte Ausfertigung der zentralen Konsolidierungsstelle (ggf. inklusive Anlage zur Ableitung der Abstimmdifferenz) zukommen. Dadurch hat die Zentralstelle ein Kontrollinstrument dafür, daß die Saldenabstimmung termingerecht eingeleitet wurde. Die vierte Ausfertigung verweilt beim Konzerngläubiger.

Die vom Konzernschuldner gesondert hergeleitete Abstimmdifferenz wird entweder vom Konzernschuldner oder aber von der zentralen Konsolidierungsstelle als Korrekturbuchung erfaßt.[33]

Hat der Konzernschuldner bis zu dem im Terminplan vorgegebenen Arbeitstag keine Saldenabstimmung erhalten, so ergreift er die Abstimminitiative und kennzeichnet das Abstimmungsformular mit 'Initiative des Konzernschuldners'. Im *Teil 3* des Abstimmungsformulars trägt der Schuldner kontenweise seine Verbindlichkeiten und deren Ausweis in seinem Jahresabschluß II ein und sendet drei Ausfertigungen des Abstimmungsformulars mit einer kontenweisen Einzelaufstellung seiner Verbindlichkeiten an den Konzerngläubiger und eine Ausfertigung an die Konsolidierungszentrale.

Nunmehr prüft der Konzerngläubiger die in *Teil 3* eingetragenen Verbindlichkeiten und leitet die Abweichungen zu seinen Forderungen ab. Der Konzerngläubiger sendet eine Ausfertigung des Abstimmungsformulars, die Anlage zur Ableitung der Abstimmdifferenz sowie eine kontenweise Einzelaufstellung seiner in *Teil 1* aufgelisteten Forderungen an den Konzernschuldner und an die Konsolidierungszentrale.

Nach Beendigung des Abstimmungsverfahrens werden die konzerninternen Forderungen und Verbindlichkeiten konsolidiert.[34]

In der derivativen Ausgestaltung des Konzernrechnungswesens können sich aus dem zentralen Saldenabstimmungsprozeß als Handlungsalternative und der Größe des Konzerns - ausgedrückt durch die Zahl der in die Konzernrechnungslegung einbezogenen Unternehmen - als Randbedingung (Abb. 33, E_{11}) die folgenden entscheidungsrelevanten Konsequenzen ergeben: Über die Anzahl der der Zentralstelle zu übermittelnden Aufgliederungen der einzelnen Kontensalden, Übersichten über die konzerninternen Kreditgeschäfte und sonstigen Verpflichtungen sowie die etwaigen ergänzenden Angaben wird die Menge der in der zentralen Konsolidierungsstelle zu verarbeitenden Daten festgelegt. Je mehr Konzernunternehmen in den Konsolidierungskreis integriert sind und je zahlreicher die konzerninternen Schuldverhältnisse sind, desto größer ist der Umfang der der Zentralstelle zu meldenden und dort zu verarbeitenden Daten.

---

[33] Vgl. GEISS (1991), S. 276.
[34] Vgl. UNTEN, Kap. III.5.1.2.2.

Aus dem Umfang der in der zentralen Konsolidierungsstelle zu verarbeitenden Daten können sich dann Implikationen im Hinblick auf die für die Bearbeitung benötigten Arbeitstage ergeben: In Konzernen mit zahlreichen Tochterunternehmen und umfangreichen konzerninternen Kreditverflechtungen wären die Informationsverarbeitungskapazitäten in der zentralen Konsolidierungsstelle bei der dabei eingehenden Masse von Kontensalden und zugehörigen Übersichten über eine ganze Reihe von Arbeitstagen nur mit der Saldenabstimmung ausgelastet. Ein mögliches Ziel, i.e. die Konzernabschlußinformationen möglichst frühzeitig am Kapitalmarkt oder für Controllingzwecke bereitzustellen, wäre in diesem Fall ggf. nicht realisierbar.

Je kleiner der Konzern ist und je weniger konzerninterne Schuldverhältnisse existieren, desto geringer dürfte bei Zentralisation des Saldenabstimmungsprozesses (Abb. 33, E_{11}) das Problem der Saldenabstimmung sein, da es in die Konsolidierungszentrale verlagert wird und dort vermutlich leichter zu organisieren sein wird als zwischen den Konzernunternehmen.

Bei der oben ausführlich dargestellten dezentralen Vorgehensweise (Abb. 33, E_{21}) beschränkt sich der Tätigkeitsbereich der Zentralstelle im wesentlichen auf die Koordination und Kontrolle des Abstimmungsprozesses sowie ggf. auf die Buchung der Abstimmdifferenzen.

Wird der Abstimmungsprozeß 'reibungslos' abgewickelt, so folgt daraus, daß bei Dezentralisation des Abstimmungsprozesses (Abb. 33, E_{21}) die in der Zentralstelle vorhandenen Informationsverarbeitungskapazitäten über einen geringeren Zeitraum mit der Saldenabstimmung ausgelastet sind als bei Zentralisation (Abb. 33, E_{11}). Dieses Ergebnis wird für das hier analysierte Entscheidungsproblem um so wichtiger sein, je größer der Konzern ist und je mehr konzerninterne Schuldverhältnisse vorliegen.

Die Subzielvariable 'Qualität der generierten Informationen' wird für die (De-)Zentralisation des Abstimmungsprozesses eher nachrangige Bedeutung haben, da die Abstimmung der Salden - wie oben verdeutlicht - keine besonderen fachlichen und qualitativen Anforderungen an die in der Konsolidierungszentrale und in den Tochterunternehmen existierenden Informationsverarbeitungskapazitäten stellt und insofern unterstellt werden kann, daß sowohl bei Zentralisation als auch bei Dezentralisation des Abstimmungsprozesses in qualitativer Hinsicht gleichwertige Informationen erzeugt werden.[35]

Da in dieser Arbeit das Ausmaß der (De-)Zentralisation einer jeden Aktivität auch im weiteren Rahmen der (De-)Zentralisation bei der Aufstellung des Konzernabschlusses insgesamt gesehen wird, sind die möglichen Schnittstellen zu bereits vollendeten Teilprozessen und Aktivitäten bei der Entscheidung über die (De-)Zentralisation des Saldenabstimmungsprozesses zu berücksichtigen (Abb. 33, E_{12} und E_{22}).

Die Saldenabstimmung ist eine inhaltlich abgeschlossene Aktivität, über deren (De-)Zentralisation unabhängig von der Lokalisierung der übrigen Teilprozesse und Aktivitäten entschieden werden kann. Schnittstellen liegen im entferntesten Sinne zu den Teilprozessen

- Erfassung der Geschäftsvorfälle[36],
- Vereinheitlichung von Bilanzansatz und Bewertung[37] sowie
- Währungsumrechnung[38]

vor.

Im Zusammenhang mit der Erfassung der Geschäftsvorfälle wurde konstatiert, daß für Zwecke der vorliegenden Arbeit von einer dezentralen Erfassung der Geschäftsvorfälle ausgegangen wird.[39]

Unter Berücksichtigung der Qualität der generierten Informationen und der Zahl der Arbeitstage ergeben sich aufgrund der dezentralen Erfassung der Geschäftsvorfälle keine Auswirkungen auf die (De-)Zentralisation der Saldenabstimmung: Beide Kombinationen von Handlungsalternativen und Randbedingungen führen unter den hier zugrunde gelegten Bedingungen zum gleichen entscheidungsrelevanten Ergebnis.[40]

---

[35] Gewährleistet wird dies auch durch die Annahme der Existenz einheitlicher Kontierungsrichtlinien sowie einer Richtlinie zur konzerneinheitlichen Rechnungslegung. Vgl. OBEN, Kap. II.3.1.3.2. und II.3.1.3.3.

[36] Vgl. OBEN, Kap. III.1.1.

[37] Vgl. OBEN, Kap. III.2.1.

[38] Vgl. OBEN, Kap. III.3.1.

[39] Vgl. OBEN, Kap. III.1.1.

[40] Im Hinblick auf die Zahl der Arbeitstage ergeben sich aus der Erfassung der Geschäftsvorfälle nur dann Implikationen für die (De-)Zentralisation der Saldenabstimmung, wenn von einer zentralen Erfassung der Geschäftsvorfälle ausgegangen würde: Bei Dezentralisation der Saldenabstimmung

Diese Aussage gilt für die Schnittstellen zwischen Saldenabstimmung und Vereinheitlichung von Bilanzansatz und Bewertung resp. Währungsumrechnung analog.[41]

Zusammenfassend betrachtet, ist die Saldenabstimmung ein zeitaufwendiger Vorgang, der grundsätzlich sowohl zentralisierbar als auch dezentralisierbar ist. Für Zwecke des in diesem Abschnitt betrachteten Entscheidungsproblems kann die Saldenabstimmung als isolierter Vorgang betrachtet werden, da faktisch keine Interdependenzen zwischen der Saldenabstimmung und anderen Teilprozessen oder Aktivitäten bestehen. Die Größe des Konzerns und die Zahl der konzerninternen Schuldverhältnisse wirken sich entscheidend auf das (De-)Zentralisationspotential dieser Aktivität aus: Je frühzeitiger die Konzernleitung die Konzernabschlußinformationen am Kapitalmarkt bereitstellen möchte und je mehr Tochterunternehmen in die Konzernrechnungslegung einbezogen werden bzw. je mehr konzerninterne Schuldverhältnisse vorliegen, desto größer wird tendenziell das Dezentralisationspotential dieser Aktivität sein.

5.1.2.2. Aufrechnung der zu konsolidierenden aktivischen und passivischen Bestandteile der Abschlußposten

Die zweite Aktivität im Rahmen des Teilprozesses 'Schuldenkonsolidierung' ist die Aufrechnung der zu konsolidierenden aktivischen und passivischen Bestandteile der Abschlußposten[42], die nach Beendigung der Saldenabstimmung durchgeführt wird.

Außer der eigentlichen Aufrechnung der zu konsolidierenden aktivischen und passivischen Bestandteile der Abschlußposten umfaßt diese Aktivität

---

sind die in der Zentralstelle ermittelten Kontensalden und Übersichten über die konzerninternen Kreditgeschäfte den Konzernunternehmen bekanntzugeben, damit die Konzernunternehmen die Salden abstimmen. Diese Vorgehensweise erfordert ganz offensichtlich mehr Arbeitstage als die Zentralisation der Saldenabstimmung, bei der die in der zentralen Konsolidierungsstelle festgestellten Kontensalden und Übersichten über die konzerninternen Kreditgeschäfte der Konzernunternehmen auch dort abgestimmt werden.

[41] In Abhängigkeit von den Entscheidungen über die (De-)Zentralisation von Vereinheitlichung von Bilanzansatz und Bewertung resp. Währungsumrechnung ist lediglich das abgebildete Formular zur Abstimmung der konzerninternen Forderungs- und Schuldposten (vgl. OBEN, Abb. 34) wie folgt zu modifizieren: Bei dezentraler Erstellung des Jahresabschlusses II stünde über Spalte E und F 'in unserem JA I ausgewiesen', und bei dezentraler Währungsumrechnung stünde über Spalte F 'Betrag in Konzernwährung'.

[42] Zur Abgrenzung dieser Aktivität im Rahmen des Teilprozesses 'Schuldenkonsolidierung' vgl. OBEN, Kap. III.5.1.1., Abb. 32.

(a) den gesonderten Ausweis in der Konzernbilanz oder die Verrechnung des Differenzbetrags aus allen aktivischen und passivischen Bestandteilen mit anderen Eigenkapitalpositionen sowie

(b) die Korrektur des Jahresüberschusses laut Konzern-Summen-GuV unter Berücksichtigung latenter Steuern um die Differenz zwischen dem unter (a) für diese Berichtsperiode ermittelten Betrag und dem entsprechenden Betrag der Vorperiode.

Das bedeutet, daß im Rahmen der Schuldenkonsolidierung nicht nur die zu konsolidierenden aktivischen und passivischen Bestandteile der Abschlußposten der Berichtsperiode, sondern auch die entsprechenden Informationen der Vorperiode zu dokumentieren sind.

Bei Rückgriff auf die Subzielvariable 'Qualität der generierten Informationen' kann die Aufrechnung der zu konsolidierenden aktivischen und passivischen Bestandteile der Abschlußposten und der unter (a) und (b) genannten Arbeiten nur der Zentralstelle zugeordnet werden, denn nur dann, wenn die unmittelbar in den Output 'Konzernabschluß' einfließenden Informationen zentral verarbeitet werden, ist gewährleistet, daß die für die Durchführung der an dieser Stelle angesprochenen Aktivität benötigten Informationen vollständig dokumentiert und sachlich richtig verarbeitet werden.[43]

5.1.3. Ergebnis

Der Teilprozeß 'Schuldenkonsolidierung' in der derivativen Ausgestaltung des Konzernrechnungswesens setzt sich im wesentlichen aus zwei Aktivitäten zusammen:[44]

- (Vorab-)Saldenabstimmung und
- Aufrechnung der zu konsolidierenden aktivischen und passivischen Bestandteile der Abschlußposten.

Die erstgenannte Aktivität kann grundsätzlich sowohl zentral als auch dezentral erfüllt werden, wohingegen die letztgenannte Aktivität nur zentral ausgeführt werden kann.

---

[43] So z.B. auch RUHNKE (1995), S. 184.

[44] Zur Zerlegung des Teilprozesses 'Schuldenkonsolidierung' in der derivativen Ausgestaltung des Konzernrechnungswesens in einzelne Aktivitäten vgl. OBEN, Kap. III.5.1.1.

Die wichtigsten Ergebnisse der Analyse der Möglichkeiten und Grenzen der (De-)Zentralisation der (Vorab-)Saldenabstimmung[45] lassen sich wie folgt abbilden:

Ziel-variablen Handlungs-alternativen	Qualität	Arbeitstage
Zentrale (Vorab-)Salden-abstimmung	- entscheidungsrelevante Ergebnisse sind in bezug auf Qualität eher nachrangig, da die Abstimmung der Salden keine besonderen fachlichen und qualitativen Anforderungen an die in der Zentralstelle und in den Tochterunternehmen existierenden Informationsverarbeitungs-kapazitäten stellt	- über die Anzahl der der Zentralstelle zu übermittelnden Aufgliederungen der einzelnen Kontensalden etc. wird die Menge der zentral zu verarbeitenden Daten festgelegt. Je mehr Konzernunternehmen und je zahlreicher die konzerninternen Schuldverhältnisse, desto größer ist der Umfang der der Zentralstelle zu meldenden und dort zu verarbeitenden Daten - je kleiner der Konzern und je weniger konzerninterne Schuldverhältnisse, desto geringer dürfte das Problem der Saldenabstimmung sein, da es in die Zentralstelle verlagert wird und dort vermutlich leichter zu organisieren sein wird als zwischen den Konzernunternehmen
Dezentrale (Vorab-)Salden-abstimmung	- entscheidungsrelevante Ergebnisse sind in bezug auf Qualität eher nachrangig, da die Abstimmung der Salden keine besonderen fachlichen und qualitativen Anforderungen an die in der Zentralstelle und in den Tochterunternehmen existierenden Informationsverarbeitungs-kapazitäten stellt	- Tätigkeitsbereich der Zentralstelle beschränkt sich auf die Koordination und die Kontrolle des Abstimmungs-prozesses sowie ggf. auf die Buchung von Abstimmungs-differenzen - erfolgt Abstimmungsprozeß 'reibungslos', so sind die Informationsverarbeitungs-kapazitäten in der Zentralstelle über einen geringeren Zeitraum mit der Salden-abstimmung ausgelastet als bei Zentralisation

Abb. 35: Zielvariablenmatrix bei (Vorab-)Saldenabstimmung in der derivativen Ausgestaltung des Konzernrechnungswesens

[45] Vgl. OBEN, Kap. III.5.1.2.1.

5.2. Prozeßorganisatorische Gestaltung des Teilprozesses 'Schuldenkonsolidierung' in der originären Ausgestaltung des Konzernrechnungswesens

5.2.1. Zerlegung des Teilprozesses in einzelne Aktivitäten

In der originären Ausgestaltung des Konzernrechnungswesens ist Ausgangspunkt der Schuldenkonsolidierung der im Rahmen der einzelgesellschaftlichen Rechnungslegung in Landeswährung gebuchte Geschäftsvorfall bzw. der für Zwecke der Konzernrechnungslegung bereits in Konzernwährung erfaßte Geschäftsvorfall. Buchungen, die auf innerkonzernlichen Schuldverhältnissen beruhen, sind in einem ersten Schritt gesondert zu kennzeichnen.[46] Diese Kennzeichnung kann vorgenommen werden, indem innerhalb des entsprechenden angesprochenen Debitoren- bzw. Kreditorenstammdatensatzes[47] eine Kennzeichnung durch gesonderte Firmenverbundkennzeichen[48] erfolgt.[49] Außer den Firmenverbundkennzeichen ist eine der Konzerngliederung entsprechende Positionsnummer sowie eine gemeinsame Vorgangsnummer des konzerninternen Geschäftsvorfalls zu erfassen.

Im Anschluß an die vorstehend beschriebene Kennzeichnung der Buchungen sind sämtliche Buchungen aus den einzelgesellschaftlichen Buchungskreisen in den Buchungskreis 'Konzern' zu übernehmen.[50]

Entsprechen sich die unter einer Vorgangsnummer erfaßten und als konzernintern gekennzeichneten Buchungen, so kann die dazugehörige Konsolidierungsbuchung automatisch durchgeführt werden.

Entsprechen sich die unter einer Vorgangsnummer erfaßten und als konzernintern gekennzeichneten Buchungen nicht, so sind die offen stehenden Salden entsprechend der bereits im Zusammenhang mit der Saldenabstimmung in der derivativen Ausgestaltung des Konzernrechnungswesens dargestellten Vorgehensweise[51]

---

[46] Vgl. PELKA (1994), S. 221.

[47] "Stammdaten sind zustandsorientierte Daten, die der Identifizierung, Klassifizierung und Charakterisierung von Sachverhalten dienen und die unverändert über einen längeren Zeitraum hinweg zur Verfügung stehen." HANSEN (1986), S. 103.

[48] Ein solches Firmenverbundkennzeichen ist z.B. die Gesellschaftsnummer.

[49] Vgl. PELKA (1994), S. 221.

[50] Abweichend von dieser Vorgehensweise, bei der die gekennzeichneten Buchungssätze nach deren Übernahme in den Buchungskreis 'Konzern' konsolidiert werden, besteht die Möglichkeit, diese Buchungen erst gar nicht in den Buchungskreis 'Konzern' zu übernehmen. Für die erstgenannte Vorgehensweise sprechen die bei Rückgriff auf den kompletten Datenbestand besseren Kontroll- und Auswertungsmöglichkeiten der zentralen Konsolidierungsstelle. Vgl. PELKA (1994), S. 223.

[51] Vgl. OBEN, Kap. III.5.1.2.1., insbesondere Abb. 34 und die entsprechenden Ausführungen.

abzustimmen und erst nach Bestätigung durch den Kontrahenten entsprechend den auf der Anlage zur Abstimmdifferenz vorgegebenen Positionsnummern zu verbuchen und anschließend zu konsolidieren.

Die diesen Abschnitt abschließende Übersicht faßt die einzelnen Aktivitäten im Rahmen der Schuldenkonsolidierung bei originärer Ableitung des Konzernabschlusses in ihrer zeitlichen Reihenfolge zusammen.

Nr.	Aktivität
1	Kennzeichnung der auf konzerninternen Schuldverhältnissen beruhenden Buchungssätze
2	ggf. Saldenabstimmung

Abb. 36: Aktivitäten im Rahmen des Teilprozesses 'Schuldenkonsolidierung' in der originären Ausgestaltung des Konzernrechnungswesens

5.2.2. Zentrale oder dezentrale Verteilung der Aktivitäten

5.2.2.1. Kennzeichnung der auf konzerninternen Schuldverhältnissen beruhenden Buchungssätze

Randbedingungen / Handlungsalternativen im Zeitpunkt t	Größe des Konzerns	Handlungsalternativen in den Zeitpunkten 1,...,t-1
Zentrale Kennzeichnung der auf konzerninternen Schuldverhältnissen beruhenden Buchungssätze	E_{11}	E_{12}
Dezentrale Kennzeichnung der auf konzerninternen Schuldverhältnissen beruhenden Buchungssätze	E_{21}	E_{22}

Abb. 37: Matrix der betrachteten Handlungsalternativen und Randbedingungen im Rahmen der Aktivität 'Kennzeichnung der auf konzerninternen Schuldverhältnissen beruhenden Buchungssätze' in der originären Ausgestaltung des Konzernrechnungswesens

Damit die auf konzerninternen Schuldverhältnissen beruhenden Buchungssätze nach dem Konzernabschlußstichtag in einer begrenzten Anzahl von Arbeitstagen eliminiert werden können, sollten diese Buchungen im einzelgesellschaftlichen Buchungskreis erfaßt und - im Idealfall - bereits zeitgleich mit der Erfassung als konzerninterne Schuldverhältnisse gekennzeichnet werden.

Analysiert man vor diesem Hintergrund die aus der (De-)Zentralisation dieser Aktivität und der Größe des Konzerns resultierenden entscheidungsrelevanten Konsequenzen (Abb. 37, E_{11} und E_{21}), so erscheint - unter Berücksichtigung der benötigten Arbeitstage - die dezentrale Kennzeichnung der Buchungssätze (Abb. 37, E_{21}) die zielkonforme Alternative: Auch wenn sich der Konsolidierungskreis nur aus einer geringen Zahl von Konzernunternehmen zusammensetzt, wird die möglichst zeitnahe, oder im Idealfall zeitgleiche Erfassung und Kennzeichnung der auf konzerninternen Schuldverhältnissen beruhenden Buchungssätze in der zentralen Konsolidierungsstelle (Abb. 37, E_{11}) voraussichtlich nicht realisierbar sein. Jedes Konzernunternehmen müßte nämlich jede einzelne, zunächst für Zwecke der einzelgesellschaftlichen Rechnungslegung dezentral erfaßte Buchung[52] sowie jeweils eine Übersicht über die konzerninternen Kreditverflechtungen der Zentralstelle übermitteln, damit dort die entsprechende Kennzeichnung vorgenommen werden könnte.[53]

Unter dem Gesichtspunkt der Qualität der Informationen werden die sich aus der (De-)Zentralisation dieser Tätigkeit ergebenden Wirkungen ähnlich zu bewerten sein: In Anlehnung an die bisherigen Ausführungen zu dem in diesem Abschnitt betrachteten Entscheidungsproblem werden insbesondere bei ad-hoc Auswertungen nur dann Informationen generierbar sein, die dem dieser Arbeit zugrunde liegenden Verständnis von Informationsqualität entsprechen, wenn die auf konzerninternen Kreditverflechtungen beruhenden buchmäßigen Auswirkungen vollständig und damit zeitnah gekennzeichnet sind. Wie vorstehend ausgeführt, dürfte dies eher bei Dezentralisation (Abb. 37, E_{21}) als bei Zentralisation (Abb. 37, E_{11}) der Fall sein.

Da sich Konsequenzen aus den Abläufen in anderen Bereichen ergeben (können), darf die (De-)Zentralisation der Kennzeichnung solcher Buchungssätze, die auf

---

52 In der vorliegenden Arbeit wird von einer dezentralen Erfassung der originären einzelgesellschaftlichen Buchungen ausgegangen. Vgl. OBEN, Kap. III.1.2.

53 Es dürfte nicht möglich sein, die auf konzerninterne Kreditverflechtungen zurückzuführenden Buchungen auf Ebene der Konzernunternehmen zu selektieren und nur die selektierten Buchungen zwecks Kennzeichnung an die Zentralstelle zu transferieren, denn eine solche Selektion setzt bereits eine entsprechende Kennzeichnung voraus.

konzerninternen Schuldverhältnissen beruhen, nicht als isolierte Einheit betrachtet werden (Abb. 37, E_{12} und E_{22}).

Interdependenzen bestehen zu den beiden Aktivitäten

- Anpassung der sich für Zwecke der einzelgesellschaftlichen Rechnungslegung und der Konzernrechnungslegung wertmäßig voneinander unterscheidenden Buchungen an die konzerneinheitliche Bewertung[54] sowie
- Führung eines parallelen Buchwerkes in Konzernwährung für jedes in die Konzernrechnungslegung einbezogene Unternehmen mit Sitz im Ausland.[55]

Entscheidet sich die Konzernleitung dafür, die Anpassung an die konzerneinheitliche Bewertung bzw. die Erfassung in Konzernwährung zu zentralisieren[56], so werden - unter dem Gesichtspunkt der erforderlichen Arbeitstage - aufgrund dieser Entscheidung die Möglichkeiten der Dezentralisation der Kennzeichnung der auf innerkonzernliche Schuldverhältnisse zurückzuführenden Buchungssätze (Abb. 37, E_{22}) stark eingeschränkt: Die in der zentralen Konsolidierungsstelle gesondert an die konzerneinheitliche Bewertung angepaßten und in Konzernwährung erfaßten (Anpassungs-)Buchungen wären den betreffenden Konzernunternehmen zu übermitteln, so daß diese die auf konzerninternen Kreditverflechtungen beruhenden Buchungen gesondert kennzeichnen könnten. Die gekennzeichneten Buchungssätze wären anschließend wieder der Zentralstelle zu senden.

Bei zentraler Anpassung an die konzerneinheitliche Bewertung bzw. bei zentraler Erfassung in Konzernwährung erscheint - in bezug auf die Arbeitstage - die dezentrale Alternative (Abb. 37, E_{22}) zeitaufwendiger zu sein als die zentrale Kennzeichnung der Buchungssätze (Abb. 37, E_{12}), bei der die von der Konsolidierungszentrale in Konzernwährung erfaßten Buchungen nicht den Konzernunternehmen und nach dezentraler Verarbeitung nicht wieder der Zentralstelle zu übermitteln sind, sondern die bereits zentral an die konzerneinheitliche Bewertung angepaßten und in Konzernwährung erfaßten Buchungen auch in der Konsolidierungszentrale ggf. als auf konzerninterne Kreditverflechtungen zurückzuführende Buchungen gekennzeichnet werden.

---

[54] Vgl. OBEN, Kap. III.2.2.2.
[55] Vgl. OBEN, Kap. III.3.2.2.
[56] Vgl. OBEN, Kap. III.2.2.2., Abb. 12, E_{11} und E_{12} bzw. Kap. III.3.2.2., Abb. 20, E_{11} und E_{12}.

Unter Berücksichtigung der Arbeitstage erscheint somit bei zentraler Anpassung der Daten an die konzerneinheitliche Bewertung bzw. bei zentraler Erfassung der Daten in Konzernwährung die zentrale Kennzeichnung der auf innerkonzernliche Schuldverhältnisse zurückzuführenden Buchungssätze (Abb. 37, E_{12}) die vorteilhaftere Handlungsalternative zu sein.

Wird die Anpassung an die konzerneinheitliche Bewertung bzw. die Erfassung in Konzernwährung dagegen von den Konzernunternehmen vorgenommen[57], dann ergibt sich lediglich der Effekt, daß sowohl bei Zentralisation (Abb. 37, E_{12}) als auch bei Dezentralisation der hier betrachteten Aktivität (Abb. 37, E_{22}) die Daten jeweils einmal zur Zentralstelle transferiert werden müssen: Bei zentraler Kennzeichnung der auf innerkonzernliche Schuldverhältnisse zurückzuführenden Buchungssätze (Abb. 37, E_{12}) geschieht dies im Anschluß an die ggf. erfolgte dezentrale Erfassung in Konzernwährung; bei dezentraler Kennzeichnung der auf innerkonzernliche Schuldverhältnisse zurückzuführenden Buchungssätze (Abb. 37, E_{22}) geschieht dies nachdem die Konzernunternehmen die auf konzerninternen Kreditverhältnissen beruhenden Buchungssätze gekennzeichnet haben.
Daraus kann gefolgert werden, daß bei Dezentralisation der Anpassung an die konzerneinheitliche Bewertung bzw. bei dezentraler Erfassung in Konzernwährung die Entscheidung über die (De-)Zentralisation der Kennzeichnung der auf konzerninternen Schuldverhältnissen beruhenden Buchungssätze nicht unmittelbar beeinflußt wird und sich über die bereits genannten entscheidungsrelevanten Ergebnisse hinaus keine weiteren ergeben.

Bei Beurteilung der Handlungsalternativen im Hinblick auf die Qualität der generierten Informationen ergeben sich - aufgrund der (De-)Zentralisation der Anpassung an die konzerneinheitliche Bewertung bzw. der Erfassung in Konzernwährung - die folgenden entscheidungsrelevanten Implikationen für die (De-)Zentralisation der Kennzeichnung der auf innerkonzernlichen Schuldverhältnissen zurückzuführenden Buchungen: Da, wie bereits erwähnt, die Auswertungsmöglichkeiten - insbesondere bei ad-hoc Anfragen - aufgrund der zeitgleichen Erfassung bei Dezentralisation generell größer sind als bei Zentralisation, wird sich, sowohl bei zentraler als auch bei dezentraler Erfüllung der beiden vorgelagerten Aktivitäten[58], die dezentrale

---

[57] Vgl. OBEN, Kap. III.2.2.2., Abb. 12, E_{21} und E_{22} bzw. Kap. III.3.2.2., Abb. 20, E_{21} und E_{22}.
[58] Die hier gemeinten Aktivitäten sind: die Anpassung der sich für Zwecke der einzelgesellschaftlichen Rechnungslegung und der Konzernrechnungslegung wertmäßig voneinander unterscheidenden Buchungen an die konzerneinheitliche Bewertung sowie die Führung eines parallelen Buchwerkes in Konzernwährung für jedes in die Konzernrechnungslegung einbezogene Unternehmen mit Sitz im Ausland.

Kennzeichnung der auf konzerninternen Kreditverhältnissen beruhenden Buchungssätze (Abb. 37, E_{22}) positiver auf die Qualität der Informationen auswirken als die zentrale Kennzeichnung (Abb. 37, E_{12}).

Als Resümee ist festzuhalten, daß die auf konzerninternen Schuldverhältnissen beruhenden Buchungssätze grundsätzlich zentral und dezentral als solche gekennzeichnet werden können. Unter Zugrundelegung der in dieser Arbeit gewählten Zielvariablen erscheint die Zielwirksamkeit der Dezentralisation jedoch größer zu sein als die der Zentralisation.

5.2.2.2. Saldenabstimmung

In der originären Ausgestaltung des Konzernrechnungswesens wurde im Rahmen der Zerlegung des Teilprozesses 'Schuldenkonsolidierung' in einzelne Aktivitäten festgestellt, daß in den Fällen, in denen sich die unter einer Vorgangsnummer erfaßten und als konzernintern gekennzeichneten Buchungen entsprechen, die dazugehörige Konsolidierungsbuchung automatisch durchgeführt werden kann. Lediglich in den Fällen, in denen sich die unter einer Vorgangsnummer erfaßten und als konzernintern gekennzeichneten Buchungen nicht entsprechen, sind diese abzustimmen.[59]

Im Gegensatz zu dieser Vorgehensweise werden bei derivativer Ableitung des Konzernabschlusses sämtliche auf konzerninterne Schuldverhältnisse zurückzuführenden Salden abgestimmt.[60]

Sieht man außerdem davon ab, daß bei originärer Ableitung des Konzernabschlusses der Abstimmungsvorgang in der Regel nicht in Papierform bzw. in einem separaten EDV-gestützten Saldenabstimmungssystem erfolgen wird, sondern unmittelbar im konzernweit integrierten Buchhaltungssystem, ist der Abstimmungsvorgang an sich in beiden Ausgestaltungsformen des Konzernrechnungswesens identisch.

Daraus kann abgeleitet werden, daß die sich aus der Kombination von Handlungsalternativen und Randbedingungen ergebenden entscheidungsrelevanten Konsequenzen in beiden Fällen gleichlautend sein müssen. Das bedeutet wiederum, daß in bezug auf die (De-)Zentralisation der Saldenabstimmung bei originärer Ab-

[59] Vgl. OBEN, Kap. III.5.2.1.
[60] Vgl. OBEN, Kap. III.5.1.1.

leitung des Konzernabschlusses auf die korrespondierenden Ausführungen bei derivativer Ableitung des Konzernabschlusses verwiesen werden kann.[61]

5.2.3. Ergebnis

In der originären Ausgestaltung des Konzernrechnungswesens umfaßt der Teilprozeß 'Schuldenkonsolidierung' im wesentlichen zwei Aktivitäten:[62]

- Kennzeichnung der auf konzerninternen Schuldverhältnissen beruhenden Buchungssätze,
- ggf. Saldenabstimmung.

Beide Aktivitäten können grundsätzlich sowohl zentral als auch dezentral ausgeführt werden.

Die Zusammenstellung der wichtigsten Ergebnisse der Analyse des (De-)Zentralisationspotentials der Kennzeichnung der auf konzerninternen Schuldverhältnissen beruhenden Buchungssätze[63] ergibt das auf Seite 160 wiedergegebene Bild.

In bezug auf die zweitgenannte Aktivität, die Saldenabstimmung, wurde festgestellt, daß sowohl der Abstimmungsvorgang als auch die entscheidungsrelevanten Ergebnisse in derivativer und originärer Ausgestaltung des Konzernrechnungswesens gleichlautend sind[64], so daß auf die Darstellung der Ergebnisse bei derivativer Ausgestaltung des Konzernrechnungswesens verwiesen werden kann.[65]

---

[61] Vgl. OBEN, Kap. III.5.1.2.1. und III.5.1.3.
[62] Zur Zerlegung des Teilprozesses 'Schuldenkonsolidierung' in der originären Ausgestaltung des Konzernrechnungswesens in einzelne Aktivitäten vgl. OBEN, Kap. III.5.2.1.
[63] Vgl. OBEN, Kap. III.5.2.2.1.
[64] Vgl. OBEN, Kap. III.5.2.2.2.
[65] Vgl. OBEN, Kap. III.5.1.3.

Zielvariablen / Handlungsalternativen	Qualität	Arbeitstage
Zentrale Kennzeichnung der auf konzerninternen Schuldverhältnissen beruhenden Buchungssätze	- zeitgleiche Erfassung und Kennzeichnung der auf konzerninternen Schuldverhältnissen beruhenden Buchungssätze wird kaum möglich sein; d.h. Datenpool enthält unvollständige und nicht aktuelle Daten; ad-hoc Auswertungen werden kaum möglich sein	- wird Anpassung an konzerneinheitliche Bewertung bzw. Erfassung in Konzernwährung zentralisiert, so wirkt sich Zentralisation hier am vorteilhaftesten aus
Dezentrale Kennzeichnung der auf konzerninternen Schuldverhältnissen beruhenden Buchungssätze	- zeitgleiche Erfassung und Kennzeichnung der auf konzerninternen Schuldverhältnissen beruhenden Buchungssätze wird möglich sein; d.h. Datenpool enthält vollständige und aktuelle Daten; ad-hoc Auswertungen werden ohne weiteres möglich sein	- zeitgleiche Erfassung und Kennzeichnung der auf konzerninternen Schuldverhältnissen beruhenden Buchungssätze wird möglich sein; benötigte Arbeitstage nach Konzernabschlußstichtag werden tendenziell geringer sein als bei Zentralisation

Abb. 38: Zielvariablenmatrix bei Kennzeichnung der auf konzerninternen Schuldverhältnissen beruhenden Buchungssätze in der originären Ausgestaltung des Konzernrechnungswesens

6. Zwischenergebniseliminierung

6.1. Prozeßorganisatorische Gestaltung des Teilprozesses 'Zwischenergebniseliminierung' in der derivativen Ausgestaltung des Konzernrechnungswesens

6.1.1. Zerlegung des Teilprozesses in einzelne Aktivitäten

Konzerninterne Gewinne[66] und Verluste[67] entstehen durch Lieferungen und Leistungen (im folgenden kurz: Lieferungen) zwischen den Unternehmen des Konzerns.

[66] "Als im Bilanzwert eines bestimmten Vermögensgegenstandes enthaltener konzerninterner Gewinn (Zwischengewinn) wird hier der Überschuß des ggf. korrigierten Bilanzwertes in der Einzelbilanz (Handelsbilanz II) des einbezogenen Unternehmens über den nach der Fiktion der rechtlichen Einheit zulässigen Höchstwert der Konzernanschaffungs- bzw. Konzernherstellungskosten bezeichnet. Der korrigierte Einzelbilanzwert ist gleich dem Einzelbilanzwert zuzüglich solcher Wertabschläge, die in der Einzelbilanz, z.B. wegen mangelnder Gängigkeit oder wegen Lagerschäden vorgenommen wurden. So definiert, entspricht der Zwischengewinn dem Betrag, um den der Vermögenswert mindestens zu kürzen ist." BUSSE VON COLBE/ORDELHEIDE (1993), S. 352-353. Vgl. auch BAETGE/SCHULZE (1997), IAS 27, Tz. 144.

[67] "Als in einem Vermögensgegenstand enthaltener Verlust (Zwischenverlust) wird hier der Betrag bezeichnet, um den der Wertansatz in der Einzelbilanz des einbezogenen Unternehmens den Mindestwert der Konzernanschaffungs- bzw. Konzernherstellungskosten bei Fiktion der rechtlichen Einheit, den niedrigeren Tageswert oder den niedrigeren für steuerliche Zwecke als zulässig erachteten Wert unterschreitet. Um diesen Betrag ist der Vermögenswert mindestens heraufzuset-

Veräußert ein in den Konzernabschluß einbezogenes Unternehmen Vermögensgegenstände an ein anderes in die Konzernrechnungslegung integriertes Unternehmen, dann sind die aus diesem konzerninternen Geschäft beim Lieferer entstandenen Gewinne oder Verluste aus Sicht der wirtschaftlichen Einheit Konzern noch nicht realisiert. Erst wenn der Leistungsempfänger die Vermögensgegenstände an konzernfremde Unternehmen veräußert, haben sich die beim Lieferer entstandenen Gewinne oder Verluste auch für die wirtschaftliche Einheit Konzern realisiert. Somit sind Zwischenergebnisse grundsätzlich nur dann zu eliminieren, wenn sich die Vermögensgegenstände, die Zwischenerfolge enthalten, am Abschlußstichtag bei einem einbezogenen Unternehmen im Bestand befinden.[68]

Zwischenergebnisse entstehen im wesentlichen durch Lieferungen in das Anlage- und Umlaufvermögen, oder genauer, in das Vorratsvermögen, so daß sich im folgenden auf die Erörterung der hier auftretenden organisatorischen Probleme beschränkt wird. Da die organisatorischen Probleme bei der Ermittlung der Konzernanschaffungs- bzw. Konzernherstellungskosten für Vorräte in der Regel größer sind als für Gegenstände des Anlagevermögens[69] - und insbesondere dann, wenn es sich um einen Konzern mit umfangreichen konzerninternen Geschäftsverhältnissen handelt[70] - werden nachfolgend Probleme von innerkonzernlichen Lieferungen in das Vorratsvermögen besonders intensiv behandelt.

Als elementare organisatorische Voraussetzung zur Durchführung der mit der Zwischenergebniseliminierung verbundenen Verrichtungen werden - ähnlich wie bei der Schuldenkonsolidierung[71] - spezielle Konten für den konzerninternen Lieferungs- und Leistungsverkehr eingerichtet.[72] Auf diesen Konten sind die Kosten, die sich auf

---

zen." BUSSE VON COLBE/ORDELHEIDE (1993), S. 353. Vgl. auch BAETGE/SCHULZE (1997), IAS 27, Tz. 144.

68 Vgl. § 304 Abs. 1 HGB. Die Zwischenergebniseliminierung nach internationalen Rechnungslegungsgrundsätzen entspricht der nach § 304 HGB. Vgl. IASC (1998), IAS 27.17, FASB (1996b), ARB 51.1 und 51.6 sowie BAETGE/SCHULZE (1997), IAS 27, Tz. 148.

69 Im Hinblick auf die Zwischenergebniseliminierung im Anlagevermögen stellt STEINCHEN (1993), S. 242, fest, daß Zwischenergebnisse im Anlagevermögen zahlenmäßig in der Regel keine große Bedeutung haben, da in "vielen Konzernen Bestimmungen erlassen wurden, nach denen Verkäufe von Anlagen im Konzern zu Buchwerten abzuwickeln sind, um eben (organisatorische, Anm. d. Verfassers) Probleme bei der Ermittlung von Zwischenerfolgen gar nicht erst entstehen zu lassen."

70 Im Zusammenhang mit der Eliminierung von Zwischenergebnissen im Vorratsvermögen konstatiert HEINE, daß die Zwischenergebniseliminierung die Konsolidierungsmaßnahme ist, die "die zahlreichsten Angaben erfordert." HEINE (1968), S. 201. Vgl. auch GROBE (1965), S. 313.

71 Vgl. OBEN, Kap. III.5.1.1.

72 Vgl. GROBE (1965), S. 314 sowie zum Konzernkontenplan allgemein OBEN, Kap. II.3.1.3.2. Weiterhin müssen sämtliche einbezogenen Unternehmen über eine für Zwecke der Konzernrechnungslegung nach Tochterunternehmen, Gemeinschaftsunternehmen, assoziierten Unternehmen und übrigen Beteiligungen differenzierende Zusammenstellung der zum Konzern gehörenden

den konzerninternen Lieferungs- oder Leistungsverkehr beziehen, als solche zu erfassen, wobei das liefernde Unternehmen die Zwischengewinnsätze oder -verlustsätze nachzuweisen hat und außerdem seinen Umsatz nach Gegengesellschaften erfassen muß.[73]

Ausgangspunkt für die Ermittlung der Zwischenergebnisse ist die Feststellung der Bestände an Vermögensgegenständen aus innerkonzernlichen Lieferungen, die am Abschlußstichtag noch bei dem in die Konzernrechnungslegung aufgenommenen Empfänger lagern, da diese Bestände konzerninterne Erfolge aufweisen können.

Die Ermittlung der Bestände von konzernintern erworbenen Einzelgegenständen des Anlagevermögens ist relativ unproblematisch, da solche Transaktionen als Einzelfälle erfaßt werden und somit die entsprechenden Informationen nicht gesondert generiert werden müssen.[74]

Die Feststellung der aus Konzernlieferungen stammenden Konzernbestände des Umlaufvermögens ist dann unproblematisch, wenn die betreffenden Vermögensgegenstände ausschließlich von einem einzigen Unternehmen des Konsolidierungskreises bezogen werden. Gleichermaßen ist die Inventarisierung der lagernden Vorräte problemlos, solange die gleichen Vermögensgegenstände zwar von anderen Konzernunternehmen resp. konzernfremden Unternehmen bezogen werden, die Bestände sich jedoch durch isolierte Lagerung oder besondere Kennzeichnung ohne weiteres voneinander unterscheiden lassen.[75] Die Ermittlung der aus Konzernlieferungen stammenden Konzernbestände des Vorratsvermögens wird allerdings dann problematisch, wenn Massengüter ggf. in gemischte Läger geliefert werden oder Erzeugnisse mit Vorlieferungen oder -leistungen aus dem Konsolidierungskreis bei einem Konzernunternehmen lagern. Da eine separate Lagerung und Kennzeichnung der Bestände nach der jeweiligen Liefergesellschaft aus Kostengründen regelmäßig nicht realisierbar sein wird[76], müssen die Bestände rechnerisch aufgespaltet werden.[77]

Unternehmen verfügen. Zur Beteiligungsübersicht als Bestandteil einer Richtlinie zur konzerneinheitlichen Rechnungslegung vgl. OBEN, Kap. II.3.1.3.3.

[73] Vgl. HEINE (1968), S. 197.

[74] Vgl. ZOGG (1978), S. 238.

[75] Vgl. TEITLER-FEINBERG (1970), S. 229.

[76] Vgl. ARBEITSKREIS WOLFGANG SCHOLTISSEK (1969), S. 23-24; BERNDT (1983), S. 310; TEITLER-FEINBERG (1970), S. 230.

[77] Vgl. HEINE (1968), S. 201 Im einzelnen kommen dafür folgende Verfahren in Betracht: Das Durchschnittsverfahren, das Lifo-Verfahren (Last in - first out), das Fifo-Verfahren (First in - first out), das Kifo-Verfahren (Konzern in - first out) und das Kilo-Verfahren (Konzern in - last out). Die genannten Verfahren existieren nicht nur in der 'einfachen Version', sondern auch als sogenannte

Die Wertansätze der so ermittelten konzerninternen Bestände im Jahresabschluß II des Konzernabnehmers bilden den Ausgangspunkt für die Ermittlung der Konzernanschaffungs- und Konzernherstellungskosten. Die Wertansätze im Jahresabschluß II können nur dann unmittelbar festgestellt werden, wenn für bestimmte Konzernbestände ein jeweils einheitlicher Anschaffungspreis vorliegt. Auf unterstellten Verbrauchsfolgen basierende Schätzungen werden allerdings - wie bei der Feststellung der Konzernbestände - den Regelfall darstellen.[78] Daraus folgert WEBER, daß Konzernbestände und Jahresabschluß II-Wertansätze sachdienlicherweise simultan ermittelt werden.[79]

Eine "Konzern-Kostenrechnung"[80], in die sämtliche in die Konzernrechnungslegung einbezogenen Unternehmen aufgenommen sind und die die Konzernanschaffungs- bzw. Konzernherstellungskosten direkt errechnet, existiert im allgemeinen nicht.[81] Daher sind die Konzernanschaffungs- und Konzernherstellungskosten aus den Jahresabschlüssen II und aus den Kostenrechnungen der einbezogenen Unternehmen zu berechnen. Die Höhe des eliminierungspflichtigen Zwischenerfolges wird als Differenz aus der Gegenüberstellung von den in den Jahresabschlüssen II ausgewiesenen und den bei Fiktion der rechtlichen Einheit für zulässig erachteten Wertansätzen ermittelt.[82]

Die genaue lieferungsindividuelle Ermittlung des theoretischen Höchst- oder Mindestwertes der Konzernanschaffungs- bzw. Konzernherstellungskosten für jeden einzelnen Vermögensgegenstand des Vorratsvermögens, wie sie bei konzernintern gelieferten Gegenständen des Anlagevermögens im Rahmen einer Einzelfallbetrachtung praktiziert wird, ist in der Regel zu zeitaufwendig.[83] Unter der Voraussetzung, daß die Grenzwerte nicht überschritten werden, ist es insofern erklärlich und konsequent, Zwischenerfolge im Vorratsvermögen näherungsweise und damit zeitsparender zu ermitteln.[84]

'gleitende Verfahren', bei denen das jeweilige Prinzip auf jeden einzelnen Abgang angewendet wird. Zu diesen Verfahren vgl. z.B. BUSSE VON COLBE/ORDELHEIDE (1993), S. 363-367; KLEIN, K.-G. (1989), Rz. 85-109.

78 Vgl. SCHULZ (1990), S. 366.

79 Vgl. WEBER (1989), Rn. 80.

80 HAASE/LÖCHERBACH (1968), S. 570.

81 Zur Idee einer eigenen, sämtliche Unternehmen des Konsolidierungskreises umfassenden Konzern-Kostenrechnung vgl. z.B. HAASE/LÖCHERBACH (1968), S. 572-580; KÜTING (1991), S. 11-12; MÜLLER, E. (1980), S. 20-29.

82 Vgl. KLEIN, K.-G. (1989), Rz. 110.

83 Vgl. KLEIN, K.-G. (1989), Rz. 112; ORDELHEIDE (1992), Sp. 2382.

84 Vgl. JONAS (1986), S. 381. BUSSE VON COLBE/ORDELHEIDE differenzieren im Hinblick auf die Ermittlungsgenauigkeit folgende Verfahrensgruppen der Zwischenergebnisermittlung:

1. Lieferungs- oder bestandsindividuelle Methode
2. Ermittlung von Durchschnittssätzen je Berichtsperiode

Im Anschluß an die Ermittlung von zulässigen Konzernbestandswerten für die internen Bestände, die vermutlich erhebliche Zwischenerfolge enthalten, werden die Konzernbestandswerte über alle Unternehmen des Konsolidierungskreises zu einem Zwischenergebnis des Konzerns aufsummiert. Dieses Zwischenergebnis des Konzerns wird mit dem entsprechenden Wert des Vorjahres verglichen und der Differenzbetrag beider Zwischenergebnisse nach Berücksichtigung latenter Steuern dem Jahresüberschuß des Konzerns entweder hinzugefügt oder von diesem subtrahiert.

Aus der Notwendigkeit, die in Vorjahren ermittelten Zwischenergebnisse bei der Ermittlung der Zwischenergebnisse des Berichtsjahres zu berücksichtigen, resultiert eine weitere Aktivität im Rahmen des Teilprozesses 'Zwischenergebniseliminierung', i.e. die Fortführung der Zwischenergebnisse in den Folgeperioden.[85] Um die im Vorratsvermögen enthaltenen Zwischenergebnisse in den Folgeperioden fortzuführen, besteht die Möglichkeit, die Zwischenergebnisse in den Konzernbeständen für jede Berichtsperiode erneut zu ermitteln[86] und das Konzernjahresergebnis nach Berücksichtigung latenter Steuern lediglich um die Veränderung des Zwischenergebnisses gegenüber dem Vorjahr zu korrigieren.[87]

---

3. Ermittlung von Konzerndurchschnittssätzen
4. Approximation des Zwischenerfolges durch einen Bruttogewinn des Lieferanten. Vgl. BUSSE VON COLBE/ORDELHEIDE (1993), S. 369-375.

[85] Vgl. BUDDE/DREISSIG (1990), Anm. 51.

[86] Vgl. ZOOG (1978), S. 237.

[87] Alternativ zu der genannten Möglichkeit können der Konsolidierungszentrale im Jahr der konzerninternen Lieferung die Ergebnisse aus diesen internen Umsätzen und im Jahr der konzernexternen Veräußerung des Vermögensgegenstandes die realisierten konzerninternen Ergebnisse der Vorperioden übermittelt werden.

Die einzelnen Aktivitäten im Rahmen des Teilprozesses 'Zwischenergebniseliminierung' lassen sich wie folgt zusammenfassen:

Nr.	Aktivität
1	Unterteilung der am Abschlußstichtag bei den Unternehmen des Konsolidierungskreises vorliegenden Bestände in konzerninterne und konzernexterne sowie grobe Abschätzung der Zwischenerfolge für die konzernintern gelieferten Bestände
2	Ermittlung eines gesetzlich erlaubten Konzernbestandswertes für die konzerninternen Bestände
3	Zusammenfassung der in diesen Werten enthaltenen Zwischenerfolge über alle einbezogenen Unternehmen zu einem Konzernzwischenerfolg
4	Korrektur des Jahresüberschusses lt. Konzern-Summen-GuV unter Berücksichtigung latenter Steuern um die Differenz zwischen dem unter Nr. 3 für diese Berichtsperiode ermittelten Betrag und dem entsprechenden Betrag der Vorperiode

Abb. 39: Aktivitäten im Rahmen des Teilprozesses 'Zwischenergebniseliminierung' in der derivativen Ausgestaltung des Konzernrechnungswesens

6.1.2. Zentrale oder dezentrale Verteilung der Aktivitäten

6.1.2.1. Ermittlung der Bestände aus Konzernlieferungen

Die quantitative Ermittlung der Bestände aus Konzernlieferungen zum Ende einer Berichtsperiode und deren Abgrenzung von den konzernextern gelieferten Beständen wird in der Literatur als Tätigkeit eingestuft, die dezentral zu erfüllen ist, und zwar von dem in die Konzernrechnungslegung einbezogenen Unternehmen, das die jeweilige konzerninterne Lieferung empfangen hat.[88]

Diese Einstufung wird durch die Anwendung des theoretischen Bezugsrahmens für die zentrale und dezentrale Verteilung von Teilprozessen und Aktivitäten auf die hier interessierende Aktivität bestätigt.

[88] Vgl. z.B. JONAS (1986), S. 382; WEBER (1989), Rn. 74.

Randbedingungen / Handlungsalternativen im Zeitpunkt t	Größe des Konzerns	Handlungsalternativen in den Zeitpunkten 1,...,t-1
Zentrale Ermittlung der Bestände aus Konzernlieferungen	E_{11}	E_{12}
Dezentrale Ermittlung der Bestände aus Konzernlieferungen	E_{21}	E_{22}

Abb. 40: Matrix der betrachteten Handlungsalternativen und Randbedingungen im Rahmen der Aktivität 'Ermittlung der Bestände aus Konzernlieferungen' in der derivativen Ausgestaltung des Konzernrechnungswesens

Die Ermittlung der Bestände aus Konzernlieferungen ist ein in sich abgeschlossener Vorgang, der keine Schnittstellen zu solchen Teilprozessen und Aktivitäten aufweist, die bei Beginn dieser Aktivität bereits abgeschlossen sind. Daraus kann unmittelbar abgeleitet werden, daß die in obiger Abbildung dargestellten Konstellationen E_{12} und E_{22} im Zusammenhang mit der in diesem Abschnitt behandelten Gestaltungsfrage irrelevant sind und somit von der weiteren Untersuchung ausgeklammert werden können.

Da die Bestände beim Konzernempfänger lagern, ist dieser zwangsläufig besser als das Lieferunternehmen und auch besser als die Konsolidierungsstelle darüber informiert, ob und inwieweit die bei ihm vorliegenden Bestände aus Lieferungen von Unternehmen des Konsolidierungskreises stammen. Aufgrund des besseren Informationsstandes wird bei dezentraler Aufgabenerfüllung beim Konzernempfänger (Abb. 29, E_{21}) die Qualität der generierten Informationen generell höher sein als bei zentraler Aufgabenerfüllung (Abb. 29, E_{11}). Darüber hinaus werden die Informationen dezentral beim Konzernempfänger (Abb. 29, E_{21}) in weniger Arbeitstagen erzeugt werden können als bei zentraler Vorgehensweise (Abb. 29, E_{11}). Der letztgenannte Effekt wirkt sich um so stärker aus, je mehr Konzernunternehmen in den Konsolidierungskreis integriert sind, d.h. je größer der Konzern ist.

Im Zuge der Ermittlung der Bestände aus Konzernlieferungen stellt jeder Konzernempfänger fest, in welche Erzeugnisbestände Lieferungen von anderen Konzernunternehmen eingegangen sind.

Aufgrund der zweckmäßigerweise dezentral vorzunehmenden Unterteilung der Bestände in konzerninterne und -externe sind von der Konsolidierungszentrale Beurteilungsmaßstäbe zu generieren, mit deren Hilfe die Konzernunternehmen vor Ort die Zwischenerfolge für die konzernintern gelieferten Bestände grob abschätzen und insofern entscheiden können, ob Zwischenerfolge überhaupt zu eliminieren sind.[89] Dazu wird eine sogenannte Bagatellgrenze in Form eines Grenzwertes für die Höhe des Zwischenergebnisses im Verhältnis zu einem adäquaten Größenkriterium des Konzerns bestimmt, bei dessen Unterschreiten Zwischenergebnisse aus Lieferungen oder Leistungen zu üblichen Marktbedingungen nicht eliminiert werden müssen. Anhand dieses Kriteriums kann festgestellt werden, welche von den konzerninternen Beständen zwar Zwischenerfolge enthalten, die aber einerseits zu üblichen Marktbedingungen geliefert wurden, oder die andererseits nur Zwischenerfolge von untergeordneter Bedeutung enthalten und deshalb wie die konzernextern bezogenen Bestände unverändert in den Konzernabschluß übernommen werden können.

Ähnlich wie die Ermittlung der Bestände aus Konzernlieferungen kann aus den bereits an dortiger Stelle dargelegten Gründen auch die Anwendung des von der zentralen Konsolidierungsstelle vorgegebenen Größenkriteriums - bei Rückgriff auf die Subzielvariablen - letztendlich nur dezentral durch den Konzernempfänger erfolgen.

Als Resümee ist festzustellen, daß unter Berücksichtigung der in dieser Arbeit entwickelten Subzielvariablen die Konzernempfänger zweckmäßigerweise nicht nur ihre Bestände in konzerninterne und konzernexterne unterteilen, sondern auch die darin enthaltenen Zwischenerfolge grob abschätzen.

6.1.2.2. Ermittlung eines gesetzlich erlaubten Konzernbestandswertes für die konzerninternen Bestände

Zur Beantwortung der organisatorischen Gestaltungsfrage, wo für die Bestände, die auf Lieferungen von Konzernunternehmen beruhen und die zu eliminierende Zwischenerfolge enthalten, ein gesetzlich erlaubter Konzernbestandswert ermittelt werden kann, sind drei verschiedene organisatorische Lösungsansätze denkbar:

---

[89] Vgl. BUSSE VON COLBE/ORDELHEIDE (1993), S. 389.

Randbedingungen / Handlungsalternativen im Zeitpunkt t	Größe des Konzerns	Handlungsalternativen in den Zeitpunkten 1,...,t-1
Zentrale Ermittlung eines gesetzlich erlaubten Konzernbestandswertes für die konzerninternen Bestände	E_{11}	E_{12}
Dezentrale Ermittlung eines gesetzlich erlaubten Konzernbestandswertes für die konzerninternen Bestände beim Konzernlieferer	E_{21}	E_{22}
Dezentrale Ermittlung eines gesetzlich erlaubten Konzernbestandswertes für die konzerninternen Bestände beim Konzernempfänger	E_{31}	E_{32}

Abb. 41: Matrix der betrachteten Handlungsalternativen und Randbedingungen im Rahmen der Aktivität 'Ermittlung eines gesetzlich erlaubten Konzernbestandswertes' in der derivativen Ausgestaltung des Konzernrechnungswesens

Im Rahmen der erstgenannten Handlungsalternative, der Berechnung der Zwischenerfolge durch die *Konsolidierungszentrale* (Abb. 41, E_{11} und E_{12}), übermittelt der Konzernempfänger der Zentralstelle Informationen über Bestand und Wert der noch auf Lager befindlichen konzernintern gelieferten Vermögensgegenstände, und der Konzernlieferant meldet die entsprechenden Daten - das sind vor allem die Zwischenerfolgsanteile[90] - aus seiner Kalkulation.[91]

Bei der zentralen Vorgehensweise (Abb. 41, E_{11} und E_{12}) muß das liefernde Konzernunternehmen der zentralen Konsolidierungsstelle - situationsabhängig variierend - zusätzliche Informationen übermitteln:

---

[90] Als Zwischenerfolgsanteil werden die Zwischenerfolge in den Innenumsatzerlösen bezeichnet. Vgl. BUSSE VON COLBE/ORDELHEIDE (1993), S. 356.

[91] Vgl. WEBER (1989), Rn. 74.

(a) Hat das Lieferunternehmen die Lieferung von einem konzernfremden Vorlieferer bezogen, so muß es über seine Anschaffungskosten informieren.[92]

(b) Hat das Lieferunternehmen die Lieferung eigengefertigt, so muß es die Herstellungskosten nach Einzel- und Gemeinkosten und die ggf. angefallenen Vertriebskosten nach Kostenarten aufschlüsseln und an die Konsolidierungsstelle melden.

Der Informationsfluß bei zentraler Vorgehensweise sei an einem Beispiel verdeutlicht:

Konzernempfänger: ABC Corp. Ges.-Nr. 107

VORRATSWERTE AUS KONZERNINTERNEN LIEFERUNGEN ZUM 31.12.XXXX

Konzernlieferant		JA II-Bilanzwert in Landeswährung		
Ges. Nr.	Gesellschaftsname, Segment	Roh-, Hilfs- und Betriebsstoffe	unfertige Erzeugnisse u. Leistungen	fertige Erzeugnisse und Waren
A	B	C	D	E
		(USD)	(USD)	(USD)
110	DEF AG Segment XYZ	125.000,--		

Abb. 42: Formular zur Meldung der Vorratswerte aus konzerninternen Lieferungen durch den Konzernempfänger

Auf dem Formular[93] zur Meldung der Vorratswerte aus konzerninternen Lieferungen (Abb. 42) meldet der Empfänger der konzerninternen Lieferung (ABC Corp.) die am Bilanzstichtag in seinen Vorräten enthaltenen Bestände aus Lieferungen anderer

[92] Vgl. HEINE (1968), S. 201-204.

[93] Die formularmäßige Darstellung wurde deshalb gewählt, da sich Feststellung und Weiterleitung der Informationen über Bestände sowie Wertansätze im Jahresabschluß II aus konzerninternen Lieferungen durch die Verwendung eines konzerneinheitlichen Formulars, auf dem die konzerninternen Lieferungsvorgänge registriert werden, standardisieren und dadurch wesentlich beschleunigen läßt. Vgl. z.B. DUSEMOND (1991), S. 405-409; HEINE (1967), S. 120; HEINE (1968), S. 207.

Konzernunternehmen gemäß Jahresabschluß II[94] in Einheiten der Landeswährung[95], getrennt nach Roh-, Hilfs- und Betriebsstoffen (Spalte C), unfertigen Erzeugnissen und Leistungen (Spalte D) und fertigen Erzeugnissen und Waren (Spalte E). Die Angaben sind gesellschaftsweise (Spalte A bzw. Spalte B) nach liefernden Segmenten (Spalte B) zu unterteilen.

Konzernunternehmen: DEF AG Ges.-Nr. 110

SEGMENTWEISE AUFBEREITUNG DER AK/HK UND UMSATZERLÖSE ZUM 31.12.XXXX

Spalte D ist **ausschließlich** von der Konsolidierungszentrale auszufüllen !

Segment	JA II - Bilanzwert in Landeswährung		Segmentbrutto-ergebnissatz
	AK/HK	Umsatzerlöse	
A	B	C	D
	(DM)	(DM)	(in %)
XYZ	1.380.000,--	2.950.000,--	53,22

Abb. 43: Formular zur segmentweisen Meldung der Anschaffungs- bzw. Herstellungskosten und Umsatzerlöse

Die einzelnen Konzernunternehmen melden der Konsolidierungszentrale (Abb. 43) segmentweise (Spalte A) ihre die verkauften Waren oder Leistungen betreffenden Anschaffungs- bzw. Herstellungskosten (AK bzw. HK) (Spalte B) sowie ihre Umsatzerlöse (Spalte C).

---

[94] In diesem Beispiel wird unterstellt, daß der Jahresabschluß II dezentral beim Konzernunternehmen erstellt wird. Zu den Möglichkeiten und Grenzen der (de-)zentralen Jahresabschluß II-Erstellung in der derivativen Ausgestaltung des Konzernrechnungswesens vgl. OBEN, Kap. III.2.1.2. und III.2.1.3.

[95] Die Währungsumrechnung wird in diesem Beispiel als Aufgabe der zentralen Konsolidierungsstelle eingestuft. Zu den Möglichkeiten und Grenzen der (de-)zentralen Währungsumrechnung in der derivativen Ausgestaltung des Konzernrechnungswesens vgl. OBEN, Kap. III.3.1.2. und III.3.1.3.

In Spalte D ermittelt die Konsolidierungszentrale für jedes Segment einen Segmentbruttoergebnissatz (SBE-Satz) wie folgt:[96]

SBE-Satz = 100 % - (AK bzw. HK x 100)/Umsatz

Ausgehend von den vorstehend generierten Informationen errechnet die Zentralstelle die zu eliminierenden Zwischenergebnisse:

Konzernlieferant:	DEF AG	Ges.-Nr.	110
Konzernempfänger:	ABC Corp.	Ges.-Nr.	107

ERMITTLUNG DER ZU ELIMINIERENDEN ZWISCHENERGEBNISSE IM VORRATSVERMÖGEN

1.		Meldung der Vorratswerte aus konzerninternen Lieferungen		
		a) RHB	USD	125.000,--
		b) unfertige Erzeugnisse und Leistungen		
		c) fertige Erzeugnisse und Leistungen		
2.	x	Wechselkurs (1 USD = DM 2,00)	DM	250.000,--
3.	./.	Zoll- und Transportkosten (11,2 % von DM 250.000,--)	./. DM	28.000,--
4.	=	Basis für Zwischenergebniserrechnung (= 2. ./. 3.)	= DM	222.000,--
5.		Zwischenergebnis (SBE-Satz 53,22% x DM 222.000,--)	DM	118.148,40
6.		Zwischengewinn Berichtsjahr	DM	118.148,40
7.		Zwischenverlust Berichtsjahr	DM	
8.		Zwischengewinn Vorjahr	DM	0,00
9.		Zwischenverlust Vorjahr	DM	
10.		Zwischengewinnerhöhung bzw. Zwischenverlustminderung	DM	118.148,40
11.		Zwischengewinnminderung bzw. Zwischenverlusterhöhung	DM	

Abb. 44: Nebenrechnung für Zwecke der Ermittlung der zu eliminierenden Zwischenergebnisse im Vorratsvermögen

[96] Diese Form der Zwischenergebnisermittlung entspricht dem Bruttogewinnverfahren, bei dem der Zwischenerfolg durch einen Bruttogewinn des Lieferanten, verstanden als Überschuß des Nettoerlöses über die Einzelkosten, approximiert wird. Zum Bruttogewinnverfahren vgl. BUSSE VON COLBE/ORDELHEIDE (1993), S. 372-373.

In Zeile 1 a) der obenstehenden Nebenrechnung (Abb. 44) werden die von der ABC Corp. gemeldeten Vorratswerte aus konzerninternen Lieferungen, hier: Roh-, Hilfs- und Betriebsstoffe (Abb. 42, Sp. C), in Landeswährung notiert.
Die in Landeswährung gemeldeten Wertansätze werden in Zeile 2 (Abb. 44) in Konzernwährung umgerechnet.
Anhand von Meldungen der Konzernunternehmen sowie der Volkswirtschaftlichen Abteilung und der Logistikabteilung ermittelt die Konsolidierungszentrale pauschale %-Sätze für Zoll- und Transportkosten für die einzelnen Regionen, die auf die Bilanzwerte des Konzernempfängers bezogen werden (Zeile 3).
Die Basis für die Zwischenergebniserrechnung (Zeile 4) bilden die in Konzernwährung umgerechneten, konzernintern gelieferten Roh-, Hilfs- und Betriebsstoffe (Zeile 2) abzüglich der Zoll- und Transportkosten (Zeile 3).
Auf die Basis für die Zwischenergebniserrechnung wird der Segmentbruttoergebnissatz (Abb. 43, Sp. D) bezogen (Abb. 44, Zeile 5).
Aus dieser Berechnung resultiert ein Zwischengewinn für das Berichtsjahr (Zeile 6). Dieser wird dem Betrag (Zwischengewinn oder Zwischenverlust) des Vorjahres (Zeile 8 oder 9) gegenübergestellt und der Veränderungsbetrag in Zeile 10 oder 11 vermerkt.

Berechnet der Konzern*lieferer* die Zwischenerfolge, wie es der zweitgenannte Lösungsansatz im Rahmen der (De-)Zentralisation der Ermittlung eines gesetzlich erlaubten Konzernbestandswertes vorsieht (Abb. 41, E_{21} und E_{22}), dann muß das abnehmende Konzernunternehmen die genaue Bezeichnung der konzerninternen Lieferung, den am Abschlußstichtag vorhandenen mengenmäßigen Bestand, unterteilt nach Rohstoffen und bezogenen Waren sowie fertigen und unfertigen Erzeugnissen, und den Wertansatz der einzelnen Vermögensgegenstände aus konzerninternen Lieferungen oder Leistungen dem Konzernlieferer mitteilen.[97] Dieser erfaßt die ihm vorliegenden Angaben für die Bewertung der Bestände mit den Konzernanschaffungs- oder Konzernherstellungskosten getrennt nach Kostenarten, ermittelt die Anschaffungs- oder Herstellungskosten aus Konzernsicht - d.h. unter Hinzurechnung innerkonzernlicher Transportkosten, die beim Lieferer zwar Vertriebskosten sind, aus Konzernsicht jedoch zu den aktivierungspflichtigen Herstellungskosten gehören - und leitet den Betrag an die Konsolidierungszentrale weiter.[98]

[97] Vgl. ARBEITSKREIS WOLFGANG SCHOLTISSEK (1969), S. 20-21. Im obigen Beispiel wären die auf dem Formular zur Meldung der Vorratswerte aus konzerninternen Lieferungen durch den Konzernempfänger (Abb. 42) aufgeführten Informationen nicht der Konsolidierungszentrale, sondern dem Konzernlieferer zu melden.
[98] Vgl. WOHLGEMUTH (1991), Rn. 60.

Die dritte Alternative, die Berechnung der Zwischenerfolge durch den Konzern*empfänger* (Abb. 41, E_{31} und E_{32}), setzt voraus, daß der Konzernlieferer dem Konzernempfänger Informationen aus seiner Kalkulation übermittelt.[99] Dieses Verfahren wird in der Regel auf Widerstände stoßen, da keine Liefergesellschaft ihren Kunden Informationen über ihre Gewinnzuschläge zugänglich machen wird[100], insbesondere dann nicht, wenn am Konzernlieferer oder -empfänger noch konzernfremde Unternehmen beteiligt sind, die sich Zugang zu den Informationen verschaffen könnten.[101]

Die Aktivität 'Ermittlung eines gesetzlich erlaubten Konzernbestandswertes für die konzerninternen Bestände' weist insbesondere Schnittstellen zur Aktivität 'Anpassung an die konzerneinheitliche Bilanzierung und Bewertung'[102] sowie zum Teilprozeß 'Kapitalkonsolidierung'[103] auf (Abb. 41, E_{12}, E_{22} und E_{32}). Entscheidet sich die Konzernleitung dafür, die Jahresabschlüsse II in der zentralen Konsolidierungsstelle zu erstellen[104], so folgt daraus - vor dem Hintergrund der hier verwendeten Zielvariablen - eine zentrale Ermittlung der Konzernbestandswerte (Abb. 41, E_{12}), da in diesem Fall die Jahresabschluß II-Werte den Konzernunternehmen a priori nicht bekannt sind und ihnen erst gesondert mitgeteilt werden müßten.[105]

Werden die Jahresabschlüsse II dezentral erstellt[106], so müssen sowohl bei Zentralisation (Abb. 41, E_{12}) als auch bei Dezentralisation der hier betrachteten Aktivität (Abb. 41, E_{22} und E_{32}) die Daten jeweils einmal zur Zentralstelle transferiert werden: Bei zentraler Ermittlung eines gesetzlich erlaubten Bestandswertes für die konzerninternen Bestände (Abb. 41, E_{12}) geschieht dies im Anschluß an die Erstellung des Jahresabschlusses II; bei dezentraler Ermittlung eines gesetzlich erlaubten Bestandswertes für die konzerninternen Bestände (Abb. 41, E_{22} und E_{32}) geschieht dies nachdem die Konzernunternehmen die Bestandswerte ermittelt haben.
Daraus kann gefolgert werden, daß durch die Entscheidung, die Erstellung der Jahresabschlüsse II zu dezentralisieren, das (De-)Zentralisationspotential der drei genannten Handlungsalternativen zur Lokalisierung der Ermittlung der Konzern-

---

[99] Vgl. TEITLER-FEINBERG (1970), S. 254. Im obigen Beispiel wären die im Formular zur segmentweisen Meldung der Anschaffungs- bzw. Herstellungskosten und Umsatzerlöse (Abb. 43) eingetragenen Informationen nicht der Konsolidierungszentrale, sondern dem Konzernempfänger zu melden.
[100] Vgl. HEINE (1967), S. 121.
[101] Vgl. WOHLGEMUTH (1991), Rn. 60.
[102] Vgl. OBEN, Kap. III.2.1.2.2.
[103] Vgl. OBEN, Kap. III.4.2.
[104] Vgl. OBEN, Kap. III.2.1.2.2., Abb. 8, E_{11} und E_{12}.
[105] So auch DUSEMOND (1991), S. 412.
[106] Vgl. OBEN, Kap. III.2.1.2.2., Abb. 8, E_{21} und E_{22}.

bestandswerte (Abb. 41, E_{12}, E_{22} und E_{32}) hinsichtlich der Zielvariablen nicht beeinflußt wird.

Ordnet die zentrale Konsolidierungsstelle die stillen Tageswertrücklagen und -lasten im Zuge der Kapitalkonsolidierung den einzelnen Vermögensgegenständen und Schuldposten zu[107], so ist eine dezentrale Ermittlung der Konzernbestandswerte ohne zusätzliche Angaben von der Zentralstelle nicht möglich (Abb. 41, E_{22} und E_{32}).[108] Abzuwägen wären hier der bei dezentraler Ermittlung der Konzernbestandswerte benötigte Kommunikations- und Kontrollaufwand sowie die für die zentrale Konzernbestandswertermittlung erforderlichen Arbeitstage.

Die beiden dezentralen Alternativen zur Berechnung der Zwischenerfolge (Abb. 41, E_{21}, E_{22}, E_{31} und E_{32}) stellen hohe Anforderungen an die Koordination der erzeugten Informationen und Berechnungsverfahren für Konzernbestände und Zwischenerfolge sowie an die Koordination des Informationsaustausches zwischen den Konzernunternehmen.[109] Die Koordination des Informationsaustausches zwischen den Konzernunternehmen kann nur der zentralen Konsolidierungsstelle obliegen.[110]

Ermittelt bspw. der Konzernlieferer einen gesetzlich zulässigen Konzernbestandswert für die konzerninternen Bestände (Abb. 41, E_{21} und E_{22}), so läuft der Informationsfluß genau entgegengesetzt zur Lieferungsrichtung.[111] Dieses Problem kann verstärkt in Konzernen auftreten, in denen konzerninterne Lieferungen über mehrere Produktionsstufen erfolgen, denn dann weiß das die konzerninterne Lieferung zuletzt empfangende Konzernunternehmen ohne zusätzliche Angaben bzw. Koordinationsmaßnahmen nicht, welches Konzernunternehmen letztendlich der konzerninterne Lieferer ist, d.h. an welches Konzernunternehmen es seine Daten übermitteln soll.[112]

---

[107] Die Analyse der (De-)Zentralisationsmöglichkeiten und -grenzen dieser Aktivität ergab, daß eine Dezentralisation dieser Aktivität faktisch ausgeschlossen werden kann. Vgl. OBEN, Kap. III.4.2.1. und III.4.3.

[108] So benötigen die Konzernunternehmen bei Dezentralisation dieser Tätigkeit z.B. Informationen darüber, welche stillen Tageswertrücklagen bei den im Produktionsprozeß eingesetzten Vermögensgegenständen im Rahmen der Kapitalkonsolidierung aufgedeckt wurden; dies kann Konsequenzen für den Werteverzehr des Anlagevermögens haben. In diesem Sinne auch DUSEMOND (1991), S. 413.

[109] Vgl. BUSSE VON COLBE/ORDELHEIDE (1979), S. 191.

[110] Vgl. BUSSE VON COLBE/ORDELHEIDE (1979), S. 191.

[111] Vgl. DUSEMOND (1991), S. 413.

[112] Vgl. DUSEMOND (1991), S. 413.

Aufgrund des sehr hohen Kommunikations- und Koordinationsaufwands, der den dezentralen Vorgehensweisen inhärent ist (Abb. 41, E_{21}, E_{22}, E_{31} und E_{32}), erscheint speziell bei mehrstufiger Produktion und in großen Konzernen nur eine zentrale Zwischenerfolgseliminierung (Abb. 41, E_{11} und E_{12}) zweckmäßig:[113] Denn es ist anzunehmen, daß sich das Problem der Abstimmung der Berechnungsverfahren zwischen den Gesellschaften verringert, da es in die Konsolidierungszentrale verlagert wird[114] und dort voraussichtlich zeitsparender zu organisieren sein wird als zwischen den Konzernunternehmen.[115] Darüber hinaus entfallen bei Zentralisation (Abb. 41, E_{11} und E_{12}) die ggf. zeitintensiven Koordinationsmaßnahmen, die benötigt werden, um den bei Dezentralisation notwendigen Informationsfluß sowie den damit zusammenhängenden Kommunikationsprozeß zwischen den Gesellschaften zu koordinieren.

Der zeitaufwendige Kommunikationsprozeß zwischen den einzelnen Konzernunternehmen oder zwischen der zentralen Konsolidierungsstelle und den verschiedenen Konzernunternehmen in bezug auf die Koordination der Daten und Berechnungsverfahren bei Dezentralisation reduziert sich bei Zentralisation auf einen überwiegend einseitigen Informationsfluß, i.e. die Anforderung großer Datenmengen seitens der Konsolidierungszentrale bzw. die Übermittlung dieser Daten durch die Konzernunternehmen.[116]

Darüber hinaus wird in der Literatur[117] die Zentralisation der Ermittlung eines gesetzlich erlaubten Konzernbestandswertes für die konzerninternen Bestände auch deshalb favorisiert, da sich die an diese Aktivität anschließenden Vorgänge, die Zusammenfassung der in den Konzernbestandswerten enthaltenen Zwischenerfolge über alle einbezogenen Unternehmen zu einem Konzernzwischenerfolg[118] sowie die entsprechende Korrektur des Jahresüberschusses laut Konzern-Summen-Gewinn- und Verlustrechnung[119], ausschließlich von der zentralen Konsolidierungsstelle ausführen lassen.[120]

Ausgehend von der Überlegung, daß de facto nur die Konsolidierungszentrale die Zwischenerfolge zu einem Konzernzwischenerfolg zusammenfassen und den Jah-

---

[113] So auch RUHNKE (1991), S. 382; WOHLGEMUTH (1991), Rn. 61.
[114] Vgl. OBEN, Abb. 42-44.
[115] So auch BUSSE VON COLBE/ORDELHEIDE (1979), S. 191.
[116] Vgl. OBEN, Abb. 42 und 43.
[117] Vgl. stellvertretend SAHNER/TERHÜRNE (1989), S. 191; WEBER (1989), Rn. 74.
[118] Vgl. OBEN, Kap. III.6.1.1., Abb. 39, Aktivität Nr. 3.
[119] Vgl. OBEN, Kap. III.6.1.1., Abb. 39, Aktivität Nr. 4.
[120] So im Ergebnis z.B. SAHNER/TERHÜRNE (1989), S. 191; WEBER (1989), Rn. 74.

resüberschuß laut Konzern-Summen-Gewinn- und Verlustrechnung korrigieren kann, sind zwangsläufig auch die latenten Steuern auf diesen erfolgswirksamen Konsolidierungsvorgang[121] von der zentralen Konsolidierungsstelle abzugrenzen und fortzuentwickeln.[122]

6.1.3. Ergebnis

In der derivativen Ausgestaltung des Konzernrechnungswesens setzt sich der Teilprozeß 'Zwischenergebniseliminierung' im wesentlichen aus vier Aktivitäten zusammen:[123]

- Ermittlung der Bestände aus Konzernlieferungen,
- Ermittlung eines gesetzlich erlaubten Konzernbestandswertes für die konzerninternen Bestände,
- Zusammenfassung der in den Konzernbestandswerten enthaltenen Zwischenerfolge über alle einbezogenen Unternehmen zu einem Konzernzwischenerfolg sowie
- die entsprechende Korrektur des Jahresüberschusses laut Konzern-Summen-Gewinn- und Verlustrechnung.

Die erstgenannte Aktivität kann faktisch nur dezentral ausgeführt werden[124], die zweitgenannte Aktivität kann grundsätzlich sowohl zentral als auch dezentral erfüllt werden, wohingegen die beiden letztgenannten Aktivitäten de facto nur von der zentralen Konsolidierungsstelle durchgeführt werden können.[125]

Die herausragendsten Ergebnisse der Analyse der Möglichkeiten und Grenzen der (De-)Zentralisation der zweitgenannten Aktivität, der Ermittlung eines gesetzlich erlaubten Konzernbestandswertes für die konzerninternen Bestände[126], lassen sich wie folgt abbilden:

---

[121] Latente Steuern entstehen hier dadurch, daß Ergebnisse aus konzerninternen Lieferungen und Leistungen in den Jahresabschlüssen II bereits Steuern ausgelöst haben, die für den Konzern zu neutralisieren sind, da die Umsätze bei Fiktion der rechtlichen Einheit nicht realisiert sind.

[122] Vgl. SAHNER/TERHÜRNE (1989), S. 191.

[123] Zur Zerlegung des Teilprozesses 'Zwischenergebniseliminierung' in der derivativen Ausgestaltung des Konzernrechnungswesens in einzelne Aktivitäten vgl. OBEN, Kap. III.6.1.1.

[124] Vgl. OBEN, Kap. III.6.1.2.1.

[125] Vgl. OBEN, Kap. III.6.1.2.2.

Zielvariablen / Handlungsalternativen	Qualität	Arbeitstage
Zentrale Ermittlung eines gesetzlich erlaubten Bestandswertes für die konzerninternen Bestände	- wenn stille Tageswertrücklagen und -lasten im Zuge der Kapitalkonsolidierung zentral zugeordnet werden, dann ist Zentralisation hier am geeignetsten, da die dezentrale Ermittlung der Konzernbestandswerte ohne zusätzliche Angaben von der Zentralstelle nicht möglich ist	- wenn JA II zentral erstellt wird, dann ist Zentralisation hier am vorteilhaftesten, da die JA II-Werte den Konzernunternehmen a priori nicht bekannt sind und ihnen erst gesondert mitgeteilt werden müßten - wenn stille Tageswertrücklagen und -lasten im Zuge der Kapitalkonsolidierung zentral zugeordnet werden, dann ist Zentralisation hier am geeignetsten, da die dezentrale Ermittlung der Konzernbestandswerte ohne zusätzliche Angaben von der Zentralstelle nicht möglich ist - speziell bei mehrstufiger Produktion und in großen Konzernen erscheint Zentralisation zweckmäßig, da anzunehmen ist, daß sich das Problem der Abstimmung der Berechnungsverfahren verringert, da es in die Konsolidierungszentrale verlagert wird und dort voraussichtlich zeitsparender zu organisieren sein wird als zwischen den Konzernunternehmen
Dezentrale Ermittlung eines gesetzlich erlaubten Bestandswertes für die konzerninternen Bestände beim Lieferer		- zeitintensive Koordinationsmaßnahmen sind ggf. erforderlich
Dezentrale Ermittlung eines gesetzlich erlaubten Bestandswertes für die konzerninternen Bestände beim Empfänger	- Verfahren setzt voraus, daß Lieferer dem Empfänger vertrauliche Informationen aus seiner Kalkulation mitteilt. Verfahren kann auf Widerstände stoßen; es besteht die Gefahr, daß ein manipulierter Gewinnzuschlag übermittelt wird und die Zwischenergebniseliminierung nicht den tatsächlichen Verhältnissen entspricht	- zeitintensive Koordinationsmaßnahmen sind ggf. erforderlich

Abb. 45: Zielvariablenmatrix bei Ermittlung eines gesetzlich erlaubten Bestandswertes für die konzerninternen Bestände in der derivativen Ausgestaltung des Konzernrechnungswesens

---

[126] Vgl. OBEN, Kap. III.6.1.2.2.

6.2. Prozeßorganisatorische Gestaltung des Teilprozesses 'Zwischenergebniseliminierung' in der originären Ausgestaltung des Konzernrechnungswesens

6.2.1. Zerlegung des Teilprozesses in einzelne Aktivitäten

Ähnlich wie in der derivativen Ausgestaltung des Konzernrechnungswesens bildet auch bei originärer Ableitung des Konzernabschlusses die Ermittlung der Bestände aus Konzernlieferungen den Ausgangspunkt für die Zwischenergebniseliminierung.[127]

Bei originärer Ableitung des Konzernabschlusses werden die Zwischenerfolge auf Basis der einzelnen Geschäftsvorfälle eliminiert. Diese werden im Rahmen der einzelgesellschaftlichen Rechnungslegung in Landeswährung[128] und für Zwecke der Konzernrechnungslegung in Konzernwährung erfaßt.[129]

Die Berücksichtigung des konzerninternen Lieferungsverkehrs erfolgt auf Sekundärkonten des Konzernkontenplanes.[130] Buchungen, die auf konzerninternen Lieferungen beruhen, sind in Analogie zur Vorgehensweise bei der Schuldenkonsolidierung[131] mittels exakt definierten Buchungsschlüsseln und gesonderten Firmenverbundkennzeichen zu markieren.[132] Abgesehen von den Firmenverbundkennzeichen ist eine gemeinsame Vorgangsnummer des konzerninternen Geschäftsvorfalls sowie eine der Konzerngliederung entsprechende Positionsnummer zu erfassen.

Im Anschluß an die Markierung der Buchungen werden sämtliche Buchungen aus den einzelgesellschaftlichen Buchungskreisen in den Buchungskreis 'Konzern' übernommen.[133]

---

[127] Da die Ermittlung der konzerninternen Bestände unabhängig von der Ausgestaltungsform des Konzernrechnungswesens ist, kann in bezug auf die (De-)Zentralisationsmöglichkeiten und -grenzen dieser Aktivität auf die entsprechenden Ausführungen zur derivativen Ableitung des Konzernabschlusses verwiesen werden. Vgl. OBEN, Kap. III.6.1.2.1.

[128] Zur Erfassung der Geschäftsvorfälle in Landeswährung vgl. OBEN, Kap. III.1.2.

[129] Zur Erfassung der Geschäftsvorfälle in Konzernwährung vgl. OBEN, Kap. III.3.2.

[130] Vgl. PELKA (1994), S. 260.

[131] Vgl. OBEN, Kap. III.5.2.2.1.

[132] Vgl. PELKA (1994), S. 261.

[133] Bei dieser Vorgehensweise werden die markierten Buchungen erst nach deren Übernahme in den Buchungskreis 'Konzern' eliminiert. Alternativ dazu kann die Eliminierung vor der Übernahme in den Buchungskreis 'Konzern' erfolgen, indem die auf den Sekundärkonten erfaßten Buchungen erst gar nicht in den Buchungskreis 'Konzern' übernommen werden.

In einem weiteren Schritt sind die am Abschlußstichtag noch im Bestand befindlichen Vermögensgegenstände umzubewerten, da sie noch mit ihren aus den einzelgesellschaftlichen Buchungskreisen stammenden Wertansätzen zu Buche stehen.

Die diese Ausführungen abschließende Abbildung faßt die einzelnen Aktivitäten im Rahmen der Zwischenergebniseliminierung bei originärer Ableitung des Konzernabschlusses in ihrer zeitlichen Reihenfolge zusammen.

Nr.	Aktivität
1	Kennzeichnung der auf konzerninternen Lieferungen basierenden Buchungssätze
2	Ermittlung der Wertansätze für die am Abschlußstichtag im Bestand befindlichen Vermögensgegenstände
3	Fortführung der Wertansätze in den Folgeperioden

Abb. 46: Aktivitäten im Rahmen des Teilprozesses 'Zwischenergebniseliminierung' in der originären Ausgestaltung des Konzernrechnungswesens

6.2.2. Zentrale oder dezentrale Verteilung der Aktivitäten

6.2.2.1. Kennzeichnung der auf konzerninternen Lieferungen basierenden Buchungssätze

Den Ausführungen dieses Abschnitts liegt die nachstehende Ergebnismatrix zugrunde.

Randbedingungen / Handlungsalternativen im Zeitpunkt t	Größe des Konzerns	Handlungsalternativen in den Zeitpunkten 1,...,t-1
Zentrale Kennzeichnung der auf konzerninternen Lieferungen basierenden Buchungssätze	E_{11}	E_{12}
Dezentrale Kennzeichnung der auf konzerninternen Lieferungen basierenden Buchungssätze	E_{21}	E_{22}

Abb. 47: Matrix der betrachteten Handlungsalternativen und Randbedingungen im Rahmen der Aktivität 'Kennzeichnung der auf konzerninternen Lieferungen basierenden Buchungssätze' in der originären Ausgestaltung des Konzernrechnungswesens

Um die Eliminierung der auf konzerninternen Lieferungen basierenden Buchungssätze zu beschleunigen, sind diese Buchungen - analog zur Vorgehensweise im Zuge der Kennzeichnung der auf konzerninternen Schuldverhältnissen beruhenden Buchungssätze[134] - im jeweiligen einzelgesellschaftlichen Buchungskreis zu erfassen und möglichst zeitgleich als konzerninterne Lieferungen zu markieren.

Vor diesem Hintergrund ergeben sich - unter Berücksichtigung der benötigten Arbeitstage - aus der (De-)Zentralisation der Kennzeichnung der auf konzerninternen Lieferungen basierenden Buchungssätze und der Größe des Konzerns entscheidungsrelevante Konsequenzen (Abb. 47, E_{11} und E_{21}) wie folgt: Auch wenn sich der Konsolidierungskreis nur aus wenigen Konzernunternehmen zusammensetzt, wird die möglichst zeitnahe, oder im Idealfall zeitgleiche Erfassung und Kennzeichnung der auf konzerninternen Lieferungen basierenden Buchungssätze in der zen-

[134] Vgl. OBEN, Kap. III.5.2.2.1.

tralen Konsolidierungsstelle (Abb. 47, E_{11}) voraussichtlich nicht durchführbar sein. Jedes Konzernunternehmen müßte der zentralen Konsolidierungsstelle jede einzelne, zunächst für Zwecke der einzelgesellschaftlichen Rechnungslegung erfaßte Buchung[135] sowie eine Übersicht über die konzerninternen Lieferungen zukommen lassen, damit die Zentralstelle die entsprechende Kennzeichnung vornehmen kann.[136]

Ähnlich werden die sich aus der (De-)Zentralisation dieser Tätigkeit ergebenden Wirkungen unter dem Gesichtspunkt der Qualität der Informationen zu beurteilen sein: Vor allem bei ad-hoc Auswertungen werden nur dann dem dieser Arbeit zugrunde liegenden Verständnis von Informationsqualität[137] entsprechende Informationen generierbar sein, wenn die auf konzerninternen Lieferungen basierenden buchmäßigen Auswirkungen für Konsolidierungszwecke zeitnah und damit vollständig gekennzeichnet sind. Wie obenstehend ausgeführt, dürfte dies eher bei Dezentralisation (Abb. 47, E_{21}) als bei Zentralisation (Abb. 47, E_{11}) der Fall sein.

Da sich Konsequenzen aus den Abläufen in anderen Bereichen der Konzernrechnungslegung ergeben (können), darf die (De-)Zentralisation der Kennzeichnung solcher Buchungssätze, die auf konzerninternen Lieferungen basieren, nicht als isolierter Vorgang betrachtet werden (Abb. 47, E_{12} und E_{22}).

Wie nachstehend verdeutlicht wird, bestehen Interdependenzen zu den beiden Aktivitäten

- Anpassung der sich für Zwecke der einzelgesellschaftlichen Rechnungslegung und der Konzernrechnungslegung wertmäßig voneinander unterscheidenden Buchungen an die konzerneinheitliche Bewertung[138] sowie
- Führung eines parallelen Buchwerkes in Konzernwährung für jedes in die Konzernrechnungslegung einbezogene Unternehmen mit Sitz im Ausland.[139]

---

[135] In der vorliegenden Arbeit wird die dezentrale Erfassung der originären einzelgesellschaftlichen Buchungen unterstellt. Vgl. OBEN, Kap. III.1.2.
[136] Es ist davon auszugehen, daß es nicht möglich ist, die auf konzerninternen Lieferungen basierenden Buchungen auf Ebene der Konzernunternehmen bereits zu selektieren und nur die selektierten Buchungen zwecks Kennzeichnung der zentralen Konsolidierungsstelle zu übermitteln, denn eine derartige Selektion setzt eine entsprechende Kennzeichnung voraus.
[137] Vgl. dazu OBEN, Kap. II.3.1.2.2.1.
[138] Vgl. OBEN, Kap. III.2.2.2.
[139] Vgl. OBEN, Kap. III.3.2.2.

Wird die Anpassung an die konzerneinheitliche Bewertung bzw. die Erfassung in Konzernwährung zentralisiert[140], so werden - unter dem Gesichtspunkt der erforderlichen Arbeitstage - aufgrund dieser Entscheidung die Möglichkeiten der Dezentralisation der Kennzeichnung der auf innerkonzernliche Lieferungen zurückzuführenden Buchungssätze (Abb. 47, E_{22}) stark eingeschränkt: Die in der zentralen Konsolidierungsstelle gesondert an die konzerneinheitliche Bewertung angepaßten und in Konzernwährung erfaßten (Anpassungs-)Buchungen wären den betreffenden Konzernunternehmen zu übermitteln, so daß diese die auf konzerninternen Lieferverflechtungen beruhenden Buchungen gesondert kennzeichnen könnten. Die gekennzeichneten Buchungssätze wären anschließend wieder der Zentralstelle zu senden.

Bei zentraler Anpassung an die konzerneinheitliche Bewertung bzw. bei zentraler Erfassung in Konzernwährung[141] erscheint - in bezug auf die Arbeitstage - die dezentrale Alternative (Abb. 47, E_{22}) zeitaufwendiger zu sein als die zentrale Kennzeichnung der Buchungssätze (Abb. 47, E_{12}), bei der die von der Konsolidierungszentrale in Konzernwährung erfaßten Buchungen nicht den Konzernunternehmen und nach dezentraler Verarbeitung nicht wieder der Zentralstelle zu übermitteln sind, sondern die bereits zentral an die konzerneinheitliche Bewertung angepaßten und in Konzernwährung erfaßten Buchungen auch in der Konsolidierungszentrale ggf. als auf konzerninterne Lieferverflechtungen zurückzuführende Buchungen gekennzeichnet werden.

Unter Berücksichtigung der Arbeitstage erscheint somit bei zentraler Anpassung der Daten an die konzerneinheitliche Bewertung bzw. bei zentraler Erfassung der Daten in Konzernwährung[142] die zentrale Kennzeichnung der auf innerkonzernlichen Lieferungen basierenden Buchungssätze (Abb. 47, E_{12}) die vorteilhaftere Handlungsalternative zu sein.

Wird die Anpassung an die konzerneinheitliche Bewertung bzw. die Erfassung in Konzernwährung dagegen von den Konzernunternehmen vorgenommen[143], dann ergibt sich lediglich der Effekt, daß sowohl bei Zentralisation (Abb. 47, E_{12}) als auch bei Dezentralisation der hier betrachteten Aktivität (Abb. 47, E_{22}) die Daten jeweils einmal zur Zentralstelle transferiert werden müssen: Bei zentraler Kennzeichnung der auf konzerninternen Lieferungen basierenden Buchungssätze (Abb. 47, E_{12})

---

[140] Vgl. OBEN, Kap. III.2.2.2., Abb. 12, E_{11} und E_{12} bzw. Kap. III.3.2.2., Abb. 20, E_{11} und E_{12}.
[141] Vgl. OBEN, Kap. III.2.2.2., Abb. 12, E_{11} und E_{12} bzw. Kap. III.3.2.2., Abb. 20, E_{11} und E_{12}.
[142] Vgl. OBEN, Kap. III.2.2.2., Abb. 12, E_{11} und E_{12} bzw. Kap. III.3.2.2., Abb. 20, E_{11} und E_{12}.
[143] Vgl. OBEN, Kap. III.2.2.2., Abb. 12, E_{21} und E_{22} bzw. Kap. III.3.2.2., Abb. 20, E_{21} und E_{22}.

geschieht dies im Anschluß an die ggf. erfolgte dezentrale Erfassung in Konzernwährung; bei dezentraler Kennzeichnung der auf konzerninternen Lieferungen basierenden Buchungssätze (Abb. 47, E_{22}) geschieht dies nachdem die Konzernunternehmen die auf konzerninternen Lieferungen beruhenden Buchungssätze gekennzeichnet haben.
Daraus kann gefolgert werden, daß bei Dezentralisation der Anpassung an die konzerneinheitliche Bewertung bzw. bei dezentraler Erfassung in Konzernwährung die Entscheidung über die (De-)Zentralisation der Kennzeichnung der auf konzerninternen Lieferungen basierenden Buchungssätze nicht unmittelbar beeinflußt wird und sich über die bereits genannten entscheidungsrelevanten Ergebnisse hinaus keine weiteren ergeben.

Bei Beurteilung der Handlungsalternativen im Hinblick auf die Qualität der generierten Informationen ergeben sich - aufgrund der (De-)Zentralisation der Anpassung an die konzerneinheitliche Bewertung bzw. der Erfassung in Konzernwährung - die folgenden entscheidungsrelevanten Implikationen für die (De-)Zentralisation der Kennzeichnung der auf innerkonzernlichen Lieferungen zurückzuführenden Buchungen: Da, wie bereits erwähnt, die Auswertungsmöglichkeiten - insbesondere bei ad-hoc Anfragen - aufgrund der zeitgleichen Erfassung und dem damit verbundenen vollständigen und aktuellen Datenpool bei Dezentralisation generell größer sind als bei Zentralisation, wird sich, sowohl bei zentraler als auch bei dezentraler Erfüllung der beiden vorgelagerten Aktivitäten[144], die dezentrale Kennzeichnung der auf konzerninternen Lieferungen basierenden Buchungssätze (Abb. 47, E_{22}) positiver auf die Qualität der Informationen auswirken als die zentrale Kennzeichnung (Abb. 47, E_{12}).

Auf die Kennzeichnung der auf konzerninternen Lieferungen basierenden Buchungssätze können sich nicht nur entscheidungsrelevante Konsequenzen aus der (De-)Zentralisation der Anpassung der sich für Zwecke der einzelgesellschaftlichen Rechnungslegung und der Konzernrechnungslegung wertmäßig voneinander unterscheidenden Buchungen an die konzerneinheitliche Bewertung[145] sowie der Führung eines parallelen Buchwerkes in Konzernwährung für jedes in die Konzernrechnungslegung einbezogene Unternehmen mit Sitz im Ausland[146] ergeben.

[144] Die hier gemeinten Aktivitäten sind: die Anpassung der sich für Zwecke der einzelgesellschaftlichen Rechnungslegung und der Konzernrechnungslegung wertmäßig voneinander unterscheidenden Buchungen an die konzerneinheitliche Bewertung sowie die Führung eines parallelen Buchwerkes in Konzernwährung für jedes in die Konzernrechnungslegung einbezogene Unternehmen mit Sitz im Ausland.
[145] Vgl. OBEN, Kap. III.2.2.2.
[146] Vgl. OBEN, Kap. III.3.2.2.

Interdependenzen können im nachstehend ausgeführten Sinne auch zur Kennzeichnung der auf konzerninternen Schuldverhältnissen beruhenden Buchungssätze[147] vorliegen: Die Analyse der Möglichkeiten und Grenzen der Kennzeichnung der auf konzerninternen Schuldverhältnissen beruhenden Buchungssätze ergab, daß die Zielwirksamkeit der Dezentralisation größer erscheint als die der Zentralisation.[148] Bedingt durch die ähnliche Strukturiertheit der beiden, für Zwecke der Schuldenkonsolidierung und der Zwischenerfolgseliminierung durchzuführenden Kennzeichnungsvorgänge erscheint eine gleichlautende, i.e. dezentrale Zuordnung[149] zweckmäßig, weil dadurch die Steuerung und Kontrolle der beiden Tätigkeiten tendenziell einfacher sein wird als bei unterschiedlicher Zuordnung.[150]

Als Quintessenz dieses Abschnitts ist festzuhalten, daß die auf konzerninternen Lieferungen basierenden Buchungssätze grundsätzlich zentral und dezentral als solche gekennzeichnet werden können. Unter Zugrundelegung der in dieser Arbeit gewählten Zielvariablen scheint die Zielwirksamkeit der Dezentralisation jedoch größer zu sein als die der Zentralisation.

6.2.2.2. Ermittlung der Wertansätze für die am Abschlußstichtag im Bestand befindlichen Vermögensgegenstände

Da die in den einzelgesellschaftlichen Buchungskreisen erfaßten Buchungen zwar gesondert gekennzeichnet, aber zunächst unverändert in den Buchungskreis 'Konzern' übernommen werden und die am Abschlußstichtag noch im Bestand befindlichen Vermögensgegenstände somit noch mit ihren aus den einzelgesellschaftlichen Buchungskreisen stammenden Wertansätzen zu Buche stehen, sind in einem nächsten Schritt die aus Konzernsicht relevanten Wertansätze für diese Vermögensgegenstände zu ermitteln. Hieran schließen sich die notwendigen Eliminierungen der Zwischenerfolge sowie etwaige Umgliederungen an.

Zur Lösung des organisatorischen Gestaltungsproblems, an welcher Stelle im Konzern die Wertansätze für die am Abschlußstichtag im Bestand befindlichen Vermögensgegenstände zu ermitteln sind, sollen folgende Fälle unterschieden werden:

---

[147] Vgl. OBEN, Kap. III.5.2.2.1.
[148] Vgl. OBEN, Kap. III.5.2.2.1.
[149] Bei der Analyse der Möglichkeiten und Grenzen der (De-)Zentralisation der Kennzeichnung der auf konzerninternen Schuldverhältnissen wurde das Dezentralisationspotential dieser Aktivität größer eingeschätzt als das Zentralisationspotential. Vgl. OBEN, Kap. III.5.2.2.1.

Randbedingungen / Handlungsalternativen im Zeitpunkt t	Größe des Konzerns	Handlungsalternativen in den Zeitpunkten 1,...,t-1
Zentrale Ermittlung der Wertansätze für die am Abschlußstichtag im Bestand befindlichen Vermögensgegenstände	E_{11}	E_{12}
Dezentrale Ermittlung der Wertansätze für die am Abschlußstichtag im Bestand befindlichen Vermögensgegenstände	E_{21}	E_{22}

Abb. 48: Matrix der betrachteten Handlungsalternativen und Randbedingungen im Rahmen der Aktivität 'Ermittlung der Wertansätze für die am Abschlußstichtag im Bestand befindlichen Vermögensgegenstände' in der originären Ausgestaltung des Konzernrechnungswesens

In der Literatur wird die Ansicht vertreten, diese Aktivität der zentralen Konsolidierungsstelle zuzuordnen.[151] Voraussetzung für die zentrale Ermittlung der Wertansätze für die am Abschlußstichtag im Bestand befindlichen Vermögensgegenstände (Abb. 48, E_{12} und E_{22}) ist, daß der Konzernempfänger der Zentralstelle die Konzernbestände mitteilt.

Auf die Ermittlung der Wertansätze für die am Abschlußstichtag im Bestand befindlichen Vermögensgegenstände können sich entscheidungsrelevante Konsequenzen aus der (De-)Zentralisation folgender anderer Aktivitäten ergeben (Abb. 48, E_{12} und E_{22}):

(a) Anpassung der sich für Zwecke der einzelgesellschaftlichen Rechnungslegung und der Konzernrechnungslegung wertmäßig voneinander unterscheidenden Buchungen an die konzerneinheitliche Bewertung[152] sowie
(b) Führung eines parallelen Buchwerkes in Konzernwährung für jedes in die Konzernrechnungslegung einbezogene Unternehmen mit Sitz im Ausland.[153]

[150] So im Ergebnis auch allgemein LAUX/LIERMANN (1997), S. 287.
[151] Vgl. z.B. PELKA (1994), S. 266-267.
[152] Vgl. OBEN, Kap. III.2.2.2.
[153] Vgl. OBEN, Kap. III.3.2.2.

Werden die unter (a) und (b) erwähnten Arbeitsvorgänge zentralisiert[154], so resultieren aus der Zentralisation der Ermittlung der Wertansätze für die am Abschlußstichtag im Bestand befindlichen Vermögensgegenstände positive Auswirkungen im Hinblick auf die Arbeitstage (Abb. 48, E_{12}): In der Zentralstelle werden die Buchungen an die konzerneinheitliche Bewertung angepaßt und in Konzernwährung erfaßt und auch die aus Konzernsicht zutreffenden Wertansätze ermittelt. Dadurch entfällt der bei Dezentralisation (Abb. 48, E_{22}) erforderliche Informationstransfer. Dagegen zu rechnen ist der Aufwand der Zentralstelle für die Ermittlung der Wertansätze.

Führen die Konzernunternehmen die Tätigkeiten (a) und (b) aus[155], dann hat das lediglich zur Folge, daß sowohl bei zentraler (Abb. 48, E_{12}) als auch bei dezentraler Ermittlung der Wertansätze für die am Abschlußstichtag im Bestand befindlichen Vermögensgegenstände (Abb. 48, E_{22}) die Daten einmal zur Zentralstelle übermittelt werden müssen: bei zentraler Ermittlung geschieht dies nachdem die Geschäftsvorfälle dezentral ggf. in Konzernwährung erfaßt wurden und bei dezentraler Ermittlung im Anschluß an die Ermittlung der Wertansätze. Daraus kann gefolgert werden, daß die Dezentralisation der Tätigkeiten (a) und (b) die Entscheidung über die (De-)Zentralisation der Ermittlung der aus Konzernsicht zutreffenden Wertansätze nicht beeinflußt.

Aufgrund der annähernd zeitgleichen Erfassung der Buchungen für Zwecke der einzelgesellschaftlichen Rechnungslegung und für Zwecke der Konzernrechnungslegung bei dezentraler Aufgabenerfüllung werden - im Gegensatz zur zentralen Aufgabenerfüllung - Sonderauswertungen erleichtert. Insofern scheint die dezentrale Ermittlung der Wertansätze für die am Abschlußstichtag im Bestand befindlichen Vermögensgegenstände (Abb. 48, E_{22}) - unabhängig von der Lokalisierung der Erfüllung der Aktivitäten (a) und (b) - Vorteile gegenüber der zentralen Variante (Abb. 48, E_{12}) aufzuweisen.

Gegen diese Vorteile gilt es abzuwägen, daß es sich, insbesondere dann, wenn der konzernintern gelieferte Vermögensgegenstand mehrere konzerninterne Produktionsstufen durchläuft, bei der Ermittlung der Wertansätze für die am Abschlußstichtag im Bestand befindlichen Vermögensgegenstände um eine komplexe und diffizile Verrichtung handelt, für deren Durchführung eine Vielzahl von Informationen

[154] Vgl. OBEN, Kap. III.2.2.2., Abb. 12, E_{11} und E_{12} bzw. Kap. III.3.2.2., Abb. 20, E_{11} und E_{12}.
[155] Vgl. OBEN, Kap. III.2.2.2., Abb. 12, E_{21} und E_{22} bzw. Kap. III.3.2.2., Abb. 20, E_{21} und E_{22}.

benötigt wird, die partiell originär bei der zentralen Konsolidierungsstelle vorliegen.[156]

Bedingt durch die Vielzahl der benötigten Informationen können bei dezentraler Ermittlung der Wertansätze für die am Abschlußstichtag im Bestand befindlichen Vermögensgegenstände (Abb. 48, E_{21} und E_{22}) Koordinationsprobleme auftreten, da im Extremfall die Zahl der Stellen, die die Wertansätze für die am Abschlußstichtag im Bestand befindlichen Vermögensgegenstände ermittelt, identisch sein kann mit der Anzahl der in den Konzernabschluß einbezogenen Unternehmen.

Das Vorliegen solcher Koordinationsprobleme kann sich sowohl auf die Qualität der generierten Informationen als auch auf den Bedarf an Arbeitstagen für die Erfüllung dieses Vorgangs negativ auswirken. Je größer der Konzern ist (Abb. 48, E_{11} und E_{21}) und je mehr konzerninterne Produktionsstufen der Vermögensgegenstand durchläuft, desto stärker können Koordinationsprobleme auftreten.

Wird die zentrale Ermittlung der Wertansätze für die am Abschlußstichtag im Bestand befindlichen Vermögensgegenstände unterstellt (Abb. 48, E_{11} und E_{12}), so folgt daraus aus prozeßorganisatorischer Sicht zwangsläufig die zentrale Fortführung dieser Werte in den Folgeperioden et vice versa.[157]

6.2.3. Ergebnis

In der originären Ausgestaltung des Konzernrechnungswesens setzt sich der Teilprozeß 'Zwischenergebniseliminierung' im wesentlichen aus zwei Aktivitäten zusammen:[158]

---

156 So verfügt z.B. die Zentralstelle über Informationen darüber, welche stillen Tageswertrücklagen bei den im Produktionsprozeß eingesetzten Vermögensgegenständen im Rahmen der Kapitalkonsolidierung aufgedeckt wurden. Vgl. OBEN, Kap. III.4.2.1. Daraus können sich Auswirkungen auf den Werteverzehr des Anlagevermögens ergeben. Vgl. DUSEMOND (1991), S. 413.

157 Vgl. OBEN, Kap. III.6.2.1., Abb. 46, Aktivität Nr. 3. Theoretisch wäre es zwar denkbar, die in der zentralen Konsolidierungsstelle ermittelten Wertansätze für die am Abschlußstichtag im Bestand befindlichen Vermögensgegenstände den Konzernunternehmen wieder zu übermitteln, so daß diese die Fortführung dieser Wertansätze in den Folgeperioden durchführen könnten. Anschließend wären die fortgeführten Wertansätze wieder der Konsolidierungszentrale zu senden. Verfolgt die Konzernleitung jedoch das Ziel, die Konzernabschlußinformationen möglichst frühzeitig den Kapitalanlegern zur Verfügung zu stellen, dann wäre die zentrale Fortführung der Wertansätze in den Folgeperioden die zielkonforme Handlungsalternative.
Diese Ausführungen gelten für den umgekehrten Fall, die dezentrale Ermittlung der Wertansätze für die am Abschlußstichtag im Bestand befindlichen Vermögensgegenstände, analog.

158 Zur Zerlegung des Teilprozesses 'Zwischenergebniseliminierung' in der originären Ausgestaltung des Konzernrechnungswesens in einzelne Aktivitäten vgl. OBEN, Kap. III.6.2.1.

- Kennzeichnung der auf konzerninternen Lieferungen basierenden Buchungssätze,
- Ermittlung der Wertansätze für die am Abschlußstichtag im Bestand befindlichen Vermögensgegenstände.

Beide Aktivitäten können grundsätzlich sowohl zentral als auch dezentral ausgeführt werden.

Die wichtigsten Ergebnisse der Analyse der Möglichkeiten und Grenzen der (De-)Zentralisation der Kennzeichnung der auf konzerninternen Lieferungen basierenden Buchungssätze[159] lassen sich wie folgt zusammenfassen:

Zielvariablen / Handlungsalternativen	Qualität	Arbeitstage
Zentrale Kennzeichnung der auf konzerninternen Lieferungen basierenden Buchungssätze	- zeitgleiche Erfassung und Kennzeichnung der auf konzerninternen Lieferungen basierenden Buchungssätze wird kaum möglich sein; d.h. Datenpool enthält unvollständige und nicht aktuelle Daten; ad-hoc Auswertungen sind nur schwer möglich	- wird Anpassung an konzerneinheitliche Bewertung bzw. Erfassung in Konzernwährung zentralisiert, so wirkt sich Zentralisation hier vorteilhaft aus
Dezentrale Kennzeichnung der auf konzerninternen Lieferungen basierenden Buchungssätze	- zeitgleiche Erfassung und Kennzeichnung der auf konzerninternen Lieferungen basierenden Buchungssätze wird möglich sein; d.h. Datenpool enthält vollständige und aktuelle Daten; ad-hoc Auswertungen sind ohne weiteres möglich	- zeitgleiche Erfassung und Kennzeichnung der auf konzerninternen Lieferungen basierenden Buchungssätze wird möglich sein; benötigte Arbeitstage nach Konzernabschlußstichtag werden geringer sein als bei Zentralisation

Abb. 49: Zielvariablenmatrix bei Kennzeichnung der auf konzerninternen Lieferungen basierenden Buchungssätze in der originären Ausgestaltung des Konzernrechnungswesens

Die bedeutendsten Ergebnisse der Analyse der Möglichkeiten und Grenzen der (De-)Zentralisation der Ermittlung der Wertansätze für die am Abschlußstichtag im Bestand befindlichen Vermögensgegenstände[160] lassen sich abbildungsmäßig wie folgt darstellen:

[159] Vgl. OBEN, Kap. III.6.2.2.1.
[160] Vgl. OBEN, Kap. III.6.2.2.2.

Ziel-variablen / Handlungs-alternativen	Qualität	Arbeitstage
Zentrale Ermittlung der Wertansätze für die am Abschluß-stichtag im Bestand befindlichen Vermögensgegen-stände	- zeitgleiche Erfassung und Kennzeichnung der auf konzerninternen Lieferungen basierenden Buchungssätze wird kaum möglich sein; d.h. Datenpool enthält unvollständige und nicht aktuelle Daten; ad-hoc Auswertungen sind nur schwer möglich	- es fallen keine Zeiteinheiten für Informationstransfer an; dagegen zu rechnen ist aber der Informationsermittlungs-aufwand in der Zentralstelle
Dezentrale Ermittlung der Wertansätze für die am Abschluß-stichtag im Bestand befindlichen Vermögensgegen-stände	- zeitgleiche Erfassung und Kennzeichnung der auf konzerninternen Lieferungen basierenden Buchungssätze wird möglich sein; d.h. Datenpool enthält vollständige und aktuelle Daten; ad-hoc Auswertungen sind ohne weiteres möglich - Koordinationsprobleme können insbesondere dann auftreten, wenn konzernintern gelieferte Vermögensgegenstände mehrere konzerninterne Produktionsstufen durchlaufen	- zeitgleiche Erfassung und Kennzeichnung der auf konzerninternen Lieferungen basierenden Buchungssätze wird möglich sein; benötigte Arbeitstage nach Konzern-abschlußstichtag werden geringer sein als bei Zentralisation - Koordinationsprobleme können insbesondere dann auftreten, wenn konzernintern gelieferte Vermögensgegenstände mehrere konzerninterne Produktionsstufen durchlaufen - es fallen Zeiteinheiten für Informationstransfer an

Abb. 50: Zielvariablenmatrix bei Ermittlung der Wertansätze für die am Abschlußstichtag im Bestand befindlichen Vermögensgegenstände in der originären Ausgestaltung des Konzernrechnungswesens

7. Aufwands- und Ertragskonsolidierung

7.1. Prozeßorganisatorische Gestaltung des Teilprozesses 'Aufwands- und Ertragskonsolidierung' in der derivativen Ausgestaltung des Konzernrechnungswesens

7.1.1. Zerlegung des Teilprozesses in einzelne Aktivitäten

Die in der Konzern-Gewinn- und Verlustrechnung auszuweisenden Aufwendungen und Erträge sind auf der Grundlage der Einheitsfiktion zu ermitteln. Dazu sind die Innenumsatzerlöse und die übrigen Erträge aus innerkonzernlichen Lieferungen und Leistungen mit den auf sie entfallenden Aufwendungen zu verrechnen, sofern sie nicht als Erhöhung des Bestands an fertigen und unfertigen Erzeugnissen oder als andere aktivierte Eigenleistungen auszuweisen sind.[1]

Nach der Erfassung der Geschäftsvorfälle[2], der Vereinheitlichung von Bilanzansatz und Bewertung[3], der Währungsumrechnung[4], der Kapitalkonsolidierung[5], der Schuldenkonsolidierung[6] sowie der Zwischenergebniseliminierung[7] bildet die Aufwands- und Ertragskonsolidierung ein weiteres Glied in der Kette der im Rahmen des Gesamtprozesses 'Erstellung des Konzernabschlusses' abzuwickelnden Teilprozesse.

Die organisatorischen Voraussetzungen für die Aufwands- und Ertragskonsolidierung sind insbesondere identisch mit denen der Schuldenkonsolidierung und der Zwischenergebniseliminierung.[8]

Soweit ein entsprechender Informationsbedarf seitens der Konsolidierungszentrale vorliegt[9] und soweit aus Kostengründen vertretbar, können die Aufwendungen und

---

[1] Die Aufwands- und Ertragskonsolidierung nach internationalen Rechnungslegungsgrundsätzen entspricht der nach Handelsrecht. Vgl. § 305 HGB, IASC (1998), IAS 27.17-27.18, FASB (1996b), ARB 51.1 und 51.6 sowie BAETGE/SCHULZE (1997), IAS 27, Tz. 156.

[2] Vgl. OBEN, Kap. III.1.

[3] Vgl. OBEN, Kap. III.2.

[4] Vgl. OBEN, Kap. III.3.

[5] Vgl. OBEN, Kap. III.4.

[6] Vgl. OBEN, Kap. III.5.

[7] Vgl. OBEN, Kap. III.6.

[8] Vgl. OBEN, Kap. III.5.1.1. und III.6.1.1. Organisatorische Voraussetzungen für die Aufwands- und Ertragskonsolidierung sind die Einrichtung spezieller Konten für die buchmäßige Berücksichtigung der konzerninternen Aufwendungen und Erträge sowie eine Beteiligungsübersicht, die die Konzernunternehmen nach Tochterunternehmen, Gemeinschaftsunternehmen, assoziierten Unternehmen und übrigen Beteiligungen differenziert.

Erträge vor ihrer Übermittlung an die Zentralstelle - ähnlich wie bei der Saldenabstimmung im Rahmen der Schuldenkonsolidierung[10] - abgestimmt werden.[11]

Analog zu den Überlegungen zur organisatorischen Gestaltung des Saldenabstimmungsprozesses anläßlich der Schuldenkonsolidierung können die konzerninternen Aufwendungen und Erträge entweder zwischen den einbezogenen Tochterunternehmen und den Gemeinschaftsunternehmen abgestimmt werden (dezentrale Abstimmung) oder aber der Konsolidierungsstelle zur Abstimmung übermittelt werden (zentrale Abstimmung).[12]

Da die zeitgleiche Erfassung der konzerninternen Geschäftsvorfälle durch beide Geschäftspartner bereits durch die Schuldenkonsolidierung gewährleistet wird[13], ist es nicht erforderlich, die konzerninternen Aufwendungen und Erträge der Konsolidierungszentrale zu melden[14]; vielmehr genügt für die Verrechnung der konzerninternen Aufwendungen und Erträge die andere Alternative, i.e. die einseitige Übermittlung von Aufwendungen oder Erträgen ohne vorherige Abstimmung.[15]

Nach etwaiger Abstimmung der konzerninternen Aufwendungen und Erträge sind diese ggf. in Konzernwährung umzurechnen. Im Anschluß daran erfolgt die Ver-

---

9 Ein solcher Informationsbedarf wäre bspw. dann gegeben, wenn sich die Konzernleitung ein exaktes und detailliertes Bild über Stand und Zusammensetzung der konzerninternen Aufwendungen und Erträge verschaffen möchte. So offensichtlich SAHNER/TERHÜRNE (1989), S. 246.

10 Vgl. OBEN, Kap. III.5.1.2.1. und III.5.2.2.2.

11 Vgl. ELLERICH (1990), S. 1383-1384.

12 Da der Abstimmungsprozeß der konzerninternen Aufwendungen und Erträge sehr ähnlich strukturiert ist wie der Abstimmungsprozeß der konzerninternen Forderungs- und Schuldposten und insofern die Diskussion zur (De-)Zentralisation des Abstimmungsprozesses der konzerninternen Aufwendungen und Erträge keine neuen Erkenntnisse bringen würde, kann an dieser Stelle auf die entsprechenden Ausführungen zum Saldenabstimmungsprozeß im Rahmen der Schuldenkonsolidierung verwiesen werden. Vgl. OBEN, Kap. III.5.1.2.1. und III.5.2.2.2.

13 Stehen den konzerninternen Aufwendungen oder Erträgen keine korrespondierenden Beträge eines anderen Konzernunternehmens gegenüber bzw. gibt es Differenzen zwischen der Aufwands- und Ertragsbuchung, dann kann dies zu entsprechenden Differenzen anläßlich des Saldenabstimmungsprozesses im Zuge der Schuldenkonsolidierung führen, die bereits an dieser Stelle restlos geklärt werden müssen. Vgl. JONAS (1986), S. 379.

14 Vgl. VERBAND DER CHEMISCHEN INDUSTRIE E.V. (1989), S. 40.

15 In diesem Zusammenhang ist allerdings zu vermerken, daß die gesetzlich vorgeschriebenen Gliederungspositionen für eine Aufwands- und Ertragskonsolidierung bei einseitiger Meldung zu grob sein können, z.B. bei Lizenzerträgen aus Vertriebs- oder Produktionslizenzen oder sonstigen Erträgen aus diversen Leistungsverrechnungen. Für die Festlegung und Konsolidierung der korrespondierenden Gegenpositionen ist deshalb eine über die gesetzlichen Erfordernisse hinausgehende und damit hinreichende Untergliederung der gemeldeten Aufwands- oder Ertragspositionen notwendig. Vgl. VERBAND DER CHEMISCHEN INDUSTRIE E.V. (1989), S. 40.

rechnung bzw. Umgliederung der konzerninternen Aufwands- und Ertragspositionen.[16]

Zusammenfassend sind bei derivativer Ableitung des Konzernabschlusses die folgenden Aktivitäten auszuführen:

Nr.	Aktivität
1	Meldung der konzerninternen Aufwendungen und Erträge
2	Konsolidierung der konzerninternen Aufwendungen und Erträge und Änderung des Ausweises einzelner Posten

Abb. 51: Aktivitäten im Rahmen des Teilprozesses 'Aufwands- und Ertragskonsolidierung' in der derivativen Ausgestaltung des Konzernrechnungswesens

7.1.2. Zentrale oder dezentrale Verteilung der Aktivitäten

7.1.2.1. Meldung der konzerninternen Aufwendungen und Erträge

Grundsätzlich wäre es möglich, jede einzelne Lieferung oder Leistung innerhalb des Konzerns auf die Notwendigkeit der Konsolidierung von Aufwendungen und Erträgen bzw. Umgliederungen bei der Erstellung des Konzernabschlusses zu untersuchen. Das würde bedeuten, daß sämtliche konzerninternen Lieferungen und Leistungen detailliert an die die Konsolidierung durchführende Stelle im Konzern zu melden wären. Anschließend wären dort die konzerninternen Aufwendungen und Erträge zu verrechnen.

Dieses Verfahren ist äußerst zeitaufwendig und verursacht hohe Kosten des Rechnungswesens.[17] In Konzernen mit zahlreichen verschiedenartigen konzerninternen Lieferungen brauchen die einzelnen im Zuge der Aufwands- und Ertragskonsolidierung zu verrechnenden konzerninternen Geschäftsvorfälle nicht separat konsolidiert zu werden[18]; vielmehr dürfen die einzelnen Arten konzerninterner Lieferungen und Leistungen bei den Unternehmen des Konsolidierungskreises weitgehend zu Gruppen zusammengefaßt werden. Derjenigen Stelle im Konzern, die die Konsolidierung durchführt, sind dann lediglich die aggregierten Werte zu melden.

[16] Die Umgliederung der Innenumsatzerlöse in den Posten 'Bestandsveränderungen' oder 'andere aktivierte Eigenleistungen' kann naturgemäß nur bei einer nach dem Gesamtkostenverfahren gegliederten Konzern-Gewinn- und Verlustrechnung auftreten.
[17] Vgl. BUSSE VON COLBE/ORDELHEIDE (1993), S. 411.
[18] Vgl. BUSSE VON COLBE/ORDELHEIDE (1993), S. 402.

Zur Bestimmung der relevanten Informationen im Rahmen der Aufwands- und Ertragskonsolidierung wird ein mögliches Verfahren der gruppenweisen Zusammenfassung von konzerninternen Lieferungen vorgestellt.[19]

Bei diesem Verfahren werden die Innenumsatzerlöse und die konzerninternen Erträge ohne vorherige Abstimmung mit den Aufwendungen des konzerninternen Geschäftspartners der Zentralstelle übermittelt. Dabei werden die Umsätze und Erträge, die in der Berichtsperiode aus dem Geschäftsverkehr mit anderen konsolidierten Konzernunternehmen erzielt werden, auf Formblättern detailliert nach korrespondierenden konsolidierten Unternehmen in Einheiten der Landeswährung[20] angegeben. Die Gesellschaft, die die konzerninternen Erträge erzielt, erstellt ein gesondertes Formular (Abb. 52) für jedes Konzernunternehmen, von dem die Umsätze und Erträge stammen.[21]

---

[19] Ein weiteres denkbares Verfahren ist bei BUSSE VON COLBE/ORDELHEIDE wiedergegeben. Dabei werden die Innenumsatzerlöse, die konzerninternen Erträge sowie die konzerninternen Aufwendungen der beiden Geschäftspartner der zentralen Konsolidierungsstelle gemeldet. Bei Anwendung des Gesamtkostenverfahrens spaltet jedes einbezogene Konzernunternehmen seine Erlöse in Außen- und Innenumsatzerlöse und letztgenannte wiederum in Lieferungen in das Vorrats- und in das Sachanlagevermögen. Die Lieferungen in das Vorrats- und in das Sachanlagevermögen werden letztlich in vom Lieferer (Vorlieferer) bearbeitete Erzeugnisse oder in vom Lieferer (Vorlieferer) nicht bearbeitetes Material zerlegt. Gleichermaßen wird mit den Aufwendungen verfahren. Bei der Zentralstelle werden die von den einzelnen einbezogenen Unternehmen zu Gruppen zusammengefaßten Aufwendungen und Erträge über den gesamten Konsolidierungskreis aggregiert. Vgl. BUSSE VON COLBE/ORDELHEIDE (1993), S. 411-413.

[20] Bei diesem Verfahren wird die Währungsumrechnung hier beispielhaft als Aufgabe der zentralen Konsolidierungsstelle eingestuft. Zu den Möglichkeiten und Grenzen der (de-)zentralen Währungsumrechnung vgl. OBEN, Kap. III.3.1.2.

[21] Auch in der Literatur wird die Ansicht vertreten, daß bei einseitiger Übermittlung der für die Konsolidierung benötigten Informationen die Meldung durch das den konzerninternen Umsatz bzw. Ertrag ausweisende Unternehmen erfolgt. So z.B. STEINCHEN (1993), S. 204; VERBAND DER CHEMISCHEN INDUSTRIE E.V. (1989), S. 40.

Konzernunternehmen: ____________________ Ges.-Nr. ______________

UMSÄTZE UND ERTRÄGE VON KONSOLIDIERTEN VERBUNDENEN UNTERNEHMEN

Lfd. Nr.	Konzerngesellschaft, von der die Erträge stammen	Ausweis unter Pos.-Nr.	Betrag in Landeswährung ( )
1.	Umsatzerlöse (ohne Umsatzsteuer)		
2.	Provisionserträge		
3.	Laufende Lizenzerträge		
4.	Erträge aus Anlagenabgang		
5.	Übrige betriebliche Erträge		
6a	Erträge aus Beteiligungen, Nettobetrag		
6b	+ Steuergutschrift		
6c	= Gesamtbetrag		
7.	Aufgr. Gewinngem. ... erhalt. Gewinne		
8.	Erträge aus Wertpapieren/Ausleihungen		
9.	Sonstige Zinsen u.ä. Erträge		
10.	Außerordentliche Erträge		
11.	Erträge aus Verlustübernahme		
12.			

Abb. 52: Meldeformular für Umsätze und Erträge von konsolidierten verbundenen Unternehmen

Anschließend sendet das Konzernunternehmen, bei dem konzerninterne Umsätze und Erträge vorliegen, das Meldeformular (Abb. 52) an die Konsolidierungszentrale. Diese ordnet jeder Positionsnummer (Pos.-Nr.), in die die konzerninternen Umsätze und Erträge eingeflossen sind, jeweils einen standardisierten Buchungssatz zu: wird in obiger Abbildung bspw. unter der laufenden Nummer 1 ein konzerninterner Umsatzerlös gezeigt, so bewirkt ein standardisierter Buchungssatz für Konsolidierungszwecke eine Sollbuchung bei den Umsatzerlösen der meldenden Gesellschaft und - bei Anwendung des Gesamtkostenverfahrens (Umsatzkostenverfahrens) - eine Habenbuchung beim Materialaufwand (bei den Herstellungskosten) der Gesellschaft, von der die Erträge herrühren.

Das vorgestellte Verfahren ist wie folgt zu bewerten: Die dezentrale Meldung wirkt sich insofern positiv auf die für die Aufwands- und Ertragskonsolidierung insgesamt benötigten Arbeitstage aus als die Zentralstelle bereits verdichtete Daten erhält und daher das Volumen der zentral zu verarbeitenden Daten begrenzt ist.

Da die für die Aufwands- und Ertragskonsolidierung benötigten Daten dezentral in den Konzernunternehmen entstehen, müssen die Konzernunternehmen die Daten zwangsläufig an die die Konsolidierung durchführende Stelle melden. Insofern verfügt die Konzernleitung hier faktisch nur über eine Handlungsalternative, i.e. die Dezentralisation. Das wiederum bedeutet, daß in bezug auf die Lokalisierung der Meldung der konzerninternen Aufwendungen und Erträge definitionsgemäß kein Entscheidungsproblem vorliegt.

7.1.2.2. Konsolidierung der konzerninternen Aufwendungen und Erträge und Änderung des Ausweises einzelner Posten

Nachdem die konzerninternen Erträge sowie ggf. die konzerninternen Aufwendungen der Stelle gemeldet wurden, die mit der Aufwands- und Ertragskonsolidierung betraut ist, werden dort die konzerninternen Aufwendungen und Erträge konsolidiert.

Bei der Konsolidierung der konzerninternen Aufwendungen und Erträge und der Änderung des Ausweises einzelner Posten handelt es sich um eine Aktivität, die als eigentlicher Konsolidierungsvorgang im Grunde genommen nur von der Stelle im Konzern verrichtet werden kann, die letztendlich für die Erstellung des Konzernabschlusses verantwortlich ist. Dies ist die zentrale Konsolidierungsstelle.[22]

Daraus folgt, daß in bezug auf die Konsolidierung der konzerninternen Aufwendungen und Erträge und die Änderung des Ausweises einzelner Posten kein Entscheidungsproblem vorliegt.

7.1.3. Ergebnis

Der Teilprozeß 'Aufwands- und Ertragskonsolidierung' in der derivativen Ausgestaltung des Konzernrechnungswesens umfaßt im wesentlichen zwei Tätigkeiten:[23]

- Meldung der konzerninternen Aufwendungen und Erträge,
- Konsolidierung der konzerninternen Aufwendungen und Erträge und Änderung des Ausweises einzelner Posten.

---

[22] So z.B. REINHARD (1989), Rn. 55; RUHNKE (1995), S. 84, Fn. 91. Dagegen wäre es bei derivativer Ableitung des Konzernabschlusses aus einem konzernweit integrierten Buchhaltungssystem, in dem die in einem Teilsystem einmal erfaßten Daten in einer Vielzahl von anderen Teilsystemen gleichzeitig automatisch verfügbar sind, grundsätzlich vorstellbar, die Konsolidierung der konzerninternen Aufwendungen und Erträge zu dezentralisieren. Die derivative Ableitung des Konzernabschlusses aus einem konzernweit integrierten Buchhaltungssystem wird jedoch aus der vorliegenden Untersuchung ausgeklammert. Vgl. OBEN, Kap. I.1.

[23] Zur Zerlegung des Teilprozesses 'Aufwands- und Ertragskonsolidierung' in der derivativen Ausgestaltung des Konzernrechnungswesens in einzelne Aktivitäten vgl. OBEN, Kap. III.7.1.1.

Für die erstgenannte Tätigkeit, die Meldung der konzerninternen Aufwendungen und Erträge, bietet sich kein Potential für eine Zentralisation. Die für die Aufwands- und Ertragskonsolidierung erforderlichen Daten entstehen dezentral in den Konzernunternehmen und müssen zwangsläufig an die Stelle im Konzern übermittelt werden, die die Aufwands- und Ertragskonsolidierung und die Änderung des Ausweises einzelner Posten durchführt.[24]

Die Konsolidierung der konzerninternen Aufwendungen und Erträge kann - als eigentlicher Konsolidierungsvorgang - eindeutig als Tätigkeit der Stelle eingestuft werden, die im Endeffekt für die Erstellung des Konzernabschlusses zuständig ist, i.e. die zentrale Konsolidierungsstelle.[25]

7.2. Prozeßorganisatorische Gestaltung des Teilprozesses 'Aufwands- und Ertragskonsolidierung' in der originären Ausgestaltung des Konzernrechnungswesens

7.2.1. Zerlegung des Teilprozesses in einzelne Aktivitäten

In der originären Ausgestaltung des Konzernrechnungswesens werden die konzerninternen Aufwendungen und Erträge auf Basis der einzelnen Geschäftsvorfälle konsolidiert. Die Geschäftsvorfälle werden für Zwecke der einzelgesellschaftlichen Rechnungslegung (der Konzernrechnungslegung) in Landeswährung[26] (in Konzernwährung[27]) erfaßt.

Die buchmäßige Berücksichtigung der konzerninternen Aufwendungen und Erträge aus konsolidierten Kapitalverhältnissen, Kreditbeziehungen sowie Lieferungs- und Leistungsverflechtungen erfolgt als Sekundäraufwand bzw. -ertrag in eigenen Kontenklassen des Konzernkontenplans.[28] Konzerninterne Aufwendungen und Erträge, die als Sekundäraufwand bzw. -ertrag erfaßt werden, sind in Analogie zur Schuldenkonsolidierung[29] und zur Zwischenergebniseliminierung[30] mittels genau definierten Buchungsschlüsseln und Firmenverbundkennzeichen zu markieren. Ab-

---

[24] Vgl. OBEN, Kap. III.7.1.2.1.
[25] Vgl. OBEN, Kap. III.7.1.2.2.
[26] Vgl. OBEN, Kap. III.1.2.
[27] Vgl. OBEN, Kap. III.3.2.
[28] Zum Konzernkontenplan vgl. OBEN, Kap. II.3.1.3.2.
[29] Vgl. OBEN, Kap. III.5.2.2.1.
[30] Vgl. OBEN, Kap. III.6.2.2.1.

gesehen von den Firmenverbundkennzeichen wird eine gemeinsame Vorgangsnummer des jeweiligen konzerninternen Geschäftsvorfalls erfaßt.

Die Buchungsschlüssel sind wie folgt vorzugeben:[31] Zunächst ist beim Lieferer zu differenzieren, ob die Herstellung, die Leistung oder der Bezug die Berichtsperiode oder eine frühere Periode betrifft. Darüber hinaus ist in dem Buchungssatz verschlüsselt zu erfassen, ob die betreffenden konzerninternen Umsätze solche aus selbsterstellten Vermögensgegenständen, aus bezogenen Vermögensgegenständen oder aus sonstigen Leistungen sind. Der Empfänger der konzerninternen Lieferung oder Leistung muß registrieren, ob diese bei ihm als Aufwand, als Vorrats- oder Anlagevermögen[32] zu berücksichtigen ist und ob ggf. empfangene Vorräte bereits konzernextern veräußert wurden.

Die Verrechnung von Innenumsatzerlösen oder sonstigen Erträgen, die nicht mit eindeutig erkennbaren korrespondierenden Aufwendungen verrechnet werden können, sowie der Ausweis als Veränderung des Bestands an fertigen und unfertigen Erzeugnissen oder als andere aktivierte Eigenleistungen erfordern "über die benötigte Kennzeichnung der betreffenden Buchführungsdaten aus dem einzelgesellschaftlichen Rechnungswesen hinaus gesonderte Informationen sowohl des Lieferers als auch des Leistungsempfängers."[33]

Im Anschluß an die geschilderte Markierung der Buchungen werden sämtliche Buchungen aus den einzelgesellschaftlichen Buchungskreisen in den Buchungskreis 'Konzern' übernommen und schließlich konsolidiert bzw. umgegliedert.[34]

Die diese Ausführungen abschließende Abbildung faßt die einzelnen Aktivitäten im Rahmen der Aufwands- und Ertragskonsolidierung in der originären Ausgestaltung des Konzernrechnungswesens in ihrer zeitlichen Reihenfolge zusammen.

---

[31] Zu möglichen Fallgestaltungen der Innenumsatzkonsolidierung vgl. PELKA (1994), S. 239-240; REINHARD (1989), Rn. 14.

[32] Ist der Vermögensgegenstand beim Empfänger als Anlagevermögen zu behandeln, so ist weiter danach zu unterscheiden, ob es sich um immaterielle Vermögensgegenstände oder um Gegenstände des Sachanlagevermögens handelt. Vgl. hierzu die Übersicht bei REINHARD (1989), Rn. 14.

[33] PELKA (1994), S. 238.

[34] Alternativ zu dieser Vorgehensweise, bei der die markierten Buchungen erst nach ihrer Übernahme in den Buchungskreis 'Konzern' konsolidiert bzw. umgegliedert werden, kann die Konsolidierung oder Umgliederung auch vor der Übernahme in den Buchungskreis 'Konzern' erfolgen, indem die

Nr.	Aktivität
1	Kennzeichnung der für die Aufwands- und Ertragskonsolidierung relevanten Buchungssätze
2	Konsolidierung der konzerninternen Aufwendungen und Erträge und Änderung des Ausweises einzelner Posten

Abb. 53: Aktivitäten im Rahmen des Teilprozesses 'Aufwands- und Ertragskonsolidierung' in der originären Ausgestaltung des Konzernrechnungswesens

7.2.2. Zentrale oder dezentrale Verteilung der Aktivitäten

7.2.2.1. Kennzeichnung der für die Aufwands- und Ertragskonsolidierung relevanten Buchungssätze

Diesem Abschnitt liegt die nachstehende Ergebnismatrix zugrunde.

Randbedingungen / Handlungsalternativen im Zeitpunkt t	Größe des Konzerns	Handlungsalternativen in den Zeitpunkten 1,...,t-1
Zentrale Kennzeichnung der für die Aufwands- und Ertragskonsolidierung relevanten Buchungssätze	E_{11}	E_{12}
Dezentrale Kennzeichnung der für die Aufwands- und Ertragskonsolidierung relevanten Buchungssätze	E_{21}	E_{22}

Abb. 54: Matrix der betrachteten Handlungsalternativen und Randbedingungen im Rahmen der Aktivität 'Kennzeichnung der für die Aufwands- und Ertragskonsolidierung relevanten Buchungssätze' in der originären Ausgestaltung des Konzernrechnungswesens

Im Idealfall sind die für die Aufwands- und Ertragskonsolidierung relevanten Buchungssätze - analog zur Vorgehensweise im Zuge der Kennzeichnung der auf konzerninternen Schuldverhältnissen[35] und konzerninternen Lieferungen[36] beruhen-

als Sekundäraufwand oder -ertrag erfaßten Buchungen überhaupt nicht erst in den Buchungskreis 'Konzern' übernommen werden.

[35] Vgl. OBEN, Kap. III.5.2.2.1.

den Buchungssätze - im jeweiligen einzelgesellschaftlichen Buchungskreis zu erfassen und möglichst zeitgleich als relevant für die Aufwands- und Ertragskonsolidierung zu markieren.

Aufgrund der ähnlichen Strukturiertheit der Kennzeichnungsvorgänge, die für Zwecke der Schuldenkonsolidierung, der Zwischenerfolgseliminierung sowie der Aufwands- und Ertragskonsolidierung durchzuführen sind, erscheint - vor dem Hintergrund des in dieser Arbeit zugrunde liegenden Zielkonzeptes - eine für alle drei Aktivitäten gleichlautende Zuordnung, d.h. Zentralisation oder Dezentralisation, vor allem deshalb geeignet, weil die Steuerung und Kontrolle von ähnlich strukturierten Aktivitäten bei gleichlautender Zuordnung tendenziell einfacher und damit in weniger Arbeitstagen durchführbar sein wird als bei unterschiedlicher Zuordnung.[37]

Aus diesem Blickwinkel sind die aus der (De-)Zentralisation der Kennzeichnung der Buchungssätze, die für die Aufwands- und Ertragskonsolidierung relevant sind, und der Randbedingungen resultierenden entscheidungsrelevanten Konsequenzen (Abb. 54, E_{11} bis E_{22}) identisch zu bewerten wie anläßlich der Kennzeichnung der Buchungssätze für Zwecke der Schuldenkonsolidierung[38] und der Zwischenergebniseliminierung.[39]

Abgesehen von der Übertragung der im Zusammenhang mit der Behandlung der Schuldenkonsolidierung und der Zwischenergebniseliminierung festgestellten Ergebnisse auf das in diesem Abschnitt behandelte Entscheidungsproblem, kann daher in bezug auf die Ableitung dieser Ergebnisse auf die Ausführungen zur Kennzeichnung der auf konzerninternen Schuldverhältnissen beruhenden Buchungssätze im Zuge der Schuldenkonsolidierung bzw. zur Kennzeichnung der auf konzerninternen Lieferungen basierenden Buchungssätze anläßlich der Zwischenergebniseliminierung verwiesen werden.[40]

Im Rahmen der Diskussion der Möglichkeiten und Grenzen der (De-)Zentralisation anläßlich der Schuldenkonsolidierung und der Zwischenerfolgseliminierung wurde als Ergebnis herausgestellt, daß - unter Berücksichtigung der Zielvariablen Qualität

---

[36] Vgl. OBEN, Kap. III.6.2.2.1.
[37] So im Ergebnis auch allgemein LAUX/LIERMANN (1997), S. 287.
[38] Vgl. hierzu OBEN, Kap. III.5.2.2.1.
[39] Vgl. hierzu OBEN, Kap. III.6.2.2.1.
[40] Vgl. OBEN, Kap. III.5.2.2.1., III.5.2.3., III.6.2.2.1. und III.6.2.3.

und Arbeitstage - das Dezentralisationspotential der Kennzeichnung der Buchungssätze in der Regel größer sein wird als das Zentralisationspotential.[41]

Aus der bereits angesprochenen Ähnlichkeit der Aktivitäten kann abgeleitet werden, daß das Dezentralisationspotential der Kennzeichnung der für die Aufwands- und Ertragskonsolidierung relevanten Buchungssätze bei isolierter Betrachtung dieser Aktivität ceteris paribus ebenso größer sein wird als das Zentralisationspotential.

7.2.2.2. Konsolidierung der konzerninternen Aufwendungen und Erträge und Änderung des Ausweises einzelner Posten

Die zweite Aktivität im Rahmen des Teilprozesses 'Aufwands- und Ertragskonsolidierung' in der originären Ausgestaltung des Konzernrechnungswesens ist die Konsolidierung der konzerninternen Aufwendungen und Erträge und die Änderung des Ausweises einzelner Posten, die nach Beendigung der Kennzeichnung der für die Aufwands- und Ertragskonsolidierung relevanten Buchungssätze durchgeführt wird.[42]

Die Konsolidierung der gekennzeichneten Buchungssätze aus den einzelgesellschaftlichen Rechnungswesen der Konzernunternehmen kann grundsätzlich sowohl dezentral bei diesen Unternehmen (Abb. 55, E_{21} und E_{22}) als auch zentral (Abb. 55, E_{11} und E_{12}) erfolgen.

---

[41] Vgl. OBEN, Kap. III.5.2.2.1., III.5.2.3., III.6.2.2.1. und III.6.2.3.
[42] Vgl. OBEN, Kap. III.7.2.1., Abb. 53.

Randbedingungen / Handlungsalternativen im Zeitpunkt t	Größe des Konzerns	Handlungsalternativen in den Zeitpunkten 1,...,t-1
Zentrale Konsolidierung der konzerninternen Aufwendungen und Erträge und Änderung des Ausweises einzelner Posten	E_{11}	E_{12}
Dezentrale Konsolidierung der konzerninternen Aufwendungen und Erträge und Änderung des Ausweises einzelner Posten	E_{21}	E_{22}

Abb. 55: Matrix der betrachteten Handlungsalternativen und Randbedingungen im Rahmen der Aktivität 'Konsolidierung der konzerninternen Aufwendungen und Erträge und Änderung des Ausweises einzelner Posten' in der originären Ausgestaltung des Konzernrechnungswesens

Wie bereits angesprochen[43], verlangen solche konzerninternen Geschäftsvorfälle, die über die einfache Verrechnung von korrespondierenden Aufwendungen und Erträgen hinausgehende Konsolidierungen und Umgliederungen erfordern, zahlreiche Informationen der jeweiligen Transaktionspartner. Eine Dezentralisation der Konsolidierungen und der ggf. durchzuführenden Umgliederungen (Abb. 55, E_{21} und E_{22}) setzt die Übermittlung dieser Informationen an den jeweiligen Transaktionspartner voraus. Darüber hinaus sind diese Informationen aber auch der zentralen Konsolidierungsstelle zwecks Steuerung und Kontrolle der Konsolidierung und Umgliederung von den Konzernunternehmen bereitzustellen.
Im Anschluß an die Konsolidierung bzw. Umgliederung werden die für die Konzernrechnungslegung relevanten Informationen in den Buchungskreis 'Konzern' eingestellt.

Insgesamt betrachtet wird bei Dezentralisation der Konsolidierung der konzerninternen Aufwendungen und Erträge (Abb. 55, E_{21} und E_{22}) die Zentralstelle von der eigentlichen Konsolidierungsarbeit in verrichtungsmäßiger Hinsicht entlastet; der Tätigkeitsbereich der zentralen Konsolidierungsstelle beschränkt sich auf die Steuerung und Kontrolle dieser Aktivität. Dieser Effekt dürfte sich insbesondere vor

[43] Vgl. OBEN, Kap. III.7.2.2.1.

dem Hintergrund der benötigten Arbeitstage um so stärker auswirken, je größer der Konzern ist, d.h. je mehr Konzernunternehmen einbezogen sind bzw. je umfangreicher der konzerninterne Lieferungs- und Leistungsverkehr ist (Abb. 55, E_{21}).

Bei Zentralisation der Konsolidierung der konzerninternen Aufwendungen und Erträge hingegen sind die Informationen ausschließlich der Zentralstelle zur Verfügung zu stellen (Abb. 55, E_{11} und E_{12}). Die ggf. zeitintensiven Steuerungsmaßnahmen, die erforderlich sind, um den bei Dezentralisation notwendigen Informationsfluß sowie den damit zusammenhängenden Kommunikationsprozeß zwischen den Konzernunternehmen zu koordinieren, entfallen bei der zentralen Vorgehensweise. Abzuwägen sind hier die bei dezentraler Konsolidierung der konzerninternen Aufwendungen und Erträge und Änderung des Ausweises einzelner Posten benötigten Steuerungs- und Koordinationsmaßnahmen sowie die für die zentrale Ausführung dieser Aktivität erforderlichen Arbeitstage.

Da entscheidungsrelevante Konsequenzen aus den Abläufen in anderen Bereichen resultieren (können), darf die (De-)Zentralisation der Konsolidierung der konzerninternen Aufwendungen und Erträge sowie der Änderung des Ausweises einzelner Posten nicht isoliert betrachtet werden (Abb. 55, E_{12} und E_{22}).

Interdependenzen können zur Aktivität 'Kennzeichnung der für die Aufwands- und Ertragskonsolidierung relevanten Buchungssätze' bestehen.[44]

Entscheidet sich die Konzernleitung dafür, die Kennzeichnung der für die Aufwands- und Ertragskonsolidierung relevanten Buchungen zu zentralisieren[45], so wird - unter dem Gesichtspunkt der benötigten Arbeitstage - durch diese Entscheidung das Dezentralisationspotential der Konsolidierung der konzerninternen Aufwendungen und Erträge sowie der Änderung des Ausweises einzelner Posten stark limitiert (Abb. 55, E_{22}): Die in der zentralen Konsolidierungsstelle gesondert gekennzeichneten Buchungen wären dort gesellschaftsweise zu selektieren und den betreffenden Konzerngesellschaften in deren jeweiligen Buchungskreisen zwecks Konsolidierung und Änderung des Ausweises einzelner Positionen zur Verfügung zu stellen. Der Output dieser Aktivität wäre seitens der Konzerngesellschaften wiederum in den Buchungskreis 'Konzern' einzustellen.

---

[44] Vgl. OBEN, Kap. III.7.2.2.1.
[45] Vgl. OBEN, Kap. III.7.2.2.1., Abb. 54, E_{11} und E_{12}.

Bezogen auf die Arbeitstage, die für die Konsolidierung der konzerninternen Aufwendungen und Erträge sowie für die Änderung des Ausweises einzelner Posten benötigt werden, erscheint demnach bei zentraler Kennzeichnung der für die Aufwands- und Ertragskonsolidierung relevanten Buchungen[46] die dezentrale Konsolidierung der konzerninternen Aufwendungen und Erträge (Abb. 55, E_{22}) zeitaufwendiger als die zentrale Vorgehensweise (Abb. 55, E_{12}), bei der die in der Zentralstelle gesondert gekennzeichneten Buchungen auch dort konsolidiert werden.

Entscheidet sich die Konzernleitung dafür, die Kennzeichnung der für die Aufwands- und Ertragskonsolidierung relevanten Buchungen zu dezentralisieren[47], so ergeben sich aufgrund dieser Entscheidung keine entscheidungsrelevanten Implikationen hinsichtlich des (De-)Zentralisationspotentials der Konsolidierung der konzerninternen Aufwendungen und Erträge sowie der Änderung des Ausweises einzelner Posten.

Bei Beurteilung der Handlungsalternativen in bezug auf die Qualität der erzeugten Informationen ergeben sich aufgrund der (De-)Zentralisation der Kennzeichnung der für die Aufwands- und Ertragskonsolidierung relevanten Buchungen[48] entscheidungsrelevante Implikationen auf die (De-)Zentralisation der Konsolidierung der konzerninternen Aufwendungen und Erträge wie folgt (Abb. 55, E_{12} und E_{22}): Insbesondere bei ad-hoc Anfragen ist es für Auswertungszwecke wichtig, daß die buchmäßige Behandlung der Daten für die Konzernrechnungslegung möglichst zeitnah erfolgt. Wird unterstellt, daß durch die in diesem Abschnitt betrachtete Aktivität sowohl zentral als auch dezentral den Qualitätsanforderungen der Konzernleitung entsprechende Informationen erzeugt werden[49], so dürfte es im Hinblick auf die Qualität der generierten Informationen zweckmäßig sein, die Konsolidierung der konzerninternen Aufwendungen und Erträge sowie die Änderung des Ausweises einzelner Posten dort zu lokalisieren, wo die für die Aufwands- und Ertragskonsolidierung relevanten Buchungen gesondert gekennzeichnet werden.

Positive Auswirkungen auf die Qualität der Informationen als Zielvariable dürften sich somit immer dann ergeben, wenn die Entscheidung über die (De-)Zentralisation der Kennzeichnung der für die Aufwands- und Ertragskonsolidierung relevanten

---

[46] Vgl. OBEN, Kap. III.7.2.2.1., Abb. 54, E_{11} und E_{12}.
[47] Vgl. OBEN, Kap. III.7.2.2.1., Abb. 54, E_{21} und E_{22}.
[48] Vgl. OBEN, Kap. III.7.2.2.1., Abb. 54, E_{11} bis E_{22}.
[49] Unterstützt wird dies u.a. durch die Annahme der Existenz einheitlicher Kontierungsrichtlinien sowie einer Richtlinie zur konzerneinheitlichen Rechnungslegung. Vgl. OBEN, Kap. II.3.1.3.2. und II.3.1.3.3.

Buchungen[50] und die Entscheidung über die (De-)Zentralisation der Konsolidierung der konzerninternen Aufwendungen und Erträge und der Änderung des Ausweises einzelner Posten[51] gleichlautend getroffen werden.

7.2.3. Ergebnis

In der originären Ausgestaltung des Konzernrechnungswesens umfaßt der Teilprozeß 'Aufwands- und Ertragskonsolidierung' im wesentlichen zwei Aktivitäten:[52]

- Kennzeichnung der für die Aufwands- und Ertragskonsolidierung relevanten Buchungssätze,
- Konsolidierung der konzerninternen Aufwendungen und Erträge und Änderung des Ausweises einzelner Posten.

Beide Aktivitäten können grundsätzlich sowohl zentral als auch dezentral erfüllt werden.

In bezug auf die Kennzeichnung der für die Aufwands- und Ertragskonsolidierung relevanten Buchungssätze wurde festgestellt, daß die entscheidungsrelevanten Konsequenzen identisch zu bewerten sind wie anläßlich der Kennzeichnung der Buchungssätze für Zwecke der Schuldenkonsolidierung und der Zwischenergebniseliminierung.[53]

Die wichtigsten Ergebnisse der Analyse der Möglichkeiten und Grenzen der (De-)Zentralisation der Konsolidierung der konzerninternen Aufwendungen und Erträge und Änderung des Ausweises einzelner Posten[54] lassen sich wie folgt zusammenfassen:

---

[50] Vgl. OBEN, Kap. III.7.2.2.1., Abb. 54, E_{11} bis E_{22}.
[51] Vgl. OBEN, Abb. 55, E_{11} bis E_{22}.
[52] Zur Zerlegung des Teilprozesses 'Aufwands- und Ertragskonsolidierung' in der originären Ausgestaltung des Konzernrechnungswesens in einzelne Aktivitäten vgl. OBEN, Kap. III.7.2.1.
[53] Zusammenstellungen dieser Ergebnisse sind OBEN, Kap. III.5.2.3. bzw. III.6.2.3. wiedergegeben.

Zielvariablen / Handlungsalternativen	Qualität	Arbeitstage
Zentrale Konsolidierung der konzerninternen Aufwendungen und Erträge und Änderung des Ausweises einzelner Posten	- positive Auswirkungen ergeben sich immer dann, wenn die Entscheidung über die (De-)Zentralisation der Kennzeichnung der für die Aufwands- und Ertragskonsolidierung relevanten Buchungen und die hier betrachtete Entscheidung gleichlautend getroffen werden	- Zentralstelle führt die eigentliche Konsolidierungsarbeit aus; Steuerung und Kontrolle dieser Aktivität entfallen
Dezentrale Konsolidierung der konzerninternen Aufwendungen und Erträge und Änderung des Ausweises einzelner Posten	- positive Auswirkungen ergeben sich immer dann, wenn die Entscheidung über die (De-)Zentralisation der Kennzeichnung der für die Aufwands- und Ertragskonsolidierung relevanten Buchungen und die hier betrachtete Entscheidung gleichlautend getroffen werden	- zahlreiche Informationen der jeweiligen Transaktionspartner werden benötigt; diese Informationen sind zudem der Zentralstelle zwecks Steuerung und Kontrolle des Konsolidierungsablaufs bereitzustellen - Zentralstelle wird von der eigentlichen Konsolidierungsarbeit entlastet; Tätigkeitsbereich der Zentralstelle beschränkt sich auf die Steuerung und Kontrolle dieser Aktivität - bei zentraler Kennzeichnung der für die Aufwands- und Ertragskonsolidierung relevanten Buchungen erscheint diese Handlungsalternative zeitaufwendiger zu sein als die Zentralisation

Abb. 56: Zielvariablenmatrix bei Konsolidierung der konzerninternen Aufwendungen und Erträge und Änderung des Ausweises einzelner Posten in der originären Ausgestaltung des Konzernrechnungswesens

8. Beteiligungsbewertung nach der Equity-Methode

8.1. Prozeßorganisatorische Gestaltung des Teilprozesses 'Beteiligungsbewertung nach der Equity-Methode' in der derivativen und in der originären Ausgestaltung des Konzernrechnungswesens

8.1.1. Zerlegung des Teilprozesses in einzelne Aktivitäten in der derivativen Ausgestaltung des Konzernrechnungswesens

Der Prozeß der Beteiligungsbewertung nach der Equity-Methode[55] gestaltet sich im wesentlichen wie folgt:[56] Im Erwerbszeitpunkt werden die Anschaffungskosten der

[54] Vgl. OBEN, Kap. III.7.2.2.

[55] In der Literatur wird die Equity-Methode auch "Ein-Zeilen-Konsolidierung" oder "Konsolidierungsersatz" genannt, da - mit gewissen Ausnahmen - sich alle Veränderungen nur im Wertansatz der

Beteiligung dem anteiligen Eigenkapital der Beteiligungsgesellschaft gegenübergestellt. Für Zwecke der Ermittlung des anteiligen Eigenkapitals der Beteiligungsgesellschaft kann der Jahresabschluß dieser Gesellschaft an die konzerneinheitlichen Bilanzierungs- und Bewertungsvorschriften angepaßt werden.[57]

Ein aus der Gegenüberstellung der Anschaffungskosten der Beteiligung und des anteiligen Eigenkapitals der Beteiligungsgesellschaft ggf. resultierender Unterschiedsbetrag wird in einer Nebenrechnung[58] auf etwaige anteilige stille Rücklagen und stille Lasten und einen Firmenwert bzw. passivischen Unterschiedsbetrag aufgeteilt.[59] In den Folgeperioden werden die zugeordneten Beträge erfolgswirksam aufgelöst oder erfolgsneutral mit den Rücklagen verrechnet. Des weiteren wird der Beteiligungsbuchwert per saldo "um die anteiligen thesaurierten Gewinne bzw. Jahresfehlbeträge der Beteiligungsgesellschaft verändert."[60]

Die Equity-Methode wird dann angewendet, wenn ein in die Konzernrechnungslegung durch Voll- oder Quotenkonsolidierung einbezogenes Unternehmen an einem anderen Unternehmen beteiligt ist und auf dessen Geschäfts- und Finanzpolitik einen maßgeblichen Einfluß tatsächlich ausübt.[61] Darüber hinaus erstreckt sich der Anwendungsbereich der Equity-Methode nach Handelsrecht auf jene Tochter- oder Gemeinschaftsunternehmen, die aufgrund eines Konsolidierungsverbots[62] bzw. -wahlrechts[63] nicht im Zuge der Voll- oder Quotenkonsolidierung einbezogen werden.[64]

Obwohl die anläßlich der Equity-Bewertung zu verrichtenden Tätigkeiten - aufgrund der nach Handelsrecht fehlenden gesetzlichen Verpflichtung zur Schuldenkonsolidierung und zur Aufwands- und Ertragskonsolidierung[65] - im Vergleich zur Vollkon-

---

Beteiligung ausdrücken. Vgl. MÜLLER/LAUER (1992), Rz. 117; ORDELHEIDE (1986b), S. 87; WILLIAMS (1998), p. 6.08.

56 Zur Equity-Methode nach Handelsrecht vgl. §§ 311 und 312 HGB. Zur Equity-Methode nach internationalen Rechnungslegungsgrundsätzen vgl. IASC (1998), IAS 28 und FASB (1996b), APB 18.

57 Vgl. § 312 Abs. 5 Sätze 1 und 2 HGB und IASC (1998), IAS 28.20.

58 Vgl. z.B. BENTLER (1991), S. 131-135. Zur möglichen Ausgestaltung von Nebenrechnungen im Rahmen der Beteiligungsbewertung nach der Equity-Methode vgl. UNTEN, Kap. III.8.2.2. und III.8.2.3.

59 Vgl. § 312 Abs. 2 HGB und IASC (1998), IAS 28.

60 BUSSE VON COLBE/ORDELHEIDE (1993), S. 470.

61 Vgl. § 311 Abs. 1 HGB, IASC (1998), IAS 28.4-28.5 und FASB (1996b), APB 18.17.

62 Vgl. § 295 HGB.

63 Vgl. § 296 HGB.

64 Vgl. BUSSE VON COLBE/ORDELHEIDE (1993), S. 469. Die Anwendung der Equity-Methode für Tochterunternehmen im Konzernabschluß nach IAS ist wegen IAS 27.11 i.V.m. IAS 27.13 sowie IAS 28.3 nicht zulässig.

65 Im Gegensatz zu den handelsrechtlichen Regelungen soll gemäß IAS 28.16 sowohl eine Schuldenkonsolidierung als auch eine Aufwands- und Ertragskonsolidierung vorgenommen werden.

solidierung die Gewinnung einer geringeren Informationsmenge erfordern[66], kann die Informationsversorgung der für die Equity-Bewertung zuständigen Stelle - insbesondere bei assoziierten Unternehmen im engeren Sinne[67] - problematisch sein.[68] Da für assoziierte Unternehmen - im Gegensatz zu Tochterunternehmen - eine Informationspflicht gesetzlich nicht statuiert ist, erfolgt die Informationsübermittlung durch die Beteiligungsgesellschaft weitgehend[69] auf freiwilliger Basis.[70]

Das bedeutet, daß sich die Konzernleitung Informationen aus dem internen und externen Rechnungswesen einer Wirtschaftseinheit beschaffen muß, auf die sie mittelbar einen lediglich maßgeblichen Einfluß ausübt.[71]

Als notwendige Voraussetzung für die Bewertung einer Beteiligung at equity gilt, daß der maßgebliche Einfluß ausreicht, um die entsprechenden Informationen von der jeweiligen Beteiligungsgesellschaft zu erhalten.[72]

Der Prozeß der Informationsbeschaffung wird von der Konzernführung wie folgt eingeleitet: Das assoziierte Unternehmen wird darüber unterrichtet, daß es vom Mutterunternehmen für Zwecke der Konzernrechnungslegung als assoziiertes Unternehmen betrachtet und at equity bewertet wird. Das assoziierte Unternehmen wird dann durch besondere Abmachungen zwischen der Konzernleitung oder dem unmittelbar die Beteiligung haltenden Unternehmen (falls dieses nicht mit dem Mutterunternehmen identisch ist) einerseits und dem assoziierten Unternehmen andererseits dazu angehalten, in Abhängigkeit vom Informationsbedarf der Konzernleitung, eine stetige und termingerechte Übermittlung der notwendigen Informationen im Rahmen der Konzernberichterstattung zu gewährleisten.[73]

---

[66] Vgl. MÜLLER, E. (1989), Rz. 61.
[67] Von den assoziierten Unternehmen im engeren Sinne, d.h. den assoziierten Unternehmen nach § 311 Abs. 1 HGB, sind die assoziierten Unternehmen im weiteren Sinne zu unterscheiden. Dies sind jene Tochter- oder Gemeinschaftsunternehmen, die aufgrund eines Konsolidierungswahlrechts bzw. -verbots nicht voll oder quotal konsolidiert werden.
[68] Vgl. MÜLLER, E. (1989), Rz. 62.
[69] In der Regel stehen dem Konzernunternehmen, das die Beteiligung hält, auch gesellschaftsrechtliche Informationsrechte zu, z.B. das Auskunfts- und Einsichtsrecht gemäß § 51a GmbHG.
[70] Vgl. KÜTING/ZÜNDORF (1989), Rn. 228.
[71] Vgl. HARMS/KÜTING (1980), S. 2461.
[72] Vgl. u.a. KÜTING/KÖTHNER/ZÜNDORF (1989), Rn. 87; UHLIG (1980), S. 304.
[73] Vgl. KÜTING/KÖTHNER/ZÜNDORF (1989), Rn. 94.

Um eine Beteiligungsgesellschaft at equity bewerten zu können, muß die für die Equity-Bewertung zuständige Stelle im Idealfall[74] über folgende Informationen verfügen:[75]

- den jeweils letzten vorliegenden, vom assoziierten Unternehmen erstellten Jahres- bzw. Konzernabschluß,
- detaillierte Angaben über die im Jahresabschluß des assoziierten Unternehmens angewandten Bilanzierungs- und Bewertungsverfahren,
- Angaben, die eine Zwischenergebniseliminierung ermöglichen,
- ggf. Angaben, die eine Schuldenkonsolidierung sowie eine Aufwands- und Ertragskonsolidierung ermöglichen[76],
- Beteiligungsprozentsatz,
- Anschaffungswert der Beteiligung,
- ggf. auf den Beteiligungsbuchwert erfolgte Abschreibungen,
- kumulierte anteilige Jahresüberschüsse oder Jahresfehlbeträge seit Erlangung der Equity-Eigenschaft,
- die in den vorhandenen Vermögensgegenständen und Schulden enthaltenen stillen Rücklagen und stillen Lasten.

Zusammenfassend sind im Rahmen der Beteiligungsbewertung nach der Equity-Methode in der derivativen Ausgestaltung des Konzernrechnungswesens die in der nachstehenden Abbildung genannten Aktivitäten durchzuführen.

Nr.	Aktivität
1	ggf. Anpassung des Abschlusses des assoziierten Unternehmens an die konzerneinheitliche Bilanzierung und Bewertung
2	Erstmalige Anwendung
3	Fortschreibung

Abb. 57: Aktivitäten im Rahmen des Teilprozesses 'Beteiligungsbewertung nach der Equity-Methode' in der derivativen Ausgestaltung des Konzernrechnungswesens

[74] Vom 'Idealfall' wird hier deshalb gesprochen, weil z.B. die Zwischenergebniseliminierung nach Handelsrecht nur insoweit durchzuführen ist, "soweit die für die Beurteilung maßgeblichen Sachverhalte bekannt oder zugänglich sind." § 312 Abs. 5 Satz 2 HGB. Im Gegensatz zur handelsrechtlichen Vorschrift zur Zwischenergebniseliminierung im Rahmen der Equity-Methode sehen die US-GAAP folgendes vor: "Intercompany profits and losses should be eliminated until realized by the investor or the investee as if a subsidiary, corporate joint venture or investee company were consolidated." FASB (1996b), APB 18.19a. In diesem Sinne auch IASC (1998), IAS 28.16.

[75] Vgl. JONAS (1986), S. 310; KPMG TREUVERKEHR AG (1990), S. 239.

[76] Vgl. IASC (1998), IAS 28.16.

8.1.2. Zerlegung des Teilprozesses in einzelne Aktivitäten in der originären Ausgestaltung des Konzernrechnungswesens

Die Darstellungen zur Vereinheitlichung von Bilanzansatz und Bewertung[77], zur Währungsumrechnung[78], zur Schuldenkonsolidierung[79], zur Zwischenergebniseliminierung[80] sowie zur Aufwands- und Ertragskonsolidierung[81] haben verdeutlicht, daß die Informationen bei originärer Ableitung des Konzernabschlusses ermittelt werden können, ohne auf Nebenrechnungen außerhalb der verschiedenen Buchungskreise zurückgreifen zu müssen.

Bei originärer Ableitung des Konzernabschlusses sind im Rahmen des Teilprozesses 'Beteiligungsbewertung nach der Equity-Methode' im wesentlichen folgende Informationen zu ermitteln: der Unterschiedsbetrag als Saldo zwischen Beteiligungsbuchwert und anteiligem Eigenkapital des assoziierten Unternehmens, die stillen Rücklagen und Lasten, deren Zuordnung zu den einzelnen Vermögensgegenständen und Schulden, der Firmenwert bzw. der passivische Unterschiedsbetrag sowie die Fortschreibungskomponenten in den Folgeperioden.

Die genannten Informationen können nicht originär aus einem konzernweit integrierten Buchhaltungssystem entwickelt werden[82]; vielmehr müssen sie aus den Jahresabschlüssen der assoziierten Unternehmen und aus Nebenrechnungen abgeleitet werden.[83]

Im Anschluß an die Erzeugung dieser Informationen in den jeweiligen Nebenrechnungen werden die Informationen durch separate Buchungen in den Buchungskreis 'Konzern' eingestellt.

Die erwähnten Informationen sind identisch mit denen, die im Zuge der Beteiligungsbewertung nach der Equity-Methode in der derivativen Ausgestaltung des Konzernrechnungswesens anhand von Nebenrechnungen generiert werden.[84] Daraus kann gefolgert werden, daß auch die für die Ermittlung dieser Informationen

---

[77] Vgl. OBEN, Kap. III.2.2.
[78] Vgl. OBEN, Kap. III.3.2.
[79] Vgl. OBEN, Kap. III.5.2.
[80] Vgl. OBEN, Kap. III.6.2.
[81] Vgl. OBEN, Kap. III.7.2.
[82] Vgl. PELKA (1994), S. 280 und 285-287.
[83] Vgl. PELKA (1994), S. 280 und 286.
[84] Vgl. OBEN, Kap. III.8.1.1.

durchzuführenden Aktivitäten in beiden Ausgestaltungsformen identisch sein müssen (vgl. nachstehende Abb.).[85]

Nr.	Aktivität
1	ggf. Anpassung des Abschlusses des assoziierten Unternehmens an die konzerneinheitliche Bilanzierung und Bewertung
2	Erstmalige Anwendung
3	Fortschreibung

Abb. 58: Aktivitäten im Rahmen des Teilprozesses 'Beteiligungsbewertung nach der Equity-Methode' in der originären Ausgestaltung des Konzernrechnungswesens

Insofern können die in beiden Ausgestaltungsformen übereinstimmenden Aktivitäten im Hinblick auf ihre (De-)Zentralisationsmöglichkeiten und -grenzen gemeinsam untersucht werden.

8.2. Zentrale oder dezentrale Verteilung der Aktivitäten

8.2.1. Anpassung des Abschlusses des assoziierten Unternehmens an die konzerneinheitliche Bilanzierung und Bewertung

Als erste Aktivität im Rahmen der Beteiligungsbewertung nach der Equity-Methode kommt die Anpassung des Abschlusses des assoziierten Unternehmens an die konzerneinheitliche Bilanzierung und Bewertung in Betracht.[86]

Für die Anpassung des Abschlusses des assoziierten Unternehmens an konzerneinheitliche Bilanzierungs- und Bewertungsvorschriften besteht ein gesetzliches Wahlrecht.[87] Im Interesse einer Erhöhung der Qualität der durch den Konzernabschluß zu vermittelnden Informationen durch eine genauere Darstellung der Vermögens-, Finanz- und Ertragslage des Konzerns, erscheint eine Vereinheitlichung der Bilanzierung und Bewertung für Zwecke der Equity-Bewertung vor allem in den Fällen angemessen, in denen assoziierte Unternehmen von größerer Bedeutung sind.[88]

---

[85] So im Ergebnis auch PELKA (1994), S. 269-287.
[86] Vgl. OBEN, Kap. III.8.1.1., Abb. 57, Aktivität Nr. 1 bzw. Kap. III.8.1.2., Abb. 58, Aktivität Nr. 1.
[87] Vgl. § 312 Abs. 5 Satz 1 HGB und IASC (1998), IAS 28.20.
[88] Vgl. KÜTING/ZÜNDORF (1989), Rn. 197.

Aufgrund des lediglich maßgeblichen Einflusses fehlt der Konzernleitung häufig die Macht, die mit der Erstellung des Jahresabschlusses II[89] verbundenen Arbeitsgänge an das assoziierte Unternehmen im engeren Sinne zu delegieren.[90] Darüber hinaus könnte bei gleichzeitigem Assoziierungsverhältnis zu mehreren Gesellschafterunternehmen mit unterschiedlichen Bilanzierungs- und Bewertungsregeln die dezentrale Überleitung vom landesrechtlichen Abschluß zum Jahresabschluß II im Rechnungswesen des assoziierten Unternehmens "die Grenze des Zumutbaren überschreiten."[91]

Daraus folgt, daß bei assoziierten Unternehmen im engeren Sinne die entsprechenden Verrichtungen in der Regel entweder vom Mutterunternehmen oder aber - falls dieses nicht mit dem Mutterunternehmen identisch ist - von dem Konzernunternehmen auszuführen sein werden, das unmittelbar die Anteile an dem assoziierten Unternehmen hält. Dies wiederum setzt voraus, daß dasjenige Unternehmen, das den Jahresabschluß II des assoziierten Unternehmens aufstellt, die entsprechenden Informationen aus dem Rechnungswesen der Beteiligungsgesellschaft erhält.

Der Konzernleitung als Entscheider stehen im vorliegenden Entscheidungsproblem, der Lokalisierung der Anpassung des Abschlusses des assoziierten Unternehmens an die konzerneinheitliche Bilanzierung und Bewertung, die zentrale und die dezentrale Verteilung als Handlungsalternativen zur Verfügung. Zentralisation bedeutet, daß der Abschluß des assoziierten Unternehmens in der zentralen Konsolidierungsstelle an die konzerneinheitliche Bilanzierung und Bewertung angepaßt wird. Handelt es sich bei dem at equity zu bewertenden Unternehmen um ein assoziiertes Unternehmen im engeren Sinne, so heißt Dezentralisation (aufgrund der in der Regel eingeschränkten Möglichkeiten der Konzernleitung, die mit der Jahresabschluß II-Erstellung verbundenen Arbeiten an das assoziierte Unternehmen zu delegieren), daß das nicht mit der Konzernobergesellschaft identische Unternehmen, das unmittelbar die Beteiligung am assoziierten Unternehmen hält, den Abschluß

[89] Da bei der Equity-Bewertung nicht die einzelnen Vermögensgegenstände, Schulden, Rechnungsabgrenzungsposten, Aufwendungen und Erträge, sondern nur eine verdichtete Wertgröße, i.e. der Beteiligungsbuchwert, in den Konzernabschluß aufgenommen wird, erfolgt sowohl bei derivativer als auch bei originärer Ableitung des Konzernabschlusses die Vereinheitlichung der Abschlußinformationen des assoziierten Unternehmens hinsichtlich Bilanzansatz und Bewertung in einer Nebenrechnung. Diese Nebenrechnung ist im Grunde genommen nichts anderes als ein Jahresabschluß II. Vgl. in bezug auf die derivative Ableitung des Konzernabschlusses z.B. BUSSE VON COLBE/ORDELHEIDE (1993), S. 480; KPMG TREUVERKEHR AG (1990), S. 239-240.

[90] Ein maßgeblicher Einfluß wird nicht ausreichen, das assoziierte Unternehmen zu veranlassen, einen Jahresabschluß II nach den Konzernrichtlinien des beteiligten Unternehmens zu erstellen. Vgl. HAVERMANN (1987), S. 318; HAVERMANN (1988), S. 201.

[91] BUSSE VON COLBE/ORDELHEIDE (1993), S. 481; vgl. auch HAVERMANN (1987), S. 318.

des assoziierten Unternehmens an die konzerneinheitliche Bilanzierung und Bewertung anpaßt.

Wird ein Tochter- oder Gemeinschaftsunternehmen aufgrund eines Einbeziehungswahlrechtes bzw. -verbotes handelsrechtlich at equity bewertet, so meint Dezentralisation die Erstellung des Jahresabschlusses II durch dieses Tochter- oder Gemeinschaftsunternehmen. Bezüglich der (De-)Zentralisationsmöglichkeiten und -grenzen der Vereinheitlichung von Bilanzansatz und Bewertung bei einem solchen Tochter- oder Gemeinschaftsunternehmen kann auf die entsprechenden Ausführungen zur Vereinheitlichung von Bilanzansatz und Bewertung verwiesen werden.[92]

Zusammenfassend werden die Anordnungskompetenzen seitens der Konzernleitung, die mit der Anpassung des Abschlusses des assoziierten Unternehmens im engeren Sinne an die konzerneinheitliche Bilanzierung und Bewertung verbundenen Arbeiten an dieses Unternehmen zu delegieren, in der Regel gering sein. Insofern kommen für die Konzernleitung als Entscheider nur die Alternativen in Betracht, die entsprechenden Arbeiten entweder zu zentralisieren oder aber, sofern das unmittelbar die Beteiligung haltende Unternehmen nicht mit der Konzernobergesellschaft identisch ist, an das unmittelbar die Beteiligung haltende Unternehmen zu delegieren. Die sich dabei ergebenden entscheidungsrelevanten Konsequenzen und Wirkungen im Hinblick auf die Zielvariablen sind deckungsgleich mit denen, die im Zusammenhang mit der Vereinheitlichung von Bilanzansatz und Bewertung in der derivativen Ausgestaltung des Konzernrechnungswesens herausgestellt wurden.[93]

Projiziert man die im Rahmen der Vereinheitlichung von Bilanzansatz und Bewertung in der derivativen Ausgestaltung des Konzernrechnungswesens herausgestellten entscheidungsrelevanten Konsequenzen und Wirkungen im Hinblick auf die Zielvariablen auf das hier betrachtete Entscheidungsproblem, so heißt das bspw., daß in einem größeren Konzernverbund mit mehreren at equity zu bewertenden Beteiligungsgesellschaften die mit der Aufstellung des Jahresabschlusses II verbundenen Tätigkeiten auf untergeordneter Konzernstufe - genauer: durch die unmittelbar die Beteiligung am assoziierten Unternehmen haltende Gesellschaft, sofern keine Identität zwischen dieser Gesellschaft und der Konzernobergesellschaft besteht - aus Zeitgründen immer dann sinnvoll sein wird, wenn Arbeitsaufwand und

---

[92] Vgl. OBEN, Kap. III.2.1.2., III.2.1.3., III.2.2.2. und III.2.2.3.

[93] Dies gilt nicht nur für assoziierte Unternehmen im engeren Sinne, sondern auch für solche im weiteren Sinne.

Datenvolumen und mithin die für die Konzernabschlußerstellung benötigten Arbeitstage beim Mutterunternehmen an der Konzernspitze reduziert werden sollen.[94]

8.2.2. Erstmalige Anwendung

Die erstmalige Anwendung der Equity-Methode zur Bewertung einer Beteiligung an einem assoziierten Unternehmen kann handelsrechtlich entweder mit dem Buchwert (Buchwertmethode) oder mit dem anteiligen Eigenkapital des assoziierten Unternehmens (Kapitalanteilsmethode) erfolgen.[95] In der Anwendung der beiden als formal gleichwertig zu betrachtenden Konsolidierungsalternativen ergeben sich lediglich in wenigen Punkten Unterschiede[96], da sich bei der Equity-Bewertung nur das anteilige Eigenkapital und nicht - wie bei der Vollkonsolidierung - das gesamte Eigenkapital des Beteiligungsunternehmens einschließlich der Fremdanteile im Konzernabschluß auswirkt.

Im Zuge der erstmaligen Anwendung der Buchwertmethode wird, ausgehend von den Anschaffungskosten der Beteiligung, durch Gegenüberstellung des Anschaffungswertes mit dem anteiligen bilanziellen Eigenkapital des assoziierten Unternehmens (Buchvermögen, ggf. laut Jahresabschluß II) ein Unterschiedsbetrag ermittelt, der in einer Nebenrechnung auf anteilige stille Rücklagen bzw. stille Lasten und einen Firmenwert bzw. passivischen Unterschiedsbetrag untersucht und gesondert vermerkt wird.[97] Bei der Kapitalanteilsmethode sind die Beteiligung zum anteiligen Eigenkapital des assoziierten Unternehmens laut Tageswertanteil, d.h. unter Berücksichtigung der durch die Neubewertung der Vermögens- und Schuldposten aufgedeckten stillen Rücklagen oder Lasten, und der Unterschiedsbetrag in zwei separaten Posten zu bilanzieren.[98]

---

[94] So auch KPMG TREUVERKEHR AG (1990), S. 238-239.

[95] Vgl. § 312 Abs. 1 HGB. IAS 28 unterscheidet nicht zwischen Buchwert- und Kapitalanteilsmethode. Wenn die stillen Reserven höher sind als die Differenz zwischen den Anschaffungskosten und dem anteiligen neubewerteten Eigenkapital, dann ist nach der bevorzugten Methode (IAS 22.49) eine Abstockung der nicht monetären Vermögensgegenstände erforderlich. Nach der alternativen Methode (IAS 22.51) ist es auch zulässig, die stillen Reserven vollständig aufzudecken, wenn sie den positiven Unterschiedsbetrag übersteigen.

[96] Beide Verfahren führen zu identischen Bilanzsummen und Periodenerfolgen. Die angesprochenen Unterschiede betreffen vor allem die Ausweisform des Unterschiedsbetrages zwischen Beteiligungsbuchwert und anteiligem Eigenkapital, der bei der Kapitalanteilsmethode gesondert auszuweisen ist. Daraus resultieren in materieller Hinsicht Ungleichheiten in der Höhe des Beteiligungsansatzes und in der Höhe des Unterschiedsbetrages aus der Equity-Bewertung. Vgl. BUDDE/RAFF (1990), Anm. 21.

[97] Vgl. BUSSE VON COLBE/ORDELHEIDE (1993), S. 470.

[98] Vgl. BUSSE VON COLBE/ORDELHEIDE (1993), S. 470.

Fallen die Periode des Anteilserwerbs und die Periode der erstmaligen Einbeziehung des assoziierten Unternehmens in den Konzernabschluß zusammen, dann kann die zentrale Konsolidierungsstelle die Informationen darüber, welche Posten in der Bilanz des assoziierten Unternehmens stille Rücklagen oder stille Lasten enthalten, den ggf. vorliegenden Bewertungsgutachten und Kaufpreisaufteilungen entnehmen.

Eine Nebenrechnung für Zwecke der Erstanwendung enthält sämtliche Informationen zur Ermittlung des Unterschiedsbetrages sowie dessen Zuordnung. Eine solche Nebenrechnung könnte bei Anwendung der Buchwertmethode schematisiert etwa wie folgt[99] ausgestaltet sein:

Assoziiertes Unternehmen: ________ Ges.-Nr. ________
Obergesellschaft: ________ Ges.-Nr. ________

ERMITTLUNG DES UNTERSCHIEDSBETRAGES BEI ANWENDUNG DER BUCHWERTMETHODE

1. Anschaffungskosten der Beteiligung zum 31.12.XXXX ________
2. Anteiliges Eigenkapital zum 31.12.XXXX - ________
3. Aktivsaldo bzw. Passivsaldo = ________

ZUORDNUNG DES AKTIVSALDOS	Buchwert	Zeitwert	stille Reserven/Lasten gesamt	stille Reserven/Lasten anteilig
Grundstücke Gebäude Maschinen and. Anlagen Finanzanlagen Vorräte				
stille Lasten	-	-	-	-
	=	=	=	=

4. Nicht zuordenbar: Firmenwert
(Aktivsaldo abzügl. Zuordnung) ________

Abb. 59: Nebenrechnung für Zwecke der Buchwertmethode im Rahmen der erstmaligen Anwendung der Equity-Methode

---

[99] Ein anderer Aufbau einer Nebenrechnung für Zwecke der Equity-Bewertung findet sich bei BENTLER (1991), S. 132.

Der Kopfteil der Nebenrechnung (Abb. 59) enthält Standardinformationen über das assoziierte Unternehmen sowie über dessen Anteilseigner. Die Anschaffungskosten der Beteiligung (Abb. 59, 1.) werden dem anteiligen Eigenkapital des assoziierten Unternehmens (Abb. 59, 2.) gegenübergestellt. Ein sich aus der Gegenüberstellung ggf. ergebender Aktivsaldo (Abb. 59, 3.) wird in stille Rücklagen bzw. stille Lasten und einen Firmenwert (Abb. 59, 4.) aufgespalten, wobei die für die Aufspaltung des Aktivsaldos erforderlichen Informationen grundsätzlich vom assoziierten Unternehmen bereitgestellt werden müssen.[100]

Eine Nebenrechnung zur Kapitalanteilsmethode könnte schematisiert wie folgt ausgestaltet sein:

Assoziiertes Unternehmen: ________ Ges.-Nr. ________
Obergesellschaft: ________ Ges.-Nr. ________

NEBENRECHNUNG ZUR KAPITALANTEILSMETHODE

1. Anschaffungskosten der Beteiligung zum 31.12.XXXX ________

2. Anteiliges Eigenkapital zum 31.12.XXXX ________

STILLE RÜCKLAGEN	Buchwert	Zeitwert	stille Rücklagen/Lasten gesamt	stille Rücklagen/Lasten anteilig
Grundstücke				
Gebäude				
Maschinen				
and. Anlagen				
Finanzanlagen				
Vorräte				
stille Lasten	-	-	-	-
	=	=	=	=

3. Anteilige stille Rücklagen/Lasten ________

4. Anteiliges neubewertetes Eigenkapital (= 2. + 3.) ________

5. Firmenwert (= 1. ./. 4.) ________

Abb. 60: Nebenrechnung für Zwecke der Kapitalanteilsmethode im Rahmen der erstmaligen Anwendung der Equity-Methode

[100] Vgl. HAVERMANN (1987), S. 318.

Die Anschaffungskosten der Beteiligung (Abb. 60, 1.) werden dem anteiligen bilanziellen Eigenkapital des assoziierten Unternehmens (Abb. 60, 2.) gegenübergestellt. Darüber hinaus werden anteilige stille Rücklagen und Lasten aufgelöst (Abb. 60, 3.).[101] Anteiliges bilanzielles Eigenkapital und anteilige stille Rücklagen und Lasten ergeben in Summe das anteilige neubewertete Eigenkapital des assoziierten Unternehmens (Abb. 60, 4.). Der das anteilige neubewertete Eigenkapital übersteigende Teil des Anschaffungswertes ist als Firmenwert (Abb. 60, 5.) zu betrachten.[102]

Das in diesem Abschnitt untersuchte Entscheidungsproblem, i.e. die Lokalisierung der erstmaligen Anwendung der Equity-Methode, kann wie folgt dargestellt werden:

Randbedingungen / Handlungsalternativen im Zeitpunkt t	Größe des Konzerns	Handlungsalternativen in den Zeitpunkten 1,...,t-1
Zentrale erstmalige Anwendung der Equity-Methode	E_{11}	E_{12}
Dezentrale erstmalige Anwendung der Equity-Methode	E_{21}	E_{22}

Abb. 61: Matrix der betrachteten Handlungsalternativen und Randbedingungen im Rahmen der Aktivität 'Erstmalige Anwendung der Equity-Methode' in der derivativen und in der originären Ausgestaltung des Konzernrechnungswesens

Zentrale erstmalige Anwendung der Equity-Methode heißt, daß diese Aktivität in der zentralen Konsolidierungsstelle verrichtet wird (Abb. 61, E_{11} und E_{12}). Bei dezentraler erstmaliger Anwendung der Equity-Methode wird diese Aktivität bei dem Unternehmen ausgeführt, das unmittelbar die Beteiligung an der at equity zu bewertenden Gesellschaft hält und nicht mit der Konzernobergesellschaft identisch ist (Abb. 61, E_{21} und E_{22}).[103]

[101] Wie für die Aufspaltung eines Aktivsaldos bei der Buchwertmethode müssen auch hier die entsprechenden Informationen seitens des assoziierten Unternehmens zur Verfügung gestellt werden. Vgl. HAVERMANN (1987), S. 318.

[102] Obergrenze des in der Konzernbilanz anzusetzenden 'anteiligen Eigenkapitals' sind die Anschaffungskosten der Beteiligung. Daraus folgt, daß ein passivischer Unterschiedsbetrag nur entstehen kann, "wenn und soweit der Beteiligungsbuchwert niedriger ist als die ursprünglichen Anschaffungskosten, also nach einer der Einbeziehung als assoziiertes Unternehmen vorangegangenen Beteiligungs-Abschreibung." TREUHAND-VEREINIGUNG AG (1987), S. 227.

[103] Die theoretisch denkbare Möglichkeit der erstmaligen Anwendung der Equity-Methode durch das assoziierte Unternehmen per se, wird deshalb ausgeklammert, da die Anordnungskompetenzen

Wird die Subzielvariable 'benötigte Arbeitstage' zur Beurteilung der Handlungsalternativen herangezogen, so kann dies in Konzernen mit zahlreichen, erstmals at equity zu bewertenden Gesellschaften dazu führen, daß sich die dezentrale erstmalige Anwendung der Equity-Methode als vorteilhaft erweist (Abb. 61, E_{21}), da auf diese Weise die zentrale Konsolidierungsstelle in verrichtungsmäßiger und damit in zeitlicher Hinsicht entlastet wird.

Einschränkend ist allerdings anzumerken, daß - mit Bezugnahme auf den Zeitaufwand, der für die Durchführung dieser Aktivität erforderlich ist - das Dezentralisationspotential dieser Aktivität um so geringer sein wird, je weniger Gesellschaften erstmals at equity zu bewerten sind. Wird im Extremfall nur eine Gesellschaft erstmals at equity bewertet, so könnte dies dazu führen, daß - unter dem Blickwinkel der Arbeitstage - letztendlich weder die Zentralisation (Abb. 61, E_{11}) noch die Dezentralisation der erstmaligen Anwendung der Equity-Methode (Abb. 61, E_{21}) die Handlungsalternative ist, die zum 'besten' Ergebnis führt.

Die Aktivität 'erstmalige Anwendung der Equity-Methode' weist Schnittstellen zu der zu diesem Zeitpunkt bereits abgeschlossenen Aktivität 'Anpassung des Abschlusses des assoziierten Unternehmens an die konzerneinheitliche Bilanzierung und Bewertung'[104] auf (Abb. 61, E_{12} und E_{22}).

Wird die Anpassung des Abschlusses des assoziierten Unternehmens an die konzerneinheitliche Bilanzierung und Bewertung zentralisiert, so wird die Zielwirksamkeit der Zentralisation der erstmaligen Anwendung der Equity-Methode (Abb. 61, E_{12}) bezogen auf die benötigten Arbeitstage größer sein als die der Dezentralisation (Abb. 61, E_{22}): Würde die dezentrale erstmalige Anwendung der Equity-Methode bei vorheriger zentraler Anpassung des Abschlusses des assoziierten Unternehmens an die konzerneinheitliche Bilanzierung und Bewertung als Handlungsalternative gewählt, so hieße das, daß der zentral erstellte Jahresabschluß II an die jeweilige, unmittelbar die Beteiligung an dem assoziierten Unternehmen haltende Konzerngesellschaft gesendet werden müßte, damit diese die erstmalige Anwendung der Equity-Methode vornehmen könnte. Die durch die erstmalige Anwendung der Equity-Methode generierten Informationen müßten wiederum der zentralen Konsolidierungsstelle übermittelt werden. Verglichen mit der Zentralisation der

---

des Mutterunternehmens in der Regel nicht ausreichen werden, um - abgesehen von der Übermittlung von Informationen, die zur Feststellung des Substanzwertes des assoziierten Unternehmens benötigt werden - Aktivitäten an das assoziierte Unternehmen delegieren zu können. Vgl. allgemein HAVERMANN (1987), S. 318.

[104] Vgl. OBEN, Kap. III.8.2.1.

erstmaligen Anwendung der Equity-Methode würde die getrennte Zuordnung der beiden Aktivitäten so zu einer Erhöhung der Zahl der benötigten Arbeitstage führen.

Im Hinblick auf die Qualität der generierten Informationen dürften die zentrale und die dezentrale erstmalige Anwendung der Equity-Methode zu gleichlautenden Ergebnissen führen (Abb. 61, E_{11} bis E_{22}), da weder dem Mutterunternehmen noch der Konzerngesellschaft, die unmittelbar die Beteiligung hält und nicht mit dem Mutterunternehmen identisch ist, die bessere Kenntnis der Sachverhalte vor Ort vorliegt.

Zusammenfassend werden die Arbeitsgänge zur Ermittlung des Wertansatzes der Beteiligung grundsätzlich entweder zentral an der Konzernspitze oder aber ggf. auf subalterner Stufe des Konzerns durchgeführt, da sowohl das Mutterunternehmen als auch ggf. das unmittelbar die Beteiligung haltende Konzernunternehmen, das nicht mit dem Mutterunternehmen identisch ist, aufgrund des limitierten Einflusses das assoziierte Unternehmen in der Regel nicht mit den entsprechenden Verrichtungen betrauen kann.

8.2.3. Fortschreibung

In den Folgeperioden wird der im Rahmen der erstmaligen Anwendung der Equity-Methode ermittelte Beteiligungsbuchwert im Konzernabschluß um die anteiligen Jahresergebnisse des assoziierten Unternehmens in einer Nebenrechnung fortgeschrieben.[105] In einer Subsidiärrechnung zu dieser Nebenrechnung erfolgt eine Fortschreibung der anläßlich der erstmaligen Anwendung zugeordneten Unterschiedsbeträge.[106]

Eine Nebenrechnung für Zwecke der komponentenweisen Fortschreibung des Beteiligungsbuchwertes in den Folgeperioden könnte - bei Anwendung der Buchwertmethode[107] - wie folgt[108] aufgebaut sein:

---

[105] Vgl. BUSSE VON COLBE/ORDELHEIDE (1993), S. 488; PELKA (1994), S. 286.

[106] Vgl. BUSSE VON COLBE/ORDELHEIDE (1993), S. 489.

[107] Im Gegensatz zum Ablauf bei der Buchwertmethode korrigieren bei Anwendung der Kapitalanteilsmethode die in der Nebenrechnung ermittelten Wertänderungen der stillen Rücklagen bzw. stillen Lasten den Equity-Ansatz. Die Abschreibung des Firmenwertes bzw. die Auflösung des passivischen Unterschiedsbetrages verändert den Wertansatz der im Erwerbszeitpunkt gesondert ausgewiesenen Positionen.

Assoziiertes Unternehmen:	____________	Ges.-Nr.	____________
Obergesellschaft:	____________	Ges.-Nr.	____________

FORTSCHREIBUNG DES BETEILIGUNGSBUCHWERTES BEI ANWENDUNG DER BUCHWERTMETHODE

1.		Beteiligungsbuchwert des Vorjahres	____________
2.	+	Anteiliger Jahresüberschuß	____________
3.	-	Anteiliger Jahresfehlbetrag	____________
4.	-	Dividende	____________
5.	-	Abschreibung stiller Rücklagen	____________
6.	-	Realisierung/Auflösung stiller Rücklagen	____________
7.	+	Auflösung stiller Lasten	____________
8.	-	Abschreibung Firmenwert	____________
9.	-	Zwischengewinnerhöhung bzw. Zwischenverlustminderung	____________
10.	+	Zwischengewinnminderung bzw. Zwischenverlusterhöhung	____________
11.	-	Außerplanmäßige Abschreibungen	____________
12.	+	Zuschreibungen	____________
13.	+/-	Erfolgsneutrale Veränderungen	____________
14.	=	Fortgeführter Beteiligungsbuchwert	____________

Abb. 62: Nebenrechnung für Zwecke der Fortschreibung des Beteiligungsbuchwertes in den Folgeperioden im Rahmen der Equity-Methode bei Anwendung der Buchwertmethode

In den Folgeperioden verändert sich der Beteiligungsbuchwert des Vorjahres um die Fortentwicklung des Unterschiedsbetrages sowie um die Fortschreibung des anteiligen bilanziellen Eigenkapitals des assoziierten Unternehmens.

Dem Beteiligungsbuchwert des Vorjahres (Abb. 62, Zeile 1) wird der anteilige Jahresüberschuß (Abb. 62, Zeile 2) hinzugefügt bzw. der anteilige Jahresfehlbetrag (Abb. 62, Zeile 3) und die vereinnahmte Dividende des assoziierten Unternehmens (Abb. 62, Zeile 4) subtrahiert. Die entsprechenden Informationen erhält die die Equity-Bewertung durchführende Stelle unmittelbar vom assoziierten Unternehmen.

[108] Zu einem weiteren Aufbau einer Nebenrechnung für Zwecke der Fortschreibung des Beteili-

Assoziiertes
Unternehmen: __________ Ges.-Nr. __________
Obergesellschaft: __________ Ges.-Nr. __________

SUBSIDIÄRRECHNUNG ZUR NEBENRECHNUNG BEI ANWENDUNG DER BUCHWERTMETHODE

Für stille Rücklagen gilt:

	Gebäude	Maschinen	andere Anlagen	Abschreibg. gesamt
1. Nutzungsdauer				
2. AfA, % p.a.				
3. AfA-Betrag				
4. AfA Vorjahre				
5. AfA kumuliert				
6. Zugeordneter Betrag aus d. Erstkonsolid.				
7. Restbetrag				

Für stille Rücklagen im Finanzanlage- und Umlaufvermögen gilt: ein Realisierungsertrag wird konzernerfolgsmindernd zurückgenommen.

Für stille Lasten gilt: konzernerfolgserhöhende Auflösung, sofern der Aufwand angefallen ist.

Für einen Firmenwert gilt: lineare Abschreibung über 15 Jahre
= 6,67 % p.a.

Abb. 63: Subsidiärrechnung zur Nebenrechnung für Zwecke der Fortführung der stillen Rücklagen und stillen Lasten im Rahmen der Equity-Methode bei Anwendung der Buchwertmethode

Die ermittelten stillen Rücklagen können für jedes assoziierte Unternehmen in Subsidiärrechnungen zu den Nebenrechnungen nach exakten Anweisungen der zentralen Konsolidierungsstelle interperiodisch fortgeführt werden (Abb. 63).

In der Subsidiärrechnung zur Nebenrechnung (Abb. 63) werden Informationen über die durchschnittliche Restnutzungsdauer der stillen Rücklagen im Sachanlagevermögen, über die entsprechenden Abschreibungsbeträge, über stille Rücklagen im Finanzanlage- und im Umlaufvermögen sowie über stille Lasten und über einen Firmenwert erzeugt bzw. zusammengefaßt. Die ermittelten Abschreibungsbeträge gehen in Zeile 5 der Nebenrechnung für Zwecke der Fortschreibung des Beteiligungsbuchwertes (Abb. 62) ein.

---

gungsbuchwertes im Rahmen der Equity-Bewertung vgl. BENTLER (1991), S. 132.

Ein Realisierungsertrag von stillen Rücklagen im Finanzanlage- und Umlaufvermögen kann nur dann in Höhe des Eigenanteils der Obergesellschaft am assoziierten Unternehmen - also anteilig - konzernerfolgsmindernd zurückgenommen werden, sofern die erforderlichen Informationen zugänglich sind. Gleichermaßen verhält es sich mit Auflösungserträgen aus sogenannten 'überbewerteten' Passivposten, z.B. Rückstellungen. Auch hier kommt es darauf an, daß die notwendigen Informationen vom assoziierten Unternehmen erhoben werden können (Zeile 6 in Abb. 62).

Eine in Zeile 7 (Abb. 62) auszuweisende, anteilig konzernerfolgserhöhende Auflösung stiller Lasten, z.B. für nicht zurückgestellte Großreparaturen, kann ebenfalls nur insoweit dort gezeigt werden, als der Aufwand angefallen und die Information zugänglich ist.

Sofern der Firmenwert im Rahmen der Erstverrechnung nicht gegen die Rücklagen aufgerechnet wurde, ist in einer Subsidiärrechnung zur Nebenrechnung die voraussichtliche Nutzungsdauer festzulegen, und der sich daraus ergebende Abschreibungsbetrag ist den Beteiligungsbuchwert erfolgswirksam mindernd in Zeile 8 (Abb. 62) zu zeigen.

Die Zeilen 9 und 10 der Nebenrechnung zur Fortschreibung des Beteiligungsbuchwertes (Abb. 62) haben die Eliminierung von Zwischenergebnissen zum Gegenstand. Die Vorschriften zur Zwischenerfolgseliminierung[109] gelten einerseits für Lieferungen und Leistungen von vollkonsolidierten oder quotal konsolidierten Unternehmen an at equity bewertete Unternehmen (downstream), andererseits für Lieferungen in umgekehrter Richtung (upstream) und grundsätzlich auch für Lieferungen zwischen assoziierten Unternehmen (cross stream).[110]

Bei einer Upstream-Lieferung ist es nahezu unwahrscheinlich, daß das assoziierte Unternehmen seine Kalkulation offenlegt und angibt, welche Ergebniskomponenten in den am Abschlußstichtag bei dem empfangenden Mutterunternehmen oder bei anderen Konzernunternehmen auf Lager befindlichen Beständen enthalten sind.[111]

---

[109] Vgl. § 312 Abs. 5 Satz 3 HGB i.V.m. § 304 HGB, IASC (1998), IAS 28.16 und FASB (1996b), APB 18.19a.

[110] Vgl. BUDDE/RAFF (1990), Tz. 107. Von einer Eliminierungspflicht der Zwischenerfolge nach Handelsrecht ist nur dann auszugehen, wenn nicht die Ausnahmetatbestände des § 304 Abs. 2 und 3 HGB greifen und wenn die erforderlichen Informationen in der benötigten Qualität bekannt oder zugänglich sind. Vgl. § 312 Abs. 5 Satz 3 HGB. Insofern stellt sich im Rahmen der Verbundergebniseliminierung das Problem der Informationsgewinnung. Zur Zwischenerfolgseliminierung im Rahmen der Equity-Methode nach internationalen Rechnungslegungsgrundsätzen vgl. IASC (1998), IAS 28.16 und FASB (1996b), APB 18.19a.

[111] So KÜTING/ZÜNDORF (1989), Rn. 227.

Die Ermittlung der in einer Downstream-Lieferung enthaltenen Zwischenerfolgsanteile ist unter dem Gesichtspunkt der Offenlegung vertraulicher Kalkulationsunterlagen unproblematischer; dennoch wird hier vorausgesetzt, daß das die Lieferung oder Leistung empfangende assoziierte Unternehmen bereit ist, eine entsprechende Detaillierung der am Abschlußstichtag vorhandenen Gegenstände des Vorratsvermögens hinsichtlich Lagerbestandsentwicklung und Bewertung dieser Gegenstände in seinem Jahresabschluß an das Mutterunternehmen oder an das die Beteiligung haltende Tochter- oder Gemeinschaftsunternehmen weiterzugeben.[112]

Bei Cross-stream-Lieferungen erstreckt sich der Informationsbedarf auf beides.[113] Wenn die Übermittlung der notwendigen Informationen zwischen den betreffenden Unternehmen nicht vertraglich bzw. per besonderer Abmachung gewährleistet ist, dann muß "in der Praxis vielfach, wenn nicht überwiegend auf die Eliminierung von Zwischenergebnissen aus dem anteiligen Jahresergebnis assoziierter Unternehmen verzichtet werden."[114]

Liegen nur Informationen des letzten verfügbaren Jahresabschlusses des assoziierten Unternehmens, aber keine detaillierten Informationen für die Eliminierung von Zwischenergebnissen vor, dann ist nachstehende pauschale Berechnung der Veränderung der Zwischenergebnisse (Zeilen 9 und 10 in Abb. 62) aus Lieferungen des assoziierten Unternehmens an Gesellschaften des Konsolidierungskreises denkbar:

---

[112] Vgl. KÜTING/ZÜNDORF (1989), Rn. 227.
[113] Vgl. BUSSE VON COLBE/ORDELHEIDE (1993), S. 495.

Assoziiertes Unternehmen:	____________	Ges.-Nr.	______
Obergesellschaft:	____________	Ges.-Nr.	______

PAUSCHALE BERECHNUNG DER VERÄNDERUNG DER ZWISCHENERGEBNISSE

1.	Herstellungskosten des assoz. Unt.		LW	______
2.	Umsatzerlöse des assoz. Unternehmens		LW	______
3.	Abwertungsfaktor = Herstellungskosten / Umsatzerlöse =		%	
	3. gemäß Anteil der Oberges. am assoz. Unt.			______ %
4.	Vorratswerte		DM	______
5.	Zwischengewinn darauf (3. x 4.) (+ Gewinn/ - Verlust)	Berichtsjahr	DM	______
		dgl. Vorjahr	DM	______
6.	Erhöhung des Zwischengewinns/ Verminderung des Zwischenverlusts		DM	______
7.	Verminderung des Zwischengewinns/ Erhöhung des Zwischenverlusts		DM	______

Abb. 64: Pauschale Berechnung der Veränderung der Zwischenergebnisse aus Lieferungen des assoziierten Unternehmens an Gesellschaften des Konsolidierungskreises

Eine im Einzelabschluß der Obergesellschaft vorgenommene außerplanmäßige Abschreibung auf eine im Konzernabschluß at equity zu bewertende Beteiligung (Zeile 11 der Abb. 62) kann für Zwecke der Konzernrechnungslegung in den Fällen zu korrigieren sein, in denen Equity-Ansatz und Beteiligungsbuchwert im Einzelabschluß aufgrund der einzelnen Fortschreibungskomponenten stark differieren.[115]

Erfolgsneutrale Veränderungen (Zeile 13 der Abb. 62) können sich aus Kapitalveränderungen oder - bei ausländischen Gesellschaften - aus bilanziellen Kursdifferenzen im Jahresabschluß des assoziierten Unternehmens ergeben.

Sinkt der fortgeführte Beteiligungsbuchwert als Ergebnis der Nebenrechnung (Zeile 14 der Abb. 62) - z.B. aufgrund von anteiligen Jahresfehlbeträgen, vereinnahmten Gewinnausschüttungen oder der Abschreibung von zuordnungsfähigen Unterschiedsbeträgen - unter den Wert Null, dann wird die Equity-Bewertung vorübergehend ausgesetzt, und der negative Buchwert wird lediglich statistisch in der Ne-

[114] HAVERMANN (1987), S. 319.
[115] Vgl. BUSSE VON COLBE/ORDELHEIDE (1993), S. 502-503.

benrechnung fortgeführt.[116] Die beim assoziierten Unternehmen anfallenden anteiligen Jahresfehlbeträge werden von der die Equity-Bewertung durchführenden Stelle in der Nebenrechnung statistisch kumulativ festgehalten, und es wird erst dann wieder ein Aktivposten in der Konzernbilanz ausgewiesen, wenn die erzielten anteiligen Jahresüberschüsse den Betrag des in der Nebenrechnung festgehaltenen fortgeführten negativen Beteiligungsbuchwertes übersteigen.[117]

Das diesem Abschnitt zugrunde liegende Entscheidungsproblem, die zentrale oder dezentrale Fortschreibung, kann wie folgt abgebildet werden:

Randbedingungen / Handlungsalternativen im Zeitpunkt t	Größe des Konzerns	Handlungsalternativen in den Zeitpunkten 1,...,t-1
Zentrale Fortschreibung	E_{11}	E_{12}
Dezentrale Fortschreibung	E_{21}	E_{22}

Abb. 65: Matrix der betrachteten Handlungsalternativen und Randbedingungen im Rahmen der Aktivität 'Fortschreibung' in der derivativen und in der originären Ausgestaltung des Konzernrechnungswesens

Bei Zentralisation wird der Beteiligungsbuchwert im Konzernabschluß von der zentralen Konsolidierungsstelle fortgeschrieben (Abb. 65, E_{11} und E_{12}). Bei Dezentralisation wird der Beteiligungsbuchwert im Konzernabschluß von dem nicht mit der Konzernobergesellschaft identischen Konzernunternehmen fortgeschrieben, welches die Beteiligung an der at equity zu bewertenden Gesellschaft direkt hält (Abb. 65, E_{21} und E_{22}).[118]

---

[116] Vgl. JONAS (1981), S. 567; IASC (1998), IAS 28.22; KPMG TREUVERKEHR AG (1990), S. 256; KÜTING/ZÜNDORF (1989), Tz. 124.

[117] Nach BUSSE VON COLBE/ORDELHEIDE (1993), S. 502 kommt der Ausweis eines negativen Equity-Wertes im Konzernabschluß nach HGB "nur dann in Betracht, wenn die Equity-Methode als Konsolidierungsersatz für nicht vollkonsolidierte Tochtergesellschaften angesehen wird."

[118] Die Anordnungskompetenzen des Mutterunternehmens reichen grundsätzlich nicht aus, um - abgesehen von der Bereitstellung von Informationen, die zur Feststellung des Substanzwertes des assoziierten Unternehmens benötigt werden - Tätigkeiten an das assoziierte Unternehmen im engeren Sinne delegieren zu können. Auf das hier untersuchte Entscheidungsproblem bezogen folgt daraus, daß der theoretisch denkbare Fall der Fortschreibung durch das assoziierte Unternehmen selbst nicht berücksichtigt wird. Vgl. auch OBEN, Kap. III.8.2.2.

Die zentrale Fortschreibung erleichtert die Spezialisierung auf ähnliche Aufgaben (Abb. 65, E_{11} und E_{12}).[119] Spezialisierung wiederum vereinfacht "den Erwerb und die Entfaltung der jeweils relevanten Fähigkeiten."[120] Je ähnlicher die gebündelten Aktivitäten sind, desto einfacher ist tendenziell die Steuerung und Kontrolle der Aktivitäten[121] und desto geringer sind der Richtung nach die für die Erfüllung dieser Aktivitäten benötigten Arbeitstage.

Insbesondere in großen Konzernen, in denen zahlreiche Beteiligungsbuchwerte im Konzernabschluß fortzuschreiben sind, führt dieser Gesichtspunkt dazu, daß das Zentralisationspotential dieser Aktivität (Abb. 65, E_{11}) größer sein wird als das Dezentralisationspotential (Abb. 65, E_{21}).

Bei Rückgriff auf die Subzielvariable 'Qualität der generierten Informationen' ist - bezogen auf die Größe des Konzerns - weder eine Tendenz zur Zentralisation (Abb. 65, E_{11}) noch zur Dezentralisation (Abb. 65, E_{21}) festzustellen. Bestehen sowohl bei Zentralisation als auch bei Dezentralisation Zugriffsmöglichkeiten auf die für die Fortschreibung benötigten originären Daten und werden diese termingerecht zu der Stelle im Konzern transferiert, die die Fortschreibung entsprechend der Informationsbedürfnisse der Konzernleitung durchführt, so ist die Qualität der gewonnenen Informationen aus Sicht der Konzernleitung als Entscheider bei zentraler und bei dezentraler Fortschreibung identisch.

Soll die isolierte Betrachtungsweise verlassen werden, so sind die Schnittstellen zu den zu diesem Zeitpunkt vollendeten Aktivitäten offenzulegen (Abb. 65, E_{12} und E_{22}): Die Buchungen zur Fortschreibung betreffen ausschließlich die Konzernrechnungslegung.[122] Ausgangspunkt der Fortschreibung ist der jeweilige Beteiligungsansatz aus dem Konzernabschluß des vorangegangenen Geschäftsjahres.[123] Schnittstellen bestehen somit zur erstmaligen Anwendung der Equity-Methode.[124]

---

[119] Die Möglichkeit der Spezialisierung besteht natürlich auch bei dezentraler Fortschreibung. Hier beschränkt sich die positive Wirkung der Dezentralisation in bezug auf die Spezialisierung allerdings auf die Konstellation, in der die Equity-Bewertung von einem einzigen Konzernunternehmen durchgeführt wird. Diese Konstellation wird realiter jedoch nur in dem Ausnahmefall gegeben sein, in dem das angesprochene Konzernunternehmen die Beteiligungen an sämtlichen im Konzernabschluß at equity bewerteten Gesellschaften hält.

[120] LAUX/LIERMANN (1997), S. 287.

[121] Vgl. LAUX/LIERMANN (1997), S. 287.

[122] Zur Abgrenzung von Buchungen nur für Zwecke der Konzernrechnungslegung vgl. OBEN, Kap. III.2.2.1.

[123] Vgl. PELKA (1994), S. 286.

[124] Vgl. OBEN, Kap. III.8.2.2.

Dadurch, daß Anknüpfungspunkt der Fortschreibungsbuchungen der jeweilige Beteiligungsansatz aus dem Konzernabschluß des vorangegangenen Geschäftsjahres ist, müssen nicht nur die Fortschreibungsbuchungen per se, sondern auch die entsprechenden Informationen zur Herleitung des Beteiligungsansatzes der Vorperiode dokumentiert und verfügbar sein.

Vor allem zur Reduktion von Informationsübertragungszeiten und zur Möglichkeit der Spezialisierung und damit insgesamt zur Verminderung der benötigten Arbeitstage erscheint es zweckmäßig, sowohl die Erstanwendung der Equity-Methode als auch die Fortschreibung an einer Stelle im Konzern zu lokalisieren. Zudem wirkt sich positiv auf die Zahl der Arbeitstage aus, daß sich die bei gemeinsamer Zuordnung an einer Stelle gebündelten Tätigkeiten tendenziell schneller aufeinander abstimmen lassen als die Aktionen unterschiedlicher Bereiche.[125]

8.3. Ergebnis

Sowohl in der derivativen als auch in der originären Ausgestaltung des Konzernrechnungswesens umfaßt der Teilprozeß 'Beteiligungsbewertung nach der Equity-Methode' im wesentlichen drei Aktivitäten:[126]

- Anpassung des Abschlusses des assoziierten Unternehmens an die konzerneinheitliche Bilanzierung und Bewertung,
- erstmalige Anwendung,
- Fortschreibung.

Nachstehend werden die (De-)Zentralisationsmöglichkeiten und -grenzen der genannten Aktivitäten zusammengefaßt und damit die resultierenden Implikationen für den gesamten Teilprozeß 'Beteiligungsbewertung nach der Equity-Methode' aufgezeigt.

Die Anordnungskompetenzen der Konzernleitung, die mit der Anpassung des Abschlusses des assoziierten Unternehmens im engeren Sinne an die konzerneinheitliche Bilanzierung und Bewertung verbundenen Arbeiten an dieses Unternehmen zu delegieren, werden in der Regel gering sein. Daraus folgt, daß für die Konzernlei-

---

[125] Vgl. allgemein LAUX/LIERMANN (1997), S. 287.

[126] Zur Zerlegung des Teilprozesses 'Beteiligungsbewertung nach der Equity-Methode' in einzelne Aktivitäten vgl. OBEN, Kap. III.8.1.1. und III.8.1.2.

tung als Entscheider nur die Alternativen in Betracht kommen, entweder die entsprechenden Arbeiten zu zentralisieren, oder aber, sofern das unmittelbar die Beteiligung haltende Unternehmen nicht mit der Konzernobergesellschaft identisch ist, an das unmittelbar die Beteiligung haltende Unternehmen zu delegieren. Die sich dabei ergebenden entscheidungsrelevanten Konsequenzen und Wirkungen im Hinblick auf die Zielvariablen sind deckungsgleich mit denen, die im Zusammenhang mit der Vereinheitlichung von Bilanzansatz und Bewertung in der derivativen Ausgestaltung des Konzernrechnungswesens herausgestellt wurden.[127]

Wird ein Tochter- oder Gemeinschaftsunternehmen aufgrund eines Einbeziehungswahlrechtes bzw. -verbotes at equity bewertet (assoziiertes Unternehmen im weiteren Sinne), so meint Dezentralisation die Erstellung des Jahresabschlusses II durch dieses Tochter- oder Gemeinschaftsunternehmen. Bezüglich der (De-)Zentralisationsmöglichkeiten und -grenzen der Vereinheitlichung von Bilanzansatz und Bewertung bei einem solchen Tochter- oder Gemeinschaftsunternehmen kann auf die entsprechenden Ausführungen zur Vereinheitlichung von Bilanzansatz und Bewertung verwiesen werden.[128]

Die Zielvariablenmatrix zur zweitgenannten Aktivität, der erstmaligen Anwendung der Equity-Methode[129], hat folgende Gestalt:

[127] Vgl. OBEN, Kap. III.2.1.2. und III.2.1.3.
[128] Vgl. OBEN, Kap. III.2.1.2. und III.2.1.3.

Ziel- variablen / Handlungs- alternativen	Qualität	Arbeitstage
Zentrale erstmalige Anwendung der Equity-Methode	- keine entscheidungsrelevanten Ergebnisse, da weder dem Mutterunternehmen noch der Konzerngesellschaft, die unmittelbar die Beteiligung hält und die nicht mit dem Mutterunternehmen identisch ist, die bessere Kenntnis der Sachverhalte vorliegt	- wird Anpassung an die konzerneinheitliche Bilanzierung und Bewertung zentralisiert, so wird die Wirksamkeit hinsichtlich der Zielvariablen hier größer sein als bei Dezentralisation
Dezentrale erstmalige Anwendung der Equity-Methode	- keine entscheidungsrelevanten Ergebnisse, da weder dem Mutterunternehmen noch der Konzerngesellschaft, die unmittelbar die Beteiligung hält und die nicht mit dem Mutterunternehmen identisch ist, die bessere Kenntnis der Sachverhalte vorliegt	- verrichtungsmäßige und damit zeitliche Entlastung der Konsolidierungszentrale; dieser Aspekt wird um so unbedeutender sein, je weniger Gesellschaften erstmals at equity bewertet werden

Abb. 66: Zielvariablenmatrix bei erstmaliger Anwendung der Equity-Methode in der derivativen und in der originären Ausgestaltung des Konzernrechnungswesens

Die wichtigsten Ergebnisse der Analyse der Möglichkeiten und Grenzen der (De-)Zentralisation der Fortschreibung[130] lassen sich wie folgt abbilden:

Ziel- variablen / Handlungs- alternativen	Qualität	Arbeitstage
Zentrale Fortschreibung	- keine entscheidungsbeeinflussenden Ergebnisse	- Spezialisierung auf ähnliche Arbeiten wird erleichtert; Steuerung und Kontrolle dieser Arbeiten wird einfacher; ergo werden weniger Arbeitstage benötigt - gleichlautende Zuordnung wie bei Erstanwendung wirkt sich positiv aus: die an einer Stelle gebündelten Arbeiten lassen sich tendenziell schneller aufeinander abstimmen als die Aktionen unterschiedlicher Bereiche
Dezentrale Fortschreibung	- keine entscheidungsbeeinflussenden Ergebnisse	- gleichlautende Zuordnung wie bei Erstanwendung wirkt sich positiv aus: die an einer Stelle gebündelten Arbeiten lassen sich tendenziell schneller aufeinander abstimmen als die Aktionen unterschiedlicher Bereiche

Abb. 67: Zielvariablenmatrix bei Fortschreibung in der derivativen und in der originären Ausgestaltung des Konzernrechnungswesens

129 Vgl. OBEN, Kap. III.8.2.2.
130 Vgl. OBEN, Kap. III.8.2.3.

IV. Schlußbetrachtungen

1. Ergebnisse der Arbeit

Die Notwendigkeit, das Problem der prozeßorganisatorischen Gestaltung des Konzernrechnungswesens zur Diskussion zu stellen, leitet sich daraus ab, daß sich mit der fortschreitenden Globalisierung der Märkte die Anforderungen an Rechnungslegung und Publizität insbesondere global operierender deutscher Konzerne gewandelt haben. Die geänderten Anforderungen betreffen sowohl die Qualität von Konzernabschlußinformationen als auch die möglichst zeitnahe Veröffentlichung dieser Informationen.

Die gesetzlich kodifizierten Vorschriften normieren den Prozeß der Konzernabschlußerstellung vorwiegend inhaltlich, jedoch nicht organisatorisch. Die organisatorische Gestaltung des Prozesses der Konzernabschlußerstellung ist jedoch Grundvoraussetzung dafür, daß die Konzernabschlußinformationen in der gesetzlich zulässigen bzw. von den Kapitalmärkten geforderten Qualität generiert und so zeitnah wie möglich publiziert werden können. Daher besteht für jedes Mutterunternehmen, das Konzernabschlüsse erstellt, die Notwendigkeit, den Prozeß der Konzernabschlußerstellung in organisatorischer Hinsicht zu gestalten.

Im Rahmen der organisatorischen Gestaltung des Prozesses der Konzernabschlußerstellung bei gegebenen Informationsverarbeitungskapazitäten stellt sich das Zuordnungs- und Verteilungsproblem, also die Zentralisation bzw. Dezentralisation von zu erfüllenden Aktivitäten als die dominierende prozeßorganisatorische Gestaltungsfrage des Konzernrechnungswesens dar. Das Fehlen differenzierter und gestaltungsorientierter Konzepte zur (De-)Zentralisation von Aktivitäten im Rahmen der Konzernabschlußerstellung sowohl in der organisationstheoretischen Literatur als auch in der Literatur zur Konzernrechnungslegung bildete den Ausgangspunkt der vorliegenden Arbeit.

Mit dieser Arbeit wurde zunächst das Ziel verfolgt, die entscheidungsrelevanten Komponenten - die Handlungsalternativen, die Zielvariablen, an denen die organisatorische Gestaltung ausgerichtet werden kann sowie die Randbedingungen der Konzernabschlußerstellung - zu erfassen und zu strukturieren und damit einen theoretischen Bezugsrahmen zu entwerfen.

Ziel der praktischen Umsetzung des theoretischen Bezugsrahmens war es einerseits, die aus der Kombination von Handlungsalternativen und den in das Entscheidungsproblem integrierten Randbedingungen resultierenden, möglichen entscheidungsrelevanten Konsequenzen und deren Wirkungen im Hinblick auf die Zielvariablen zu durchleuchten. Andererseits sollten nicht nur theoretische, sondern auch praktische Hinweise und gestaltungsorientierte Aussagen über die Möglichkeiten und Grenzen der zentralen und dezentralen Verteilung von Aktivitäten im Rahmen der Konzernabschlußerstellung entwickelt werden, um den Entscheider bei der Lösung des Entscheidungsproblems zu unterstützen, welche einzelnen Aktivitäten im Zuge der Erstellung des Konzernabschlusses zentral und welche dezentral erfüllt werden sollen.

Die vollständige Abbildung des organisatorischen Gestaltungsproblems verlangte zunächst die Definition der Zwecke des Konzernrechnungswesens. Die zentrale Zwecksetzung des Konzernrechnungswesens liegt in der Erstellung des Konzernabschlusses als Informationsinstrument für externe Adressaten und als Führungsinstrument.

Organisatorische Gestaltung vollzieht sich, indem Handlungsalternativen problemspezifisch modelliert werden. Als Handlungsalternativen wurden in dieser Arbeit die beiden Zuordnungsprinzipien 'Zentralisation' und 'Dezentralisation' betrachtet, nach denen die Aktivitäten im Rahmen der Konzernabschlußerstellung auf die zentrale Konsolidierungsstelle bzw. auf die Konzernunternehmen verteilt werden können. Zentralisation und Dezentralisation beschreiben die Extremformen der Zuordnung von Aktivitäten: Zentralisation heißt Zuordnung zur zentralen Konsolidierungsstelle, Dezentralisation bedeutet Zuordnung zu den Konzernunternehmen.

Die Zielvariablen sind für das untersuchte Gestaltungsproblem der (De-)Zentralisation von Aktivitäten im Rahmen der Konzernabschlußerstellung von herausragender Bedeutung, da sie als Maßgrößen zur Beurteilung der entscheidungsrelevanten Konsequenzen fungieren. Zielvariablen sind nur dann als Grundlage für fundiertes Gestaltungshandeln geeignet, wenn sie konsistent mit den Oberzielen des Mutterunternehmens verknüpft, im Idealfall direkt aus diesen abgeleitet sind. Dabei ist allerdings zu berücksichtigen, daß die Konkretisierung von Zielvariablen immer von den subjektiven Zielen und Präferenzen des Entscheiders abhängt, insofern also auch konzernindividuelle Situationen maßgeblich sind. Problematisch ist darüber hinaus, daß eine allgemein anerkannte Methodik zur Ableitung eines Systems von Zielvariablen nicht vorliegt.

Vor diesem Hintergrund sollte ein System allgemein bedeutsamer Zielvariablen entwickelt werden.

Oberstes Ziel der organisatorischen Gestaltung ist es, den Prozeß des Konzernrechnungswesens so zu organisieren, daß das Konzernrechnungswesen die ihm qua Gesetz und durch die Konzernführung zugewiesenen Zwecke erfüllt. Zweck des Konzernrechnungswesens ist die Bereitstellung nützlicher Informationen, wobei die Nützlichkeit von Informationen allerdings schwer zu messen ist. Die Nützlichkeit der Informationen wird durch die Subzielvariablen 'Qualität der erzeugten Informationen' und 'benötigte Arbeitstage bis zur Bereitstellung der Informationen' konkretisiert; beide Subzielvariablen lassen sich unmittelbar aus dem obersten Gestaltungsziel, der Erfüllung der dem Konzernrechnungswesen zugewiesenen Zwecke, ableiten. Die Qualität der erzeugten Informationen als Subzielvariable reflektiert die Notwendigkeit, nur jene generierten Informationen als nützlich zu bezeichnen, die im Rahmen einer gesetzlich zulässigen und der konkreten Situation des Konzerns entsprechenden Konzernrechnungslegung erzeugt werden (dürfen). Durch die benötigten Arbeitstage bis zur Bereitstellung der Informationen als Subzielvariable soll berücksichtigt werden, daß Informationen nur dann nützlich sind, wenn sie aktuell sind.

Organisatorische Gestaltungsmaßnahmen werden durch Randbedingungen restringiert. Diese kennzeichnen konzernspezifisch zu berücksichtigende Gegebenheiten des vorliegenden Gestaltungsproblems. Als allgemein bedeutendste Randbedingungen wurden die Ausgestaltungsform des Konzernrechnungswesens, die Größe des Konzerns sowie die zwischen den einzelnen Teilprozessen und Aktivitäten bestehenden Schnittstellen identifiziert.
In bezug auf die Ausgestaltungsform der Ableitung des Konzernabschlusses wurde zwischen zwei Varianten unterschieden: der derivativen Ableitung des Konzernabschlusses aus dezentralen, nicht integrierten Buchhaltungssystemen und der originären Ableitung aus einem konzernweit integrierten Buchhaltungssystem. Dazu wurde das jeweils vorliegende Entscheidungsproblem - unter sonst gleichen Bedingungen - einerseits bei einer derivativen und andererseits bei einer originären Ableitung des Konzernabschlusses formuliert.

Die entscheidungsrelevanten Komponenten - Handlungsalternativen, Zielvariablen und Randbedingungen - wurden strukturiert und systematisiert; sie bildeten zugleich die Bausteine des theoretischen Bezugsrahmens für die zentrale und dezentrale Verteilung von Teilprozessen und Aktivitäten im Konzernrechnungswesen.

Ausgangspunkt der Gestaltung von Informationsprozessen im allgemeinen - und hier der praktischen Umsetzung des theoretischen Bezugsrahmens - ist die detaillierte Analyse und Beschreibung der einzelnen Aktivitäten, aus denen sich die Teilprozesse zusammensetzen. Diese Vorgehensweise gestattete es, die Gestaltungsmöglichkeiten und -grenzen der (De-)Zentralisation der einzelnen Aktivitäten im Rahmen des Prozesses der Konzernabschlußerstellung differenziert und gestaltungsorientiert zu bearbeiten. Die Handlungsalternativen für einzelne Aktivitäten wurden daraufhin anhand der Subzielvariablen beurteilt, um die Wirkungen der zentralen oder dezentralen Zuordnung der Aktivitäten aufzuzeigen.

Auf der Basis des theoretischen Bezugsrahmens wurden Aussagen über die Wirkungen einzelner Komponenten und die Zusammenhänge zwischen Handlungsalternativen, Zielvariablen und Randbedingungen in allgemeingültiger Form abgeleitet. Diese Aussagen haben zunächst den Charakter von organisatorischen Gestaltungshypothesen, die - bis zu einer empirischen Überprüfung - als Tendenzaussagen zu deuten sind und in der konkreten Entscheidungssituation konzernspezifisch zu hinterfragen sind. In dieser Form sind die entwickelten Aussagen dennoch prädestiniert, das Entscheidungsproblem 'zentrale und dezentrale Verteilung von Teilprozessen und Aktivitäten im Konzernrechnungswesen' zu veranschaulichen und Anleitungen für praktisches Gestaltungshandeln zu geben. Vor dem Hintergrund dieses Aussagegehalts können die Ergebnisse der vorangehenden Analysen erklärt und gewürdigt werden.

Die Ergebnisse der vorliegenden Untersuchung verdeutlichen, daß die Möglichkeiten und Grenzen der (De-)Zentralisation der einzelnen Aktivitäten im Rahmen der Konzernabschlußerstellung sehr unterschiedlich ausfallen: Auf der einen Seite gibt es Aktivitäten, die vor dem Hintergrund der hier entwickelten Zielvariablen eindeutig der zentralen Konsolidierungsstelle zugeordnet werden können. Auf der anderen Seite gibt es auch Aktivitäten, die kein oder nur ein geringes Potential für eine Zentralisation bieten. Zwischen beiden Extremen stehen jene Aktivitäten, bei denen Gestaltungsmöglichkeiten für die (De-)Zentralisation bestehen.

Nach den Ergebnissen dieser Arbeit können die einzelnen Aktivitäten in die folgenden Kategorien eingeteilt werden:

- Aktivitäten mit überwiegendem Zentralisationspotential,
- Aktivitäten mit ähnlich hohem Zentralisations- und Dezentralisationspotential und
- Aktivitäten mit überwiegendem Dezentralisationspotential

Dabei soll zwischen der derivativen (Abb. 68) und der originären Ausgestaltung des Konzernrechnungswesens (Abb. 69) differenziert werden.

Aktivitäten mit überwiegendem Zentralisationspotential	Aktivitäten mit ähnlich hohem Zentralisations- und Dezentralisationspotential	Aktivitäten mit überwiegendem Dezentralisationspotential
- Ermittlung der Umrechnungskurse - Aufrechnung der zu konsolidierenden aktivischen und passivischen Bestandteile der Abschlußposten - Zusammenfassung der in den Konzernbestandswerten enthaltenen Zwischenerfolge über alle einbezogenen Unternehmen zu einem Konzernzwischenerfolg sowie entsprechende Korrektur des Jahresüberschusses laut Konzern-Summen-Gewinn- und Verlustrechnung - Konsolidierung der konzerninternen Aufwendungen und Erträge und Änderung des Ausweises einzelner Posten - Anpassung des Abschlusses des assoziierten Unternehmens an die konzerneinheitliche Bilanzierung und Bewertung	- Anpassung an die konzerneinheitliche Gliederung - Anpassung an die konzerneinheitliche Bewertung - Umrechnung der Jahresabschlüsse II in Konzernwährung - Feststellung der reservebehafteten Vermögensgegenstände und Schulden und Zuordnung des Unterschiedsbetrages - Fortschreibung der stillen Tageswertrücklagen und -lasten - Fortschreibung des verbleibenden aktivischen/passivischen Unterschiedsbetrages - (Vorab-)Saldenabstimmung - Ermittlung eines gesetzlich erlaubten Konzernbestandswertes für die konzerninternen Bestände - erstmalige Anwendung der Equity-Methode - Fortschreibung	- Erfassung der Geschäftsvorfälle - Ermittlung der Bestände aus Konzernlieferungen - Meldung der konzerninternen Aufwendungen und Erträge

Abb. 68: Zusammenfassende Darstellung der Möglichkeiten und Grenzen der zentralen und dezentralen Verteilung von Aktivitäten in der derivativen Ausgestaltung des Konzernrechnungswesens

Aktivitäten mit überwiegendem Zentralisations-potential	Aktivitäten mit ähnlich hohem Zentralisations- und Dezentralisations-potential	Aktivitäten mit überwiegendem Dezentralisations-potential
- Anpassung des Abschlusses des assoziierten Unternehmens an die konzerneinheitliche Bilanzierung und Bewertung	- Anpassung der sich für Zwecke der einzelgesellschaftlichen Rechnungslegung und der Konzernrechnungslegung wertmäßig voneinander unterscheidenden Buchungssätze - Feststellung der reservebehafteten Vermögensgegenstände und Schulden und Zuordnung des Unterschiedsbetrages - Fortschreibung der stillen Tageswertrücklagen und -lasten - Fortschreibung des verbleibenden aktivischen/passivischen Unterschiedsbetrages - ggf. Saldenabstimmung - Ermittlung der Wertansätze für die am Abschlußstichtag im Bestand befindlichen Vermögensgegenstände - Konsolidierung der konzerninternen Aufwendungen und Änderung des Ausweises einzelner Posten - erstmalige Anwendung der Equity-Methode - Fortschreibung	- Erfassung der Geschäftsvorfälle - Führung eines parallelen Buchwerkes in Konzernwährung für jedes in die Konzernrechnungslegung einbezogene Unternehmen mit Sitz im Ausland - Kennzeichnung der auf konzerninternen Schuldverhältnissen beruhenden Buchungssätze - Kennzeichnung der auf konzerninternen Lieferungen basierenden Buchungssätze - Kennzeichnung der für die Aufwands- und Ertragskonsolidierung relevanten Buchungssätze

Abb. 69: Zusammenfassende Darstellung der Möglichkeiten und Grenzen der zentralen und dezentralen Verteilung von Aktivitäten in der originären Ausgestaltung des Konzernrechnungswesens

Da die entscheidungsrelevanten Konsequenzen der (De-)Zentralisation bei den einzelnen Aktivitäten sehr unterschiedliche Wirkungen im Hinblick auf die Zielvariablen haben, hängt es letztendlich von den konzernspezifischen Bedingungen ab, welche Form der Verteilung der Aktivitäten im Rahmen des Prozesses der Konzernabschlußerstellung für einen Konzern die 'beste' ist. Anders ausgedrückt: im Konzernrechnungswesen gibt es nicht die eine (De-)Zentralisationsform, die für alle Konzerne optimal wäre. Die Ergebnisse der voranstehenden Analysen geben die erforderlichen Orientierungspunkte für die Feststellung der Wirksamkeit von (De-)Zentralisationsformen hinsichtlich des in dieser Arbeit entwickelten Systems von Zielvariablen.

Die in der vorliegenden Arbeit entwickelte Konzeption von Zentralisation und Dezentralisation offeriert mannigfaltige Orientierungspunkte zur Interpretation und Gestaltung der Verteilung von Aktivitäten im Konzernrechnungswesen. Diese Konzeption beschreibt einen neuartigen, da differenzierten und gestaltungsorientierten Ansatz zur Darstellung des Problems von Zentralisation und Dezentralisation. Die Ergebnisse dieser Arbeit beweisen, daß die in der bisherigen Forschung verbreitete, undifferenzierte Sichtweise der Zentralisation und Dezentralisation von Aktivitäten im Konzernrechnungswesen nicht haltbar ist: die isolierte Betrachtung von Handlungsalternativen, Zielvariablen und Randbedingungen als Komponenten des vorliegenden Entscheidungsproblems ermöglicht keine fundierte organisatorische Gestaltung. Vielmehr ist es notwendig, die genannten entscheidungsrelevanten Komponenten in eine Gesamtbetrachtung zu integrieren. Unter Berücksichtigung der konzernspezifischen Randbedingungen und der Zielvorstellungen des jeweiligen Entscheiders muß letztendlich jeder Teilprozeß im Konzernrechnungswesen in einzelne, zu verrichtende Aktivitäten zerlegt und letztere im Hinblick auf ihre (De-)Zentralisationsmöglichkeiten und -grenzen detailliert analysiert werden.

Die Verknüpfung der genannten Komponenten des in dieser Arbeit untersuchten Entscheidungsproblems verdeutlicht und strukturiert das prozeßorganisatorische Gestaltungsproblem der (De-)Zentralisation von Aktivitäten im Konzernrechnungswesen. Gleichzeitig wird damit zur Lösung des organisatorischen Gestaltungsproblems beigetragen, indem dargelegt wird, welche entscheidungsrelevanten Komponenten zu berücksichtigen sind und welche Konsequenzen sich daraus für den Prozeßablauf ergeben (können).

Darüber hinaus gibt die vorliegende Arbeit mit ihrem konsistent aus einem der Oberziele des Mutterunternehmens - der Vermittlung von nützlichen Konzernabschlußinformationen - abgeleiteten System von Zielvariablen die unentbehrlichen Orientierungspunkte für die praktische Beurteilung der Wirksamkeit von (De-)Zentralisationsmaßnahmen hinsichtlich der Zielvariablen.

2. Ausblick

In der vorliegenden Arbeit wurde das Konzernrechnungswesen als determinierbarer Prozeß charakterisiert. Dieser Prozeß wurde folgendermaßen abgegrenzt: Er beginnt mit der Erfassung der Geschäftsvorfälle und endet mit dem Konzernabschluß als Output dieses Prozesses. Die Technologie, mit der ein Unternehmen die Rechnungslegungsadressaten über seine wirtschaftliche Lage informiert, wurde in dieser Arbeit nicht thematisiert.[131]

Traditionell ist der Konzernabschluß Bestandteil des klassischen Mediums der Rechnungslegung, dem gedruckten Geschäftsbericht. Drucklegung, Bestellung und Versand von Geschäftsberichten per Post verursachen sowohl bei den Unternehmen als auch bei den Rechnungslegungsadressaten ggf. erhebliche Kosten sowie Zeitaufwand.[132]

Das Thema Aktualität der Informationen ist essentiell für die zukünftige Diskussion über die Weiterentwicklung der Rechnungslegungspublizität.[133] In diesem Zusammenhang spielt die Weiterentwicklung der Informationstechnologie für die Aktualität und Verfügbarkeit aller rechnungslegungsbezogenen Informationen eine entscheidende Rolle. In den letzten Jahren sind es die informationstechnologischen Entwicklungen, die die Kommunikation von Rechnungslegungsinformationen auf Kapitalmärkten und damit die Form der Konzernrechnungslegung revolutionieren (werden).[134] Insbesondere die Nutzung des Internet seitens der Unternehmen gewinnt massiv an Bedeutung[135], wie einige Untersuchungen[136] belegen. Heute noch beste-

[131] "Die Technologie ... hat die Betriebswirtschaftslehre, soweit sie die Rechnungslegung zum Forschungsobjekt hat, bisher nie als ihr Problem angenommen." ORDELHEIDE (1999), S. 230.

[132] Vgl. DELLER/STUBENRATH/WEBER (1997), S. 1577; WESTARP/ORDELHEIDE/STUBENRATH/BUXMANN/KÖNIG (1998).

[133] Vgl. SIEGEL (1997), S. 81.

[134] Vgl. ORDELHEIDE (1999); PELLENS/FÜLBIER/GASSEN (1998).

[135] Vgl. ORDELHEIDE (1999), S. 243-245; PELLENS/FÜLBIER/GASSEN (1998). Darüber hinaus wird in naher Zukunft die Übertragung von Rechnungslegungsinformationen durch Nachrichtenagenturen, die als Informationsintermediäre die Rechnungslegungsinformationen über eigene technische Netze anbieten, wachsende Bedeutung erlangen. Vgl. ORDELHEIDE (1999), S. 245-248.

[136] Über die Nutzung des Internet für die Kommunikation von Rechnungslegungsdaten in verschiedenen Ländern liegen einige empirische Studien vor, z.B. DELLER/STUBENRATH/WEBER (1997) (Deutschland: DAX 30); DELLER/STUBENRATH/WEBER (1998) (Großbritannien: FTSE 100, Deutschland: DAX 100, USA: S&P 100); FLYNN/GOWTHORPE (1997) (International: die 100 umsatzstärksten Unternehmen des Fortune Global 500); LYMER (1997) (Großbritannien: die 50 größten Unternehmen der UK Stock Exchange nach Marktkapitalisierung); LYMER/TALBERG (1997) (Großbritannien: die 50 größten Unternehmen der UK Stock Exchange nach Marktkapitalisierung, Finnland: 72 börsennotierte finnische Unternehmen); MARSTON/LEOW (1998) (Großbritannien: FTSE 100); WAGENHOFER/PIRCHEGGER (1999) (Deutschland: DAX 30, Österreich: 31 Fließhandelswerte an der Wiener Börse).

hende Probleme der Berichterstattung via Internet, z.B. das Fehlen von Rechnungslegungsstandards betreffend digitaler Berichterstattung – insbesondere in bezug auf Inhalt, Sicherheit der Daten und der automatisierten Weiterverarbeitung durch die Nutzer sowie Darstellung der Rechnungslegungsinformationen - werden voraussichtlich in Kürze praktisch lösbar sein.[137]

Das Internet erlaubt den Unternehmen, den Veröffentlichungszeitraum der Rechnungslegungsinformationen praktisch auf Null zu reduzieren.[138] Ein weiterer Vorteil des Internet ist, daß es den Rechnungslegungsadressaten bzw. -interessenten ermöglicht, sich zu geringen Kosten, ohne großen Zeitaufwand und praktisch zu jeder Zeit über Ländergrenzen hinweg über die von einem Unternehmen veröffentlichten Daten zu informieren.[139]

Der Vorteil des Internet besteht auch in der Möglichkeit, das Internet zur Schnittstelle zwischen Unternehmensdatenbanken und Rechnungslegungsadressaten auszubauen, die Informationsbeschaffung aktiv zu gestalten und damit die Rechnungslegung auf individuelle Informationsbedürfnisse der Adressaten auszurichten.[140] Vorstellbar wäre die Einrichtung hierarchischer Datenbanken, in denen auf der obersten Ebene Grobinformationen gegeben werden, die dann auf den unteren Ebenen aufgegliedert werden.[141] Zudem könnte die gesamte Recherchetechnologie in Datenbanken bereitgestellt werden.[142] Durch Registrierung der Recherchen bekämen die Unternehmen Informationen über den Informationsbedarf der Rechnungslegungsadressaten, so daß die Unternehmen die Datenbanken ggf. auf diesen Informationsbedarf ausrichten könnten.[143]

Aus den genannten Gründen ist zu erwarten, daß das Internet in kurzer Zeit das wesentliche Medium der Rechnungslegung werden wird.[144] Damit werden die Unternehmen (zumindest) über zwei Mittel und Wege verfügen, um der Forderung der

---

137 Vgl. ORDELHEIDE (1999), S. 244. Zum derzeitigen Stand der Diskussion über Standards hinsichtlich der Berichterstattung im Internet vgl. WESTARP/ORDELHEIDE/STUBENRATH/BUXMANN/KÖNIG (1998).

138 Vgl. z.B. ORDELHEIDE (1999), S. 244.

139 Vgl. z.B. MYNERS (1998), S. 29; WESTARP/ORDELHEIDE/STUBENRATH/BUXMANN/KÖNIG (1998).

140 Vgl. insbesondere PELLENS/FÜLBIER/GASSEN (1998), S. 65, aber auch MARSTON/LEOW (1998).

141 Vgl. ORDELHEIDE (1999), S. 244.

142 Um in Unternehmensdatenbanken recherchieren zu können, ist spezielles Know-how bei den Informationsnutzern erforderlich. Da dieses Know-how nicht bei allen Informationsnutzern vorhanden ist, ist davon auszugehen, daß Informationsintermediäre diese Know-how-Lücke schließen werden. Vgl. ORDELHEIDE (1999), S. 245-248; PELLENS/FÜLBIER/GASSEN (1998), S. 66.

143 Vgl. ORDELHEIDE (1999), S. 244.

144 Vgl. stellvertretend ORDELHEIDE (1999), S. 244; PELLENS/FÜLBIER/GASSEN (1998), S. 67-68.

Kapitalmärkte nach möglichst zeitnah veröffentlichten Konzernabschlußinformationen gerecht zu werden:

1. Die (De-)Zentralisation von Aktivitäten im Rahmen der organisatorischen Gestaltung des Prozesses der Konzernabschlußerstellung zur Beschleunigung der Erzeugung der Informationen und mithin der Konzernabschlußerstellung sowie
2. das Internet als Medium zur unmittelbaren und zeitnahen Kommunikation der im Rahmen des Prozesses der Konzernabschlußerstellung generierten Informationen.

Literaturverzeichnis

ACHLEITNER, Ann-Kristin/WOLLMERT, Peter/VAN HULLE, Karel (1997): Grundlagen der Bilanzierung, der Bewertung und des Ausweises, in: Baetge/Kleekämper/Wollmert (Hrsg.), Rechnungslegung nach International Accounting Standards (IAS), Stuttgart, S. 35-70.

ADAMOWSKY, Siegmar (1961): Die Organisation des Rechnungswesens, in: Organisation, Bd. 1, hrsg. v. Erich Schnaufer und Klaus Agthe, Berlin, Baden-Baden, S. 839-874.

ADLER/DÜRING/SCHMALTZ (1987): Rechnungslegung und Prüfung von Unternehmen, Kommentar, hrsg. v. Karl-Heinz Forster u.a., 5. Aufl., Stuttgart.

ALBACH, Horst (1967): Die Koordination der Planung im Großunternehmen, in: Rationale Wirtschaftspolitik und Planung in der Wirtschaft von heute, hrsg. v. E. Schneider, Berlin, S. 332-438.

ANGERMANN, Adolf (1963): Entscheidungsmodelle, Frankfurt.

ARBEITSKREIS "EXTERNE UNTERNEHMENSRECHNUNG" DER SCHMALENBACH-GESELLSCHAFT - DEUTSCHE GESELLSCHAFT FÜR BETRIEBSWIRTSCHAFT E.V. (1987): Aufstellung von Konzernabschlüssen, hrsg. v. Walther Busse von Colbe, Eberhard Müller und Herbert Reinhard, ZfbF-Sonderheft 21/1987, Düsseldorf.

ARBEITSKREIS "ORGANISATION" DER SCHMALENBACH-GESELLSCHAFT – DEUTSCHE GESELLSCHAFT FÜR BETRIEBSWIRTSCHAFT E.V. (1996): Organisation im Umbruch, in: ZfbF, 48. Jg., S. 621-665.

ARBEITSKREIS WELTBILANZ DES IDW (1990): Grundsätze für die Einbeziehung ausländischer Unternehmen in den Konzernabschluß (Weltabschluß), AKW 1/1977, in: Die Fachgutachten des Instituts der Wirtschaftsprüfer auf dem Gebiete der Rechnungslegung und Prüfung, Düsseldorf.

ARBEITSKREIS WOLFGANG SCHOLTISSEK (1969): Die Eliminierung der Zwischengewinne im Konzernabschluß nach dem Aktiengesetz 1965. Ein praktisches Problem des deutschen Konzernrechts, Berlin.

BAETGE, Jörg (1997): Konzernbilanzen, 3. Aufl., Düsseldorf.

BAETGE, Jörg/SCHULZE, Dennis (1997): IAS 27, Konzernrechnungslegung sowie Bilanzierung von Beteiligungen an verbundenen Unternehmen (Consolidated Financial Statements and Accounting for Investments in Subsidiaries), in: Baetge/Kleekämper/Wollmert (Hrsg.), Rechnungslegung nach International Accounting Standards (IAS), Stuttgart, S. 983-1074.

BAETGE, Jörg/SIEFKE, Michael (1997): IAS 22, Unternehmenszusammenschlüsse (Business Combinations), in: Baetge/Kleekämper/Wollmert (Hrsg.), Rechnungslegung nach International Accounting Standards (IAS), Stuttgart, S. 759-876.

BALLWIESER, Wolfgang (1997): Chancen und Gefahren einer Übernahme amerikanischer Rechnungslegung, in: Handelsbilanzen und Steuerbilanzen, Festschrift zum 70. Geburtstag von Prof. Dr. h.c. Heinrich Beisse, hrsg. v. Wolfgang Dieter Budde, Adolf Moxter und Klaus Offerhaus, Düsseldorf, S. 25-43.

BALLWIEßER, Cornelia (1997): Die handelsrechtliche Konzernrechnungslegung als Informationsinstrument. Eine Zweckmäßigkeitsanalyse, Frankfurt.

BAMBERG, Günter/COENENBERG, Adolf Gerhard (1989): Betriebswirtschaftliche Entscheidungslehre, 5. Aufl., München.

BASTIEN, Francis/CORRE, Jean/GERARD, Max/JOLY, Jean/MARTIN, Materne (1977): Les comptes de groupe, Paris.

BAUMANN, Karl-Hermann (1986): Das Rechnungswesen als Instrument zur Steuerung und Kontrolle von US-Tochtergesellschaften deutscher Unternehmen, in: ZfbF, 38. Jg., S. 425-432.

BAUMANN, Karl-Hermann (1993): Perspektiven der Unternehmenspublizität aus der Sicht eines internationalen Großunternehmens, in: Rechnungslegung und Prüfung: Perspektiven für die neunziger Jahre, Düsseldorf, S. 61-72.

BAUMANN, Karl-Hermann (1998): Externe Rechnungslegung im Spannungsfeld nationaler und internationaler Grundsätze, in: Controlling und Rechnungswesen im internationalen Wettbewerb, Kongress-Dokumentation, 51. Deutscher Betriebswirtschafter-Tag 1997, hrsg. v. Clemens Börsig und Adolf G. Coenenberg, Stuttgart, S. 3-13.

BAYER AG (1997): Geschäftsbericht 1996, Leverkusen.

BECHTEL, W. (1989): Einführung in die moderne Finanzbuchführung, 3. Aufl., München.

BENTLER, Martin (1991): Grundsätze ordnungsmäßiger Bilanzierung für die Equitymethode, Wiesbaden.

BERG, C. C. (1981): Organisationsgestaltung, Stuttgart u.a.

BERICHTE DES ARBEITSKREISES "UNTERNEHMENSAKQUISITION" (1989): Unternehmensakquisition, hrsg. von Günter Sieben und Meinhard Sielaff im Auftrag der Schmalenbach-Gesellschaft - Deutsche Gesellschaft für Betriebswirtschaft e.V., Stuttgart.

BERNDT, Helmut (1983): Erfahrungen bei der Aufstellung eines Weltabschlusses aus einem internationalen Konzern mit relativ großer Selbständigkeit der ausländischen Tochtergesellschaften unter besonderer Berücksichtigung des Konzernberichtswesens, in: Der konsolidierte Abschluß, hrsg. v. Hans H. Kempe, Würzburg, S. 293-313.

BERNDT, Helmut (1989): § 298 HGB - Anzuwendende Vorschriften. Erleichterungen, in: Küting/Weber: Handbuch der Konzernrechnungslegung, Stuttgart, S. 907-938.

BERTHEL, Jürgen (1992): Informationsbedarf, in: HWO, hrsg. v. Erich Frese u.a., 3. Aufl., Stuttgart, Sp. 872-886.

BEUERMANN, Günter (1992): Zentralisation und Dezentralisation, in: HWO, hrsg. v. Erich Frese u.a., 3. Aufl., Stuttgart, Sp. 2611-2625.

BIDLINGMAIER, Johannes/SCHNEIDER, Dieter J. G. (1975): Ziele, Zielsysteme und Zielkonflikte, in: HWB, Bd. I/3, hrsg. v. Erwin Grochla und Waldemar Wittmann, 4. Aufl., Stuttgart, Sp. 4731-4740.

BIENER, Herbert (1983): Die Konzernrechnungslegung nach der Siebenten Richtlinie des Rates der Europäischen Gemeinschaften über den Konzernabschluß, in: DB, 36. Jg., Beilage 19.

BITZ, Michael (1981): Entscheidungstheorie, München.

BLAU, P.M./SCHOENHERR, R.A. (1971): The Structure of Organizations, New York.

BLEICHER, Knut (1966): Zentralisation und Dezentralisation von Aufgaben in der Organisation der Unternehmung, Berlin.

BLEICHER, Knut (1980): Zentralisation und Dezentralisation, in: HWO, hrsg. v. Erwin Grochla u.a., 2. Aufl., Stuttgart, Sp. 2405-2418.

BLEICHER, Knut (1981): Organisation des Rechnungswesens, in: HWR, hrsg. v. Erich Kosiol, Klaus Chmielewicz und Marcell Schweitzer, 2. Aufl., Stuttgart, Sp. 1243-1255.

BLOHM, Hans (1975): Informationswesen, Organisation des, in: HWB, Bd. I/2, hrsg. v. Erwin Grochla und Waldemar Wittmann, 4. Aufl., Stuttgart, Sp. 1924-1930.

BODE, Jürgen (1997): Der Informationsbegriff in der Betriebswirtschaftslehre, in: ZfbF, 49. Jg., S. 449-468.

BÖCKING, Hans-Joachim/BENECKE, Birka (1998): Neue Vorschriften zur Segmentberichterstattung nach IAS und US-GAAP unter dem Aspekt des Business Reporting, in: WPg, 51. Jg., S. 92-107.

BÖCKING, Hans-Joachim/ORTH, Christian (1998): Neue Vorschriften zur Rechnungslegung und Prüfung durch das KonTraG und das KapAEG - Ergebnisse eines kapitalmarktinduzierten Reformzwangs -, in: DB, 51. Jg., S. 1241-1246.

BÖING, Winfried/EICKMANN, Heinrich (1988): Prüfungsfelder bei EDV-gestützter Konsolidierung, in: WPg, 41. Jg., S. 234-238 und 260-264.

BORN, Karl (1997): Rechnungslegung international. Konzernabschlüsse nach IAS, US-GAAP, HGB und EG-Richtlinien, Stuttgart.

BORN, Karl (1999): Rechnungslegung nach IAS, US-GAAP und HGB im Vergleich, Stuttgart.

BREDE, Hauke (1998): Prozeßorientiertes Controlling. Ansatz zu einem neuen Controllingverständnis im Rahmen wandelbarer Prozeßstrukturen, München.

BUCHNER, Robert (1990): Rechnungslegung und Prüfung der Kapitalgesellschaft, Stuttgart.

BUDDE, Wolfgang Dieter/DREISSIG, Eberhard (1990): § 304 HGB - Behandlung der Zwischenergebnisse, in: Beck'scher Bilanz-Kommentar, hrsg. v. Wolfgang Dieter Budde, Hermann Clemm, Max Pankow und Manfred Sarx, 2. Aufl., München, S. 1526-1539.

BUDDE, Wolfgang Dieter/FÖRSCHLE, Gerhart (1990): § 300 HGB - Konsolidierungsgrundsätze, Vollständigkeitsgebot, in: Beck'scher Bilanz-Kommentar, hrsg. v. Wolfgang Dieter Budde, Hermann Clemm, Max Pankow und Manfred Sarx, 2. Aufl., München, S. 1456-1465.

BUDDE, Wolfgang Dieter/RAFF, Ingo (1990): § 312 HGB - Wertansatz der Beteiligung und Behandlung des Unterschiedsbetrags, in: Beck'scher Bilanz-Kommentar, hrsg. v. Wolfgang Dieter Budde, Hermann Clemm, Max Pankow und Manfred Sarx, 2. Aufl., München, S. 1629-1657.

BÜHNER, Rolf/HILLE, Klaus (1980): Anwendungsprobleme der Equity-Methode für die Konzernrechnungslegung in der Europäischen Gemeinschaft, in: WPg, 33. Jg., S. 261-266.

BÜHNER, Rolf (1996): Betriebswirtschaftliche Organisationslehre, 8. bearb. und erg. Aufl., München, Wien.

BÜNTING, Hans F. (1995): Organisatorische Effektivität von Unternehmungen - ein zielorientierter Ansatz, Wiesbaden.

BUSSE VON COLBE, Walther (1975): Konzerne, Rechnungswesen der, in: HWB, Bd. I/2, hrsg. v. Erwin Grochla und Waldemar Wittmann, 4. Aufl., Stuttgart, Sp. 2249-2257.

BUSSE VON COLBE, Walther (1998): Geprüfte Konzernabschlüsse als Grundlage des Controllings und der externen Überwachung von Konzernen, in: Rechnungswesen als Instrument für Führungsentscheidungen, Festschrift für Prof. Dr. Dr. h.c. Adolf G. Coenenberg zum 60. Geburtstag, hrsg. v. Hans Peter Möller und Franz Schmidt, Stuttgart, S. 133-152.

BUSSE VON COLBE, Walther/ORDELHEIDE, Dieter (1979): Konzernabschlüsse, 3. Aufl., Wiesbaden.

BUSSE VON COLBE, Walther/ORDELHEIDE, Dieter (1984): Konzernabschlüsse, 5. Aufl., Wiesbaden.

BUSSE VON COLBE, Walther/ORDELHEIDE, Dieter (1993): Konzernabschlüsse, 6. Aufl., Wiesbaden.

C&L DEUTSCHE REVISION (1994): Internationale Rechnungslegung: US-GAAP, HGB und IAS, Bonn.

CAPELLER, K. (1990): Anwendungsarchitektur betriebswirtschaftlicher Vorgangsketten, in: Rechnungswesen und EDV, 11. Saarbrücker Arbeitstagung 1990, hrsg. v. A.-W. Scheer, Heidelberg 1990, S. 39-103.

CARL, Matthias (1993): Dokumentationsfunktion und Prüfung einer Konzernbuchführung, München.

CHILD, J. (1973): Predicting and Understanding Organization Structure, in: ASQ, 18. Jg., S. 168-185.

COENENBERG, Adolf Gerhard (1974): Jahresabschlußinformationen und Kapitalmarkt, in: ZfbF, 26. Jg., S. 647-657.

COENENBERG, Adolf Gerhard (1980): Rechnungswesen(s), Organisation des, in: HWO, hrsg. v. Erwin Grochla u.a., 2. Aufl., Stuttgart, Sp. 1996-2006.

COENENBERG, Adolf Gerhard (1993): Ziele, Wirkungen und Gestaltung der Unternehmenspublizität: Was lehrt die empirische Forschung?, in: Rechnungslegung und Prüfung: Perspektiven für die neunziger Jahre, hrsg. v. Jörg Baetge, Düsseldorf, S. 73-100.

COENENBERG, Adolf Gerhard/FEDERSPIELER, Christian (1999): Zwischenberichtspublizität in Europa – Der Informationsgehalt der Zwischenberichterstattung deutscher, britischer und französischer Unternehmen, in: Rechnungswesen und Kapitalmarkt, Beiträge anläßlich eines Symposiums zum 70. Geburtstag von Prof. Dr. Dr. h.c. mult. Walther Busse von Colbe, hrsg. v. Günther Gebhardt und Bernhard Pellens, Düsseldorf, S. 167-198.

COENENBERG, Adolf Gerhard/HENES, Frank (1995): Der Informationsgehalt der Zwischenberichtspublizität nach § 44b Börsengesetz, in: ZfbF, 47. Jg., S. 969-995.

COLLETTE, Christine/RICHARD, Jacques (1985): Le nouveau plan comptable: comptabilité et gestion, Paris.

CORDES, Walter (1966): Bedeutung des Konzernabschlusses für die Konzernführung, in: Wirtschaft und Wirtschaftsprüfung, Festschrift für Herbert Rätsch, hrsg. v. Konrad Mellerowicz und Jörg Bankmann, Stuttgart, S. 50-68.

CSIK, Andreas/SCHNECK, Albin (1983): Fremdwährungsumrechnung in einem Weltabschluß, in: WPg, 36. Jg., S. 293-299, 329-338 und 361-368.

DAIMLER-BENZ AG (1997): Geschäftsbericht 1996, Stuttgart.

DAVENPORT, Th. H. (1993): Process Innovation. Reengineering Work through Information Technology, Boston.

DEGUSSA AG (1996): Geschäftsbericht 1994/95, Frankfurt.

DEGUSSA AG (1997): Geschäftsbericht 1995/96, Frankfurt.

DELLER, Dominic/STUBENRATH, Michael/WEBER, Christoph (1997): Die Internetpräsenz als Instrument des Investor Relations – Rechnungslegungsdaten deutscher Unternehmen im Internet -, in: DB, 50. Jg., S. 1577-1583.

DELLER, Dominic/STUBENRATH, Michael/WEBER, Christoph (1998): Investor Relations and the Internet – Background, Potential Application and Evidence from the USA, UK and Germany, SFB 403, Research Report 1998-1, Frankfurt. (http://intacc.wiwi.uni-frankfurt.de/papers/Internet_Inv_Rel.html).

DEUTSCHE BANK AG (1997): Geschäftsbericht 1996, Frankfurt.

DEUTSCHE BÖRSE AG (1994): Insiderhandelsverbote und Ad-hoc-Publizität nach dem Wertpapierhandelsgesetz, Erläuterungen und Empfehlungen zur Behandlung kursbeeinflussender Tatsachen gemäß §§ 12 ff. Wertpapierhandelsgesetz, Frankfurt.

DEY, G. (1993): Einführung in das betriebliche Rechnungswesen - Finanzbuchhaltung mit EDV-Unterstützung, 4. Aufl., München.

DOMSCHKE, Wolfgang/SCHOLL, Armin/VOß, Stefan (1993): Produktionsplanung - Ablauforganisatorische Aspekte, Berlin, Heidelberg, New York.

DUNSCH, Jürgen (1998): Die gläsernen Unternehmen, in: FAZ Nr. 75, Mo. 30.3.98, S. 17.

DUSEMOND, Michael (1991): Notwendigkeit und Aufbau einer Konzernkostenrechnung, in: Das Konzernrechnungswesen des Jahres 2000, hrsg. v. Karlheinz Küting und Claus-Peter Weber, Stuttgart, S. 379-420.

DYCKHOFF, Harald (1994): Rezensionen Produktionsplanung, in: ZfB, 64. Jg., S. 253-254.

EDELKOTT, Dieter (1963): Der Konzernabschluß in Deutschland, Zürich.

EINFÜHRUNGSGESETZ ZUM HANDELSGESETZBUCHE vom 10. Mai 1897 (RGBl. S. 437) mit allen späteren Änderungen bis zum 22.6.1998.

EISENFÜHR, Franz/WEBER, Martin (1993): Rationales Entscheiden, Berlin, Heidelberg, New York.

ELLERICH, Marian (1990): Praktische Probleme bei erstmaliger Konzernrechnungslegung im GmbH-Konzern, in: BB, 45. Jg., S. 1377-1388.

EWERT, Ralf (1993): Rechnungslegung, Wirtschaftsprüfung, rationale Akteure und Märkte, in: ZfbF, 45. Jg., S. 715-747.

FALTERBAUM, Hermann/BECKMANN, Heinz (1993): Buchführung und Bilanz, 15. Aufl., Achim bei Bremen.

FASB (1996a): Original Pronouncements - Accounting Standards as of June 1, 1996, Volume I: FASB Statements of Standards, published by the Financial Accounting Standards Board, Norwalk, Connecticut.

FASB (1996b): Original Pronouncements - Accounting Standards as of June 1, 1996, Volume II: AICPA Pronouncements, FASB Interpretations, FASB Concept Statements, FASB Technical Bulletins, published by the Financial Accounting Standards Board, Norwalk, Connecticut.

FERK, Hans (1993): Abschlußprüfung von ausländischen Tochtergesellschaften deutscher Konzerne, in: DB, 46. Jg., S. 337-340.

FESSMANN, K-D. (1980): Organisatorische Effizienz in Unternehmungen und Unternehmungsteilbereichen, Düsseldorf.

FINKE, Gerd (1971): Bedeutung, Aufstellung und Aussage des Konzernabschlusses der Versicherungsaktiengesellschaften, Berlin.

FISCHER, Hans (1983): Besondere Probleme beim Weltabschluß, in: Der konsolidierte Abschluß, hrsg. v. Hans H. Kempe, Würzburg, S. 92-115.

FISCHER, Hans (1987): C 420 - Schuldenkonsolidierung, in: Beck'sches Handbuch der Rechnungslegung, hrsg. v. Edgar Castan, Gerd Heymann, Eberhard Müller, Dieter Ordelheide und Eberhard Scheffler, München.

FISCHERMANNS, Guido/LIEBELT, Wolfgang (1997): Grundlagen der Prozeßorganisation, 4. überarbeitete und erweiterte Aufl., Gießen.

FLYNN, Gerald/GOWTHORPE, Catherine (1997): Volunteering financial data on the World Wide Web. A study of financial reporting from a stakeholder perspective, University of Lancashire, Paper presented at the First Financial Reporting and Business Communication Conference, Cardiff, 3rd and 4th July 1997. (http://www.summa.org.uk/corp/papers/gowthorpe/gowthorpe.html).

FÖRSCHLE, Gerhart (1997): Earnings Per Share, in: Jahresabschluß und Jahresabschlußprüfung, Festschrift zum 60. Geburtstag von Jörg Baetge, hrsg. v. Thomas R. Fischer und Reinhold Hömberg, Düsseldorf, S. 499-518.

FÖRSCHLE, Gerhart/HELMSCHROTT, Harald (1997): Die Zwischenberichterstattung nach US-GAAP, IAS und HGB, in: WPg, 50. Jg., S. 553-560.

FÖRSCHLE, Gerhart/KRONER, Matthias/ROLF, Ellen (1999): Internationale Rechnungslegung: US-GAAP, HGB und IAS, 3. überarbeitete und aktualisierte Aufl., Bonn.

FORD, Robert C./ARMANDI, Barry R./HEATON, Cherrill P. (1988): Organization Theory. An Integrative Approach, New York.

FORSTER, Karl-Heinz (1986): Auswirkungen des Bilanzrichtlinien-Gesetzes, in: WISU, 15. Jg., S. 521-522.

FRANKE, Günter/LAUX, Helmut (1970): Der Wert betrieblicher Informationen für Aktionäre, in: Neue Betriebswirtschaft, 23. Jg., S. 1-8.

FRESE, Erich (1991): Grundlagen der Organisation, 4., durchges. Aufl., Nachdruck, Wiesbaden.

FRESE, Erich (1995): Grundlagen der Organisation, 6. Aufl., Wiesbaden.

FRESE, Erich (1998): Grundlagen der Organisation: Konzept – Prinzipien – Strukturen, 7. überarb. Aufl., Wiesbaden.

FRÜH, Hans-Joachim/WEGMANN, Jürgen (1989): Die DV-gestützte Konsolidierung - Anforderungen und Möglichkeiten, in: BFuP, 41. Jg., S. 373-386.

FUCHS-WEGNER, Gertrud/WELGE, Martin K. (1974): Kriterien für die Beurteilung und Auswahl von Organisationskonzepten, in: ZfO, 43. Jg., S. 71-82 und 163-170.

GAITANIDES, Michael (1983): Prozeßorganisation. Entwicklung, Ansätze und Programme prozeßorientierter Organisationsgestaltung, München.

GAITANIDES, Michael (1992): Ablauforganisation, in: HWO, hrsg. v. Erich Frese u.a., 3. Aufl., Stuttgart, Sp. 1-18.

GEBHARDT, Günther (1987): C 310 - Vereinheitlichung der Recheneinheit durch Währungsumrechnung, in: Beck'sches Handbuch der Rechnungslegung, hrsg. v. Edgar Castan, Gerd Heymann, Eberhard Müller, Dieter Ordelheide und Eberhard Scheffler, München.

GEBHARDT, Günther (1992): Währungsumrechnung im Konzernabschluß, Prüfung der, in: HWRev, hrsg. v. Adolf G. Coenenberg und Klaus v. Wysocki, 2. Aufl., Stuttgart, Sp. 2154-2163.

GEBHARDT, Günther (1999): Empfehlungen zur Gestaltung informativer Kapitalflußrechnungen nach internationalen Grundsätzen, in: BB, 54. Jg., S. 1314-1321.

GEBHARDT, Günther/BERGMANN, Jörg (1991): Internationale Konzernabschlüsse, in: HdJ, Abt. V/7, Köln.

GEISS, Hans Friedrich (1991): Erfahrungsbericht über den Einsatz von RF-KONS bei MERCK, in: Das Konzernrechnungswesen des Jahres 2000, hrsg. v. Karlheinz Küting und Claus-Peter Weber, Stuttgart, S. 271-281.

GLAUM, Martin/MANDLER, Udo (1996): Rechnungslegung auf globalen Kapitalmärkten - HGB, IAS und US-GAAP, Wiesbaden.

GREEß, Werner/ZIEGLER, Hasso (1981): Organisation und Rechnungswesen des Hauses Siemens, in: ZfbF, 33. Jg., S. 1103-1112.

GROBE, Steffi (1965): Zur Eliminierung von Zwischengewinnen bei Konzernabschlüssen, in: WPg, 18. Jg., S. 310-314.

GROCHLA, Erwin (1972): Unternehmungsorganisation. Neue Ansätze und Konzeptionen, Reinbek b. Hamburg.

GROCHLA, Erwin (1977): Grundzüge und gegenwärtiger Erkenntnisstand einer Theorie der organisatorischen Gestaltung, in: ZfO, 46. Jg., S. 421-432.

GROCHLA, Erwin (1978): Einführung in die Organisationstheorie, Stuttgart.

GROCHLA, Erwin/WELGE, Martin K. (1975): Zur Problematik der Effizienzbestimmung von Organisationsstrukturen, in: ZfbF, 27. Jg., S. 273-289.

GUTENBERG, E. (1962): Unternehmensführung, Wiesbaden.

HAASE, Klaus Dittmar/LÖCHERBACH, Gerhard (1968): Zur Zwischengewinneliminierung im Rahmen einer konsolidierten Konzern-Kostenrechnung unter besonderer Berücksichtigung des Matrizenkalküls, in: WPg, 21. Jg., S. 570-580.

HANDELSGESETZBUCH vom 10. Mai 1897 (RGBl. S. 219) mit allen späteren Änderungen bis zum 22.6.1998.

HANSEN, Hans Robert (1986): Wirtschaftsinformatik, 5. Aufl., Stuttgart.

HARMS, Jens E. (1989): § 303 HGB - Schuldenkonsolidierung, in: Küting/Weber: Handbuch der Konzernrechnungslegung, Stuttgart, S. 1253-1282.

HARMS, Jens E./KÜTING, Karlheinz (1980): Sonderfragen des Equity-Accounting im Rahmen der Konzern-Rechnungslegung, in: DB, 33. Jg., S. 2458-2463.

HARTLE, Joachim (1987): C 10 - Grundlagen und Grundsätze des Konzernabschlusses, in: Beck'sches Handbuch der Rechnungslegung, hrsg. v. Edgar Castan, Gerd Heymann, Eberhard Müller, Dieter Ordelheide und Eberhard Scheffler, München.

HARTMANN, Ulrich (1998): Die Ausrichtung der Rechnungslegung an internationale Standards, in: WPg, 51. Jg., S. 259-268.

HAVERMANN, Hans (1987): Die Equity-Bewertung von Beteiligungen, in: WPg, 40. Jg., S. 315-320 sowie in: ZfbF, 39. Jg., S. 302-309.

HAVERMANN, Hans (1988): Die Handelsbilanz II - Zweck, Inhalt und Einzelfragen ihrer Erstellung -, in: Handelsrecht und Steuerrecht, Festschrift für Georg Döllerer, hrsg. v. Franz Klein, Brigitte Knobbe-Keuk und Adolf Moxter, Düsseldorf, S. 185-203.

HAVERMANN, Hans (1997): Tendenzen zur Internationalisierung der deutschen Konzernrechnungslegung, in: Jahresabschluß und Jahresabschlußprüfung, Festschrift zum 60. Geburtstag von Jörg Baetge, hrsg. v. Thomas R. Fischer und Reinhold Hömberg, Düsseldorf, S. 519-549.

HEINE, Klaus-Henning (1967): Vorbereitung und Aufstellung des Konzernabschlusses, in: WPg, 20. Jg., S. 113-125 und 146-154.

HEINE, Klaus-Henning (1968): Organisatorische Probleme des Konzernabschlusses, in: WPg, 21. Jg., S. 197-207.

HEINEN, Edmund (1985): Industriebetriebslehre - Entscheidungen im Industriebetrieb, 8. Aufl., Wiesbaden.

HERRMANN, M. (1983): Erfahrungen beim Weltabschluß eines Unternehmens der Unterhaltungselektronik unter besonderer Berücksichtigung von zentral geführten Beteiligungsgesellschaften, in: Der konsolidierte Abschluß, hrsg. v. Hans H. Kempe, Würzburg, S. 261-275.

HFA (1986): Geänderter Entwurf einer Verlautbarung zur Währungsumrechnung im Jahres- und Konzernabschluß, in: WPg, 39. Jg., S. 664-667.

HOECHST AG (1998): 1997 Annual Report on Form 20-F, Frankfurt.

HOFMANN, Siegfried (1998): Schritt für Schritt in Richtung USA, in: Handelsblatt Nr. 71, Di. 14.4.98, S. 2.

HORVATH, Péter (1972): Zentralisation, Dezentralisation und Koordination im Konzernrechnungswesen, in: Handbuch der Unternehmenszusammenschlüsse, hrsg. v. Arno Sölter und Carl Zimmerer, München, S. 1170-1206.

HULLE, Karel van (1998): Die Zukunft der europäischen Rechnungslegung im Rahmen einer sich ändernden internationalen Rechnungslegung, in: WPg, 51. Jg., S. 138-153.

HUNGENBERG, Harald (1995): Zentralisation und Dezentralisation - strategische Entscheidungsverteilung im Konzern, Wiesbaden.

IASC (1998): International Accounting Standards 1998. The full text of all International Accounting Standards extant at 1 January 1998, London.

JAKOB, H. (1980): Unternehmungsorganisation - Gestaltung und Entwicklung soziotechnischer Systeme, Stuttgart u.a.

JONAS, Heinrich H. (1981): Die Equity-Methode, in: BFuP, 33. Jg., S. 560-568.

JONAS, Heinrich H. (1986): Der Konzernabschluß, Stuttgart.

JÜSTEN, R. (1983): Anforderungen der Konzernzentrale an eine DV-Lösung dargestellt am Beispiel einer TSO-Anwendung, in: Der konsolidierte Abschluß, hrsg. v. Hans H. Kempe, Würzburg, S. 213-258.

JUNG, Willi (1980): US-amerikanische und deutsche Rechnungslegung, Düsseldorf, Frankfurt.

JUTZ, Manfred (1993): Organisation der Konsolidierung, in: Konzernabschluß in der Praxis, hrsg. v. der GCA, Gesellschaft für Computeranwendungen mbH, Wiesbaden, S. 189-210.

KÄFER, Karl (1958): Probleme der Konzernbilanzen, in: Konzernbilanzen, hrsg. v. Karl Käfer und Hans Münstermann, Zürich, S. 9-40.

KAM, Vernon (1986): Accounting Theory, New York.

KEIL, Roland (1996): Strategieentwicklung bei qualitativen Zielen, Berlin.

KEMPE, Hans H. (1983): Datenverarbeitungsprogramme für den Konzernabschluß, in: Der konsolidierte Abschluß, hrsg. v. Hans H. Kempe, Würzburg, S. 148-179.

KERN, Werner (1992): Produktionswirtschaft, 5. Aufl., Stuttgart.

KEßLER, Alfons (1976): Die Entscheidung zwischen Funktional- und Divisionalorganisation - Darstellung und Bewertung betrieblicher Gesamtstrukturen, Berlin.

KIESER, Alfred/KUBICEK, Herbert (1983): Organisation, 2. Aufl., Berlin.

KIRCHNER, Christian (1978): Weltbilanzen - Probleme der internationalen Konzernrechnungslegung, Wiesbaden.

KLEIN, Günter (1969): Die Aussagefähigkeit der Konzernrechnungslegung nach dem Aktiengesetz 1965 und ihre Weiterentwicklung, in: DB, 29. Jg., S. 1025-1029.

KLEIN, Günter (1970): Die Prüfung des Konzernabschlusses und des Konzerngeschäftsberichtes nach dem Aktiengesetz 1965, Düsseldorf.

KLEIN, Günter (1989): Zwecke des Konzernabschlusses, in: Küting/Weber: Handbuch der Konzernrechnungslegung, Stuttgart, S. 413-427.

KLEIN, Klaus-Günter (1989): C 430 - Zwischenergebniseliminierung, in: Beck'sches Handbuch der Rechnungslegung, hrsg. v. Edgar Castan, Gerd Heymann, Eberhard Müller, Dieter Ordelheide und Eberhard Scheffler, München.

KOBERSTEIN, Günther (1949): Das Rechnungswesen des Konzerns, Freiburg.

KÖSTER, Harald (1992): Grundsätze ordnungsmäßiger Zwischenberichterstattung börsennotierter Aktiengesellschaften, Düsseldorf.

KORST, Helmut (1990): Organisation des Konzernabschlusses, in: Erste Erfahrungen mit den neuen Rechnungslegungsvorschriften. Stellungnahmen auf dem Deutschen Betriebswirtschaftertag 1988, hrsg. v. Walther Busse von Colbe und Herbert Reinhard im Auftrag der Schmalenbach-Gesellschaft - Deutsche Gesellschaft für Betriebswirtschaft e.V., Stuttgart, S. 89-92.

KOSING, G.E. (1983): Erfahrungen bei der Aufstellung eines Weltabschlusses mit dezentral geführten Unternehmensbereichen, in: Der konsolidierte Abschluß, hrsg. v. Hans H. Kempe, Würzburg, S. 276-292.

KOSIOL, Erich (1962): Organisation der Unternehmung, Wiesbaden.

KOSIOL, Erich (1980): Ablauforganisation, Grundprobleme der, in: HWO, hrsg. v. Erwin Grochla u.a., 2. Aufl., Sp. 1-8.

KPMG DEUTSCHE TREUHAND-GESELLSCHAFT AG (1999): Rechnungslegung nach US-amerikanischen Grundsätzen – Grundlagen der US-GAAP und SEC-Vorschriften, 2. überarbeitete und erweiterte Auflage, Düsseldorf.

KPMG DÜSSELDORF (1996): International Accounting Standards. Eine Einführung in die Rechnungslegung nach den Grundsätzen des IASC. Zweite, aktualisierte Auflage, Düsseldorf.

KPMG TREUVERKEHR AG (1990): Handbuch zum Konzernabschluß der GmbH. Ein Leitfaden zur Konsolidierungspraxis, Düsseldorf.

KRYSTEK, Ulrich/MÜLLER, Michael (1993): Investor Relations - Eine neue Disziplin nicht nur für das Finanzmanagement, in: DB, 46. Jg., S. 1785-1789.

KÜHR, M. (1983): Erfolgswirksame und erfolgsneutrale Konsolidierungsmaßnahmen, in: Der konsolidierte Abschluß, hrsg. v. Hans H. Kempe, Würzburg, S. 71-91.

KÜPPER, Hans-Ulrich (1982): Ablauforganisation, Stuttgart, New York.

KÜPPER, Hans-Ulrich (1994): Interne Unternehmensrechnung auf kapitaltheoretischer Basis, in: Bilanzrecht und Kapitalmarkt, Festschrift zum 65. Geburtstag von Professor Dr. Dr. h.c. Dr. h.c. Adolf Moxter, hrsg. von Wolfgang Ballwieser et al., Düsseldorf, S. 967-1002.

KÜPPER, Hans-Ulrich (1998): Angleichung des externen und internen Rechnungswesens, in: Controlling und Rechnungswesen im internationalen Wettbewerb, Kongress-Dokumentation, 51. Deutscher Betriebswirtschafter-Tag 1997, hrsg. v. Clemens Börsig und Adolf G. Coenenberg, Stuttgart, S. 143-162.

KÜPPER, Hans-Ulrich/HELBER, Stefan (1995): Ablauforganisation in Produktion und Logistik, 2. Aufl., Stuttgart.

KÜTING, Karlheinz (1991): Rechnungslegung im Umbruch - Ein Plädoyer für ein Rechnungswesen des Konzerns, in: BB, 46. Jg., Beilage 4.

KÜTING, Karlheinz/HARTH, Hans-Jörg (1999): Vergleich der Kapitalkonsolidierung nach HGB, US-GAAP und IAS, in: BB, 54. Jg., S. 1370-1377 und 1424-1429.

KÜTING, Karlheinz/HÜTTEN, Christoph (1996): Der Geschäftsbericht als Publizitätsinstrument, in: BB, 51. Jg., S. 2671-2679.

KÜTING, Karlheinz/KÖTHNER, Robert/ZÜNDORF, Horst (1989): § 311 HGB - Definition, Befreiung, in: Küting/Weber: Handbuch der Konzernrechnungslegung, Stuttgart, S. 1475-1516.

KÜTING, Karlheinz/SIENER, Friedrich (1990): Die finanzwirtschaftliche Aussagekraft des Cash-Flow im Rahmen der externen Konzernabschlußanalyse, in: BB, 45. Jg., Beilage 6.

KÜTING, Karlheinz/WEBER, Claus-Peter (1987): Einzelfragen der Eliminierung von Zwischenergebnissen nach neuem Bilanzrecht - unter besonderer Berücksichtigung konzernbilanzpolitischer Aspekte, ZfB-Ergänzungsheft 1/1987, S. 299-319.

KÜTING, Karlheinz/ZÜNDORF, Horst (1985): Zurechnungsmodalitäten stiller Reserven im Rahmen der Kapitalkonsolidierung nach künftigem Konzernbilanzrecht, in: BB, 40. Jg., S. 1302-1311.

KÜTING, Karlheinz/ZÜNDORF, Horst (1989): § 312 HGB - Wertansatz der Beteiligung und Behandlung des Unterschiedsbetrags, in: Küting/Weber: Handbuch der Konzernrechnungslegung, Stuttgart, S. 1517-1617.

KUHN, Klaus (1969): Die Bilanz als Entscheidungshilfe im dezentral organisierten Konzern, in: Das Rechnungswesen als Instrument der Unternehmensführung, hrsg. v. Walther Busse von Colbe, Bielefeld, S. 43-56.

KUHN, Ulrich (1993): Planabschlüsse im Konzern, Stuttgart.

LANGENBUCHER, Günther (1984): Das Aufstellen von Weltabschlüssen in einer Unternehmensgruppe mittlerer Größe, in: BFuP, 36. Jg., S. 338-356.

LANGENBUCHER, Günther (1989): Umrechnung von Fremdwährungsabschlüssen, in: Küting/Weber: Handbuch der Konzernrechnungslegung, Stuttgart, S. 447-485.

LARSEN, John E./MOSICH, A. N. (1988): Modern Advanced Accounting, Fourth Edition, New York.

LAUX, Helmut (1979): Grundfragen der Organisation: Delegation, Anreiz und Kontrolle, Berlin u.a.

LAUX, Helmut (1981): Organisation: II. Aufbau und Ablauf, in: HdWW, 6. Band, hrsg. v. Willi Albers u.a., Stuttgart, Sp. 14-26.

LAUX, Helmut (1989): Die Steuerung von Entscheidungsprozessen bei Informationsasymmetrie und Zielkonflikt als Gegenstand der neueren betriebswirtschaftlichen Organisationstheorie, in: ZWS, 109. Jg., Heft 4, S. 513-583.

LAUX, Helmut (1992): Organisationstheorie, entscheidungslogisch orientiert, in: HWO, hrsg. v. Erich Frese u.a., 3. Aufl., Stuttgart, Sp. 1733-1745.

LAUX, Helmut (1998a): Entscheidungstheorie, 4. neubearb. und erw. Aufl., Berlin, Heidelberg u.a.

LAUX, Helmut (1998b): Risikoteilung, Anreiz und Kapitalmarkt, Berlin, Heidelberg u.a.

LAUX, Helmut/LIERMANN, Felix (1997): Grundlagen der Organisation, 4. vollst. überarb. Aufl., Berlin, Heidelberg u.a.

LAVOYER, Jean-Claude/RICHARD, Jacques (1989): Manuel de consolidation - de l'initiation à la pratique, Paris.

LEDERLE, Herbert (1987): C 300 - Vereinheitlichung der Bilanzinhalte, in: Beck'sches Handbuch der Rechnungslegung, hrsg. v. Edgar Castan, Gerd Heymann, Eberhard Müller, Dieter Ordelheide und Eberhard Scheffler, München.

LIEBELT, Wolfgang (1992): Ablauforganisation, Methoden und Techniken der, in: HWO, hrsg. v. Erich Frese u.a., 3. Aufl., Stuttgart, Sp. 19-34.

LIENER, Gerhard (1992): Internationale Unternehmen brauchen eine globalisierte Rechnungslegung, in: ZfB, 62. Jg., S. 269-292.

LIOUKAS, S./XEROKOSTAS, D.A. (1982): Size and Administrative Intensity in Organizational Divisions, in: MS, 28. Jg., S. 854-868.

LORENSEN, Leonard (1972): The Temporal Principle of Translation, in: The Journal of Accountancy, Vol. 134, August 1972, S. 48-54.

LÜCK, Wolfgang/JUNG, Udo (1991): Internationale Konzernrechnungslegung und Inflation, in: BFuP, 43. Jg., S. 275-293.

LÜCK, Wolfgang (1994): Rechnungslegung im Konzern, Stuttgart.

LYMER, Andrew (1997): The use of the Internet for Corporate Reporting – a discussion of the issues and survey of current usage in the UK, Working Paper, University of Birmingham.
(http://www.shu.ac.uk/schools/fsl/fisjnl//vol1996/pprs1997/lymer97.html).

LYMER, Andrew/TALLBERG, Anders (1997): Corporate Reporting and the Internet – a survey and commentary on the use of the WWW in corporate reporting in the UK and Finland, Paper presented at EAA'97, Graz, Austria, April 23-25th 1997.
(http://www.summa.org.uk/corp/papers/lymer/lymereaa.html).

MACHARZINA, Klaus (1981): Verhaltenswissenschaft und Rechnungswesen, in: HWR, hrsg. v. Erich Kosiol, Klaus Chmielewicz und Marcell Schweitzer, 2. Aufl., Stuttgart, Sp. 1635-1642.

MACHARZINA, Klaus (1992): Rechnungswesen(s), Organisation des, in: HWO, hrsg. v. Erich Frese u.a., 3. Aufl., Stuttgart, Sp. 2152-2167.

MAG, Wolfgang (1995): Die Modellunterstützung in der Unternehmensplanung, in: WISU, 24. Jg., S. 323-332.

MARET, Johannes/VOß, Christian (1995): Die Einführung vorbildlicher Konsolidierungsverfahren, in: DStR, 33. Jg., S. 655-660.

MARSCHAK, Thomas (1959): Centralization and Decentralization in Economic Organizations, in: Econometrica, Vol. 27, S. 399-430.

MARSTON, Claire/LEOW, C.Y. (1998): Financial Reporting on the Internet by leading UK companies, Paper presented at the 21st Annual Congress of the European Accounting Association Antwerp April 6/8 1998.
(http://www.summa.org.uk/corp/papers/marston/marston.html).

MATTHES, W. (1993): Kontenrahmen, in: HWR, hrsg. v. Klaus Chmielewicz und Marcell Schweitzer, 3. Aufl., Stuttgart, Sp. 1123-1133.

MELLEROWICZ, K. (1961): Grundlagen der betriebswirtschaftlichen Organisationen, in: Organisation, hrsg. v. E. Schnaufer, K. Agthe, Berlin, S. 1-28.

MINZ, Rainer/WEINANDY, Manfred/ESSER, Joachim (1989): EDV-gestützte Konzernkonsolidierung, in: DBW, 49. Jg., S. 233-245.

MOXTER, Adolf (1976): Fundamentalgrundsätze ordnungsmäßiger Rechenschaft, in: Bilanzfragen, Festschrift zum 65. Geburtstag von U. Leffson, Düsseldorf, S. 87-100.

MÜLLER, Alfred/MÜLLER, Klaus (1988): Gliederungsvorschlag für eine interne Richtlinie zur Konzernrechnungslegung und -berichterstattung nach neuem Bilanzrecht, in: WPg, 41. Jg., S. 189-192.

MÜLLER, Eberhard (1980): Entscheidungsorientiertes Konzernrechnungswesen, Neuwied.

MÜLLER, Eberhard (1989): C 510 - Pflicht zur Equity-Bewertung und Kreis der Equity-Unternehmen, in: Beck'sches Handbuch der Rechnungslegung, hrsg. v. Edgar Castan, Gerd Heymann, Eberhard Müller, Dieter Ordelheide und Eberhard Scheffler, München.

MÜLLER, Eberhard/LAUER, Christine E. (1992): C 511 - Konsolidierung im Rahmen der Equity-Methode, in: Beck'sches Handbuch der Rechnungslegung, hrsg. v. Edgar Castan, Gerd Heymann, Eberhard Müller, Dieter Ordelheide und Eberhard Scheffler, München.

MÜLLER, Erich (1987): Die Konzernrechnung aus der Sicht des Unternehmers - dargestellt am Beispiel des Hauses Sulzer -, in: ZfbF, 39. Jg., S. 498-504.

MÜLLER, Hans Georg (1991): Zahlen werden bis zu acht Wochen früher publiziert, in: Handelsblatt v. 29.1.1991.

MÜLLER, Gerhard G. (1998): The Evolving (New) Model of Business Reporting, in: Controlling und Rechnungswesen im internationalen Wettbewerb, Kongress-Dokumentation, 51. Deutscher Betriebswirtschafter-Tag 1997, hrsg. v. Clemens Börsig und Adolf G. Coenenberg, Stuttgart, S. 71-86.

MÜLLER, Gerhard G. (1999): Qualitative Characteristics of Financial Accounting Standards, in: Rechnungswesen und Kapitalmarkt, Beiträge anläßlich eines Symposiums zum 70. Geburtstag von Prof. Dr. Dr. h.c. mult. Walther Busse von Colbe, hrsg. v. Günther Gebhardt und Bernhard Pellens, Düsseldorf, S. 143-165.

MUJKANOVIC, Robin (1999): Die Zukunft der Kapitalkonsolidierung - Das Ende der Pooling-of-Interests Method? - in: WPg, 52. Jg., S. 533-540.

MYNERS, Paul (1998): Improving performance reporting to the market, in: Performance Measurement in the Digital Age – Adding Value to Corporate Reporting, hrsg. von Anthony Carey und Juliana Sancto, ICAEW, London, S. 27-31.

NEUHOF, Bodo (1975): Organisation des Rechnungswesens, in: Handbuch Organisation, hrsg. v. Peter Linnert, Gernsbach, S. 711-734.

NIEHUS, Rudolf J. (1993): Die Qualitätskontrolle der Abschlußprüfung, Düsseldorf.

NIEMANN, W./SCHMIDT, A. (1994): Geschäftsvorfall, in: Beck'sches Steuerberater-Handbuch 1994, München.

NOBES, Christopher (1987): Some Practical and Theoretical Problems of Group Accounting, London.

NOLTE, Heike (1999): Organisation. Ressourcenorientierte Unternehmensgestaltung, München, Wien.

NORDSIECK, Fritz (1934): Grundlagen der Organisationslehre, Stuttgart.

OPPERMANN, Manfred (1973): Die Weltbilanz als Informationsinstrument für externe Interessenten, in: DB, 26. Jg., S. 2201-2205.

ORDELHEIDE, Dieter (1986a): Anschaffungskostenprinzip im Rahmen der Erstkonsolidierung gem. § 301 HGB, in: DB, 39. Jg., S. 493-499.

ORDELHEIDE, Dieter (1986b): Equity-Methode, in: DBW, 46. Jg., S. 87-88.

ORDELHEIDE, Dieter (1986c): Der Konzern als Gegenstand betriebswirtschaftlicher Forschung, in: BFuP, 38. Jg., S. 293-312.

ORDELHEIDE, Dieter (1987a): Konzernerfolgskonzeption und Risikokoordination - Grundlagen handels- und steuerrechtlicher Erfolgsermittlung für Konzerne, in: ZfbF, 39. Jg., S. 975-986.

ORDELHEIDE, Dieter (1987b): C 400 - Kapitalkonsolidierung nach der Erwerbsmethode, C 401 Anwendungsbereich und Erstkonsolidierung, in: Beck'sches Handbuch der Rechnungslegung, hrsg. v. Edgar Castan, Gerd Heymann, Eberhard Müller, Dieter Ordelheide und Eberhard Scheffler, München.

ORDELHEIDE, Dieter (1987c): C 400 - Kapitalkonsolidierung nach der Erwerbsmethode, C 402 Folgekonsolidierung nach der Erwerbsmethode, in: Beck'sches Handbuch der Rechnungslegung, hrsg. v. Edgar Castan, Gerd Heymann, Eberhard Müller, Dieter Ordelheide und Eberhard Scheffler, München.

ORDELHEIDE, Dieter (1989): Meinungsspiegel, in: BFuP, 41. Jg., S. 387-409.

ORDELHEIDE, Dieter (1990): Externes Rechnungswesen, in: Vahlens Kompendium der Betriebswirtschaftslehre, Bd. 2, hrsg. v. Michael Bitz, Klaus Dellmann, Michel Domsch und Henning Egner, 2. Aufl., München, S. 209-304.

ORDELHEIDE, Dieter (1992): Zwischenerfolgseliminierung, Prüfung der, in: HWRev, hrsg. v. Adolf G. Coenenberg und Klaus v. Wysocki, 2. Aufl., Stuttgart, Sp. 2379-2389.

ORDELHEIDE, Dieter (1996): Internationalisierung der Rechnungslegung deutscher Unternehmen. Anmerkungen zum Entwurf eines Kapitalaufnahmeerleichterungsgesetzes, in: WPg, 49. Jg., S. 545-552.

ORDELHEIDE, Dieter (1998): Wettbewerb der Rechnungslegungssysteme IAS, US-GAAP und HGB - Plädoyer für eine Reform des deutschen Bilanzrechts, in: Controlling und Rechnungswesen im internationalen Wettbewerb, Kongress-Dokumentation, 51. Deutscher Betriebswirtschafter-Tag 1997, hrsg. v. Clemens Börsig und Adolf G. Coenenberg, Stuttgart, S. 15-53.

ORDELHEIDE, Dieter (1999): Rechnungslegung im digitalen Zeitalter, in: Rechnungswesen und Kapitalmarkt, Beiträge anläßlich eines Symposiums zum 70. Geburtstag von Prof. Dr. Dr. h.c. mult. Walther Busse von Colbe, hrsg. v. Günther Gebhardt und Bernhard Pellens, Düsseldorf, S. 229-253.

ORDELHEIDE, Dieter/LEUZ, Christian (1998): Die Kapitalflußrechnung - Grundlagen, International Accounting Standard No. 7 und Informationsgehalt, in: WiSt, 27. Jg., S. 176-183.

OSTERLOH, Margit/FROST, Jetta (1994): Business Reengineering als ein Beispiel für Schnittstellenmanagement: Rückkehr oder Überwindung des Fordismus?, Universität Zürich – Institut für betriebswirtschaftliche Forschung.

OSTERLOH, Margit/FROST, Jetta (1996): Prozeßmanagement als Kernkompetenz. Wie Sie Business Reengineering strategisch nutzen können, Wiesbaden.

OTTE, Hans-Heinrich (1987): C 460 - Konsolidierung des Anlagespiegels, in: Beck'sches Handbuch der Rechnungslegung, hrsg. v. Edgar Castan, Gerd Heymann, Eberhard Müller, Dieter Ordelheide und Eberhard Scheffler, München.

OTTE, Hans-Heinrich (1988): Notwendigkeit und Ausgestaltung einer Konzernbuchführung nach neuem Recht, in: BB, 43. Jg., S. 661-666.

PEDLEY, Robert (1985): Group accounting: a helping hand to better management, in: Accountancy, Vol. 96, June, S. 122-123.

PELKA, Jörg (1991): Notwendigkeit und Einrichtung einer eigenen Konzernbuchführung, in: Das Konzernrechnungswesen des Jahres 2000, hrsg. v. Karlheinz Küting und Claus-Peter Weber, Stuttgart, S. 299-329.

PELKA, Jörg (1994): Konzernbuchführung - Von der Notwendigkeit eines eigenen Konzernbuchwerks zum integrierten Rechnungswesen des Konzerns, Stuttgart.

PELLENS, Bernhard (1989): Der Informationswert von Konzernabschlüssen, Wiesbaden.

PELLENS, Bernhard (1998): Internationale Rechnungslegung, 2. Aufl., Stuttgart.

PELLENS, Bernhard/BONSE, Andreas/GASSEN, Joachim (1998): Perspektiven der deutschen Konzernrechnungslegung - Auswirkungen des Kapitalaufnahmeerleichterungsgesetzes und des Gesetzes zur Kontrolle und Transparenz im Unternehmensbereich -, in: DB, 51. Jg., S. 785-792.

PELLENS, Bernhard/FÜLBIER, Rolf Uwe (1994): Publizitätspflichten nach dem Wertpapierhandelsgesetz - Ausgestaltung unter Berücksichtigung anglo-amerikanischer Regulierungen -, in: DB, 47. Jg., S. 1381-1389.

PELLENS, Bernhard/FÜLBIER, Rolf Uwe/GASSEN, Joachim (1998): Unternehmenspublizität unter veränderten Marktbedingungen, in: Controlling und Rechnungswesen im internationalen Wettbewerb, Kongress-Dokumentation, 51. Deutscher Betriebswirtschafter-Tag 1997, hrsg. v. Clemens Börsig und Adolf G. Coenenberg, Stuttgart, S. 55-69.

PELLENS, Bernhard/TOMASZEWSKI, Claude (1999): Kapitalmarktreaktionen auf den Rechnungslegungswechsel zu IAS bzw. US-GAAP, in: Rechnungswesen und Kapitalmarkt, Beiträge anläßlich eines Symposiums zum 70. Geburtstag von Prof. Dr. Dr. h.c. mult. Walther Busse von Colbe, hrsg. v. Günther Gebhardt und Bernhard Pellens, Düsseldorf, S. 199-228.

PFAFF, Dieter (1987): C 410 - Kapitalkonsolidierung nach der Interessenzusammenführungsmethode, in: Beck'sches Handbuch der Rechnungslegung, hrsg. v. Edgar Castan, Gerd Heymann, Eberhard Müller, Dieter Ordelheide und Eberhard Scheffler, München.

PFUHL, Joerg (1991): Erstellung einer Konzernkapitalflußrechnung, in: Das Konzernrechnungswesen des Jahres 2000, hrsg. v. Karlheinz Küting und Claus-Peter Weber, Stuttgart, S. 457-492.

PICOT, Arnold/DIETL, Helmut/FRANCK, Egon (1997): Organisation – Eine ökonomische Perspektive, Stuttgart.

PICOT, Arnold/REICHWALD, Ralf/WIGAND, Rolf T. (1996): Die grenzenlose Unternehmung: Information, Organisation und Management, 2. aktualisierte Aufl., Wiesbaden.

POHLIG, Rolf (1984): Probleme der Aufbauorganisation des Finanz- und Rechnungswesens, Bochum.

RAFFEGEAU, Jean/DUFILS, Pierre/CORRE, Jean (1984): Les comptes consolidés, Paris.

REINHARD, Herbert (1989): § 305 HGB - Aufwands- und Ertragskonsolidierung, in: Küting/Weber: Handbuch der Konzernrechnungslegung, Stuttgart, S. 1319-1354.

RINNE, Horst/MITTAG, Hans-Joachim (1995): Statistische Methoden der Qualitätssicherung, 3. Aufl., München.

RÜTH, Dieter (1989): Planungssysteme der Industrie - Einflußgrößen und Gestaltungsparameter, Wiesbaden.

RUHNKE, Klaus (1991): Zur Problematik der Bestimmung der Konzernherstellungskosten, in: WPg, 44. Jg., S. 377-385.

RUHNKE, Klaus (1993): Grundsätze ordnungsmäßiger Konzernbuchführung, in: ZfB, 63. Jg., S. 753-775.

RUHNKE, Klaus (1994): Erstellung einer internen Konzernrichtlinie, in: DB, 47. Jg., S. 893-899.

RUHNKE, Klaus (1995): Konzernbuchführung, Düsseldorf.

SAHNER, Friedhelm/TERHÜRNE, Heinz (1989): Organisatorische Vorbereitung einer Konzernrechnungslegung unter dem Gesichtspunkt einheitlicher Vermögens- und Finanzdarstellung sowie Erfolgsermittlung, in: Warth & Klein, Wirtschaftsprüfungsgesellschaft (Hrsg.): Wirtschaftsprüfung und Unternehmensberatung in Wissenschaft und Praxis, Bd. I: Wirtschaftsprüfung im Gemeinsamen Markt 1992, Stuttgart, S. 187-272.

SALGERT, Manfred (1989): EDV-gestützte Aufstellung und Prüfung von Konzernabschlüssen, in: Warth & Klein, Wirtschaftsprüfungsgesellschaft (Hrsg.): Wirtschaftsprüfung und Unternehmensberatung in Wissenschaft und Praxis, Bd. I: Wirtschaftsprüfung im Gemeinsamen Markt 1992, Stuttgart, S. 273-293.

SAUERBREY, Gerhard (1979): Die betriebliche Organisation unter dem Aspekt der Zentralisation und Dezentralisation von Aufgaben, Würzburg.

SCHEFFLER, Eberhard (1992): Strategische Unternehmensführung und Bilanzierung, in: Rechnungslegung - Entwicklungen bei der Bilanzierung und Prüfung von Kapitalgesellschaften, Festschrift zum 65. Geburtstag von Karl-Heinz Forster, hrsg. v. Adolf Moxter, Hans-Peter Müller, Rolf Windmöller und Klaus v. Wysocki, Düsseldorf, S. 625-638.

SCHEFTER, Bernhard (1993): Beschleunigung der Jahresabschlußerstellung, in: Konzernabschluß in der Praxis, hrsg. v. der GCA, Gesellschaft für Computeranwendungen mbH, Wiesbaden, S. 211-221.

SCHEREN, Michael (1989): Möglichkeiten und Grenzen der Konzernbilanzpolitik, in: Küting/Weber: Handbuch der Konzernrechnungslegung, Stuttgart, S. 43-81.

SCHERRER, Gerhard (1994): Rechnungslegung im Konzern, München.

SCHILDBACH, Thomas (1996): Der handelsrechtliche Konzernabschluß, 4. Aufl., München, Wien.

SCHMALENBACH, Eugen (1929): Der Kontenrahmen. Mit dem Anhang: Kontenpläne und Kontentabellen, 2. Aufl., Leipzig.

SCHNEEWEIß, Christoph (1993): Einführung in die Produktionswirtschaft, 5. Aufl., Berlin, Heidelberg, New York u.a.

SCHNICKE, Christian (1988): Organisation der Erstellung und Prüfung des Konzernabschlusses, in: Einzelabschluß und Konzernabschluß. Beiträge zum neuen Bilanzrecht, Bd. 1, hrsg. v. Winfried Mellwig, Adolf Moxter und Dieter Ordelheide, S. 153-175.

SCHOLZ, C. (1992): Effektivität und Effizienz, organisatorische, in: HWO, hrsg. v. Erich Frese u.a., 3. Aufl., Stuttgart, Sp. 533-552.

SCHOLZ, Rainer (1995): Geschäftsprozeßoptimierung. Crossfunktionale Rationalisierung oder strukturelle Reorganisation, 2. Aufl., Bergisch Gladbach und Köln.

SCHREYÖGG, Georg (1998): Organisation: Grundlagen moderner Organisationsgestaltung, 2. überarb. Aufl., Wiesbaden.

SCHULZ, Ursula (1990): Der Stetigkeitsgrundsatz im Konzernabschluß, in: WPg, 43. Jg., S. 357-369.

SCHWARZE, Jochen (1990): Netzplantechnik - Eine Einführung in das Projektmanagement, 6. Aufl., Herne, Berlin.

SCHWARZMAIER, Ulrich (1995): Verfahren zur Produktionsplanung und Produktionssteuerung in industriellen Unternehmungen, Berlin.

SCHWEITZER, Marcell (1964): Probleme der Ablauforganisation in Unternehmungen, Berlin.

SCHWEITZER, Marcell (1974): Ablauforganisation, in: HWB, Bd. I/I, hrsg. v. Erwin Grochla und Waldemar Wittmann, 4. Aufl., Stuttgart, Sp. 1-8.

SEEBERG, Thomas (1997): Steigerung der Aussagekraft von Jahresabschlüssen durch erweiterte Berichterstattung, in: Aktuelle Entwicklungen in Rechnungslegung und Wirtschaftsprüfung. Vorträge und Diskussionen zum 12. Münsterischen Tagesgespräch des Münsteraner Gesprächskreises Rechnungslegung und Prüfung e.V. am 24. Mai 1996, hrsg. v. Jörg Baetge, Düsseldorf, S. 153-166.

SEEBERG, Thomas (1998): Entwicklungstendenzen in der nationalen und internationalen Rechnungslegungspublizität, in: Rechnungswesen als Instrument für Führungsentscheidungen, Festschrift für Prof. Dr. Dr. h.c. Adolf G. Coenenberg zum 60. Geburtstag, hrsg. v. Hans Peter Möller und Franz Schmidt, Stuttgart, S. 597-616.

SEIFERT, H. (1983): Organisatorische Rahmenbedingungen, in: Der konsolidierte Abschluß, hrsg. v. Hans H. Kempe, Würzburg, S. 119-146.

SIEGEL, S. (1997): The Coming Revolution in Accounting: The Emergence of Fair Value as the Fundamental Principle of GAAP, in: Wirtschaftsprüferkammer-Mitteilungen 1997, Sonderheft Juni 1997, S. 81-90.

SIEMENS AG (1996): Geschäftsbericht 1995, München.

SIGLE, Hermann (1990): Organisation des Rechnungswesens, in: Lexikon des Rechnungswesens, hrsg. v. Walther Busse von Colbe, München, Wien, S. 358-361.

SNAVELY, Howard J. (1967): Accounting Information Criteria, in: The Accounting Review, Vol. 42, S. 223-232.

STEGMANN, Wolfgang (1988): Erstellung von Konzernabschlüssen mit Konsolidierungssoftware, in: DB, 41. Jg., Beilage 15, S. 21-24.

STEGMANN, Wolfgang/BÜCKLE, Karin (1992a): Umsetzung der Rechtsgrundlagen in eine Konsolidierungsrichtlinie, in: Konsolidierungsleitfaden - Handbuch für die Erstellung und Prüfung von Konzernabschlüssen, hrsg. v. Helmut Kapl u.a., Wien, S. 199-235.

STEGMANN, Wolfgang/BÜCKLE, Karin (1992b): Organisation der Konsolidierung mit Konsolidierungssoftware, in: Konsolidierungsleitfaden - Handbuch für die Erstellung und Prüfung von Konzernabschlüssen, hrsg. v. Helmut Kapl u.a., Wien, S. 403-501.

STEINCHEN, Joachim (1993): DV-Unterstützung für den Konzernabschluß, in: Konzernabschluß in der Praxis, hrsg. v. der GCA, Gesellschaft für Computeranwendungen mbH, Wiesbaden, S. 229-249.

STEINLE, Kurt (1971): Weltabschluß - Die Konsolidierung des Abschlusses einer inländischen Obergesellschaft und der Abschlüsse ihrer in- und ausländischen Beteiligungsgesellschaften zu einem sogenannten Weltabschluß, in: BB, 26. Jg., Beilage 17, S. 33-40.

STEINLE, Kurt (1976): Erstellung des Weltabschlusses in der Praxis, in: AG, 21. Jg., S. 85-92.

STEINLE, Kurt/KOHL, Heinz Walter (1975): Die Währungsumrechnung im Weltabschluß, in: DB, 28. Jg., S. 361-367.

STEUDTER, Arno (1992): Entscheidungsmodelle der Konzernabschlußgestaltung. Die bilanzpolitische Gestaltung des handelsrechtlichen Konzernabschlusses aus entscheidungstheoretischer Sicht, Bergisch Gladbach.

STREIM, Hannes/SCHULTE, Jörn (1996): Konzernrechnungslegung, in: ZfbF, 48. Jg., S. 589-620.

STRIENING, Hans-Dieter (1988): Prozeß-Management, Frankfurt.

TEITLER-FEINBERG, Evelyn (1970): Die konsolidierte Konzernerfolgsrechnung, Zürich.

TREUARBEIT (1990): Konzernabschlüsse '89: Ausweis, Gestaltung, Berichterstattung. Ergebnisse einer Untersuchung von 100 großen Konzernen, hrsg. v. Treuarbeit, Düsseldorf.

TREUHAND-VEREINIGUNG (1987): Rechnungslegung im Konzern nach dem Bilanzrichtlinien-Gesetz, Frankfurt.

TRÜTZSCHLER, Klaus (1989): Konsolidierungsgrundsätze, in: Küting/Weber: Handbuch der Konzernrechnungslegung, Stuttgart, S. 429-446.

UHLIG, Bernhard (1980): Weltabschlüsse und ihre Prüfung, in: Wirtschaftsprüfung und Wirtschaftsrecht. Beiträge zum 75-jährigen Bestehen der Treuhand-Vereinigung AG, hrsg. v. Treuhand-Vereinigung AG, Stuttgart, S. 297-323.

VAHS, Dietmar (1997): Organisation. Einführung in die Organisationstheorie und -praxis, Stuttgart.

VEBA AG (1997): Geschäftsbericht 1996, Düsseldorf.

VERBAND DER CHEMISCHEN INDUSTRIE E.V. (1989): Übertragung des neuen Bilanzrechts in die Unternehmenspraxis, Teil 2: Konzernabschluß, Frankfurt.

WAGENHOFER, Alfred/Pirchegger, Barbara (1999): Die Nutzung des Internet für die Kommunikation von Finanzinformationen – Eine vergleichende Untersuchung deutscher und österreichischer Unternehmen -, in: DB, 52. Jg., S. 1409-1416.

WEBER, Hans (1989): § 304 HGB - Behandlung der Zwischenergebnisse, in: Küting/Weber: Handbuch der Konzernrechnungslegung, Stuttgart, S. 1283-1318.

WEBER, Martin (1992): Nutzwertanalyse, in: HWO, hrsg. v. Erich Frese u.a., 3. Aufl., Stuttgart, Sp. 1435-1448.

WEBER-BRAUN, Elke (1991a): Organisation der Konzernrechnungslegung, in: Das Konzernrechnungswesen des Jahres 2000, hrsg. v. Karlheinz Küting und Claus-Peter Weber, Stuttgart, S. 123-144.

WEBER-BRAUN, Elke (1991b): Das magische Viereck der Konzernrechnungslegung, in: Das Konzernrechnungswesen des Jahres 2000, hrsg. v. Karlheinz Küting und Claus-Peter Weber, Stuttgart, S. 283-296.

WEBER-BRAUN, Elke/WEISS, Heinz-Jürgen (1989): Organisation der Vorbereitung, Aufstellung und Kontrolle des Konzernabschlusses, in: Küting/Weber: Handbuch der Konzernrechnungslegung, Stuttgart, S. 499-569.

WEBER-BRAUN, Elke/WEISS, Heinz-Jürgen/FERLINGS, Josef F.W. (1998): Organisation der Vorbereitung, Aufstellung und Kontrolle des Konzernabschlusses, in: Küting/Weber: Handbuch der Konzernrechnungslegung, 2. Aufl., Stuttgart, S. 693-749.

WEIDNER, Walter/FREITAG, Gerhard (1998): Organisation der Unternehmung: Aufbau- und Ablauforganisation, Methoden und Techniken praktischer Organisationsarbeit, 6. überarb. Aufl., München, Wien.

WESTARP, Falk v./ORDELHEIDE, Dieter/STUBENRATH, Michael/BUXMANN, Peter/KÖNIG, Wolfgang (1998): Internet-Based Corporate Reporting - Filling the Standardization Gap, SFB 403, Research Report 1998-15, Frankfurt.
(http://intacc.wiwi.uni-frankfurt.de/papers/Internet_Standardisierung.html)
(erscheint in: Proceedings of the 32nd Hawaii International Conference on System Sciences, 1999).

WIEBROCK, Horst (1971): Praxis der internen Konzernrechnungslegung, in: WPg, 24. Jg., S. 306-312.

WILLIAMS, Jan R. (1998): Miller GAAP Guide. Restatement and Analysis of Current Promulgated GAAP, San Diego, New York, London.

WINKEL, P./KÖSTERS, H. (1986): BIKON - Eine softwaretechnische Lösung für die Bilanzkonsolidierung und das Berichtswesen, in: Rechnungswesen und EDV, 7. Saarbrücker Arbeitstagung 1986, hrsg. v. W. Kilger und A.-W. Scheer, Heidelberg, S. 233-256.

WIRTSCHAFTSPRÜFER-HANDBUCH (1986), Bd. 2, hrsg. v. Institut der Wirtschaftsprüfer in Deutschland e.V., 9. Aufl., Düsseldorf.

WIRTSCHAFTSPRÜFER-HANDBUCH (1992), Bd. II, hrsg. v. Institut der Wirtschaftsprüfer in Deutschland e.V., 10. Aufl., Düsseldorf.

WIRTSCHAFTSPRÜFER-HANDBUCH (1996), Bd. I, hrsg. v. Institut der Wirtschaftsprüfer in Deutschland e.V., 11. Aufl., Düsseldorf.

WITTLAGE, Helmut, (1989): Unternehmensorganisation, 4. Aufl., Herne, Berlin.

WITTMANN, Waldemar (1959): Unternehmung und unvollkommene Information, Köln und Opladen.

WOHLGEMUTH, Michael (1991): Die Zwischenergebniseliminierung, in: HdJ, Abt. V/5, Köln.

WOHLGEMUTH, Michael (1992): Schuldenkonsolidierung, Prüfung der, in: HWRev, hrsg. v. Adolf G. Coenenberg und Klaus v. Wysocki, 2. Aufl., Stuttgart, Sp. 1747-1757.

WOLLMERT, Peter/ACHLEITNER, Ann-Kristin (1997): Konzeption der IAS-Rechnungslegung, in: Baetge/Kleekämper/Wollmert (Hrsg.), Rechnungslegung nach International Accounting Standards (IAS), Stuttgart, S. 27-34.

WOLLNIK, Michael (1980): Einflußgrößen der Organisation, in: HWO, hrsg. v. Erwin Grochla u.a., 2. Aufl., Stuttgart, Sp. 592-613.

WYSOCKI, Klaus von (1971): Weltbilanzen als Planungsobjekte und Planungsinstrumente multinationaler Unternehmen, in: ZfbF, 23. Jg., S. 682-700.

WYSOCKI, Klaus von/WOHLGEMUTH, Michael (1986): Konzernrechnungslegung, 3. Aufl., Düsseldorf.

WYSOCKI, Klaus von/WOHLGEMUTH, Michael (1996): Konzernrechnungslegung, 4. Aufl., Düsseldorf.

ZÄPFEL, Günther (1996): Grundzüge des Produktions- und Logistikmanagement, Berlin, New York.

ZIMMERMANN, Werner (1989): Operations Research - Quantitative Methoden zur Entscheidungsvorbereitung, 4. Aufl., München.

ZITZELSBERGER, Siegfried (1998): Überlegungen zur Einrichtung eines nationalen Rechnungslegungsgremiums in Deutschland, in: WPg, 51. Jg., S. 246-259.

ZOGG, Hans (1978): Der Konzernabschluß in der Schweiz - Die Konsolidierungspraxis schweizerischer Konzerne unter Berücksichtigung der internationalen Rechnungslegung, Winterthur.

Kammel, Andreas

Strategischer Wandel und Management Development

Integriertes Konzept, theoretische Grundlagen und praktische Lösungsansätze

Frankfurt/M., Berlin, Bern, Bruxelles, New York, Oxford, Wien, 2000. 779 S.
Forum Personalmanagement. Bd. 3
Herausgegeben von Michel E. Domsch und Désirée H. Ladwig
ISBN 3-631-36809-7 br. DM 168.–*

Die Arbeit wurde mit dem Heinrich-Büssing-Preis 2000 der Stiftung zur Förderung der Wissenschaften an der Technischen Universität Carolo-Wilhelmina zu Braunschweig ausgezeichnet.
Strategische Managementkompetenzen sind zentrale Komponenten dauerhafter Wettbewerbsvorteile von Organisationen. Mit dieser Arbeit wird das Ziel verfolgt, einen theoriegestützten konzeptionellen Bezugsrahmen und ein problemspezifisches heuristisches Wissenspotential für die Lösung strategiebezogener Problemstellungen des Management Development zu schaffen. Der Ansatz erhebt den Anspruch, ein stärker in das Gesamtkonzept des Managements des strategischen Wandels integriertes Konzept zu repräsentieren, durch das eine Organisation sich unter fortlaufend veränderten Bedingungskonstellationen eher als bei der herkömmlichen Führungskräfteentwicklung in einer Position befindet, die ihr ausreichende Kompetenzen und Handlungsspielräume zu „richtigen" strategischen Problemlösungen bietet. Das theoretisch fundierte Gesamtkonzept dient dazu, den strategischen Gestaltungsabsichten zu einer tragfähigeren Ausgangsbasis zu verhelfen.

Aus dem Inhalt: Konzeptionelle Grundlagen des strategischen Managements und der Führungskräfteentwicklung – Ressourcen- und kompetenzenbezogene Betrachtung von Unternehmen – Lernen in und von Organisationen – Lerntheoretische Grundlagen und Personalentwicklung – Strategische Ausdifferenzierung von Management Development

FSC
www.fsc.org
MIX
Papier | Fördert gute Waldnutzung
FSC® C083411

Kolibri 360 GmbH
Ferdinand-Jühlke-Straße 7
99095 Erfurt, Deutschland
produktsicherheit@kolibri360.de

Druck:
CPI Druckdienstleistungen GmbH
im Auftrag der
Kolibri 360 GmbH
Ferdinand-Jühlke-Str. 7
99095 Erfurt